Vorwort

Die Entwicklung der Dampflokomotive wurde in beiden deutschen Staaten vor zwei Jahrzehnten abgeschlossen. Arbeiten über dieses Traktionsmittel befassen sich also bereits mit einem historischen Gegenstand.
Die Verfasser stellten sich die Aufgabe, die Geschichte aller Dampflokomotiven, die von 1925 bis zur Gegenwart zum Bestand der DRG oder der beiden deutschen Bahnverwaltungen DR und DB zählten, aufzuzeichnen. Berücksichtigt wurden alle Baureihen ehemaliger deutscher Länderbahnen, die mit dem endgültigen Umzeichnungsplan von 1925 von der DRG übernommen wurden, die Lokomotiven des Einheitslok- und Kriegslokprogrammes der DRG und die Nachkriegsneubauten, Umbauten und Rekonstruktionen beider deutscher Bahnverwaltungen. Privatbahnlokomotiven, die im Laufe der Jahre zur DRG, DB und DR kamen, konnten, um den Rahmen dieses Werkes nicht zu sprengen, nicht berücksichtigt werden. Ebenso fanden Lokomotiven, die im Gefolge der Kriegshandlungen zur DRG kamen, keine Berücksichtigung.
Um einer einheitlichen und einfachen Sprachregelung willen wird für die Zeit ab Gründung der Deutschen Reichsbahn (1920) bis zum Mai 1945 die Bezeichnung Deutsche Reichsbahn-Gesellschaft (DRG) verwendet. Bereits ab Mai 1945 werden für beide deutsche Bahnverwaltungen die Bezeichnungen Deutsche Reichsbahn (für die DDR) und Deutsche Bundesbahn (für die BRD) gebraucht.
Die Gliederung der Baureihen folgt dem Schema des endgültigen Umzeichnungsplanes von 1925. Die von beiden deutschen Bahnverwaltungen aus verwaltungstechnischen Gründen vorgenommene Umnummerung der Lokomotiven ist für die Geschichte der Baureihen ohne Bedeutung und hat deshalb keinen Einfluß auf die Gliederung. Jedoch wird der Leser im Bildteil durchaus Fotos von Lokomotiven finden, die bereits die neuen EDV-Nummern tragen. Es ist deshalb kein Versehen von Verlag oder Autoren, wenn unter der Baureihe 19 (Rekolok DR) eine Maschine mit der Betriebsnummer 04 0015-0 abgebildet ist, denn die DR gab der BR 19 die neue Baureihenbezeichnung 04, obwohl bereits früher eine Einheitslok der BR 04 existierte.
Aus Gründen einer durchgehenden Systematik wurden von der DR und DB die Neubaulokomotiven in den von der DRG festgelegten Nummernplan eingeordnet. Eine 1′C′1′-Schlepptenderlokomotive wurde bei der DRG als BR 23 bezeichnet. Sowohl die DB wie auch die DR bezeichneten ihre Neubauloks der Achsfolge 1′C1′ mit Schlepptender ebenfalls als BR 23, die DR jedoch, um sie von den DRG- und DB-Lokomotiven zu unterscheiden, als BR 23^{10}.
Das Buch befaßt sich vorrangig mit der Geschichte der Dampflokomotiven. Speziellen, vorrangig den Techniker und den Statistiker interessierenden Problemen konnte deshalb nur begrenzter Raum gewidmet werden. Wir müssen den am Detail Interessierten auf Fachliteratur verweisen, die, sofern sie den Autoren als Quelle diente, in einem Sonderband zusammengestellt wird.
Die Problematik der Verfasser bestand einerseits darin, für ältere Länderbahnlokomotiven ausreichendes und hinreichend glaubwürdiges Material zu beschaffen; andererseits war es bei neueren Maschinen oder bei Maschinen mit einer langen Dienstzeit schwierig, die Fülle von Bild und Text auf dem zur Verfügung stehenden Raum unterzubringen. Wenn Spezialisten bei verschiedenen Baureihen Lücken zu finden glauben, dann standen entweder den Autoren bestimmte Quellen nicht zur Verfügung, oder es mußte aus genannten Gründen auf bestimmte Fakten verzichtet werden. Es ist deshalb Anliegen des Verlages und der Autoren, die Leserschaft zu ersuchen,

Korrekturen und Ergänzungen einzureichen, damit im Interesse des Werkes ein möglichst hoher Grad von Vollständigkeit erreicht werde.
Es ist bisher noch nicht der Versuch unternommen worden, eine zusammenhängende Darstellung aller Reichsbahnlokomotiven zu geben. Vorliegende Veröffentlichungen beschränken sich auf eine Auswahl von Baureihen, für die hinreichend Material vorhanden ist, oder auf Spezialabhandlungen einzelner Lokomotiven oder Baureihen.
So hatten sich die Autoren auch mit Baureihen zu befassen, die unmittelbar nach der Übernahme durch die DRG ausgemustert wurden. Ist den Schnellzuglokomotiven als den Stars unter den Dampflokomotiven einer jeden Bahnverwaltung von jeher auch publizistisch viel Aufmerksamkeit gewidmet worden, so fanden die Güterzuglokomotiven und Tenderlokomotiven, die große Schar der „Namenlosen", selbst in der Fachliteratur nur wenig Beachtung. Um des Prinzips der Vollständigkeit willen entschlossen sich die Verfasser zu einer Darstellung aller Baureihen, wenn auch in einzelnen Fällen nur spärliche Informationen geboten werden können.
Aus dem Anliegen, vorrangig die Geschichte der Lokomotiven zu verfolgen, ergab sich eine Dreiteilung im Aufbau. Den Hauptteil nimmt die historische Darstellung ein, illustriert durch Foto und Maßskizze. Die Bildunterschriften führen in Klammern Hersteller der Lokomotive, Fabriknummer und Baujahr an, wobei die erste Zahl die Fabriknummer, die zweite Zahl das Baujahr bezeichnet. Für den technisch Interessierten sind die konstruktiven Merkmale in Stichworten beigefügt, die nach Möglichkeit den Lieferzustand beschreiben. Den Abschluß bildet ein Tabellenwerk nach dem Vorbild der Reichsbahn-Merkbücher, dessen Vorzug darin besteht, daß es alle Reichsbahn-Merkbücher an Vollzähligkeit und Vollständigkeit übertrifft.
Die Dampflokomotive hat einen unschätzbaren Beitrag für den gesellschaftlichen Fortschritt geleistet. Es wäre deshalb einer materialistischen Geschichtsauffassung wesensfremd, sich der Dampflok als etwas Veraltetem zu schämen und so zu tun, als hätte es sie nie gegeben.
Damit die deutsche Dampflokomotive und alle, die mit ihr befaßt waren, die Konstrukteure und Techniker, die Arbeiter in den Lokomotivfabriken, die Lokomotiv- und Werkstättenpersonale nicht in Vergessenheit geraten, ist dieses Buch entstanden.

Manfred Weisbrod
Hans Müller
Wolfgang Petznick

Inhaltsverzeichnis

Abkürzungen

Kurzbezeichnungen für Länderbahn-Lokomotiven und -Tender

pr.	für Königlich Preußische und Großherzoglich Hessische Staatseisenbahn
bay.	für Königlich Bayerische Staatseisenbahn
sä.	für Königlich Sächsische Staatseisenbahn
wü.	für Königlich Württembergische Staatseisenbahn
bad.	für Großherzoglich Badische Staatseisenbahn
meck.	für Großherzoglich Mecklenburgische Friedrich-Franz-Eisenbahn
old.	für Großherzoglich Oldenburgische Staatseisenbahn
pfälz.	für Pfalzbahn der Königlich Bayerischen Staatseisenbahn

Weitere Abkürzungen

A	in Verbindung mit Bw: Altstadt
AEG	Allgemeine Elektricitäts-Gesellschaft
AL	Alsace-Lorraine (Elsaß-Lothringen), ab 1937 SNCF Region 1
AW	Ausbesserungswerk
BBÖ	Bundesbahnen Österreich (1923–1938)
BBW	VEB Berliner Bremsenwerk
Bf	Bahnhof
BLW	Borsig-Lokomotiv-Werke
BMAG	Berliner Maschinenbau AG (vorm. Louis Schwartzkopff)
BO	Eisenbahn-Bau- und Betriebsordnung
BR	Baureihe
Bw	Bahnbetriebswerk
BZA	Bundesbahn-Zentralamt
CFR	Câile Ferate Române (Rumänische Eisenbahnen)
ČSD	Československé Státni Dráhy (Tschechoslowakische Staatsbahnen)
DB	Deutsche Bundesbahn
DGEG	Deutsche Gesellschaft für Eisenbahngeschichte
DR	Deutsche Reichsbahn
DRG	Deutsche Reichsbahn-Gesellschaft
DV	Dienstvorschrift
ED	Eisenbahndirektion
EZA	Eisenbahn-Zentralamt
Fa.	Firma
FD-Zug	Fernschnellzug
FFD-Zug	Luxus-Fernschnellzug
FS	Ferrovie dello Stato Italiane (Italienische Staatsbahn)
FVA	Fahrzeug-Versuchsanstalt
G	in Verbindung mit Bw: Güterbahnhof
Hanomag	Hannoversche Maschinenbau AG (vorm. Georg Egestorff)
Hbf	Hauptbahnhof
HD	Hochdruck
HV	Hauptverwaltung
Hv M	Hauptverwaltung der Maschinenwirtschaft
IfS	Institut für Schienenfahrzeuge
Indusi	induktive Zugsicherung
KED	Königliche Eisenbahn-Direktion
kN	Kilonewton
KPEV	Königlich Preußische Eisenbahn-Verwaltung
Kylchap	Kylälä und Chapélon, finnischer und französischer Eisenbahn-Fachmann, die eine Saugzuganlage entwickelten
LBE	Lübeck-Büchener Eisenbahn

LVA	Lokomotiv-Versuchsamt Grunewald
LüP	Länge über Puffer
L2	Schadgruppe (Zwischenausbesserung)
L3	Schadgruppe (Zwischenuntersuchung)
L4	Schadgruppe (Hauptuntersuchung mit Kesselrevision)
l. W.	lichte Weite
MÁV	Magyar Államvasutak (Ungarische Staatseisenbahnen)
MBG	Maschinenbau-Gesellschaft Karlsruhe
MFFE	Mecklenburgische Friedrich-Franz-Eisenbahn
N	Newton
ND	Niederdruck
ÖBB	Österreichische Bundesbahnen (seit 1947)
Osb	in Verbindung mit Bw: Berlin Ostbahnhof
P	in Verbindung mit Bw: Personenbahnhof
Pbf	Personenbahnhof
PKP	Polskie Koleje Panstwowe (Polnische Staatsbahnen)
PLM	Paris-Lyon-Méditerranée
PO	Paris-Orléans-Bahn
PSe	effektive PS (Zughakenleistung)
PSi	indizierte PS (Zylinderleistung)
Raw	Reichsbahn-Ausbesserungswerk
Rbd	Reichsbahndirektion
RVM	Reichs-Verkehrsministerium
RZA	Reichsbahn-Zentralamt
SAAR	Eisenbahnen des Saarlandes
SMF	Sächsische Maschinenfabrik (vormals Hartmann)
SNCB	Société Nationale des Chemins de fer Belges (Belgische Staatseisenbahn-Gesellschaft)
SNCF	Société Nationale des Chemins de fer Français (Französische Staatseisenbahn-Gesellschaft)
Stug	Studiengesellschaft für Kohlenstaubfeuerung auf Lokomotiven
t	Tonne
TZA	Technisches Zentralamt
ü. SO	über Schienen-Oberkante
VB	Vereinheitlichungsbüro der DRG
VDI	Verein Deutscher Ingenieure
VES-M	Versuchs- und Entwicklungsstelle für die Maschinenwirtschaft der Deutschen Reichsbahn
z	zur Ausmusterung (Zerlegung) abgestellt

Anmerkung:

Im Text wird Gebrauch gemacht von den Bezeichnungen Bahnnummer und Betriebsnummer:

Bahnnummer	Lokomotivnummer bei Privat- oder Länderbahnen
Betriebsnummer	Lokomotivnummer bei der DRG, der DR oder der DB

Zur Bezeichnung der Lokomotivbaureihen

Umbaulok und Rekolok

Die DRG verwendete nach größeren Umbauten an Dampflokomotiven für diese konstruktiv geänderten Maschinen die Bezeichnung Umbaulok. Im Text und in den Tabellen ist diese Bezeichnung entsprechend verwendet worden.
Die DR prägte 1957 den Begriff der Rekonstruktionslokomotive, in der Kurzform Rekolok. Von einer Rekolok wird gesprochen, wenn die Lokomotive konstruktiv mit dem Ziel einer größeren spezifischen bzw. absoluten Leistungsfähigkeit umgestaltet wurde. Deshalb werden alle Lokomotiven der DR, die ab 1957 Neubau-Ersatzkessel mit einer größeren spezifischen Heizflächenbelastbarkeit als 57 kg/m^{2}h erhalten haben, als Rekoloks bezeichnet. Für alle anderen modernisierten und technisch verbesserten Lokomotiven, die dieser Forderung nicht entsprechen, blieb auch bei der DR der Begriff Umbaulok erhalten.
Um einer einheitlichen und klaren Aussage willen werden die Bezeichnungen Umbau- bzw. Rekolok von den Autoren auch bei den Dampflokomotiven der DB angewendet. Als Rekolok DB werden also Dampflokomotiven bezeichnet, die mit dem Ziel einer höheren spezifischen Heizflächenbelastbarkeit als 57 kg/m^{2}h umkonstruiert wurden. Umbauten und Modernisierungen, die nicht dieses Ziel verfolgten, werden als Umbaulok DB bezeichnet.

In diesem Buch sind nur Dampflokomotiven erfaßt, die im endgültigen Umzeichnungsplan der DRG von 1925 bereits enthalten waren bzw. als Neubauten, Umbauten und Rekonstruktionen in dieses Nummernschema eingeordnet wurden. Die Einteilung der Baureihen in diesem Buch folgt dem Nummernplan der DRG. Der Baureihennummer (z. B. 01) ist jeweils noch hinzugefügt, ob es sich um eine Einheitslokomotive (oder deren Umbau oder Rekonstruktion), um einen Nachkriegsneubau einer der beiden deutschen Bahnverwaltungen oder um eine Lokomotive ehemaliger deutscher Länderbahnen handelt. So steht neben der Baureihenbezeichnung nach dem Nummernplan der DRG die ehemalige Länderbahnbezeichnung mit Angabe der Eigentumsverwaltung: 38^{10-40} (pr. P 8), womit gesagt ist, daß es sich hierbei um die ehemals preußische Lokomotive der Gattung P 8 handelt.
Weil die Baureihenbezeichnung der ehemaligen Länderbahnen nicht mehr allgemein als bekannt vorausgesetzt werden kann und auch das Nummernschema der DRG eines erläuternden Kommentars bedarf, sollen die Grundzüge der Baureihenbezeichnung vor und nach 1925 dargestellt werden.

Bezeichnung der Länderbahn-Baureihen

Die Staatsbahnen in Preußen/Hessen, Bayern, Sachsen, Baden, Württemberg, Oldenburg und Mecklenburg hatten jeweils ein eigenes Schema für die Bezeichnung ihrer Lokomotivbaureihen.

Preußisch-Hessische Staatsbahn

Ab 1903 wurden für die Lokomotiven Gattungszeichen eingeführt, die den Verwendungszweck angaben:

Gattungszeichen S
  Schnellzuglokomotiven mit Tender (Treibraddurchmesser größer als 1880 mm oder für schnellfahrende Züge geeignet)
Gattungszeichen P
  Personenzuglokomotiven mit Tender
Gattungszeichen G
  Güterzuglokomotiven mit Tender
Gattungszeichen T
  Tenderlokomotiven (keine Unterscheidung nach Personenzug- und Güterzug-Tenderlokomotiven).

Die Bezeichnung der Baureihen erfolgte durch eine arabische Ziffer, wobei nach dem Entwicklungsstand von 1903 eine normale Lokomotive mittlerer Leistung die Ziffer 3 erhielt (S 3, P 3, G 3 usw.). Ältere und schwächere Baureihen erhielten Ziffern kleiner als 3; Weiterentwicklungen derselben Baureihe wurden durch Indexziffern gekennzeichnet, z. B. T 14, T 14^1.

Die Preußisch-Hessische Staatsbahn war in Direktionen unterteilt. Die einer Direktion zugewiesene Lokomotive erhielt ein Nummernschild, auf dem der Name der Direktion (z. B. Elberfeld, Köln) und eine Nummer standen. Die Nummernreihen wurden für jede Baureihe festgelegt; die niedrigsten Nummern hatten Schnellzugloks, die höchsten die Tenderloks (S 3 Nr. 201 ff., T 14 Nr. 8501 ff.). Das Nummernschild war gewöhnlich rechts und links an der Rauchkammer befestigt, das Gattungszeichen (T 14) war an beiden Seiten des Führerhauses angebracht. In jeder Direktion wurde für dieselbe Baureihe dieselbe Nummernreihe verwendet; es gab also T 14 mit dem Nummernschild „8501 Hannover", „8501 Berlin" usw. Bei 18 Direktionen konnte also dieselbe Nummer 18mal vorkommen.

Bayerische Staatsbahn

Das ältere bayrische Nummernschema verwendet die Buchstaben A bis E. Lokomotiven mit einer angetriebenen, ungekuppelten Achse erhielten die Bezeichnung A, mit 2 Kuppelachsen B, mit drei Kuppelachsen C. Die Laufachsen blieben hierbei unberücksichtigt. Jede neue Lokomotivgattung gleicher Achsfolge wurde durch eine zugesetzte römische Ziffer gekennzeichnet: der A I von 1841 folgte 1847 die A II, 1851 die A III. Aus dieser Bezeichnung ist nicht ablesbar, ob es sich um eine Schnellzug- oder Tenderlokomotive handelt. Die C IV z. B. ist eine 1884 gebaute Güterzuglok mit drei gekuppelten Achsen, die C V eine 1896 gebaute Schnellzuglok mit 3 Kuppelachsen und einem vorderen, zweiachsigen Drehgestell.

Das Nummernschema ist nicht durchgehend konsequent eingehalten worden. Unter D sind keineswegs Lokomotiven mit vier Kuppelachsen und unter E keine mit fünf Kuppelachsen bezeichnet.

Das neue bayrische Nummernschema (ab 1901) verwendet folgende Gattungszeichen:

Gattungszeichen S	Schnellzuglokomotiven
Gattungszeichen P	Personenzuglokomotiven
Gattungszeichen G	Güterzuglokomotiven
Gattungszeichen R	Verschiebelokomotiven

Tenderlokomotiven (mit Ausnahme der Verschiebelokomotiven) erhielten das Nebengattungszeichen t. Bei normalspurigen Lokalbahnlokomotiven wird der Buchstabe L, bei schmalspurigen der Buchstabe s hinzugefügt. Zahnradlokomotiven werden zusätzlich mit dem Buchstaben z gekennzeichnet. Dem Gattungszeichen folgt das Kupplungsverhältnis, das als Bruch dargestellt wird und die Zahl der Kuppelachsen: Gesamtachszahl ausdrückt. Eine Schnellzuglokomotive mit drei gekuppelten Achsen und 3 Laufachsen (insgesamt also 6 Achsen) ist demnach eine S $^3/_6$. Aus dieser Bezeichnung ist nicht ersichtlich, ob die Laufachsen vor oder hinter den Kuppelachsen angeordnet sind.

Sächsische Staatsbahn

Lokomotiven gleicher Achsanordnung erhielten gleiche römische Ziffern. Diese römische Ziffer kann ergänzt werden durch H für Heißdampfloks, V für Verbundlokomotiven und T für Tenderlokomotiven. Die römischen Ziffern wurden in der Regel so verwendet, daß gerade römische Ziffern für Reisezuglokomotiven, ungerade für Güterzuglokomotiven vergeben wurden. Für den Fall gleicher Achsfolge bei Schnellzug- und Personenzuglokomotiven erhielt die Schnellzuglok zusätzlich die arabische Ziffer 1, die Personenzuglok die Ziffer 2. Demnach ist eine XII H 1 eine Heißdampf-Schnellzuglok, eine XII H 2 eine Heißdampf-Personenzuglok mit gleicher Achsfolge, in diesem Fall mit 3 Kuppelachsen und 2 Laufachsen in einem führenden Drehgestell. Die XII H 1 wurde bei der DRG die Baureihe 17^8, die XII H 2 die Baureihe 38^{2-3}. Als Nebengattungszeichen ist für eine seitenverschiebbare vordere oder hintere Laufachse ein b verwendet worden (z. B. III b als 1'B-Lokomotive).

In Sachsen hatten die einzelnen Gattungen folgende Treibraddurchmesser:

Schnellzuglokomotiven	1800 mm und größer
Personenzuglokomotiven	1500 mm bis 1800 mm
Güterzuglokomotiven	1200 mm bis 1500 mm.

Badische Staatsbahn

Die Lokomotiven wurden durch römische Ziffern und beigefügte Buchstaben bezeichnet. Aus diesem Schema ist weder die Bauart noch der Verwendungszweck ohne weiteres erkennbar. Baden hatte übrigens als einziges deutsches Land anfangs nicht die Normalspur von 1435 mm, sondern Breitspur von 1600 mm. Die Umstellung erfolgte 1866. Ab 1868 ist der bis zur Umnummerung durch die DRG verbindliche neue Bezeichnungsplan gültig gewesen. Das Bezeichnungsschema wurde ab 1868 nicht übersichtlicher, weil Bezeichnungen nach dem alten und dem neuen Plan verwendet wur-

den. In der Klasse II waren z. B. die zweifach gekuppelten Schnellzuglokomotiven mit führendem zweiachsigem Drehgestell zusammengefaßt. (Baujahre 1888–1892) und als II a, II b, II c bezeichnet. Die 1902 gebaute Schnellzuglok mit 2 Kuppelachsen, führendem zweiachsigem Drehgestell und Schleppachse kam dann aber als II d in diese Klasse.
In der Klasse IV sind neben Personenzug- auch Schnellzug- und Tenderlokomotiven zu finden. Etwas übersichtlicher sind die Klassen VI a–c (dreifach gekuppelte Tenderlokomotiven), VII (dreifach gekuppelte Güterzuglokomotiven) und VIII (vierfach gekuppelte Güterzug- und Tenderlokomotiven). Einzelne Baulose wurden durch Indexziffern (VI a^1) unterschieden.
Bei der Inkonsequenz dieses Nummernschemas verwundert es nicht, wenn in Baden die Bezeichnungen P 8 und G 12 aus dem preußischen Schema auftauchen, nämlich für die Maschinen, die nach preußischem Muster von der MBG Karlsruhe für die Badische Staatsbahn nachgebaut wurden. Es hat also nicht nur eine preußische, sondern auch eine badische P 8 (DRG-Nrn. 38 3793–38 3832) gegeben.

Württembergische Staatsbahn

Württemberg bezeichnete seine Lokomotiven mit großen lateinischen Buchstaben in fortlaufender Entwicklung. Bauart und Verwendungszweck sind daraus nicht ablesbar. Verbundlokomotiven erhielten zusätzlich ein c (compound), Heißdampflokomotiven ein h. Tenderlokomotiven wurden einheitlich mit T bezeichnet und erhielten zusätzlich eine arabische Ziffer, die zumindest bei T2 bis T 4 der Zahl der Kuppelachsen entspricht.
Auch im württembergischen Bezeichnungsschema sind preußische Gattungszeichen zu finden für die Maschinen, die nach preußischen Vorbildern gebaut wurden: G 12, T 9, T 14, T 18.

Oldenburgische Staatsbahn

Oldenburg unterschied die Lokomotiven zunächst nicht nach dem Verwendungszweck, sondern vorwiegend durch Namen.
Die später eingeführte Gattungsbezeichnung entsprach in vielen Punkten der preußischen. Eine Reihennummerierung der Lokomotiven gab es nicht.

Mecklenburgische
Friedrich-Franz-Eisenbahn

Bis 1895 waren die Lokomotiven nach Gattungen eingeteilt, die durch römische Ziffern von I bis XXI unterschieden waren. Ab 1895 erhielten die Lokomotiven Bahnnummern, wobei eine Nummernreihe einer bestimmten Bauart zugeordnet war.
Die Gattungsbezeichnungen (P, G, T – Schnellzuglokomotiven besaß Mecklenburg nicht) folgten dann im wesentlichen der preußischen und bestanden aus Buchstaben und arabischer Ziffer. Maschinen mit einfacher Dampfdehnung wurden von Verbundmaschinen durch einen Exponenten unterschieden ($P 3^1$ = Zweizylinder-Naßdampf-Personenzuglok; $P 3^2$ = Zweizylinder-Naßdampf-Verbund-Personenzuglok).
Die Orientierung am preußischen Bezeichnungsschema ist verständlich, weil die Mecklenburgische Friedrich-Franz-Eisenbahn ihre Lokomotiven vorwiegend in Preußen kaufte oder nach preußischen Vorbildern bauen ließ.

Erwähnt sei noch, daß alle Länderbahnen (ausgenommen Oldenburg) den Lokomotiven Bahnnummern gaben, die seitlich am Kessel oder am Führerhaus angebracht waren. Die Bahnnummern galten für das ganze Land, nicht wie in Preußen nur für den Bereich einer Direktion. Zum Unterschied von der Preußischen Staatsbahn existierte also jede Bahnnummer nur einmal. Eine bestimmte Nummernreihe war jeweils einer bestimmten Bauart zugeordnet.

Der Nummernplan der DRG

Die Deutsche Reichsbahn-Gesellschaft übernahm von den Länderbahnen einen Lokomotivpark, der aus etwa 400 verschiedenen Bauarten bestand. Die Einführung einer einheitlichen Bezeichnung der Lokomotiven war also eine der dringlichsten Aufgaben.
Bestrebungen, die deutschen Lokomotiven einheitlich zu bezeichnen, reichen bis in das Jahr 1916 zurück. Im Zusammenhang mit der als Einheitslok gedachten G 12 schlug der damalige Vortragende Rat im preußischen Ministerium der öffentlichen Arbeiten, Gustav Hammer (später Präsident des EZA), eine einheitliche Bezeichnung für Lokomotiven vor. Wenn auch damals noch die Absicht bestand, den Lokomotivpark jedes Landes, nach demselben Schema zwar, durchzunummern, so ist doch viel vom Gedankengut Hammers in den Plan der DRG, wie er seit 50 Jahren Gültigkeit hat, eingeflossen.
Es ist seit 1908 in Deutschland üblich, die Achsfolge einer Lokomotive durch eine Kombination von arabischen Ziffern und Großbuchstaben auszudrükken. Laufachsen werden durch Ziffern, Kuppelachsen durch Buchstaben bezeichnet. Gezählt wird von vorn nach hinten. Eine Lokomotive mit 2 vorderen Laufachsen, 3 gekuppelten Achsen und einer Schleppachse wird demnach als 2 C 1 bezeichnet. Später kennzeichnete man die Beweglichkeit

der Laufachsen, indem man die Ziffer apostrophierte: 2′C1′. Bei fest im Rahmen gelagerten Laufachsen entfällt der Apostroph. Analog werden die Tender bezeichnet. Auch hier zählt man die Achsen mit arabischen Ziffern (es sind Laufachsen) von vorn (lokseitig) nach hinten, kennzeichnet ihn als Tender durch ein T und gibt den Wasservorrat in m^3 an. Ein 2′2′ T 34 wäre demnach ein (Einheits-)Tender mit 2 zweiachsigen Drehgestellen und 34 m^3 Wasser; ein 3 T 12 ist ein Tender mit 3 fest im Rahmen gelagerten Achsen und 12 m^3 Wasser. Bei Länderbahntendern ist es üblich, auch die Länderbauart anzugeben, also z. B. bay. 2′2 T 26,4, womit ein bayrischer Tender mit einem zweiachsigen Drehgestell, 2 fest im Rahmen gelagerten Achsen und 26,4 m^3 Wasser definiert wäre.

Für die DRG war die Achsanordnung bei der Aufstellung ihres Nummernplanes das Hauptordnungsprinzip, um den Lokomotivbestand in einer überschaubaren Anzahl von Hauptbauarten unterbringen zu können. Einer bestimmten Achsfolge wurde eine bestimmte zweistellige Baureihennummer zugeordnet. Außerdem wurden die Lokomotiven, entsprechend ihrem Verwendungszweck, in Gattungen eingeteilt. So haben Reisezug- und Güterzuglokomotiven bei gleicher Achsfolge verschiedene Baureihennummern. Es wurden 99 Baureihen festgelegt, die wie folgt auf die einzelnen Gattungen verteilt waren:

Baureihen	
01 bis 19	Schnellzuglokomotiven (S)
20 bis 39	Personenzuglokomotiven (P)
40 bis 59	Güterzuglokomotiven (G)
60 bis 79	Personenzug-Tenderlokomotiven (Pt)
80 bis 96	Güterzug-Tenderlokomotiven (Gt)
97	Zahnradlokomotiven (Z)
98	Lokalbahnlokomotiven (L)
99	Schmalspurlokomotiven (K) (Kleinbahnlokomotiven)

Der Baureihennummer wurde eine 3- oder 4stellige Ordnungszahl beigefügt, so daß mit einer Baureihennummer 9999 Lokomotiven bezeichnet werden konnten. Die Kapazität dieses Schemas wurde aber nie ausgeschöpft, denn auch die zahlenmäßig stärksten Baureihen erreichten nicht einmal 9000 Einheiten.

Personenzuglokomotiven der Achsfolge 2′C erhielten die Baureihennummer 38. Da die Anzahl der 2′C Personenzuglok allein in Preußen mehr als 3000 betrug, waren vierstellige Ordnungsnummern erforderlich, z. B. 38 1714. Die erste (bei dreistelligen) oder die ersten beiden (vierstelligen) Ziffern der Ordnungsnummer dienten zur Unterscheidung von Unterbauarten. Personenzuglokomotiven der Achsfolge 2′C waren von Bayern, Baden, Sachsen und Preußen gebaut worden. Um diese verschiedenen Unterbauarten zu kennzeichnen, erhielten

die bayerischen 2′C-Naßdampfloks die Nummern 38 001 ff.,
die sächsischen 2′C-Loks die Nummern 38 201 ff.,
die bayerischen 2′C-Heißdampfloks die Nummern 38 401 ff.,
die preußischen 2′C-Loks die Nummern 38 1001 ff.,
die badische 2′C-Lok die Nummern 38 7001 ff.

Zur Kennzeichnung der Unterbaureihe konnten die erste bzw. die ersten beiden Ziffern der Ordnungsnummer auch als Exponent geschrieben werden:

bay. 2′C (Naßdampf)	38^{0}
sä. 2′C	38^{2-3}
bay. 2′C (Heißdampf)	38^{4}
pr. 2′C	38^{10-40}
bad. 2′C	38^{70}

Einer Gattung sind im Nummernplan der DRG in der Regel 20 Baureihen zugeordnet. Die erste Zehnergruppe einer jeden Gattung war den neu zu bauenden Einheitslokomotiven vorbehalten, die zweite den vorhandenen Länderbahnlokomotiven. Die Nummernschilder wurden 4fach angebracht: an der Rauchkammertür, rechts und links an den Führerhausseitenwänden und an der Tenderrückwand. Ursprünglich bestanden die Schilder aus schwarzen Blechplatten mit aufgenieteten Messingziffern. Jede Führerhausseitenwand trug noch das Gattungszeichen, das die Lokomotivgattung (also den Verwendungszweck), das Verhältnis der gekuppelten zur Gesamtzahl der Achsen und die mittlere Kuppelachsfahrmasse (in t) auswies. Eine ehemalige pr. P 8 (Baureihe 38^{10-40}) trug das Gattungszeichen P 35.17. Dabei bedeutet

P = Gattung Personenzuglokomotive
3 = Zahl der gekuppelten Achsen
5 = Gesamtachszahl
17 = mittlere Kuppelachsfahrmasse in t

Aus der mittleren Kuppelachsfahrmasse ließ sich die Reibungsmasse errechnen, indem man die Kuppelachsfahrmasse mit der Zahl der Kuppelachsen multiplizierte: 3 mal 17 = 51 t Reibungsmasse. Zur eindeutigen Bezeichnung der Lokomotivbauart wird neben der Achsfolge (z. B. 2′C für die pr. P 8) im Schriftverkehr noch die Art der Dampfdehnung (einfache Dehnung oder Verbundwirkung), die Zylinderzahl und die Bauart (Heißdampf oder Naßdampf) angegeben. Die Bauart (Heißdampf oder Naßdampf) wird durch h oder n gekennzeichnet, die Zylinderzahl durch arabische Ziffern, die Verbundwirkung durch v. Einfache Dehnung des Dampfes wird nicht be-

sonders ausgewiesen. Die pr. P 8 (BR 38^{10-40}) mit dem Gattungszeichen P 35.17 wäre demnach eine 2'C h2, die bay. S $^3/_6$ a–c (BR 18^4) mit dem Gattungszeichen S 36.17 eine 2'C1' h4v.
Es gab bei der DRG einen 1. und einen 2. vorläufigen Umzeichnungsplan, dem dann der 3. und endgültige folgte. Im 1. vorläufigen Umzeichnungsplan waren nur 14 Baureihen für die Gattung S-Lok (01 bis 14), 15 für die Gattung P-Lok usw. vorgesehen. Nach diesem Plan sollte die pr. P 10 die Baureihe 17 erhalten, und einige Maschinen wurden auch tatsächlich mit dieser Baureihennummer ausgeliefert. Im endgültigen Plan erhielt die P 10 dann die Baureihennummer 39.

01^{0-2} Einheitslok

Eine der vorrangigsten Aufgaben der am 1. 4. 1920 gegründeten DRG war die Beschaffung neuer Schnellzuglokomotiven. Um den dringendsten Bedarf zu decken, wurde erwogen, bewährte, zum Teil noch in der Auslieferung befindliche Länderbahnlokomotiven weiterzubauen. Gedacht war an die sä. XX HV, die pr. S 10^1, die bay. S $^{3}/_{6}$ und auch an die pr. P 10. Aus verschiedenen Gründen wurde von diesem Gedanken wieder Abstand genommen: Die geplante und erstrebte Vereinheitlichung vieler Bauteile konnte damit nicht erreicht werden; die Länderbahnmaschinen waren auf spezielle Streckenprofile abgestimmt und nicht ohne Schwierigkeiten in ganz Deutschland einsetzbar; z. T. waren die Konstruktionen der Maschinen schon relativ alt, die der S $^{3}/_{6}$ (1870 mm Treibraddurchmesser) 13 Jahre, die der S 10^1 10 Jahre, die der S $^{3}/_{6}$ (2000 mm Treibraddurchmesser) 8 Jahre.
Zunächst arbeiteten Borsig und Henschel je eine Reihe vereinheitlichter Lokomotiven aus, danach beteiligte sich auch die Fa. Maffei an den Entwürfen. Auf Beschluß der 4. Beratung des Engeren Ausschusses für Lokomotiven (27. bis 29. 9. 1922 in Chemnitz) wurde das bei Borsig einzurichtende Vereinheitlichungsbüro (VB) mit der abschließenden Entwicklung der Einheitslokomotiven beauftragt. Das VB wurde am 1. 11. 1922 gegründet; es stand unter der Leitung August Meisters. Lokbaudezernent war zu dieser Zeit noch Hinrich Lübken, dessen Nachfolge dann R. P. Wagner antrat. Die Entwürfe des VB lagen der 5. Beratung des Engeren Lokausschusses (1. bis 3. 3. 1923) zur Begutachtung vor. In diesem 1. Typisierungsplan waren 12 Gattungen enthalten, darunter zwei Schnellzuglokomotiven: die BR 01 als 2'C1' h2 und die BR 02 als 2'C1' h4v. Mit dem gleichzeitigen Bau einer Zwillings- und einer Verbundmaschine sollte die Möglichkeit geschaffen werden, die Vorteile des Heißdampfes in zwei sonst völlig gleichartigen Lokomotiven zu ermitteln. Ein direkter Vergleich zwischen einstufiger Dampfdehnung und Verbundwirkung bei Heißdampfloks hatte in Deutschland niemals stattgefunden. Süddeutschland gab dem Verbundprinzip den Vorrang, Preußen, sofern die Maschinen unter Garbes Einfluß entstanden, der einfachen Dehnung. Der Vergleich fiel bekanntlich zugunsten der Zwillingsmaschine aus, weil die Konstruktion der Dampfmaschine bei der 02 von vornherein die Unterlegenheit der Verbundmaschine bedingen mußte.
Von den 10 Maschinen des ersten Bauloses der BR 01 lieferte Borsig 1926

Baumusterlokomotive 01 008 (Borsig 12 000/ 1925) mit kleinen Windleitblechen

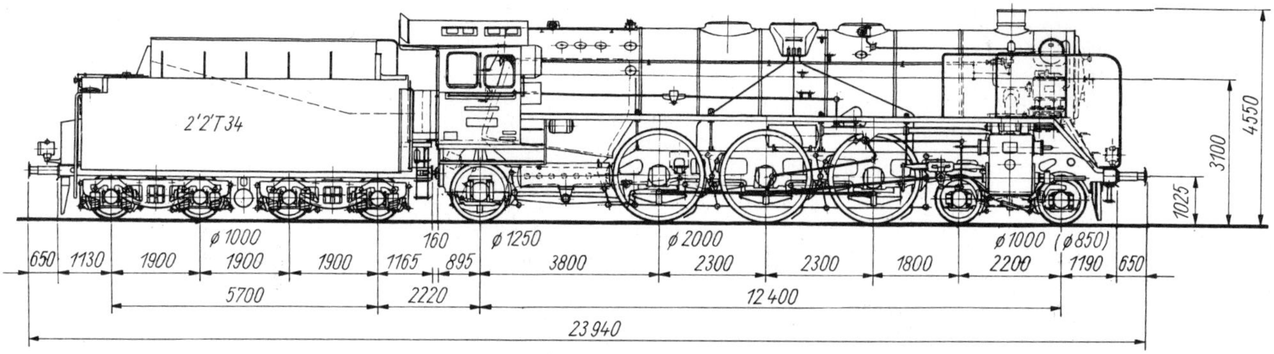

Einheitslok BR 01 (ab 01 102)

die 01 001–01 008, die AEG die 01 009 und 01 010. Die 01 001 und die 02 002 von Henschel kamen zur Lok-Versuchsabteilung des Raw Grunewald, wo sie am 30. 6. 1926 mit Versuchsfahrten begannen. Um auch im Fahrbetrieb vergleichbare Ergebnisse zu erhalten, wurden 3 Bahnbetriebswerken je 3 Maschinen der BR 01 und 02 zugeteilt:

Bw Hamm (Westf)
  01 002–01 004 (später auch 01 001)
  02 005–02 007
Bw Hof
  01 005–01 007
  02 008–02 010
Bw Erfurt P
  01 008–01 010
  02 001, 02 003–02 004 (später auch 02 002)

1927 empfahl der Lokausschuß aufgrund der Grunewalder und der Ergebnisse der 3 Bw den alleinigen Bau der BR 01. Die Maschinen der BR 02 wurden in den Jahren 1937 bis 1942 im Unterhaltungs-Raw Meiningen in Zwillingsloks umgebaut und erhielten die Betriebsnummern 01 011 und 01 233 bis 01 241.

Die 01, bis zum Ende ihres Betriebsdaseins Paradelok der DRG und beider deutscher Bahnverwaltungen, war anfangs ein Sorgenkind mit vielen, bei Neukonstruktionen üblichen Kinderkrankheiten. Davon zeugt die Zahl von über 200 vergebenen Sonderarbeitsnummern.

Die Maschinen des ersten und des zweiten Bauloses (01 001–01 010 und 01 012–01 076) erhielten Kessel mit 5800 mm Rohrlänge. Ab Lok 01 077 wurde der Wagnersche Langrohrkessel mit 6800 mm Rohrwandabstand eingebaut, der wärmetechnische Vorteile versprach. Die Rauchkammer des Langrohrkessels war entsprechend um 1000 mm kürzer als beim ursprünglichen Einheitskessel. Eine Veränderung erfuhr auch die Dampfmaschine. Der ursprüngliche Zylinderdurchmesser von 650 mm erwies sich, gemessen an der Kesselleistung und an der Reibungsmasse, als zu groß. Dadurch neigte die Lokomotive beim Anfahren zum starken Schleudern, und der Kessel erschöpfte sich bei höheren Geschwindigkeiten vor schweren Zügen sehr rasch. Ab 01 077 ist deshalb der Zylinderdurchmesser auf 600 mm verringert worden. Bisher gelieferte Maschinen bekamen als Sonderarbeit neue Zylinderlaufbuchsen eingezogen, die den Zylinderdurchmesser auf 600 mm verringerten.

Drei Lokomotiven der 3. Lieferserie (01 077 bis 01 101) erhielten versuchsweise anstelle der Kolbenspeisepumpe den Friedmann-Abdampfinjektor zur Kesselspeisung. Es waren die Lokomotiven 01 087, 01 088 und 01 089. Als zweite Speiseeinrichtung blieb die saugende Strahlpumpe der Einheitsbauart, die mit Frischdampf arbeitete, erhalten. Der Friedmann-Abdampfinjektor sollte die Vorteile von Kolbenspeisepumpe und Oberflächenvorwärmer (hohe Vorwärmung des Speisewassers) einerseits und der Strahlpumpe (einfacher Aufbau) andererseits vereinigen. Der Abdampfinjektor konnte keinen entscheidenden Vorteil gegenüber dem Oberflächenvorwärmer verbuchen, so daß die drei Versuchsmaschinen, von denen die 01 087 und die 01 088 bei der Rbd Hannover, die 01 089 bei der Rbd Essen liefen, wieder auf Oberflächenvorwärmer umgebaut worden sind.

Die Lokomotiven der 4. Lieferserie (01 102 bis 01 190) besaßen bis zur Betriebsnummer 01 149 noch die kupferne Feuerbüchse. Ab 01 150 ist eine Stahlfeuerbüchse aus I Z II-Stahl eingebaut worden. Anstelle der bisher verwendeten Kolbenspeisepumpen Bauart Nielebock-Knorr mit 350 l/min Förderleistung kamen neue Kolbenspeisepumpen Bauart Knorr mit Tolkien-Steuerung zum Einsatz, deren Förderleistung nur noch 250 l/min betrug, um die Gefahr des Kaltspeisens bei zu hoher Hubzahl zu verringern.

01 078 (Schwartzkopff 9307/1930) aus der 3. Lieferserie mit großen Windleitblechen und 850 mm Laufraddurchmesser im Drehgestell

Gleichzeitig wurde auch die Förderleistung der Dampfstrahlpumpen von 350 l/min auf 250 l/min herabgesetzt.

Ab Lok 01 102 (Baujahr 1934) erhöhte man die zulässige Höchstgeschwindigkeit von 120 km/h auf 130 km/h. Aus diesem Grunde kamen statt der 850er Drehgestellräder Laufräder mit 1000 mm Durchmesser zum Einbau, um die Drehzahl der Achsen zu vermindern. Gleichzeitig wurde die Kuppelradbremse verbessert: Die einseitig wirkende Bremse wurde durch die doppelseitig wirkende Scherenbremse ersetzt. Die bisher ungebremste Schleppachse erhielt eine einseitig von vorn wirkende Bremse. Viele Maschinen erhielten 1935 direkt ab Werk oder nachträglich Indusi. Die ersten Lieferungen der 01 hatten mittelgroße, geteilte Windleitbleche, um die in den Rauchkammernischen befindlichen Pumpen zugänglich zu machen.

Bei der 5. Lieferserie (01 191 bis 01 232) sind die Regelkolbenschieber gegen Druckausgleichkolbenschieber der Bauart Karl Schulz ersetzt worden. Damit entfielen auch die Druckausgleich-Eckventile auf den Schieberkästen und die Zylindersicherheitsventile an den Zylinderdeckeln.

Im Juni 1931 waren die ersten 100 Maschinen von der DRG abgenommen worden. Neben den bereits genannten Bw Erfurt P, Hamm und Hof erhielten auch die Bw Berlin Anhalter Bf, Lehrter Bf, Frankfurt (M) 1, Hannover, Kassel, Magdeburg und Offenburg 01-Maschinen. Loks der geänderten Serie (ab 01 102) kamen dann auch in die Rbd Halle, Dresden, Köln, Königsberg, Nürnberg und Osten (Bw Schneidemühl), so daß die Maschinen fast im gesamten Gebiet des damaligen Deutschen Reiches anzutreffen waren. 1943 wurden die Maschinen der östlichen Bw durch 03 ersetzt und nach dem Westen Deutschlands verlagert. Weil sie im weiteren Kriegsverlauf abgestellt werden mußten, war 1945 fast keine Maschine betriebsfähig.

Nach dem zweiten Weltkrieg verblieben bei der DR 70 Maschinen, von denen die 01 026, 01 030, 01 035, 01 110 und 01 214 wegen Kriegsschäden ausgemustert werden mußten. Der nach der Rekonstruktion (zur BR 01^5) verbliebene Bestand an Altbau-01 verteilte sich 1973 auf 3 Bw: Berlin Osb, Dresden und Wittenberge.

Die DB besaß nach Kriegsende 171 Maschinen. Die 01 038, 01 053, 01 145, 01 155, 01 201 und 01 238 mußten wegen Kriegsschäden ausgemustert werden. Mitte 1961 betrug der DB-Bestand noch 156 Maschinen, die vom AW Frankfurt (M)-Nied unterhalten wurden. Mit dem Fahrplanwechsel 1973/74 war die 01 bis auf vier Reserveloks beim Bw Hof, ihrem letzten Domizil, von den Strecken der DB verschwunden. Die 01 008 wurde von der DGEG gekauft, die 01 150 ist in Privatbesitz, die 01 220 (mit Hochleistungskessel) steht in Treuchtlingen als Denkmalslok.

Die Deutsche Reichsbahn hat die 01 005, ebenfalls eine Maschine aus der ersten Lieferung, dem Dresdner Verkehrsmuseum übereignet und somit der Nachwelt erhalten. Als betriebsfähige Traditionslokomotive erhält die DR die 01 204.

Die DR hatte 1973 noch 17 Maschinen mit großen Windleitblechen (z. T. gekürzt, z. T. von BR 44) unter Dampf und hat als letzte Maschine die schon für Unterrichtszwecke abgestellte 01 065 im Erhaltungs-Raw Meiningen herrichten lassen. Dafür wurde die 01 226 ausgemustert. Ein Teil der Maschinen aus den Serien bis 01 101 erhielt neue, geschweißte Drehgestelle mit 1000er Laufrädern. Die DR-Maschinen waren im schweren Schnellzugdienst auf den Strecken Dresden–Berlin und Magdeburg–Rostock eingesetzt. Dienstälteste Maschine der Deutschen Reichsbahn war die 01 014 des zweiten Bauloses vom Bw Wittenberge.

Konstruktive Merkmale

Kessel: Genieteter Einheitslokkessel mit 5,8 m Rohrlänge (01 001–01 076) bzw. 6,8 m Rohrlänge (ab 01 077). Bis 01 101 kupferne Feuerbüchse, ab 01 102 Stahlfeuerbüchse breit über dem Rahmen. Geräumiger Aschkasten zwischen letzter Kuppelachse und Schleppachse. 2 Sicherheitsventile Bauart Ackermann. Vorderer Dom mit Speisewasserreiniger, hinterer Dom mit Ventilregler Bauart Schmidt & Wagner.

Speiseeinrichtungen: Kolbenspeisepumpe Nielebock-Knorr (350 l/min) und Oberflächenvorwärmer Bauart Knorr in einer Rauchkammernische quer zur Fahrtrichtung; saugende Dampfstrahlpumpe (350 l/min).

Rahmen: 100 mm starker Barrenrahmen. Kessel ist mit dem Rahmen durch 4 Pendelbleche verbunden. Ab 01 102 geänderte Rahmenführung wegen größerer Laufräder.

Laufwerk: Vierpunktabstützung. Drehgestell bildet vordere Stützpunkte,

01 088 (Krupp 1167/1930) mit Friedmann-Abdampfinjektor

01 110 (Schwartzkopff 10 308/1934); Ausführung ab 01 102 (4. Lieferserie)

die durch Ausgleichhebel verbundenen Kuppelradsätze und die Schleppachse die beiden hinteren. Drehgestell bis 01 101 mit 850 mm Raddurchmesser, ab 01 102 1000 mm. Drehgestell mit 100 mm Seitenspiel (ab 01 102 ± 50 Millimeter), Kuppelachsen fest im Rahmen gelagert (Treibradsatz mit Spurkranzschwächung), Adamsachse mit 80 mm Seitenspiel.

Triebwerk: 2 Außenzylinder, mit dem Rahmen verschraubt. Antrieb der 2. Kuppelachse. Treibachslager Bauart Obergethmann. Treibstangenlager nachstellbar. Kuppelstangen mit geschlossenen Buchsenlagern.

Steuerung: Außenliegende Heusinger-Steuerung mit Kolbenschieber für innere Einströmung. Eckventil-Druckausgleicher auf den Schieberkästen. Füllungen für Vor- und Rückwärtsfahrt bis zu 80%. Ab 1937 Druckausgleichkolbenschieber Bauart Karl Schulz.

Bremse: Selbsttätig wirkende Einkammerdruckluftbremse Bauart Knorr mit Zusatzbremse. Bis 01 101 einseitige Abbremsung der Kuppel- und Drehgestellräder. Ab 01 102 Scherenklotzbremse für Räder der gekuppelten Achsen und einseitige Abbremsung der Räder der Schleppachse. Doppelverbundluftpumpe Bauart Nielebock-Knorr in einer Rauchkammernische rechts (Speisepumpe links in Rauchkammernische).

Sondereinrichtungen: Preßluftsandstreuer sandet alle Kuppelräder von vorn. Hochdruckschmierung für alle unter Dampf gehenden Teile Bauart Bosch-Reichsbahn. Schmierung von Luft- und Speisepumpe durch De-Limon-Pumpe DK. Dampfheizungseinrichtung. Erste Lieferung mit Gasbeleuchtung, dann elektrische Beleuchtung durch Turbogenerator auf der Rauchkammer (ab 01 012). Nichtschreibender Geschwindigkeitsmesser Bauart Deuta.

Tender: Tender der Einheitsbauart 2′2 T 30, 2′2′ T 32, 2′2′ T 34 mit 10 t Kohle.

01^{0-1} Umbaulok DB mit Henschel MVR

01^{1-2} Umbaulok DB mit Neubau-Ersatzkessel

Baureihe 01 mit Henschel-Mischvorwärmer

Ab 1950 begann die DB nach Wegen zu suchen, Wärmewirtschaftlichkeit und Leistungsfähigkeit der Einheitslok BR 01 zu verbessern und die Störanfälligkeit der teilweise schon recht alten Kessel zu vermindern.

Die Maschinen 01 042 und 01 046 (Hohenzollern 1928), 01 112 (Schwartzkopff 1934) und 01 154 und 01 192 (Henschel 1935 und 1936) erhielten anläßlich der fälligen Hauptuntersuchungen in den AW Braunschweig und Nied 1950/51 neue Hinterkessel mit Verbrennungskammer. Die Feuerbüchse war vollständig geschweißt. Die Verbrennungskammer ragte 985 mm in den Langkessel, wodurch die Rohrlänge verkürzt wurde.

Auch der Rohrspiegel wurde geändert. Der Kessel hatte jetzt 41 Rauchrohre in fünf übereinanderliegenden Reihen, in denen 95 m^2 Überhitzerheizfläche untergebracht waren, und 105 Heizrohre. Die Kesselsicherheitsventile wurden auf dem Langkesselscheitel in Höhe der Feuerbüchs- (Verbrennungskammer-)Rohrwand nach vorn verlegt. Die Verbrennungskammer hatte eine Änderung des Verhältnisses Rohrheizfläche zu Strahlungsheizfläche zugunsten der hochwertigen Strahlungsheizfläche bewirkt. Damit war eine höhere spezifische Heizflächenbelastbarkeit des Kessels möglich, was besonders beim Ausfahren von Leistungsspitzen Vorteile brachte.

Gleichzeitig mit dem Einbau der Verbrennungskammer oder wenig später erhielten diese fünf Maschinen Henschel-Mischvorwärmer Typ MVR. Das Aussehen der Maschinen wurde dadurch nicht verbessert, weil sich der Mischkasten ab Kesselmitte über der Rauchkammer wölbte und die Frontpartie recht klobig und ungefüg werden ließ.

Die Kesselspeisung erfolgte durch eine Turbospeisepumpe VTP-B 250 (250 l

01 112 (Schwartzkopff 10 310/1934) mit Mischvorwärmeranlage Bauart Henschel MVR

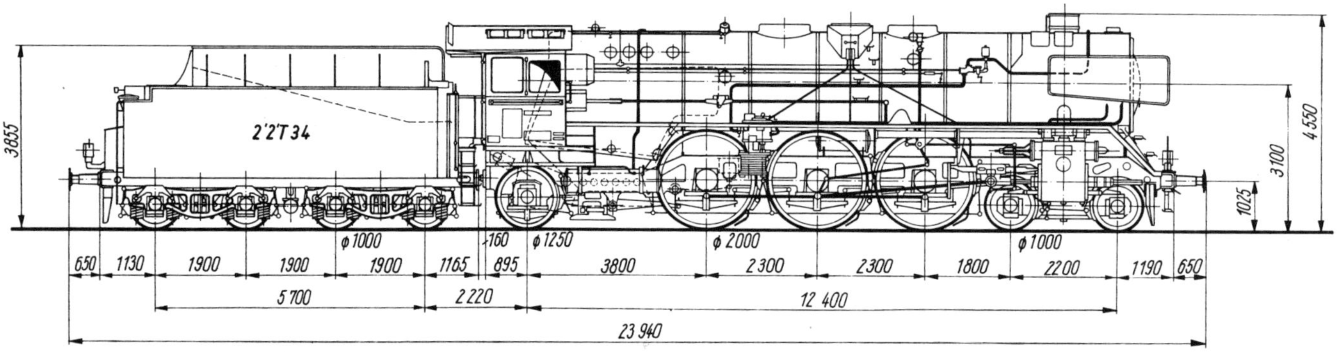

BR 01. Umbaulok DB mit Mischvorwärmer Henschel Typ MVR

je min), die unterhalb des Laufbleches in Höhe der Achse des 3. Kuppelradsatzes ihren Platz fand. Die Turbospeisepumpe war eine nichtsaugende Pumpe. Ihre tiefe Lage war notwendig, damit das Tenderwasser zulaufen konnte. Ebenso wie die neue Turbospeisepumpe (linksseitig) wurde auch die Doppelverbundluftpumpe (rechtsseitig) in Fahrzeugmitte angebracht.

Aus dem Mischvorwärmer konnte vorgewärmtes Speisewasser auch im Leerlauf oder bei Stillstand der Lokomotive entnommen werden, so daß sich der thermische Wirkungsgrad der Lokomotive mit der Mischvorwärmeranlage verbesserte. Obwohl der Umbau weiterer Maschinen geplant war, blieb es bei den fünf Lokomotiven. Der Ersatz des kompletten Kessels erwies sich, wie noch zu zeigen ist, als wirtschaftlicher.

Die Maschinen mit Henschel-Mischvorwärmer Typ MVR sind relativ zeitig ausgemustert worden, viel früher als viele 01 mit Altbaukessel. Am 10. August 1957 schied die 01 042 nach einem Unfall mit Rahmenbruch aus, die 01 046 wurde am 2. Oktober 1968 ausgemustert. Die 01 112 quittierte am 14. November 1967 den Dienst, die 01 154 am 27. September 1966. Lediglich die 01 192 verblieb länger im Betriebsdienst, weil sie 1958 anläßlich einer Hauptuntersuchung noch den Neubau-Ersatzkessel bekam. Ihr letztes Einsatz-Bw war Hof.

Konstruktive Merkmale

Kessel: Normaler Kessel der Einheitsbauart mit neuem, angeschweißtem Hinterkessel. Feuerbüchse mit Verbrennungskammer. Rohrlänge 5800 Millimeter. 2 Sicherheitsventile Bauart Ackermann über der hinteren Rohrwand auf dem Langkessel. Speiseeinrichtungen: Henschel-Mischvorwärmer mit nichtsaugender Turbospeisepumpe VTB 250 (tiefhängend links zwischen 2. und 3. Kuppelachse); saugende Dampfstrahlpumpe (250 l/min). Mischkasten des Mischvorwärmers aus der Rauchkammer nach oben herausragend, umfaßt U-förmig den Schornstein. Aschkasten Bauart Stühren.

Rahmen: wie BR 01 (Einheitslok)

Laufwerk: 01 042, 01 046 wie BR 01 (Einheitslok) 01 001 bis 01 101
01 112, 01 154, 01 192 wie BR 01 (Einheitslok) ab 01 102

Triebwerk: wie BR 01 (Einheitslok)

Steuerung: wie BR 01 (Einheitslok), jedoch mit Kolbenschiebern Bauart Karl Schulz.

Bremse: wie BR 01 (Einheitslok). 01 042 und 01 046 einseitige Abbremsung. Doppelverbundluftpumpe auf Fahrzeugmitte verlegt.

Sondereinrichtungen: wie BR 01 (Einheitslok). Dampfpfeife und Lichtmaschine wegen des Mischkastens weiter nach hinten verlegt als bei Einheitsloks. Indusi. Windstauschuten an den Führerhaus-Stirnfenstern.

Tender: 2'2' T 34 mit 10 t Kohle. 01 192 mit 2'2' T 32 mit 10 t Kohle.

BR 01 mit Neubau-Ersatzkessel

1957 lag bei der DB die Dampflok mit 98 000 km störungsfreier Laufleistung noch an der Spitze aller drei Traktionsarten (Diesellok 89 000 Kilometer, Ellok 82 000 km). Weil auf die BR 01 voraussichtlich in den nächsten zehn Jahren noch nicht verzichtet werden konnte, entschloß sich die Deutsche Bundesbahn, 80 Maschinen zu modernisieren.

Der Umbau erstreckte sich im wesentlichen auf den Einbau neuer Kessel, weil diese die höchsten Unterhaltungskosten verursachten.

An die Konstruktion wurden bei der Entwicklung des neuen Kessels zwei Hauptforderungen gerichtet: vollständig geschweißte Ausführung und straffe Typisierung, die einen Austausch ohne Anpassungsarbeiten garantierte. Es wurden zwei Grundtypen von Kesseln entwickelt: einer für die Baureihen 01 und 01^{10}, der zweite für die Baureihen 03, 03^{10} und 41.

Dieser neue DB-Hochleistungskessel für die BR 01/01^{10} besaß Verbrennungskammer und bestand aus einem zylindrischen und einem konischen Schuß mit breitem Wasserzufluß. Der Stehkesselmantel des konischen Schusses war hinten wieder etwas eingezogen, um die Führerhäuser ohne Anpaßarbeiten verwenden zu können.

Durch die 1122 mm lange Verbrennungskammer standen 22,0 m² Strahlungsheizfläche zur Verfügung gegenüber 17,0 m² beim Einheitskessel mit kupferner Feuerbüchse. Die Zahl der Rauchrohre betrug 46, die Zahl der Heizrohre 96. Auch den Rohrdurchmesser hatte man verändert: bei den Rauchrohren von 171 mm auf 143 mm, bei den Heizrohren von 70 mm auf 54 mm. Die Rohrheizfläche verringerte sich durch den geänderten Rohrspiegel von 230,25 m² beim Langrohr-Einheitskessel auf 171,09 m², und die Überhitzerheizfläche wurde von 85,0 m² auf 100,54 m² vergrößert. Der neue Kessel war für eine spezifische Heizflächenbelastung von 75 kg/m²h ausgelegt. Die Dampfleistung des Kessels lag mit 14,47 t/h etwas über der des Einheitskessels, die 14,09 t/h betragen hatte. Wie auch die Deutsche Reichsbahn hielt die Deutsche Bundesbahn die Dampfleistung des Einheitskessels für ausreichend und war bemüht, die spezifische Dauerbelastbarkeit des Kessels zum Ausfahren von Leistungsspitzen zu steigern. Der technische Fortschritt im Dampflokomotivbau wird beim Vergleich des Einheitskessels mit dem Neubau-Ersatzkessel der DB ersichtlich: Mit 247 m² Gesamtheizfläche erzeugte der Einheitskessel 14,09 t/h Dampf; der DB-Kessel schaffte 14,47 t je h mit 193 m² Gesamtheizfläche.

Der DB-Kessel wurde von einer links unterhalb des Führerhauses liegenden nichtsaugenden Strahlpumpe und einer einstufigen Mischvorwärmeranlage Bauart 1957 gespeist. Zur Mischvorwärmeranlage gehörte eine Kolbenpumpe mit Heiß- und Kaltwasserteil, die vorn links in der Rauchkammernische saß.

01 122 (Henschel 22 564/1935) mit Neubau-Ersatzkessel und Ersatzzylindern

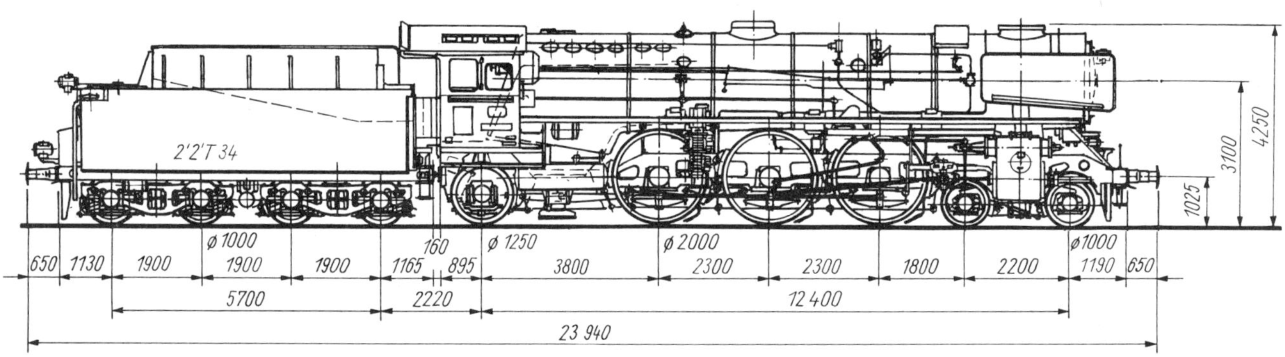

BR 01. Umbaulok DB mit Neubau-Ersatzkessel

Es gab anfänglich einige Schwierigkeiten mit diesem Kessel. Der Heißdampf-Seitenzugregler verschmutzte durch Flugasche und war dann nur unter großem Kraftaufwand zu bedienen. Die Feuerführung erforderte großes Geschick des Heizers wegen der sehr knapp bemessenen Rostfläche, und schließlich neigte der Kessel zum Wasserreißen.

Er besaß nur einen Dom. Die Sandkästen lagen auf der Innenseite des Umlaufbleches, um das Personal nicht zum Besteigen des Kessels unter Fahrleitungen zu veranlassen. Die Kessel waren für 18 bar (18 kp/cm^2) ausgelegt und jederzeit auf Ölfeuerung umbaubar.

Entgegen dem aufgestellten Plan wurden nur 50 Maschinen in den Jahren 1958 bis 1961 neu bekesselt. Der Einbau erfolgte im AW Nied und nur bei Maschinen ab Betriebsnummer 01 102 (also mit 1000 mm Laufraddurchmesser im Drehgestell). Die Kessel lieferten die Lokomotivfabriken Esslingen und Jung, zwei Kessel (für die 01 138 und 211) fertigte das AW Nied selbst. Genau genommen wurden 51 Maschinen neu bekesselt, denn die 01 131 erhielt 1966 im AW Nied den Hochleistungskessel der verunglückten 01 122 (1965 ausgemustert).

Ein Umbau auf Ölfeuerung erfolgte bei der BR 01 nicht, man wählte dafür die leistungsfähigeren Maschinen der BR 01^{10}. Als Denkmalslok wird die 01 220 mit Hochleistungskessel erhalten bleiben; sie ist in Treuchtlingen aufgestellt.

Konstruktive Merkmale

Kessel: Zylindrischer Langkessel mit konischem Übergangsschuß zum Hinterkessel. Bis auf eingenieteten Domhals vollständig geschweißt. Feuerbüchse mit Verbrennungskammer. Sämtliche Stehbolzen, Kreuzgelenkstehbolzen und Anker gewindelos mit Spiel eingeschweißt. Kessel für 18 bar (18 kp/cm^2) ausgelegt, aber nur mit 16 bar (16 kp/cm^2) betrieben. Kleine, spezifisch hochbelastete Rostfläche. 2 Hochleistungs-Sicherheitsventile (80 Millimeter l. W.) mit im Dampfraum liegenden Federn. Einfach-Ventil-Heißdampfregler mit Seitenzug. Speiseeinrichtungen: DB-Einheits-Mischvorwärmer-Anlage Bauart 1957 mit einstufiger Kolbenspeisepumpe links an der Rauchkammer; nichtsaugende Dampfstrahlpumpe links unten außerhalb des Führerhauses. Aschkasten Bauart Stühren am Rahmen befestigt.

Rahmen: wie BR 01 (Einheitslok), jedoch mit Hartmangan-Platten in den Achslagerführungen. Anordnung der Umlaufbleche nach Vorbild der DB-Einheitsausführung 1950.

Laufwerk: wie BR 01 (Einheitslok)

Triebwerk: 2 neue, wärmeisolierte Dampfzylinder mit angegossenen Ausströmkästen. Zylinder mit Paßschrauben am Rahmen angeschraubt. 20 Loks mit Pendelrollenlagern in Treib- und Kuppelstangen. Übrige Ausführung wie BR 01 (Einheitslok).

Steuerung: wie BR 01 (Einheitslok), jedoch mit federlosen Druckausgleichkolbenschiebern Bauart Müller.

Bremse: wie BR 01 (Einheitslok), jedoch mit einstufiger Schnellhubluftpumpe Bauart Wülfel (rechts in Fahrzeugmitte an besonderem Pumpenträger).

Sondereinrichtungen: Druckluftsandstreuer mit am Umlaufblech befestigten Sandkästen sandet alle Kuppelräder von vorn. Hochdruckschmierung aller unter Dampf gehenden Teile Bauart Bosch-Reichsbahn. Rußbläser Bauart Gärtner. Dampfheizungseinrichtung. Elektrische Beleuchtung durch Dampfturbogenerator. Indusi Bauart Siemens. Windstauschuten an Führerhaus-Stirnfenstern.

Tender: 2'2' T 34 mit 10 t Kohle.

01^{0-2} Umbaulok DB

Auch die Lokomotiven, die ihren Altbaukessel behielten, erfuhren einige Bauartänderungen. Die DB entfernte bei vielen Lokomotiven die Frontschürzen und ließ die Laufbleche bündig mit der Rauchkammer enden.

Unterhalb der Rauchkammer in Höhe der Zylinderoberkante führte ein Trittblech vorbei und schuf die Verbindung zwischen den Laufblechen. Bei diesen Umbauten entfielen auch der Rauchkammer-Zentralverschluß und damit das Handrad in der Mitte der Rauchkammertür. Alle Lokomotiven erhielten Windleitbleche Bauart Witte. Mit diesen Änderungen waren die 01-Lokomotiven äußerlich den Neubaulokomotiven angeglichen worden. Allerdings ist die Entfernung der Frontschürzen nicht konsequent betrieben worden. Manche Maschinen behielten das Abdeckblech unter der Rauchkammer, bei anderen wurde es entfernt. Bei wiederum anderen ist nichts entfernt worden.

Eine weitere Bauartänderung war das Zurückverlegen der Luft- und Kolbenspeisepumpe von den Rauchkammernischen in Fahrzeugmitte. Dazu mußte ein am Rahmen befestigter neuer Pumpenträger entwickelt werden. Die Verlegung der Pumpen brachte zwei Vorteile: die Pumpen wurden besser zugänglich, und die nutzbare Reibungsmasse wurde erhöht und die Achsfahrmasse der Drehgestellachsen vermindert.

Als die Pumpen verlegt wurden, besaßen alle Lokomotiven noch die Doppelverbundluftpumpen. Nach 1957 sind diese Pumpen gegen schnellhübige der Bauart Wülfel getauscht worden.

Geändert wurde die Blasrohranlage. Zur schärferen Feueranfachung bekamen die Lokomotiven engere Schornsteine. Gleichzeitig sind die Aschkästen der Einheitsbauart mit zusätzlichen Luftklappen versehen worden. Versuchsweise ist die 01 077 anstelle der Blasrohranlage mit einer Saugturbine ausgerüstet worden. Die größtenteils verschlissenen Dampfzylinder wurden durch neue mit angegossenen Ausströmkästen ersetzt. Ein Teil des 01-Bestands erhielt federlose Druckausgleichkolbenschieber Bauart Müller. Auch bei der Baureihe 01 erprobte die DB den Einsatz von Rollenlagern in Treib- und Kuppelstangen (01 222).

001 039-7 (01 039 – Henschel 20 842/1927) mit Altbaukessel, Ersatzzylindern, Witte-Blechen und Pumpen in Fahrzeugmitte

01^5 Rekolok DR

Die DR beschloß Anfang der 60er Jahre, ihren Bestand an 01-Lokomotiven noch auf längere Zeit für den schweren Schnellzugdienst zu erhalten und bezog diese Baureihe in das Rekonstruktionsprogramm ein. In den Jahren 1962 bis 1965 erfolgte im Raw Meiningen der Umbau von 35 Maschinen der verbesserten Serie mit 1000er Laufrädern und 130 km/h zulässiger Höchstgeschwindigkeit. Die Reko-01 gehört zu den imposantesten Maschinen der DR und erhielt die Baureihennummer 01^5.

Ursprünglich war nur der Einbau eines vollständig geschweißten Rekokessels vorgesehen, doch der schlechte Gesamtzustand der Maschinen zwang zu einer weitgehenden Rekonstruktion. Die Zylinderpaßschraubenbohrungen im Rahmen hatten das Werkgrenzmaß erreicht, die Zylinder selbst waren verschlissen und mußten durch neue ersetzt werden. Deshalb wurde der Rahmen vorgeschuht und auch verlängert, um einen günstigen Platz für die Pumpen zu bekommen. Die LüP der Maschine vergrößerte sich dadurch von 23 940 mm auf 24 250 mm (mit Tender 2′2′ T 34). Die Zylinder wurden in Stahlschweißausführung mit günstigeren Strömungsverhältnissen, vor allem für den Abdampf, neu konstruiert und mit Trofimoff-Schiebern ausgerüstet.

Das Drehgestell war in allen wesentlichen Teilen verbraucht und mußte erneuert werden. Man entschied sich für eine komplette Neukonstruktion in geschweißter Ausführung.

Die konstruktive Gestaltung der Lok erfolgte in der VES-M Halle. Aus einer großen Zahl durchgerechneter Varianten wählte man einen Kessel mit nahezu gleicher Masse wie bisher, Verbrennungskammer, hoher spezifischer Belastbarkeit und großer Dampfleistung. Verglichen mit dem Reko-Hochleistungskessel der DB für die BR 01 liefert der DR-Rekokessel bei gleicher Heizflächenbelastbarkeit von 75 kg je m^2h über 2 t/h Dampf mehr (16,8 t/h : 14,47 t/h) und ist somit der leistungsfähigste Kessel, den die BR 01 je erhalten hat. Die Kessel lieferte das Raw Halberstadt.

Auch die gesamte Architektur der Maschine wurde neu konzipiert. Die Ausnutzung des Umgrenzungsprofiles II gestattete eine höhere Lage des Kessels (3150 mm ü. SO), die für den späteren Einbau der Ölhauptfeuerung von Vorteil war. Die Kesselaufbauten erhielten eine Blechverkleidung, womit

01 1515-4 (01 515) mit Rostfeuerung

eine glatte, vom Schornstein bis zur Führerhauswand laufende Linienführung erzielt wurde. Die Maschinen bekamen ein neues, geschweißtes Führerhaus nach der Einheitsbauart, jedoch mit aufschiebbarem Oberlichtfenster.

Weil bei den Maschinen vor der Rekonstruktion eine sich häufende Zahl von Speichenanbrüchen zu beobachten war, erschien der Einbau neuer, kompakter Radsätze erforderlich. Ein Teil der Lokomotiven wurde deshalb nach amerikanischem und sowjetischem Vorbild mit Boxpok-Radsätzen ausgerüstet, einer aus einem Stück gegossenen Doppelscheiben-Hohlkonstruktion für die Aufnahme hoher Achsfahrmassen bei großen Raddurchmessern.

Diese Radsätze erhielten die Lokomotiven 01 504, 01 508, 01 509, 01 510, 01 511, 01 513, 01 517 und 01 518 bereits bei der Rekonstruktion. Später sind auch die Lokomotiven 01 502, 01 503, 01 507 und 01 512 damit ausgerüstet worden. Beschwerden des Betriebsmaschinendienstes veranlaßten das Raw Meiningen, die Boxpok-Radsatzgruppen wieder gegen Speichenradsätze zu tauschen. Als letzte Maschinen erhielten im Mai 1974 die 01 507 und im Juli 1976 die 01 503 Speichenradsatzgruppen. Durch eine Umlaufschürze wollte man die Kompaktwirkung der Boxpok-Radsätze mindern. Die 01 504 bekam sogar einen weißen Zierstrich auf der Umlaufschürze, der den Gesamteindruck wesentlich verbesserte. Dieser Zierstrich ist aber nicht serienmäßig eingeführt worden. Kurz nach dem Tausch der Boxpok-Radsätze gegen Speichenradsätze sind auch die Umlaufschürzen entfernt worden. Bis auf die 01 501 und die 01 520 erhielten alle rekonstruierten Lokomotiven neue Zylinder in Stahlschweißkonstruktion. Für diese beiden Maschinen standen zum Zeitpunkt der Rekonstruktion keine neuen Zylinder zur Verfügung. Bis auf die 01 501 und die 01 503 erhielten alle Lokomotiven neue Drehgestelle in Schweißkonstruktion.

Im Mai 1962 erschien die ehemalige 01 174 als 01 501. Sie hatte neue, sehr hoch angesetzte Windleitbleche, die scherzhaft als „Fledermausohren" bezeichnet wurden. Diese Windleitbleche befriedigten nicht. Deshalb erhielten ab 01 502 alle Maschinen Witte-Bleche mit abgeschrägten Kanten.

Ab Lok 01 519 (Umbaujahr 1964) bis 01 535 wurde bei der Rekonstruktion gleich Ölhauptfeuerung eingebaut. Nachträglich geschah das bei allen anderen Maschinen in den Jahren 1965/1966. Rostgefeuert blieben die 01 506, 01 511, 01 512, 01 514–01 516 und 01 518. Diese 7 Maschinen wurden im Bw Berlin Osb zusammengefaßt und versahen den schweren Schnellzugdienst auf der Strecke Berlin–Dresden. Die ölgefeuerten Maschinen waren in den Bw Erfurt P und Wittenberge stationiert und versahen Dienst im Reiseverkehr auf den Strecken Erfurt–Bebra und Berlin–Hamburg. Die Wittenberger Maschinen bedienten auch die Strekken Berlin–Schwerin und Magdeburg–

01 0502-3 (01 502) mit Ölhauptfeuerung

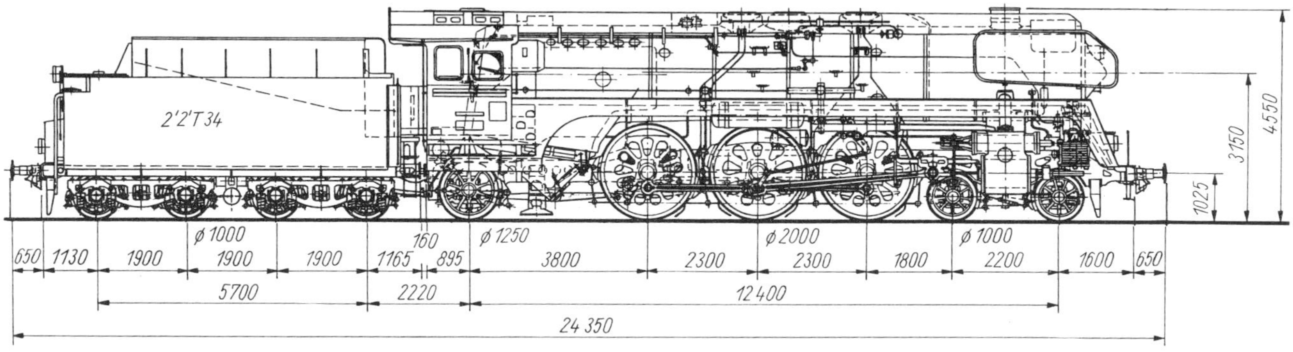

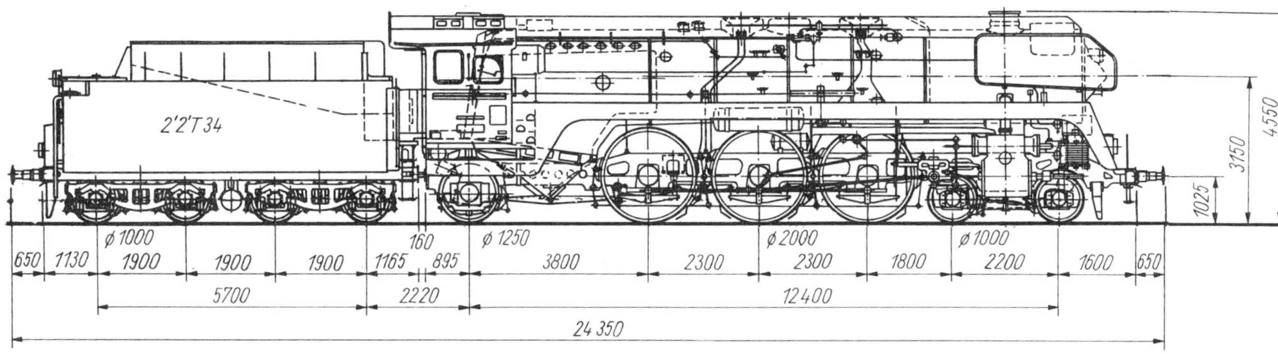

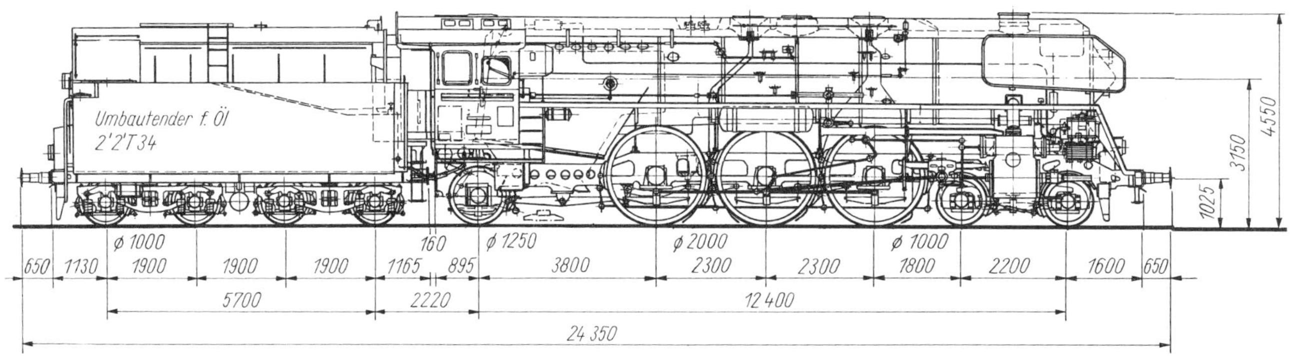

Rostock. Als mit dem Beginn des Winterfahrplanes 1973/1974 die Leistungen im Reiseverkehr auf der Strecke Erfurt–Bebra von Dieselloks übernommen wurden, fanden die Erfurter Maschinen in Saalfeld und Pasewalk eine neue Heimat.

Konstruktive Merkmale

Kessel: Neubau-Ersatzkessel Typ 01 E. Vollständig geschweißt (auch Domhals eingeschweißt) mit zylindrischem Langkessel und konischem Übergangsschuß zum Hinterkessel. Feuerbüchse mit großer Verbrennungskammer. Sämtliche Stehbolzen und Verankerungen gewindelos mit Spiel eingeschweißt. Pendelblechhalter am Kessel stumpf aufgeschweißt. Asch-

BR 01^5 (Rostfeuerung) mit Boxpokradsätzen und Umlaufschürze

BR 01^5 (Rostfeuerung). Bauzustand unmittelbar nach dem Austausch der Boxpok- gegen Speichenradsätze

BR 01^5 mit Ölhauptfeuerung

kasten Bauart Stühren am Rahmen befestigt. 2 Gestra-Schnellschluß-Abschlammventile. Dampfdom und 2 Sandkästen auf dem Langkesselscheitel unter gemeinsamer, vom Mischkasten bis zum Führerhaus reichender Verkleidung. Kesselmittenlage unter Ausnutzung des Umgrenzungsprofils II auf 3150 mm ü. SO erhöht. 2 handbetätigte Rußbläser Bauart ČSD an den Hinterkesselseitenwänden von außen befestigt. 3 Sicherheitsventile Bauart Ackermann 60 mm l. W. Naßdampfventilregler Bauart Wagner mit Seitenzug. Speiseeinrichtungen: Mischvorwärmeranlage Bauart IfS/DR mit Kolbenverbundmischpumpe Bauart BBW, Typ VMP 15-20; 1 Dampfstrahlpumpe.

Rahmen: Wie BR 01 (Einheitslok) ab 01 102, jedoch zur Aufnahme der vor den Zylindern liegenden Pumpen zwischen Drehgestell und 1. Kuppelachse mit neuen, um 410 mm längeren Rahmenvorschuhenden ausgerüstet. Umlaufbleche 300 mm höher als bei BR 01 (Einheitslok).

Laufwerk: Wie BR 01 (Einheitslok) ab 01 102, jedoch neues, verbessertes Drehgestell in Schweißkonstruktion. Neue, verstärkte Kuppel- und Treibradsätze. Zeitweise Ausrüstung einiger Maschinen mit Boxpok-Radsätzen.

Triebwerk: Wie BR 01 (Einheitslok) ab 01 102, jedoch neue Zylinderkonstruktion in Schweißausführung mit weiten dampfführenden und fast senkrecht verlaufenden Kanälen (01 501 u. 01 520 mit Graugußzylindern). Neue, verstärkte Treib- und Kuppelstangen mit Buchsenlagern. Hinteres Treibstangenlager geteilt und nachstellbar.

Steuerung: Wie BR 01 (Einheitslok) ab 01 102, jedoch Steuerbock am Rahmen befestigt. Steuerspindel nach außen verlegt (am Ende der Steuerstange). Druckausgleichkolbenschieber Bauart Trofimoff.

Bremse: Wie BR 01 (Einheitslok) ab 01 102.

Weitere Bauartänderungen gegenüber BR 01 (Einheitslok): Neues, vollständig geschweißtes Führerhaus mit Kälteschutz, Entlüftungsaufsatz und verglastem Dachschiebefenster. Klarsichtapparate und Windstauschuten. Marcotty-Feuertür mit Blendschirm. Keglige Rauchkammertür ohne Zentralverschluß. Fest eingebaute Dreilicht-Spitzensignal-Laternen. Druckluftbetätigte Zylinderentwässerungsventile. Zentralschmierung Bauart Michalk. Indusi mit schreibendem Geschwindigkeitsmesser. Sandung der Räder aller Kuppelachsen von vorn und der der Treibachse von hinten.

Ab 01 519 bis 01 535 im Zuge der Rekonstruktion Ausrüstung mit Ölhauptfeuerung. Nachträglicher Umbau der ersten Maschinen auf Ölhauptfeuerung außer 01 506, 01 511, 01 512, 01 514, 01 515, 01 516, 01 518. 01 504 mit Giesl-Flachejektor.

Tender: Einheitstender 2′2′ T 34 mit zusätzlicher Kohlenäßeinrichtung, Schürgeräterohr Bauart Grunewald, Dosiereinrichtung mit eingebauten Vorratsbehältern für Wasseraufbereitungsmittel, Handstangen zum Betätigen der Wasserkastendeckel von ebener Erde aus.

01^{10} Einheitslok (Stromlinienverkleidung)

Für das um 1935 im Aufbau begriffene Netz schnellfahrender FD- und D-Züge fehlten der DRG leistungsfähige Schnellzuglokomotiven. Die Höchstgeschwindigkeit der Einheitsbaureihen 01 und 03 war auf 120 bzw. 130 km/h begrenzt. Für den geplanten Schnellverkehr war sowohl diese Geschwindigkeit als auch die Leistungsreserve beider Baureihen zu gering. An ausgesprochenen Schnellfahrlokomotiven standen nur die 05 001/002 zur Verfügung.

Die guten Erfahrungen, die bei den Versuchen mit stromlinienverkleideten Lokomotiven (03 154, 03 193, BR 05) gemacht worden waren, veranlaßten die DRG, die BMAG (vorm. L. Schwartzkopff) in Wildau mit der Entwicklung und dem Bau einer stromlinienverkleideten Pazifiklok für 150 km/h Höchstgeschwindigkeit zu beauftragen. Die Projekte der neuen Baureihe 01^{10} wurden nicht im Lokausschuß behandelt, sondern als Fallentscheidung im RVM ausgewählt. Die 01^{10} war in erster Linie für die Beförderung schwerer schnellfahrender Züge im Flachland bestimmt. Sie mußte über die erforderlichen Leistungsreserven verfügen, um Verspätungen, die durch außerplanmäßige Halte oder Langsamfahrstellen entstanden, wieder einfahren zu können. Das Leistungsprogramm verlangte die Beförderung eines 550-t-Schnellzuges in der Ebene mit 120 km/h. Auf 5‰ Steigung mußten noch 375 t mit 100 km/h bewältigt werden.

Die Erfahrungen aus den Schnellfahrversuchen mit den Baureihen 03 und 05 hatten gelehrt, daß es vorteilhafter sei, die Maschine mit Drillingstriebwerk auszurüsten. Das Drillingstriebwerk garantierte gute Anfahreigenschaften, verstärkte Zugkraft und konnte, da es gut ausgeglichen war, ohne Anstände Drehzahlen von 400 min^{-1}, wie sie bei Geschwindigkeiten um 150 km/h auftraten, verarbeiten. Im Prinzip war die 01^{10} die dreizylindrige Weiterentwicklung der Baureihe 01. Achsstände und Kesselabmessungen entsprachen denen der 01 in fast allen Parametern.

Zur Verminderung des Luftwiderstandes und zur Brennstoffersparnis erhielten die Maschinen eine Stromlinienverkleidung. Im Zustand der Ablieferung umschloß die Stromschale Lok und Tender und reichte bis 400 mm über SO. Im Bereich des Langkessels ersetzte die Stromlinienverkleidung die normale Kesselverkleidung. Die Verkleidungsbleche (oben 1,5 mm, unten 2,0 mm dick) waren mit Winkeleisen am Kessel und am Rahmen befestigt und blieben von der Kesseldehnung unberührt. Die notwendigen Wartungsarbeiten an Pumpen, Ventilen und Waschluken konnten durch Klappen in der Verkleidung erledigt werden. Die

01 1001 (Schwartzkopff 11 000/1938) im Lieferzustand

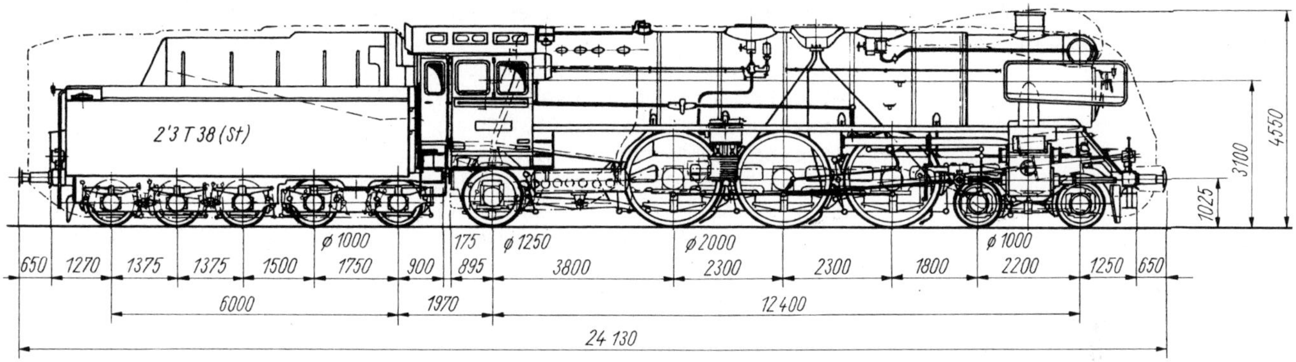

BR 01^{10} im Lieferzustand

Rauchkammer war durch eine zweiteilige Tür im Vorderteil der Verkleidung zugänglich. Den Zugang zum Triebwerk ermöglichten Metall-Jalousien in der Seitenverkleidung.

Schwartzkopff lieferte 1939/40 insgesamt 55 Maschinen, die die Betriebsnummern 01 1001 und 01 1052 bis 01 1105 erhielten. Die Nummern 01 1002–01 1051 und 01 1106–01 1205 waren bestellt, wurden aber wegen des Krieges storniert.

Im Betrieb erwies sich die Wartung des Triebwerkes als äußerst schwierig, weil die Metall-Rolläden oft verklemmt waren und im Winter festfroren. Deshalb wurden im Rahmen der anfallenden L 2-Untersuchungen die Triebwerksverkleidungen bis auf 225 mm über Achsmitte zurückgeschnitten. Die zulässige Höchstgeschwindigkeit setzte das RZA von 150 auf 140 km/h herab. Bei einigen Maschinen wurde 1944 die gesamte Triebwerksverkleidung von der Pufferbohle bis zur letzten Kuppelachse entfernt.

Am 29. 8. 1939 war die 01 1001 abgenommen und dem LVA Grunewald zugeteilt worden. Als die Serienlieferung begann, tauschte man sie gegen die 01 1052 und wies sie dem Bw Leipzig Hbf West zu. Die neuen Maschinen erhielten die Bw Leipzig Hbf W, Halle P, Berlin Anhalter Bf, Hannover Ost, Bebra, Erfurt P, Dresden Altstadt, Frankfurt (Oder) Pbf, Würzburg und München Hbf. Als Einzelstück bekam Altona die 01 1070, allerdings nur für die Dauer von drei Wochen. Für die planmäßige Unterhaltung der BR 01^{10} waren die Raw Braunschweig, Meiningen, Nied und Stargard zuständig.

In den Jahren 1942/43 erfolgte eine Neuverteilung des Bestandes an 01^{10}-Lokomotiven. Die Frankfurter Maschinen kamen nach Kattowitz, die Münchener nach Nürnberg. Breslau erhielt Maschinen aus Dresden, Berlin, Halle und Leipzig. Braunschweig hatte die Bebraer Loks erhalten, die zwischendurch noch in Köln-Deutzerfeld stationiert waren.

Im Sommer 1944 zog man die oberschlesischen Maschinen ab und konzentrierte den gesamten Bestand bei den Bw Braunschweig Hbf, Hannover Ost, Kassel und Göttingen Pbf. Somit verblieben alle Maschinen der BR 01^{10} nach Kriegsende auf dem Gebiet der BRD.

Gegen Kriegsende waren die meisten Maschinen abgestellt worden. Bei den wenigen betriebsfähigen Maschinen war die Verkleidung wegen der geringen Geschwindigkeiten, die gefahren wurden, bedeutungslos. Sie wurde, soweit entbehrlich, entfernt, so daß die Maschinen einen abgewirtschafteten und verwahrlosten Eindruck machten. Die Triebswerksverkleidung fehlte völlig, teilweise wurden auch die Klapptüren vor der Rauchkammer abgebaut, defekte Klappen in der Verkleidung wurden entfernt und nicht wieder ergänzt.

Bei der Sichtung des Lokomotivbestandes durch die DB im Jahre 1948 fiel die BR 01^{10} mit 55 Maschinen nicht unter die Splittergattungen und blieb im Unterhaltungsbestand. Lediglich die 01 1067 wurde am 7. 6. 1948 ausgemustert. 1949 bis 1951 erhielten die verbliebenen 54 Maschinen eine Hauptuntersuchung, bei der die Stromlinienverschalung entfernt wurde und der Langkessel eine normale Verkleidung erhielt. Die Vorwärmer waren aber quer vor der Rauchkammer verblieben, wie sie im Ursprungszustand wegen der Stromschale angeordnet waren. Lediglich die 01 1087 und die 01 1101 hatten einen in eine Rauchkammernische zurückverlegten Vorwärmer. Die aus St 47 K bestehenden Kessel zeigten sehr bald Alterungsschäden und mußten im Rahmen eines Rekonstruktionsprogrammes ersetzt werden.

Konstruktive Merkmale

Kessel: Genieteter Einheitskessel der Grundbauart 01, jedoch aus Sonderbaustoff St 47 K. Geschweißte Feuerbüchse aus IZ II-Stahl, breit über dem Rahmen. Überhitzer Bauart Wagner. 2 Sicherheitsventile Bauart Ackermann. Speiseeinrichtungen: Verbundspeisepumpe Bauart Knorr-Tolkien (250 l je min) mit Oberflächenvorwärmer Bauart Knorr (wegen der Stromlinienverkleidung oberhalb der Rauchkammertür in die Rauchkammer eingelassen); Dampfstrahlpumpe (250 l/min).
Rahmen: 100 mm starker Barrenrahmen mit 1000 mm lichter Weite. Im Bereich der Schleppachse auf 40 mm eingezogen. Pendelbleche vor jeder Kuppelachse.
Laufwerk: Vierpunktabstützung. Drehgestell wie BR 01 mit 70 mm Seitenverschiebbarkeit. Schleppachse als Adamsachse mit 80 mm Seitenverschiebbarkeit. Kuppelachsen fest im Rahmen gelagert, Spurkränze des 2. Kuppelradsatzes um 15 mm geschwächt.
Triebwerk: 2 Außen- und 1 Innenzylinder (1:10 geneigt). Innenzylinder gegenüber Außenzylinder um 600 mm nach vorn versetzt. Innenzylinder treibt 1. Kuppelachse (Kropfachse), Außenzylinder arbeiten auf 2. Kuppelachse. Kuppelstangenlager als Buchsenlager. 01 1100–01 1105 hatten Rollenlager in den Stangen.
Steuerung: Heusinger-Steuerung mit Hängeeisen für Inneneinströmung. Antrieb der Innenschwinge durch gekröpfte Achswelle des 2. Kuppelradsatzes. Druckausgleichkolbenschieber Bauart Nicolai. Füllungen bei Vorwärtsfahrt außen 80,2 %, innen 80 %.
Bremse: Einkammer-Druckluftbremse Bauart Knorr mit Zusatzbremse. Treibrad- und Tenderbremse zusätzlich als Druckluft-Schnellbremse (Kssbr). Scherenklotzbremse für die Kuppelachsen, einseitige Abbremsung der Laufräder. Doppelverbundluftpumpe Bauart Nielebock-Knorr. 2 Hauptluftbehälter rechts und links seitlich am Rahmen zwischen letzter Kuppelachse und Schleppachse.
Sondereinrichtungen: Druckluftsandstreuer Bauart Knorr für einseitige Sandung der Räder der Kuppelradsätze von vorn. Zentralschmierung aller unter Dampf gehenden Teile durch Hochdruckpumpe Bauart Bosch-Reichsbahn mit Tropfanzeigern auf dem Führerstand. Dampfheizungsanlage. Elektrische Beleuchtung durch Turbogenerator. Indusi der Dreifrequenz-Bauart mit schreibendem Geschwindigkeitsmesser Deuta. Stromlinienverkleidung.
Tender: Stromlinienverkleideter Tender der Einheitsbauart 2'3 T 38 mit 10 t Kohle. Abdeckbarer Kohlekasten und Kohlenachschubeinrichtung. Austauschbar mit den Tendern der BR 06.

01^{10} Umbaulok DB

Die DB hatte von den 55 gebauten 01^{10}-Lokomotiven 54 in den Unterhaltungsbestand genommen und sie im Rahmen von Hauptuntersuchungen in den AW Nied, Braunschweig, Mühlheim-Speldorf und dem PAW Henschel betriebsfähig herrichten lassen. Die 01 1067 war bereits am 7. 6. 48 ausgemustert worden.
Sehr bald aber zeigten sich an den aus St 47 K hergestellten Kesseln Alterungserscheinungen. Von Kehlnahtschweißungen ausgehende Risse im Bereich des Stehkessels zwangen zu aufwendigen Reparaturen, so daß sich die DB entschloß, alle 54 Maschinen mit neuen Kesseln ausrüsten zu lassen.
In den Jahren 1953 bis 1957 erhielten die 01^{10} bei Henschel & Sohn den geschweißten Hochleistungskessel mit Verbrennungskammer, wie er auch für die BR 01 entwickelt worden war. Dieser Kessel besaß eine um 8,8 % kleinere Rostfläche, eine um 16,4 % kleinere Gesamtheizfläche, aber eine größere Strahlungs- und Überhitzerheizfläche als der alte Kessel.
Aus Kostengründen verzichtete man auf den bei der DB üblich gewordenen Heißdampfregler und behielt den Naßdampfregler bei. Die Sandkästen setzte man, um dem Personal keine Veranlassung zu geben, den Kessel zu besteigen, zunächst auf den Umlauf, spä-

ter zwischen Kessel und Umlaufblech. Die Kessel erhielten Mischvorwärmeranlagen Bauart Heinl, die innerhalb der Rauchkammer angebracht waren.
Die 01 1095 erhielt erst im März 1962 den neuen Kessel. Sie war 1953 mit dem Kessel der 01 193 ausgestattet worden, der aus alterungsbeständigem K 35-Stahl bestand. Vor Ablauf der Frist bestand kein Anlaß, den Kessel zu tauschen. Fotos aus jener Zeit zeigen die Lok mit dem vor dem Schornstein in die Rauchkammer eingelassenen Knorr-Vorwärmer.
Nach der Neubekesselung waren die Maschinen der BR 01^{10} bei den Bw Bebra (16), Hagen-Eckesey (19), Kassel (11) und Offenburg (8) stationiert. 1955 wurden fast alle Maschinen beim Bw Osnabrück konzentriert. Von den 55 gebauten Maschinen der BR 01^{10} sind im Laufe der Zeit 42 beim Bw Osnabrück beheimatet gewesen. Hier in Osnabrück sollten sie die BR 03 im Langlauf zwischen Hamburg und Köln ablösen. Im Gegensatz zum Langlauf Hamburg–Frankfurt (M), der mit nur 200 t Zugmasse gefahren wurde, waren auf der Strecke Hamburg–Köln (450 km) 400 t bis 450 t in 7 Stunden zu bewältigen. Man versuchte, mit dem Einsatz der BR 01^{10} den Schwierigkeiten zu begegnen, die es bei der 03 auf dieser Strecke gegeben hatte. Die 03 bekam bei diesem Langlauf Schwierigkeiten, die spezifische Rostbelastung von 225 kg/m²h bis 260 kg/m²h durchzuhalten. Es kam zu Verschlackungen, weil der Rost nicht in der Lage war, den hohen Kohledurchsatz zu verarbeiten. Die 01^{10} wurde mit diesem Problem trotz günstigeren Kesselwirkungsgrades kaum besser fertig, denn es ist nahezu gleichgültig, ob 7 t Kohle auf einem Rost von 3,89 m² (03) oder 3,94 m² (01^{10}) verbrannt werden. Hier zeigten sich die Grenzen des DB-Kessels, dessen Leistungsvermögen nicht durch die spezifische Heizflächen-, sondern durch die Rostbelastung begrenzt wurde. Eine Verkleinerung der Rostfläche mochte bei Güterzuglokomotiven mit relativ langen Betriebspausen (z. B. BR 50) nützlich sein, konnte aber bei Schnellzuglokomotiven empfindliche Nachteile bringen.
Nach den Verfügungen des BZA Minden wurden 34 Maschinen der BR 01^{10} in den Jahren 1956 (01 1100), 1957 und 1958 auf Ölhauptfeuerung umgebaut.
Der Hauptgewinn bei der Umstellung auf Ölfeuerung speziell beim Langlaufeinsatz bestand darin, daß die Maschinen über 450 km (oder mehr) mit Kesselnennleistung gefahren werden konn-

01 1001 (DB) mit Rostfeuerung

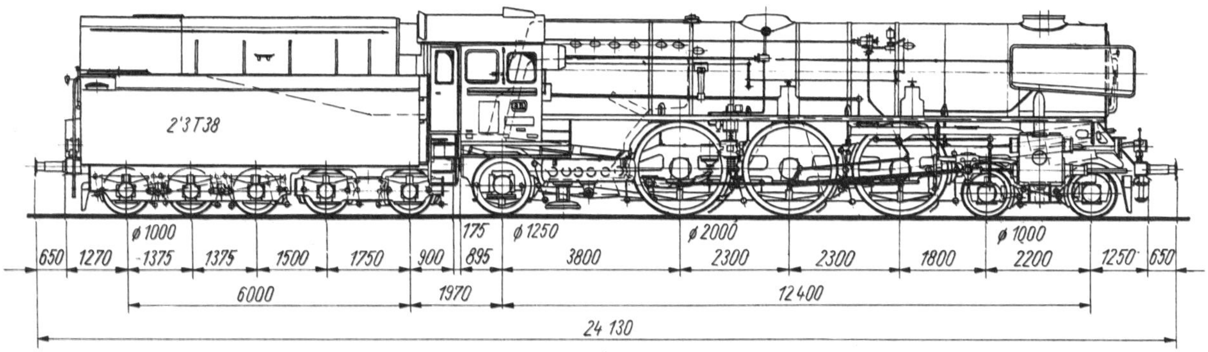

BR 01^{10} (Umbau DB) mit Ölhauptfeuerung

ten. Die ölgefeuerten Maschinen haben jederzeit genügend Leistungsüberschuß, um Verspätungen einzufahren, was den kohlegefeuerten Loks auf Grund ihrer begrenzten spezifischen Rostbelastung nicht immer zugemutet werden konnte.

Im Laufe der Jahre wurden an den 01^{10}-Lokomotiven noch einige Änderungen vorgenommen. So erhielten einige Maschinen Spurkranzschmierung Bauart De Limon. Den Ölloks wurde 1961 ein zweiter Hauptbrenner eingebaut, und alle Maschinen bekamen Gummiwulstdichtungen zwischen Lok und Tender sowie Wälzlager in den Stangen. Die 01 1070 lief von 1956 bis 1958 mit einem Tender der BR 45, der, wie die Tender der BR 03^{10}, mit Tenderabdeckklappen und Kohlenachschubeinrichtung ausgerüstet war. 1959 erhielt die 01 1097 diesen Tender, von dem allerdings 1965 die Klappen und die Nachschubeinrichtung entfernt worden waren.

Mit fortschreitender Elektrifizierung

01 1104 (Schwartzkopff 11 360/1940) der DB mit Ölhauptfeuerung

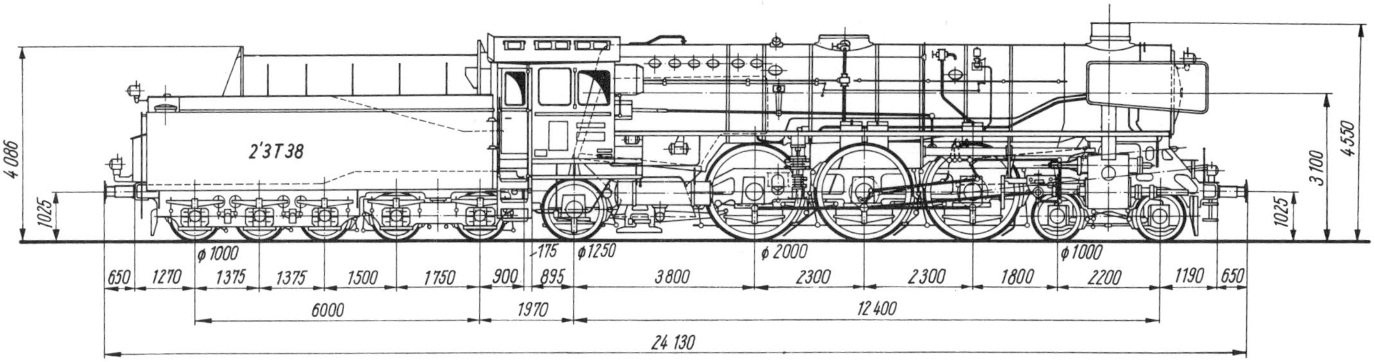

BR 01^{10} (Umbau DB) mit Rostfeuerung

wurden die 01^{10} in ihren traditionellen Heimat-Bw überflüssig. 1963 wurden sie von Bebra abgezogen, 1968 von Osnabrück. Die noch verbliebenen rostgefeuerten Maschinen, seit 1968 BR 011, kamen von Kassel nach Rheine. Die ölgefeuerten Lokomotiven (BR 012) wurden z. T. nach Hamburg-Altona umbeheimatet und liefen auf den Strecken nach Westerland (Sylt), Flensburg, Kiel und Osnabrück (bis 1968). Als mit dem Winterfahrplan 1972/73 Hamburg „dampffrei" gemacht wurde, fanden alle bei der DB noch im Einsatz befindlichen 01^{10} beim Bw Rheine die letzte Heimat: sie standen vorzugsweise auf der Strecke nach Emden im Dienst. 1974/75 waren nur noch einige Lokomotiven der Baureihe 012 betriebsfähig.
Zwei Maschinen der BR 01^{10} wurden in der BRD bisher als Denkmal aufgestellt: die 01 1056 in Rheine, die 01 1102 in Bebra.

Konstruktive Merkmale

Kessel: Zylindrischer Langkessel mit konischem Übergangsschuß zum Hinterkessel. Feuerbüchse mit Verbrennungskammer. Sämtliche Stehbolzen, Kreuzgelenkstehbolzen und Anker gewindelos mit Spiel eingeschweißt. Kleine, spezifisch hochbelastete Rostfläche. Naßdampfregler Bauart Wagner mit Reglerhandhebel in Kesselmitte. 2 Hochleistungs-Sicherheitsventile (80 mm l. W.) mit im Dampfraum liegenden Federn. Speiseeinrichtungen: Mischvorwärmer Bauart Heinl mit Heinl-Mischvorwärmer-Kolbenspeisepumpe links an der Rauchkammer; nichtsaugende Dampfstrahlpumpe (250 l/min).
Rahmen: wie BR 01^{10} (Einheitslok), jedoch Hartmangan-Platten in den Achslagerführungen.
Laufwerk: wie BR 01^{10} (Einheitslok).
Triebwerk: wie BR 01^{10} (Einheitslok), jedoch mit Pendelrollenlagern in Treib- und Kuppelstangen. Neue Zylinder mit angegossenen Ausströmkästen.
Steuerung: wie BR 01^{10} (Einheitslok), jedoch mit federlosen Druckausgleichkolbenschiebern Bauart Müller.
Bremse: wie BR 01^{10} (Einheitslok), jedoch mit einstufiger Schnellhubluftpumpe Bauart Wülfel.
Sondereinrichtungen: Druckluftsandstreuer für einseitige Sandung der Kuppelräder von vorn. Sandkästen in Höhe des Umlaufbleches. Zentralschmierung für alle unter Dampf gehenden Teile durch Hochdruckpumpe Bauart Bosch-Reichsbahn. Rußbläser Bauart Gärtner. Dampfheizungsanlage. Elektrische Beleuchtung durch Dampfturbogenerator AEG, Spurkranzschmierung De Limon mit von der linken Schwinge angetriebener Fettpresse. Indusi Bauart Siemens. Schreibende Geschwindigkeitsmesser Bauart Deuta. Ölhauptfeuerung für einen Großteil der Maschinen.
Tender: 2'3 T 38 mit 10 t Kohle. Bei Ölhauptfeuerung Austausch des Kohlekastens gegen Ölbunker mit 10 m^3 bis 14 m^3 Fassungsvermögen.

02

Einheitslok

Die neugegründete DRG hatte auf dem Triebfahrzeugsektor als erste und wichtigste Aufgabe die Beschaffung neuer Schnellzugloks mit 20 t Achsfahrmasse zu erledigen. Nach einem vom Vereinheitlichungsbüro und dem Eisenbahnzentralamt (EZA) erarbeiteten Entwurf wurden zunächst je 10 2′C 1′-Maschinen als Zwilling und als Verbundmaschine gebaut (BR 01 und 02). Beide Maschinen stimmten in allen Teilen (ausgenommen Dampfmaschine und Triebwerk) völlig überein und waren so ausgelegt, daß jede der beiden Baureihen ohne großen Aufwand in die andere, wirtschaftlich überlegene, umgebaut werden konnte. Mit dem Bau der beiden Pazifik-Varianten sollte ermittelt werden, ob der Heißdampf bei Verbundmaschinen noch Vorteile gegenüber dem Zwilling erbrachte. Dieser Vergleich war an sich überflüssig, denn es lagen genügend Erfahrungen mit Verbundmaschinen vor: Preußen hatte mit der S 10^1 (2′C h4v) eine vorzügliche Lokomotive, Bayern konnte die S $^3/_6$ (2′C1′ h4v), Baden die IV h (2′C1′ h4v) vorweisen, und Sachsen hatte mit seiner XII H-Reihe die Überlegenheit des Verbundsystems schon nachgewiesen.
Im EZA saß als Lokbaudezernent mit R. P. Wagner ein Verfechter preußischer, genauer Garbescher, Tradition, der von Garbes Behauptung, Heißdampf erübrige die Verbundwirkung, überzeugt war und diese Überzeugung in die Praxis umzusetzen gedachte. Bestärkt wurde Wagner in seiner Ansicht durch eine Studienreise in die USA, wo man die stärksten und schnellsten Maschinen mit Heißdampf-Zwillingstriebwerken baute. Nur übersah Wagner, bewußt oder unbewußt, daß die amerikanischen Lokomotivbauer in anderen Dimensionen dachten und diese Dimensionen nicht ohne weiteres auf die vergleichsweise zierlichen europäischen Maschinen zu übertragen waren. So darf der Bau von 10 Maschinen der BR 02 als Zugeständnis an die süddeutschen „Verbundapostel" im Lokausschuß betrachtet werden. Ein Zugeständnis aber, mit dem und nun endgültig die Überlegenheit des Heißdampfzwillings nachzuweisen war. Als der Entwurf der Dampfmaschine vorlag, erhoben die im Bau von Verbundtriebwerken erfahrenen süddeutschen Konstrukteure Einspruch und warnten vor dem Mißerfolg, der aus der unzureichenden Bemessung der Steuerorgane und Dampfkanäle erwachsen müsse. Wagner setzte es jedoch durch, daß die Maschine nach seinen Vorstellungen gebaut wurde. Maffei überließ man die Ausführung von 2 Maschinen (02 009 und 02 010).
In dieser Angelegenheit machte sich auch der Einfluß der Großunternehmen Krupp und Borsig/AEG spürbar, die über entsprechende Schlüsselpositionen im Verwaltungsrat der DRG verfügten. Die süddeutschen und sächsischen Lokbauer erlagen der preußischen Konkurrenz, Krupp und die AEG etablierten sich im Lokomotivgeschäft.
Die erste der von beiden Baulosen gelieferten Maschine war die 02 001 (Henschel, Fabr.-Nr. 20 460), die somit die erste fertiggestellte Einheitslokomotive war. Nach ihrer Ablieferung im Oktober 1925 kam sie sofort zur Verkehrsausstellung nach München. Dort stand sie neben der bay. S $^3/_6$ und der bad. IV h. Als die Wiener Fachzeitschrift „Lokomotive" die IV h der 02 als mindestens ebenbürtig gegenüberstellte und ihr in puncto Qualität den Vorrang gab, verwahrte sich das EZA sofort in einem Brief an die Redaktion gegen diese Behauptungen: Die 02 sei in allen für die Leistung ausschlaggebenden Hauptabmessungen (mit Ausnahme des Rostes) der IV h überlegen. Und was die „Güte" der Maschine betreffe, so werde das erst die Zeit zeigen. Nun, um das vorweg zu nehmen, die letzte IV h überlebte die letzte 02-Lokomotive um genau 30 Jahre.
Die wenige Tage nach der 02 001 fertiggestellte 02 002 kam mit der ebenfalls 1925 abgelieferten 01 001 von Borsig zu Vergleichsprüfungen in das LVA Grunewald. Die Untersuchungen begannen am 30. 1. 1926. Parallel zu den Versuchen des LVA sollten Praxiserprobungen die Grunewalder Ergebnisse ergänzen. So erhielten die Bahnbetriebswerke

Erfurt P 02 001–02 004 (ohne 002)
neben 01 008–01 010

02 006 (Henschel 20 465/1925). 1941 umgebaut in 01 239

Hamm 02 005–02 007
neben 01 002–01 004
Hof 02 008–02 010
neben 01 005–01 007.

Bei dem LVA Grunewald wurden die 01 und 02 zunächst nur bei v = 60 km/h auf der Strecke Erfurt–Bebra erprobt.

Bei Zughakenleistungen unter 736 kW (1000 PSe) war die 01 sparsamer im Dampfverbrauch, erst oberhalb 736 kW (1000 PSe) gab es bei der 02 Ersparnisse von 3,5% bis 5%. Bremslokversuche (1928) ergaben ein ähnliches Bild: Erst bei höheren Leistungen war die Verbundmaschine etwas rentabler; im niederen Leistungsbereich ergab sich ein Mehrverbrauch bis zu 9%. Die Bw Erfurt, Hamm und Hof meldeten im wesentlichen analoge Ergebnisse. Die HV der DRG beschloß daraufhin, den Bau 02 einzustellen und die 01 in die Serienfertigung zu geben.

Anfang der 30er Jahre wurden die 02 001 und die 01 093 nochmals zum LVA Grunewald zu Vergleichsfahrten geholt. Die 01 war mit dem 6,8-m-Langrohrkessel ausgestattet, der Zylinderdurchmesser war von 650 mm auf 600 mm reduziert worden. Natürlich waren unter diesen Bedingungen keine anderen Ergebnisse zu erwarten. Im Gegenteil, die Überlegenheit der Verbundmaschine begann wesentlich später, die Ersparnisse waren spärlicher. Allgemein wurden die Leistungskurven der 01 von der 02 bei etwa 70 km/h bis 80 km/h unterschritten.

Nach zweijähriger Erprobung wurde die BR 02 aus Nord- und Mitteldeutschland abgezogen. Alle 10 Maschinen erhielt das Bw Hof (Rbd Regensburg), das mit ihnen die Züge Regensburg–Hof–Leipzig, München–Berlin und Hof–Dresden–Breslau bespannte. Auf den schwierigen Rampenstrecken haben sich die Maschinen recht gut bewährt. Trotzdem wurden sie in den Jahren 1937 bis 1942 im Raw Meiningen in Zwillingsmaschinen der BR 01 umgebaut und erhielten die Betriebsnummern 01 011 und 01 233–01 241.

Wie aus Veröffentlichungen Prof. Nordmanns, des Versuchsdezernenten, ersichtlich, wußte man über die Fehler in der Konstruktion der 02 recht gut Bescheid. Nordmann gab, wenn auch nur indirekt, zu, daß die wirtschaftliche Unterlegenheit der 02 im höheren Geschwindigkeitsbereich nicht dem Verbundprinzip, zumindest nicht ihm allein, sondern der Fehlkonstruktion der Dampfmaschine zuzuschreiben war.

So ist beispielsweise der Antrieb der inneren Steuerung von einem an den Voreilhebeln um 58 mm nach oben versetzten Punkt abgeleitet worden. Damit sollte erreicht werden, daß die ND-Zylinder eine größere Füllung als die HD-Zylinder erhielten. Leider wurde diese Absicht durch eine falsche Bemessung der Voreilung und der Einlaßdeckung in das Gegenteil verkehrt: In einem weiten Bereich war die Füllung der HD-Zylinder größer, wodurch eine ungünstige Form der Dampfdruckdiagramme entstand. Wie wenig haltbar die These von der Wirkungslosigkeit des Verbundprinzips bei Heißdampf war, bewies später nicht nur Chapélon in Frankreich, sondern bewies sich die DRG bei den BR 04 und 24 (25 bar ≙ 25 kp/cm^2) selbst.

Konstruktive Merkmale

Kessel: Genieteter Einheitslokkessel mit 5,8 m Rohrlänge. Kupferne Feuer-

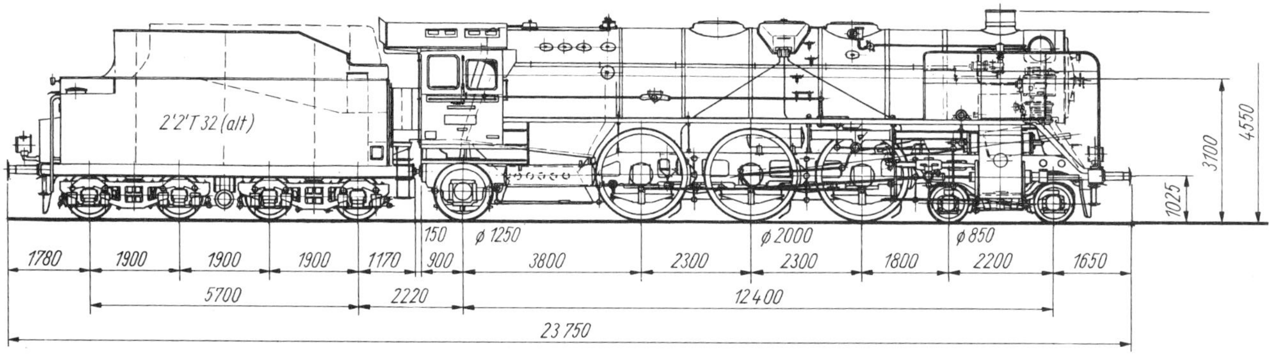

BR 02. Tender 2′2′ T 32 neu gestrichelt

büchse und Stehbolzen. Feuerbüchse breit über dem Rahmen. Geräumiger Aschkasten zwischen letzter Kuppelachse und Schleppachse. Rauchkammerboden gegenüber 01-Kessel wegen der Innenzylinder abgeflacht. 2 Sicherheitsventile Bauart Ackermann. Vorderer Dom mit Speisewasserreiniger, hinterer Dom mit Naßdampfventilregler Bauart Schmidt & Wagner. Speiseeinrichtungen: Kolbenspeisepumpe Nielebock-Knorr (350 l/min) und Oberflächenvorwärmer Bauart Knorr in Rauchkammernische quer zur Fahrtrichtung; saugende Dampfstrahlpumpe Bauart Schäffer & Budenberg (350 l/min).

Rahmen: 100 mm starker Barrenrahmen mit 1150 mm Wangenabstand (etwas größer als bei BR 01). Ausführung der Rahmenwangen nahezu analog BR 01. Pendelbleche vor jeder Kuppelachse.

Laufwerk: Vierpunktabstützung. Drehgestell bildet vordere Stützpunkte, die durch Ausgleichhebel verbundenen Kuppelradsätze und die Schleppachse die beiden hinteren. Schleppachse (80 mm Seitenverschiebbarkeit) als Adamsachse mit Rückstellvorrichtung. Drehgestell preußischer Bauart (100 Millimeter Seitenverschiebbarkeit) mit Blattfederrückstellung. Kuppelachsen fest im Rahmen gelagert. Treibachse mit 15 mm Spurkranzschwächung.

Triebwerk: 2 außenliegende, mit dem Rahmen verschraubte ND-Zylinder. 2 innenliegende, geneigt eingebaute HD-Zylinder, die zusammen mit ihren Schieberkästen ein Gußstück bilden. HD- und ND-Zylinder treiben die 2. Kuppelachse an, die als Kropfachse ausgebildet ist. Geteilte Kuppelstangenlager mit Flachkeilnachstellung.

Steuerung: Heusinger-Steuerung mit Hängeeisen. Innere Einströmung für HD-Zylinder, äußere Einströmung für ND-Zylinder. Antrieb der inneren Steuerung wird von den Voreilhebeln der äußeren Steuerung abgeleitet. Luftgesteuerte Druckausgleicher mit Eckventilen, die zugleich als Anfahrvorrichtung dienen.

Bremse: Selbsttätig wirkende Einkammerdruckluftbremse Bauart Knorr mit Zusatzbremse. Einseitige Abbremsung aller gekuppelten Achsen von vorn mit 100 % der Achskraft. 170 % mit Zusatzbremse. Doppelverbund-Luftpumpe Bauart Nielebock-Knorr in rechter Rauchkammernische.

Sondereinrichtungen: Preßluftsandstreuer Bauart Borsig-Reichsbahn sandet alle Kuppelräder von vorn. Hochdruckschmierung für alle unter Dampf gehenden Teile durch Hochdruckschmierpumpe Bauart Bosch-Reichsbahn. Schmierung von Luft- und Speisepumpe durch De-Limon-Pumpe DK. Dampfheizungseinrichtung. Gasbeleuchtung Bauart Pintsch. Nichtschreibender Geschwindigkeitsmesser Bauart Deuta.

Tender: 2′2 T 32 mit 10 t Kohle.

03^{0-2} Einheitslok

Das Typisierungsprogramm der DRG von 1923/1924 sah als Einheitsschnellzuglokomotive lediglich die BR 01 mit 20 t Achsfahrmasse vor. Infolge der schlechten Finanzanlage konnte der Ausbau der Strecken für diese Werte nicht im vorgesehenen Maße erfolgen, so daß bis zum Ende der 20er Jahre vor allem in den norddeutschen Direktionen noch keine 01-Maschinen eingesetzt werden konnten. Auch die versuchsweise eingesetzte pr. P 10 (BR 39^{0-2}) mußte sofort von den 17,5-t-(17,5-Mp-)Strecken wegen des zu schwachen Oberbaues wieder abgezogen werden. Den norddeutschen Direktionen standen deshalb nur die 2'C-Maschinen der Baureihen 17^{0}, 17^{2} und 17^{10-12} zur Verfügung, die mit Wagenzugmassen von 500 t und 600 t weit überfordert wurden. Die HV der DRG konnte sich deshalb dem Drängen des Maschinendienstes der norddeutschen Direktionen nicht länger verschließen und forderte von der Industrie Entwürfe für eine „leichte" Schnellzuglok mit 17,5 t Achsfahrmasse (17,5 Mp Achslast).

Die Ausschreibung ist in zweifacher Hinsicht bemerkenswert: Alle bis 1930 entworfenen Einheitslokomotiven stammten vom Vereinheitlichungsbüro (VB). Jetzt erging die Aufforderung an die Firmen Henschel/Maffei und Schwartzkopff, Projekte einer 2'C 1' mit Vierzylinder-Verbundtriebwerk, 17,5 t Achsfahrmasse (17,5 Mp Achslast), einem 6,8-m-Kessel und einer baulichen Länge vorzulegen, die das Wenden auf 20-m-Scheiben zuließ. Es überrascht die Forderung nach einer Verbundmaschine, obwohl bereits 1926/27 im Vergleich der BR 01/02 die Entscheidung eindeutig zugunsten der Zwillingslok gefallen war. Als am 7. 3. 1929 der Lokausschuß auf seiner 14. Beratung über die Entwürfe zu befinden hatte, lagen folgende Projekte vor:

Vereinheitlichungsbüro:
- 2'C1' h4v (Zweiachsantrieb);
- 2'C1' h2

Henschel/Maffei:
- 2'C1' h4v (Zweiachs- und Einachsantrieb); 2'C1' h2

Schwartzkopff:
- 2'C1' h4v (Zweiachsantrieb);
- 2'C1' h4 (2 Projekte Zweiachsantrieb); 2'C1' h2.

03 154 (BLW 14 474/1934). Triebwerksverkleidung bereits zurückgeschnitten

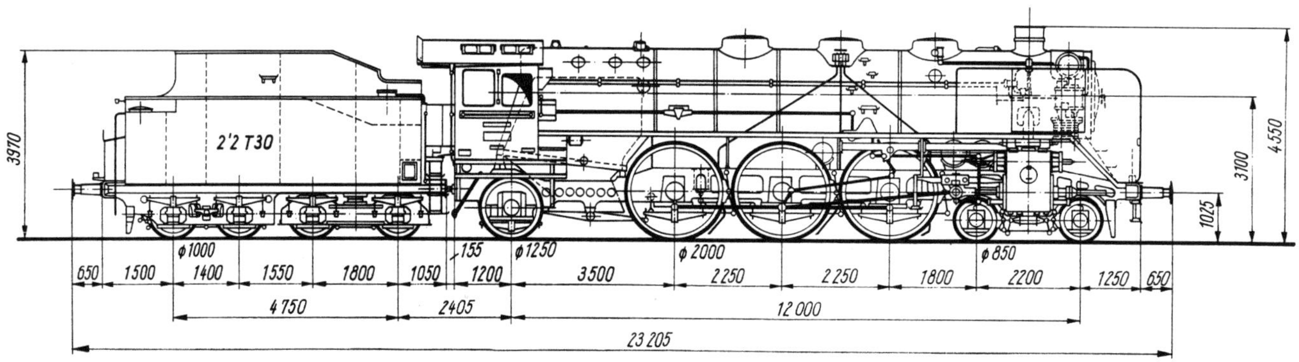

BR 03. Baumusterlokomotiven 03 001–03 003

Unter dem Einfluß des Betriebs- und Werkstättendienstes fiel die Entscheidung zugunsten der Zwillingsmaschine in einer Form, die dem Entwurf des VB sehr nahe kam.

Der Bau der drei Vorauslokomotiven bei Borsig ging schnell vonstatten, so daß schon am 8. 7. 1930 die erste Maschine abgenommen werden konnte. Nach zweimonatiger Eprobung bei dem LVA Grunewald wurde sie, wie die beiden anderen Vorausloks, dem Bw Osnabrück zugewiesen, wo sie zusammen mit der BR 18^5 in einem Dienstplan liefen. Die Vorausmaschinen waren noch mit 14 bar (14 kp/cm^2) Kesseldruck und einem Zylinderdurchmesser von 600 mm geliefert worden. Ab 03 004 erhielten die Maschinen 16 bar (16 kp/cm^2) Kesseldruck und 570 mm Zylinderdruchmesser; die Vorauslokomotiven wurden nachträglich umgebaut. Von 1930 bis 1938 wurden insgesamt 298 Lokomotiven der BR 03 beschafft, an deren Lieferung die Firmen Borsig, Krupp und Henschel sowie die Firma Schwartzkopff beteiligt waren.

Die Baureihe erfuhr im Zeitraum ihrer Beschaffung nur wenige Bauartänderungen: ab 03 123 wurden anstelle der kupfernen Feuerbüchsen solche aus Stahl eingebaut; gleichzeitig wurden Luft- und Speisepumpe von den Rauchkammernischen auf Höhe der Treibachse in den Umlauf verlegt. Die mittlere Kuppelachsfahrmasse stieg auf 18 t (18 Mp). Ab 03 163 wurden die Drehgestelle mit 1000er Laufrädern (bisher 850 mm ∅) ausgerüstet, die Kuppelachsen mit Scherenklotzbremsen versehen und die Höchstgeschwindigkeit von 120 auf 130 km/h heraufgesetzt. Einige Maschinen mit gutem Erhaltungszustand wurden auch für 140 km/h zugelassen, um als Ersatz für ausgefallene Schnelltriebwagen dienen zu können. Die 03 175 und 03 207 erhielten versuchsweise Lentz-Ventilsteuerung, die 03 081 und 03 082 zeitweilig Friedmann-Abdampf-Injektoren. Die 03 194 bekam versuchsweise eine Kylchap-Saugzuganlage. Ausführlich beschäftigte sich das LVA Grunewald mit der Baureihe 03. Einer systematischen thermischen und leistungstechnischen Untersuchung wurden die 03 001 und 03 003 (mit 600 mm Zylinderdurchmesser), die 03 030 und 03 109 (mit 570 mm Zylinderdurchmesser), die 03 154 ohne und mit Teilverkleidung, die 03 193 mit Stromlinienverkleidung, die 03 175 mit Lentz-Ventilsteuerung und die 03 194 mit Doppelblasrohr und -schornstein unterzogen.

Die besten Werte erzielte dabei die 03 109 vom Bw Halberstadt mit 1458 kW (1980 PSi) (bei einer bis 130 km/h ansteigenden Leistungskurve) und einem spezifischen Dampfverbrauch von 7,88 kg/kWh (5,8 kg je PSih) bei 140 km/h. Die unverkleidete 03 154 kam auf 1456 kW (1900 PSi) und etwa 8,15 kg/kWh (6,0 kg/PSih) bei 140 km/h. Die mit der 03 109 erzielten Werte sind nicht typisch für die gesamte Baureihe, sondern stellen Spitzenwerte eines besonders gut gelungenen Exemplars dar. Die Schnellfahrversuche erbrachten den Beweis, daß Geschwindigkeiten von 140 km/h mit der 03 noch zu bewältigen waren, aber für die Lager und besonders für den Kessel einen erhöhten Unterhaltungsaufwand erforderten.

Um den Gewinn an Zughakenleistung bei einer strömungsgünstigen Verkleidung zu ermitteln, rüstete man 1934 die 03 154 des Bw Grunewald mit einer Teilverkleidung aus. Sie erhielt ein windschnittiges Führerhaus, eine parabolische Rauchkammertür und vollständige Triebwerksverkleidung. Die gewonnene Zughakenleistung nahm mit steigender Fahrgeschwindigkeit zu und betrug bei 120 km/h 129 kW (175 PSe) (= 16,2 % der unverkleideten Lok), bei 140 km/h 158 kW (215 PSe) (= 27,0 %). Die Erwärmung der Achs- und Stangenlager unter der Verkleidung blieb in erträglichen Grenzen. Der Versuch, über einen längeren Zeitraum (40 min) mit einer spezifischen Heizflächenbelastung von 85 kg je m^2h zu fahren, gelang zwar (Dampferzeugung 17,15 t/h), mußte aber mit erheblichen Undichtheiten an der Feuerbüchsrohrwand bezahlt werden. Die teilverkleidete 03 154 lieferte wertvolle betriebspraktische Ergänzungen zu den Göttinger Windkanalversuchen mit dem Modell einer vollverkleideten Lok. Die hier gesammelten Erfahrungen wurden beim Bau der Stromlinien-Lokomotiven der DRG (05, 06, 01^{10}, 03^{10} und 19^{10}) genutzt.

Um auch bei der BR 03 exakte Werte für den Leistungsgewinn bei Vollverkleidung zu erhalten und bei Ausfall einer der beiden 05-Maschinen einen annähernd gleichwertigen Ersatz zu haben, erhielt 1936 die 03 193 von Borsig eine vollständige Stromlinienverkleidung. Bei den Meßfahrten im Bereich zwischen 60 km/h und 140 km/h auf der Strecke Berlin–Hamburg wurden 280 kW (380 PSe) (= 48 %) Zughakenleistung gegenüber der unverkleideten Lok gewonnen. Die Jalousien, die bei den stromlinienverkleideten Lokomotiven den Zugang zum Triebwerk ermöglichten, erwiesen sich als nicht voll betriebstüchtig (verklemmen, festfrieren), weshalb man bei der 03 154 die Triebwerksverkleidung bis oberhalb der Kuppelachslager zurückschnitt.

Die bei Henschel im Bau befindliche 03 175 wurde versuchsweise mit Lentz-Ventilsteuerung ausgerüstet und vor dem Meßwagen 3 des LVA Grunewald untersucht. Obwohl die Maschine bei 120 km/h mit 10 % Füllung gefahren werden konnte, ergaben sich gegenüber der Regelausführung keine nennenswerten Ersparnisse, die den Mehraufwand an Bau- und Unterhaltungskosten gerechtfertigt hätten. Ähnliche Ergebnisse erbrachte die ebenfalls mit Lentz-Ventilsteuerung ausgerüstete 03 027. Vom Umbau weiterer Maschinen der BR 03 sah man deshalb ab.

Offensichtlich unter dem Eindruck der Erfolge Chapélons in Frankreich mit Kylchap-Saugzuganlagen rüstete die DRG die 03 194 mit Doppelblasrohr und -schornstein aus. Die Erfolge blieben, so Düring, in bescheidenen Grenzen, weil die Versuchsanlage dem

03 091 (Schwartzkopff 10 107/1932)

Kylchap-System nur teilweise entsprach.
Die Neuzuteilung der BR 03 erfolgte bevorzugt an die nord- und ostdeutschen Direktionen mit Strecken, die nur für 17 t bis 18 t (früher 17 Mp bis 18 Mp) zugelassen waren. 03-Hochburg wurde das Bw Osnabrück, das bis zu 42 Maschinen (1940) dieser Baureihe beheimatete. Die Berliner Bw (Grunewald, Karlshorst und Lehrter Bf) erhielten 26 Maschinen. Überall, wo die 03 auftauchte, löste sie die pr. S 10-Maschinen ab. Am Ende ihres Beschaffungszeitraumes waren 03 überall in Deutschland anzutreffen.
Die 03 174 wurde bereits 1939 ausgemustert, weil am 20. 3. 1939 ihr Kessel bei Wilmersdorf (Krs. Angermünde) zerknallte. Sieben Maschinen gingen im Krieg verloren. Die DB übernahm etwa 154 Maschinen und erhielt 1952 von den ÖBB noch die 03 113, die bei Kriegsende in Landeck (Tirol) stehengeblieben war. Die DR hatte bei Kriegsende 86 Maschinen im Bestand. Die restlichen Maschinen verblieben bei der PKP oder sind nicht mehr nachweisbar.
Bei der DB blieb der 03-Bestand bis 1962 nahezu unverändert, erst ab 1962 begann die planmäßige Ausmusterung. Bereits 1960 gaben Osnabrück und Hannover ihre 03 an andere Bw (Mönchengladbach, Trier u. a.) ab. 1960/61 wurde Rheine das zweitgrößte 03-Bw der DB. Die Rheiner 03 waren vielfach mit dem Tender 2'2 T 30 gekuppelt, um auf den 20-m-Scheiben in Holland und Ostfriesland wenden zu können. Ab 1966 wurden die Rheiner 03 durch 01 ersetzt und zum größten Teil nach Mönchengladbach (Strecke Mönchengladbach–Köln–Aachen) abgegeben. 1968 war die Traktionsumstellung soweit fortgeschritten, daß die 03 entbehrlich wurde und aus der planmäßigen Unterhaltung genommen werden konnte. Die letzten 3 Maschinen beheimatete das Bw Ulm (03 088, 03 131 und 03 268).
Bei der DR stand die 03 noch Mitte der 70er Jahre im hochwertigen Reisezugdienst auf den Flachlandstrecken der DR voll im Einsatz. Die Maschinen waren auf mehr als 10 Bw verteilt, so u. a. in Berlin Osb, Oebisfelde, Frankfurt (Oder), Pasewalk, Halle P und Leipzig Süd und West. Ab 1960 erhielten die Maschinen, die zur Schadgruppe L4 anfielen, neue Hinterkessel in Schweißausführung mit mehr Waschlüken und Mischvorwärmeranlagen. Außerdem wurden sie mit neuen Aschkästen (Bauart Stühren) mit unter dem Boden liegenden Luftklappen versehen. Bei diesem Umbau ersetzte man auch die großen Windleitbleche der Ursprungsausführung gegen Witte-Bleche. Nur die 03 098, 03 121 und 03 153 liefen auch nach der Ausrüstung mit Mischvorwärmern noch eine zeitlang mit großen Windleitblechen.
Die Leistungen, die mit den Lokomotiven der Baureihe 03 im Laufe ihrer Geschichte gefahren wurden, bedürfen keines Kommentars. Zweifellos war die 03 mehr als nur „guter Durchschnitt“,

03 193 (BLW 14 554/1935) mit Stromlinienverkleidung

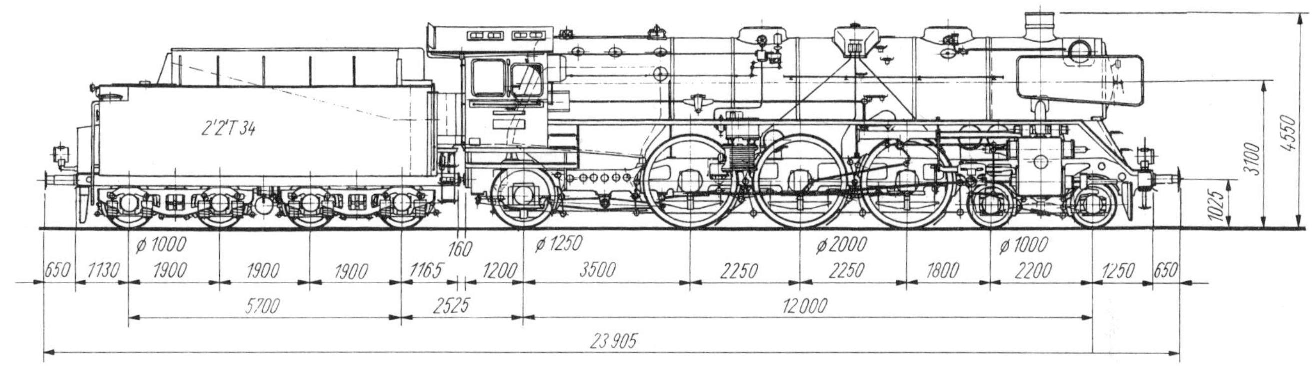

BR 03 ab 03 163 (Bauzustand bei DR)

wie ihr in Abwertung ihrer Leistungen von wenigen Fachleuten zugestanden wurde, nach deren Vorstellungen Schnellfahrten und hochwertiger Reisezugdienst ein Privileg der Vierzylinder-Verbundmaschinen süddeutscher Länderbauart sein sollten.

Konstruktive Merkmale

Kessel: Genieteter Einheitslokkessel mit 6,8 m langen Rohren. Dampf- und Speisedom weiter zur Mitte verlegt als bei BR 01. Bis 03 122 kupferne Feuerbüchse, ab 03 123 Stahlfeuerbüchse breit über dem Rahmen. 2 Sicherheitsventile Bauart Ackermann. Speiseeinrichtungen: Kolbenspeisepumpe Bauart Nielebock-Knorr (250 l je min), Oberflächenvorwärmer Bauart Knorr.
Rahmen: 90 mm starker Barrenrahmen, im Bereich der Schleppachse auf 40 mm eingezogen. Pendelbleche vor jeder Kuppelachse.
Laufwerk: Drehgestell mit 2200 mm Achsabstand wie BR 01 und ± 50 mm Seitenverschiebbarkeit. Ab 03 163 ± 70 mm Seitenverschiebbarkeit. Adamsachse mit ± 80 mm Seitenverschiebbarkeit. Spurkränze der Treibachse um 15 mm geschwächt. Lok in vier Punkten auf dem Laufwerk abgestützt.
Triebwerk: 2 Außenzylinder mit angeschraubten Ausströmkästen. Antrieb der 2. Kuppelachse. Nachstellbare Treibstangenlager. Kuppelstangen mit nicht nachstellbaren Buchsenlagern.
Steuerung: Außenliegende Heusinger-Steuerung mit Hängeeisen für Inneneinströmung. Füllungen bis zu 81,6 % und 80 % für Vor- und Rückwärtsfahrt. Steuerbock am Stehkessel befestigt. Antrieb der Steuerung von der Treibachse. Kolbenschieber mit Eckventil-Druckausgleichern. Später Kolbenschieber Bauart Nicolai bzw. Karl Schulz.
Bremse: Selbsttätig wirkende Einkammer-Druckluftbremse Bauart Knorr mit Zusatzbremse. Bis 03 162: einseitige Abbremsung der gekuppelten Achsen von vorn, einseitige Abbremsung der Drehgestellachsen. Ab 03 163: Scherenklotzbremse für gekuppelte Achsen, einseitige Abbremsung der Drehgestellachsen, einseitige Abbremsung der Schleppachse. Doppelverbundluftpumpe Bauart Nielebock-Knorr. 2 Hauptluftbehälter (je 400 l) quer auf dem Hauptrahmen hinter dem Rauchkammerträger. Hilfsluftbehälter für Treibradbremse innerhalb des Rahmens zwischen 1. und 2. Kuppelachse. Masseabhängige Wurfhebelbremse für den Tender.
Sondereinrichtungen: Druckluftbetätigter Sandstreuer sandet die Räder aller gekuppelten Achsen von vorn. Hochdruckschmierung Bauart Bosch-Reichsbahn für alle unter Dampf gehenden Teile mit Tropfanzeigern auf dem Führerstand. Dampfheizungsanlage. Elektrische Beleuchtungsanlage durch Dampfturbogenerator AEG oder Henschel. Nichtschreibender Geschwindigkeitsmesser Bauart Deuta.
Tender: Tender der Einheitsbauart 2'2 T 30, 2'2' T 32 und 2'2' T 34 mit jeweils 10 t Kohle.

03^{0-2} Rekolok DR

Als nach dem zweiten Weltkrieg die DR begann, das Streckennetz zu rekonstruieren, wurden die Hauptstrekken für eine Achsfahrmasse von 20 t ausgebaut. Die schweren Schnellzuglokomotiven befanden sich zumeist im Besitz der DB (alle 01^{10} und die meisten 01). Die DR mußte ihre Schnellzugfahrpläne mit den verbliebenen 01 und den in größerer Stückzahl vorhandenen 03 aufstellen. Der Fahrplan mußte dabei oft auf die schwächere 03 Rücksicht nehmen, weil vielerorts beide Baureihen, 01 und 03, in einem Bw stationiert waren und dort in gleichen Dienstplänen liefen.

Aus diesem Grunde befaßte sich der Lokomotivausschuß der DR während der Zeit des Dampflok-Rekonstruktionsprogrammes auch mit dem Thema einer möglichen Leistungssteigerung der BR 03. Die technischen Voraussetzungen waren mit dem für die BR 22 (ex BR 39^{0-2}) entwickelten Rekokessel mit Verbrennungskammer gegeben. Der Kessel erzeugte, wie der Kessel der 01^{0-2}, 14 t/h Dampf, entsprach aber in seinen Abmessungen und seiner Masse dem 03-Kessel. Der 03-Kessel der Ursprungsausführung lieferte nur 12 t/h Dampf.

Zu dieser Neubekesselung kam es vorerst jedoch nicht. Die Mittel und die Fertigungskapazitäten für die Rekonstruktion von Dampflokomotiven mußten neben den planmäßigen Rekonstruktionen auch für die sogenannten Zwangsrekonstruktionen, d. h. den schnellen Ersatz der gefährdeten Kessel aus St 47 K bei den Baureihen 41 und 50, verwendet werden.

Die Baureihe 03 erhielt ab 1960 neue Hinterkessel in Schweißausführung mit einer größeren Anzahl Waschluken, Mischvorwärmeranlagen und neue Aschkästen nach dem Prinzip der Rekolokomotiven. Diese Verbesserungen betrafen vor allem die verbrennungstechnische und wärmewirtschaftliche Seite, erhöhten aber zugleich auch das Stehvermögen der Kessel. Bei diesen Umbauten, die im Rahmen einer Hauptuntersuchung vorgenommen wurden, verloren die Lokomotiven der BR 03 leider auch ihre großen Windleitbleche und damit einen Teil ihres prägnanten

03 180 (BWL 14 560/1935) mit Rekokessel der 22 015

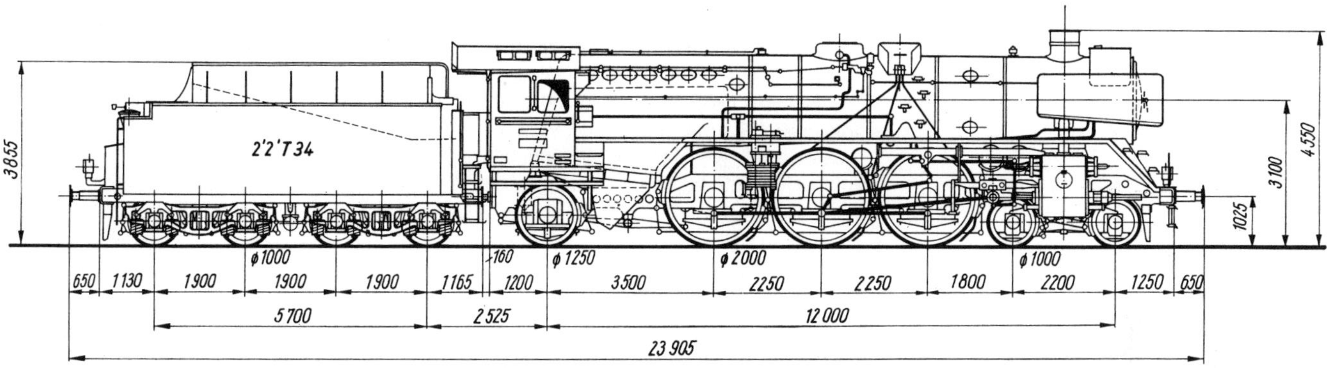

BR 03 (Rekolok DR)

Aussehens. Die Baureihe wurde mit Windleitblechen der Bauart Witte ausgerüstet.

Die Traktionsumstellung bei der DR erfolgte schneller als geplant. Mit der Elektrifizierung des sächsischen Raumes und durch Lieferungen von Diesellokomotiven aus der UdSSR wurde u. a. die Baureihe 22 überflüssig. Da sie mit ihrem Drillingstriebwerk in der Unterhaltung aufwendiger als Zwillingsloks war, wurde ihre Ausmusterung beschlossen. Weil aber diese Baureihe ausnahmslos mit neuen Verbrennungskammer-Kesseln ausgerüstet war, beschloß die DR, diese Kessel für die BR 03 zu verwenden. Der Einbau der Kessel erforderte nur geringe Anpassungsarbeiten, die im Rahmen einer Hauptuntersuchung erfolgten.

So kam es paradoxerweise durch den Traktionswechsel und natürlich auch durch eine straffe Typisierung der Kesselentwürfe zu einer nachträglichen Erweiterung des Rekonstruktionsprogrammes für Dampflokomotiven. Insgesamt wurden 52 Maschinen der Baureihe 03 mit Neubaukesseln der BR 22 in den Jahren 1969 bis 1975 ausgerüstet. Die Maschinen sind äußerlich an den nur zwei Kesselaufbauten (Dampfdom und Sandkasten) und der größeren Zahl von Waschluken am Hinterkessel erkennbar.

Somit erhielt neben der Baureihe 01 (durch die Rekonstruktion in 01^5) auch die Baureihe 03 zum Teil das Leistungsvermögen als Schnellzuglokomotive, das ihr durch die zu geringe Belastbarkeit der Kessel nach der Bauart Wagner/Nordmann versagt geblieben war.

Konstruktive Merkmale

Kessel: Neubau-Ersatzkessel Typ 03^{10} E. Vollständig geschweißt (auch Domhals eingeschweißt), mit zylindrischem Langkessel und konischem Übergangsschuß zum Hinterkessel. Feuerbüchse mit Verbrennungskammer. Sämtliche Stehbolzen und Verankerungen gewindelos mit Spiel eingeschweißt. Aschkasten Bauart Stühren am Rahmen befestigt. 2 Gestra-Schnellschluß-Abschlammventile.

Pendelblechhalter am Langkessel angenietet. 2 Sicherheitsventile Bauart Ackermann 60 mm I. W. Naßdampfventilregler Bauart Wagner mit Seitenzug. Speiseeinrichtungen: Mischvorwärmer-Anlage Bauart IfS/DR mit Kolbenverbundmischpumpe Bauart BBW, Typ 15-20; 1 Dampfstrahlpumpe. Speise- und Luftpumpe an besonderem Pumpenträger in Fahrzeugmitte.

Rahmen: Wie BR 03^{0-2} (Einheitslok), Stehkesselauflage am Rahmen wegen breiterem Hinterkessel verändert.

Laufwerk: Wie BR 03^{0-2} (Einheitslok)

Triebwerk: Wie BR 03^{0-2} (Einheitslok)

Steuerung: Wie BR 03^{0-2} (Einheitslok), jedoch Steuerbock am Rahmen befestigt, Steuerstange wegen breiterem Hinterkessel in der Mitte geteilt und über Pendelaufhängung seitlich gegeneinander versetzt. Druckausgleichkolbenschieber Bauart Trofimoff.

Bremse: Wie BR 03^{0-2} (Einheitslok).

Weitere Bauartänderungen gegenüber BR 03^{0-2} (Einheitslok) im Zuge des Umbaues: Neue Führerhausvorderwand mit schmaleren Stirnfenstern infolge breiteren Hinterkessels. Klarsichtapparate. Verglastes Dachschiebefenster. Druckluftbetätigte Zylinderentwässerungsventile. Zentralschmierung aller unter Dampf gehenden Teile durch Schmierpumpe Bauart Bosch-Reichsbahn oder Michalk.

Tender: Einheitstender 2'2' T 32 oder 2'2' T 34 mit zusätzlicher Kohlenäßeinrichtung, Schürgeräterohr Bauart Grunewald, Dosiereinrichtung mit eingebauten Vorratsbehältern für Wasseraufbereitungsmittel, Handstangen zum Öffnen und Schließen der Wasserkastendeckel von ebener Erde aus.

03^{10} Einheitslok (Stromlinienverkleidung)

Für die Beförderung schnellfahrender Züge auf 18-t-Strecken wurde vom Vereinheitlichungsbüro (VB) in Zusammenarbeit mit dem RZA die Stromlinienmaschine der BR 03^{10} entworfen. Die beiden Vorauslokomotiven 03 1001 und 03 1002 lieferte Borsig im Jahre 1939. Geplant war der Bau von 140 Lokomotiven. Wegen des Krieges wurden nur 60 Maschinen in Dienst gestellt; die Betriebsnummern 03 1023–03 1042 (Borsig) und 03 1061–03 1072 (Krupp) blieben unbesetzt, weil die Aufträge storniert worden waren.

Die Baureihe 03^{10} ist eine Weiterentwicklung der BR 03, wobei die Ergebnisse der Grunewalder Versuche mit unverkleideten 03 und der teilverkleideten 03 154 sowie der vollverkleideten 03 193 berücksichtigt worden waren. Die 03^{10} wurde als Dreizylindermaschine mit einfacher Dampfdehnung gebaut, wobei der Innenzylinder die 1. Kuppelachse, die beiden Außenzylinder die 2. Kuppelachse antrieben. Die Verteilung der Anfahrzugkraft auf 2 Achsen bewirkte eine Verschleißminderung der Treibachslagergleitbacken und der Achslagerstellkeile. Außerdem wurde mit dem Drillingstriebwerk ein guter Massenausgleich erzielt, der bei der zulässigen Höchstgeschwindigkeit von 140 km/h für die Laufruhe der Maschine von nicht unerheblicher Bedeutung war.

Ursprünglich waren 150 km/h als Höchstgeschwindigkeit zugelassen, doch mit der Verfügung des RVM vom 25. 2. 1941 wurde bei den Baureihen 01^{10} und 03^{10} die Höchstgeschwindigkeit auf 140 km/h herabgesetzt.

Wie die BR 03 erhielt auch die BR 03^{10} den Wagnerschen Langrohrkessel mit 6,8 m Rohrlänge, allerdings aus Stahl St 47 K. Als Dauerleistung sollten

03 1081 (Krauss-Maffei 15 731/1940)

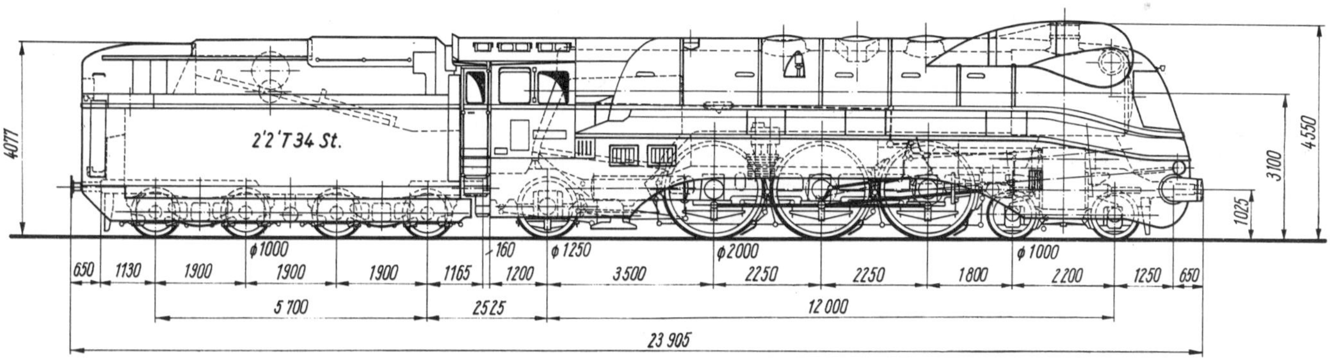

BR 03^{10} mit Stromlinienverkleidung (Baulos Borsig)

1325 kW (1800 PSi) erzielt werden. Das Leistungsprogramm sah die Beförderung von Schnellzügen mit 540 t in der Ebene mit 120 km/h vor. Auf 4‰ Steigung wurden 360 t mit 100 km/h bewältigt.

Am Bau der 03^{10} waren die Firmen Borsig, Krupp und Krauss-Maffei beteiligt. Die 03 1020 war zugleich die 15 000. Borsig-Lokomotive. Die Baulose Krupp und Krauss-Maffei erhielten vollständige Stromlinienverkleidung auch des Triebwerkes wie die BR 05, das Baulos Borsig hatte die Triebwerksverkleidung bis 225 mm über Achsmitte im Bereich der Kuppelachsen hochgezogen. Die offensichtliche Betriebsuntauglichkeit der Metall-Jalousien an der Triebwerksverkleidung führte dazu, daß mit der Sonderarbeit Nr. 754 die Freilegung des Triebwerkes angeordnet wurde. In einigen Betriebsbüchern ist die Ausführung der Sonderarbeit vermerkt, so bei den Lokomotiven 03 1075, 03 1078 und 03 1090 aus der Krauss-Maffei-Serie. Das Zurückschneiden der Triebwerksverkleidung erfolgte bereits 1941 im Raw Offenburg, bei der 03 1090 am 11. 5. 1942, als das Raw Meiningen die Schäden nach einem schweren Unfall ausbesserte.

Nach ihrer Abnahme liefen einige Maschinen kurze Zeit bei den Bw Saarbrücken Hbf, Köln Hbf, Hagen-Eck., Heidelberg, Bingerbrück, Nürnberg Hbf und Ulm sowie in Österreich (Bw Wien-West und Linz). 1942 wurden die Maschinen in den Bw Breslau (29), Bw Posen (16), Bw Kattowitz (6) und Stargard (6) (Klammerangaben Stand 1944) konzentriert.

Gegen Ende des Krieges fuhr man die Lokomotiven nach Westen ab. Es gelangten 26 Maschinen in den Bestand der DB, 19 in den Bestand der DR, 9 kamen zur PKP (Pm 3); von 5 Lokomotiven ist der Verbleib ungeklärt, und die 03 1092 ist bereits am 7. August 1944, offensichtlich mit Kriegsschäden, ausgemustert worden.

Für die 03 1002, 1003, 1005, 1006, 1007, 1015, 1047, 1052 und 1053 ist nach van Kampen/Wenzel der Verbleib bei der PKP verbürgt. Unbekannt verblieben sind 03 1018 (Breslau Hbf), 03 1044 (Breslauf Hbf), 03 1083 (Posen Hbf), 1086 (Posen Hbf) und 03 1091 (Bw Posen Hbf) (Klammerangaben: letztes bekanntes Bw).

Die DR-Maschinen waren in den ersten Nachkriegsjahren im wesentlichen bei den Bw Leipzig-West und Halle P stationiert. Einzelne liefen kurze Zeit bei den Bw Berlin Osb und Dresden A. Für die damaligen Verhältnisse wurden teilweise beachtliche monatliche Laufleistungen erzielt. Die 03 1080 zum Beispiel lief 1949 etwa 8000 km/Monat und erreichte 1950 Leistungen bis zu 14 519 km/Monat.

1952/53 wurden im VEB Lokomotivbau „Karl Marx" Babelsberg die Stromlinienverkleidungen bei allen DR-Maschinen (außer 03 1087) entfernt und die Loks in Normalausführung umgebaut. Auch bei der DB entfernte man die Verkleidung, weil sie zu unterhaltungsaufwendig war und bei den relativ geringen Geschwindigkeiten, die nach dem Kriege gefahren werden mußten, keinen Leistungsgewinn brachte.

Bei den 03^{10}-Lokomotiven beider deutscher Bahnverwaltungen zeigten sich Mitte der 50er Jahre Schäden an den Kesseln, die aus nicht alterungsbeständigem Baustoff St 47 K bestanden und eine Erneuerung erforderten. Der Kessel der 03 1046 war am 10. 10. 1958 bei der Durchfahrt durch den Bf Wünsdorf vor dem Balt-Orient-Expreß zerknallt. Es mußten auf dem schnellsten Wege neue Kessel für diese Baureihe beschafft werden. Weil die Entwicklung des Reko-Kessels bei der DR erst kurz vor dem Abschluß stand, erhielten die 03 1077 und 03 1088 kurzfristig Nachbaukessel in Schweißaus-

führung, weil die Ursprungskessel beider Maschinen nicht mehr betriebssicher waren. Die Nachbaukessel lieferte der VEB Schwermaschinenbau „Karl Liebknecht" Magdeburg.
Die DB ließ in den Jahren 1957 bis 1961 im AW Braunschweig ihre 26 03^{10}-Maschinen mit neuen Hochleistungskesseln ausrüsten. Bei der DR erhielten 16 Maschinen im Raw Meiningen innerhalb eines Jahres (1959) Neubaukessel mit Verbrennungskammer. Die Kessel lieferte das Raw Halberstadt. Die Lokomotiven 03 1079 und 03 1086 waren bereits vor Beginn der Rekonstruktion ausgemustert worden.

Konstruktive Merkmale

Kessel: Genieteter Einheitskessel der Grundbauart 03, jedoch aus Sonderbaustoff St 47 K. Dampf- und Speisedom zur Mitte verlegt. Geschweißte Feuerbüchse aus IZ II-Stahl, breit über dem Rahmen. 2 Sicherheitsventile Bauart Ackermann. Speiseeinrichtungen: Knorr-Kolbenspeisepumpe mit Tolkien-Steuerung (250 l/min) und Oberflächenvorwärmer Bauart Knorr; Dampfstrahlpumpe (250 l/min).
Rahmen: 90 mm starker Barrenrahmen, im Bereich der Schleppachse auf 40 mm eingezogen. Pendelbleche vor jeder Kuppelachse.
Laufwerk: Drehgestell wie BR 01/03 mit ± 70 mm Seitenverschiebbarkeit. Schleppachse als Adamsachse mit ± 80 mm Seitenverschiebbarkeit. Spurkränze der 2. Kuppelachse um 15 mm geschwächt. Lok in 4 Punkten über Ausgleichhebel abgestützt.
Triebwerk: 2 Außen- und 1 Innenzylinder (1:10 geneigt) mit angeschraubten Ausströmkästen. Antrieb der 1. Kuppelachse (Kropfachse) durch den Innenzylinder, Antrieb der 2. Kuppelachse durch die Außenzylinder. Kuppelstangen mit Buchsenlagern, vordere und hintere Treibstangenlager mit Stellkeilen.
Steuerung: Heusinger-Steuerung mit Hängeeisen. Innere und äußere Antriebe unabhängig voneinander. Antrieb der inneren Schwinge durch gekröpfte Achswelle des 2. Kuppelradsatzes. Druckausgleich-Kolbenschieber Bauart Karl Schulz.
Bremse: Einkammer-Druckluftbremse Bauart Knorr mit Zusatzbremse. Treibrad- und Tenderbremse zusätzlich als Druckluft-Schnellbremse (Kssbr). Scherenklotzbremse bei Kuppelradsätzen, einseitige Abbremsung der Laufachsen. In Bremsstellung SS und S 200 %ige Abbremsung der Fahrzeugmasse. Doppelverbundluftpumpe Bauart Nielebock-Knorr. 2 Hauptluftbehälter mit 10 bar (10 kp/cm^2) rechts und links seitlich am Rahmen zwischen letzter Kuppelachse und Schleppachse.
Sondereinrichtungen: Druckluftsandstreuer Bauart Knorr. Die Räder der Kuppelradsätze werden einseitig von vorn gesandet. Zentralschmierung aller unter Dampf gehenden Teile durch Hochdruckpumpe Bauart Bosch-Reichsbahn mit Tropfanzeigern auf dem Führerstand. Dampfheizungsanlage. Elektrische Beleuchtung durch Dampfturbogenerator. Indusi der Dreifrequenzbauart mit schreibendem Geschwindigkeitsmesser Bauart Deuta. Stromlinienverkleidung.
Tender: Stromlinienverkleideter Tender der Einheitsbauart 2'2' T 34 St mit Rollenlagern und abdeckbarem Kohlekasten durch Teleskopschiebedach.

03^{10} Rekolok DR

Mit der dringend notwendig gewordenen Erneuerung der Ursprungskessel aus St 47 K und wegen des für längere Zeit geplanten Verbleibens der Lokomotiven im Unterhaltungsbestand der DR begann das Rekonstruktionsprogramm. 16 der 19 Maschinen, die nach Kriegsende zum Bestand der DR gekommen waren, wurden in das Programm einbezogen. Die 03 1079 war bereits ausgemustert worden, die 03 1077 und 03 1088 hatten kurzfristig Nachbaukessel alter Konstruktion, allerdings in Schweißausführung, erhalten müssen, weil bei ihnen die Erneuerung der Kessel besonders dringend war und die Reko-Kessel noch nicht zur Verfügung standen.
Die verbliebenen 16 Lokomotiven erhielten 1959 neue Kessel, die vom Raw Halberstadt gefertigt worden waren. Diese Reko-Kessel waren vollständig geschweißt, besaßen Verbrennungskammer zur Vergrößerung der Strahlungsheizfläche und wurden zum Standardtyp, der auch bei den Baureihen 22 und 41 und bei 18 201 und 18 314 eingebaut wurde. Zugleich mit dem Reko-Kessel erhielten die Maschinen Mischvorwärmer-Anlagen. Lediglich die 03 1010 und 03 1074 behielten ihre Oberflächenvorwärmer, Bauart Knorr, weil sie Riggenbach-

Gegendruckbremse bekamen und als Bremslok bei der VES-M Halle eingesetzt wurden. Die 03 1074 war bis 6. 1. 1967 im Dienst der VES-M beim Bw Halle P beheimatet, die 03 1010, die außerdem mit Giesl-Flachejektor ausgerüstet war, bis 21. 5. 74. Beide Maschinen wurden danach dem Bw Stralsund zugeteilt.

Im Verlaufe der 50er Jahre wurden alle Maschinen der BR 03^{10} beim Bw Stralsund konzentriert und beförderten die Schnellzüge Stralsund–Berlin über Pasewalk oder Neustrelitz und die internationalen Reisezüge von und zur Eisenbahnfähre Saßnitz–Trelleborg. Ende der 50er und Anfang der 60er Jahre traten bei den Maschinen der BR 03^{10} serienweise Speichenbrüche vor allem an den gekuppelten Achsen auf. Ursache hierfür war die Überbeanspruchung der Maschinen beim Schleppen schwerer Züge vom Fährhafen Saßnitz über die Steilrampe mit engem Radius. Später sind diese Züge erst im Bahnhof Rügendamm von 03^{10} übernommen und von Saßnitz Hafen bis Bf Rügendamm mit Diesellokomotiven befördert worden.

Ab 1965 erhielten alle Maschinen mit Ausnahme der 03 1087 vom Raw Meiningen Ölhauptfeuerung. Die 03 1020 und 03 1046 wurden erst 1972 damit ausgerüstet. Alle Maschinen standen 1975 noch im planmäßigen Einsatz und vollbrachten monatliche Laufleistungen von 15 000 km bis 18 000 km. Die Spitzenleistungen einiger Maschinen lagen sogar bei 22 000 km.

Eine Sonderstellung nahm die 03 1087 ein. Die Lok war im Februar 1945 zum Bw Halle P gekommen und bis 1949 in Halle P und Leipzig West beheimatet. Am 12. 8. 1949 kam sie ins Raw „Wilhelm Pieck" Karl-Marx-Stadt. Sie verblieb dort bis zum 29. 4 1952, wurde von Stromlinien- auf Normalausführung umgebaut und erhielt Kohlenstaubfeuerung der Bauart Wendler. Anschließend wurde die Lok bei den Bw Berlin Osb, Leipzig West, Halle P und Dresden Altstadt eingesetzt und schließlich 1959 im Raw Meiningen rekonstruiert. Dabei wurde sie auf Rostfeuerung zurückgebaut und schließlich dem Bw Stralsund zugewiesen. Bis 1971 war die 03 1087 im Betriebsdienst. Im Jahre 1976 ist sie zerlegt worden.

Die Drillingsmaschinen der Baureihe 03^{10} mit Ölhauptfeuerung gehörten zu den leistungsfähigsten Schnellzuglokomotiven der Deutschen Reichsbahn. Die 03 1078 mußte nach einem schweren Unfall am 27. Juni 1977 (Frontalzusammenstoß mit der 132 200) auf der Strecke Frankfurt (Oder)–Kietz bei Lebus ausgemustert werden. 1977 zerlegte das Raw Meiningen auch die 03 1089 wegen ihres schlechten Gesamtzustandes. Die anderen Maschinen schieden nach und nach aus dem Betriebsdienst aus und sind durch Diesellokomotiven der Baureihen 132 und 142 ersetzt worden. Bei vielen Lokomotiven der Baureihe 03^{10} wurde die z-Stellung wegen Schäden am Lauf- oder Triebwerk vorgenommen, weil keine Ersatzteile mehr verfügbar waren oder die Aufarbeitung nur mit unvertretbar hohem Kostenaufwand möglich gewesen wäre.

Die letzte planmäßige Leistung erbrachte die 03 1010 (03 0010-3) am 31. Mai 1980 mit den Zügen D 813/

03 1085 als Rekolok DR mit Ölhauptfeuerung

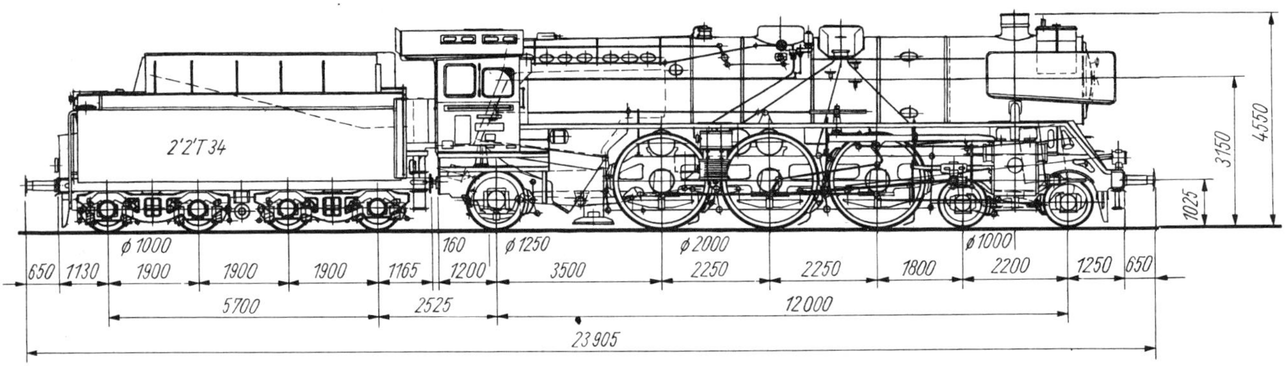

BR 03^{10}. Rekolok DR mit Rostfeuerung

D 914. Die 03 1010 wird als betriebsfähige Traditionslokomotive der Deutschen Reichsbahn erhalten bleiben.

Konstruktive Merkmale

Kessel: Neubau-Ersatzkessel. Vollständig geschweißt, auch Domhals eingeschweißt, mit zylindrischem Langkessel und konischem Übergangsschuß zum Hinterkessel. Feuerbüchse mit Verbrennungskammer. Sämtliche Stehbolzen und Verankerungen gewindelos mit Spiel eingeschweißt. Aschkasten Bauart Stühren am Rahmen befestigt. 2 Gestra-Schnellschluß-Abschlammventile. Pendelblechhalter am Langkessel angenietet. 2 Sicherheitsventile Bauart Ackermann 60 mm l. W. Naßdampf-Ventilregler Bauart Wagner mit Seitenzug. Speiseeinrichtungen: Mischvorwärmeranlage Bauart IfS/DR mit Kolbenverbundmischpumpe Bauart BBW; 1 Dampfstrahlpumpe. Speise- und Luftpumpe an besonderem Pumpenträger in Fahrzeugmitte.
03 1077 und 03 1088 ursprünglich mit Nachbaukessel alter Konstruktion in Schweißausführung ohne Speisedom. 03 1010 und 03 1074 mit Knorr-Oberflächenvorwärmer und Kolbenspeisepumpe KP 4-250. (Bremslok der VES-M Halle). 03 1010 vom 31. 10. 1971 bis 13. 6. 1975 mit Giesl-Ejektor.
Rahmen: wie BR 03^{10} (Einheitslok)
Laufwerk: wie BR 03^{10} (Einheitslok)
Triebwerk: wie BR 03^{10} (Einheitslok)
Steuerung: wie BR 03^{10} (Einheitslok), jedoch Steuerbock am Rahmen befestigt. Druckausgleichkolbenschieber Bauart Trofimoff.
Bremse: wie BR 03^{10} (Einheitslok)
Weitere Bauartänderungen: Neue Führerhausvorderwand wegen breiterem Hinterkessel. Schmalere Frontfenster mit Klarsichtapparaten. Windstauschuten. Fest eingebaute Spitzenlichter in der Frontschürze. Später Umbau aller Maschinen (außer 03 1087) auf Ölhauptfeuerung.
Tender: Einheitstender 2'2' T 34 mit 14 m^3 Öl.

03 1087 mit Originalkessel und Kohlenstaubfeuerung System Wendler

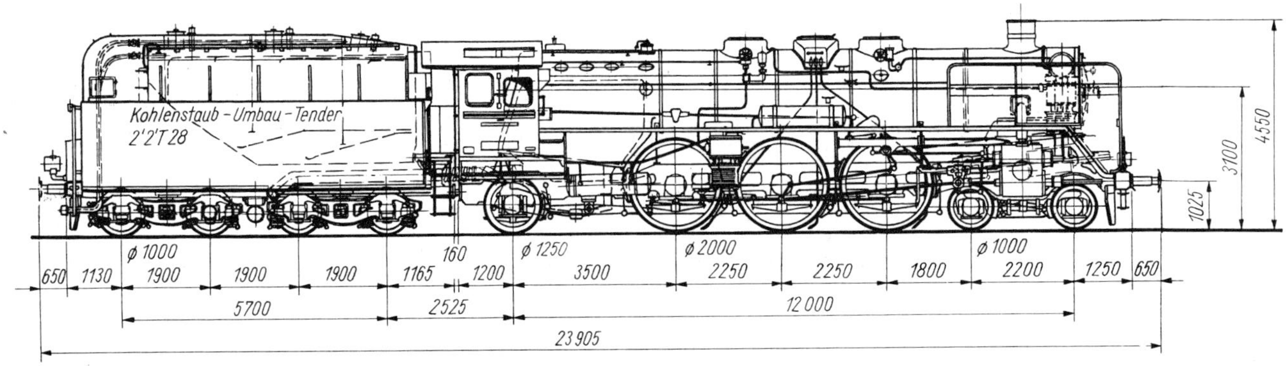

03^{10} Umbaulok DB mit Neubau-Ersatzkessel

Bei der DB verblieben nach dem zweiten Weltkrieg 26 Lokomotiven der Baureihe 03^{10}, vor allem aus den Baulosen Borsig und Krupp. Wie auch bei der DR wurde bei der DB in den Jahren 1948 bis 1950 die Stromlinienverkleidung entfernt.

1950 sind alle Maschinen nach erfolgter Hauptuntersuchung, die die Firma Henschel & Sohn vornahm, wieder in Dienst gestellt und den Bw Offenburg, Ludwigshafen und Dortmund Bbf zugewiesen worden. Die Lokomotiven 03 1014, 03 1022 und 03 1043 erhielten für den Einsatz vor Fernschnellzügen einen verkehrswerbenden stahlblauen Anstrich. Bis zum März 1953 war die 03 1053, mit Riggenbach-Gegendruckbremse ausgerüstet, Bremslok bei der Göttinger Versuchsabteilung.

Die Baureihe 03^{10} hielt von 1953 bis 1957 den ersten Platz unter den Bundesbahn-Lokomotiven in bezug auf die tägliche Laufleistung. Es waren vor allem die im Langlauf eingesetzten Dortmunder Maschinen, deren Laufleistungswerte zwischen 811 km und 1053 km je Tag lagen. Die höchsten bekannten monatlichen Laufleistungen erbrachte die Dortmunder 03 1081, die im Juli 1954 an 29 Betriebstagen 26 384 km und im Januar 1955 an gleichfalls 29 Betriebstagen 26 139 km zurücklegte.

1953, als die Lokomotiven zur Schadgruppe L 3 anfielen, erwies es sich als nachteilig, daß 1950 fast alle Lokomotiven gleichzeitig nach der Hauptuntersuchung in Dienst gestellt worden waren; jetzt waren fast alle Lokomotiven gleichzeitig zur Zwischenuntersuchung fällig und brachten dadurch den Betriebsmaschinendienst in Schwierigkeiten.

Ab 1953 liefen die Maschinen mit leichten FD-Zügen (200 t) im Langlauf Hamburg–Frankfurt (M) über 703 km. Bei diesen Langläufen zeigte sich, daß die Leistungsfähigkeit der Maschinen nicht von der Dampferzeugung des Kessels, sondern vom Durchsatzvermögen des Rostes begrenzt wurde. Die Maschinen verbrauchten von Hamburg bis Frankfurt im Sommer 7,5 t, im Winter 9,5 t Kohle und erreichten wegen feuerungstechnischer Schwierigkeiten nur selten den Zielbahnhof pünktlich. Unter Mitwirkung des LVA Minden konnte die Rostleistung um etwa 20 % verbessert werden, indem man den Blasrohrdruck geringfügig erhöhte und für eine bessere Luftzuführung zum Rost sorgte. Trotzdem verlangten diese Langläufe, die meist von den Maschinen des Bw Dortmund gefahren wurden, von den Personalen physische Höchstleistungen.

Der Kesselbaustoff St 47 K zeigte auch bei diesen Maschinen Alterungserscheinungen, so daß ein Kesselersatz

03 1004 (DLW 14 915/1940) mit Neubau-Ersatzkessel

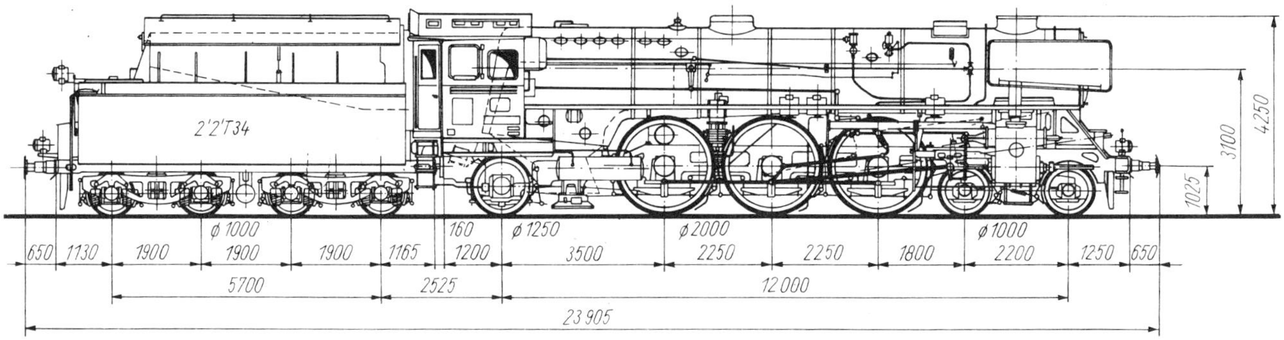

BR 03^{10} (Umbau DB) mit Neubau-Ersatzkessel

notwendig wurde. Zunächst hatte man sich so beholfen, die gefährdeten Stellen durch Flicken aus St 34 zu ersetzen. Als jedoch im April 1955 der Kessel der 41 229 bei einer Wasserdruckprobe bereits bei 11,5 bar (11,5 kp je cm^2) neben der Schweißnaht eines solchen Flickens auseinanderriß, verbot die HVB das Einschweißen von Längsflicken in Kessel aus St 47 K und ordnete die Neubekesselung an. Im Rahmen der Hauptuntersuchung erhielten alle 26 DB-Maschinen in den Jahren 1957 bis 1961 im AW Braunschweig neue Hochleistungskessel mit Verbrennungskammer. Die Kessel waren nach dem gleichen Muster wie die Ersatzkessel für die BR 01/01^{10} in Schweißausführung gefertigt und konnten für die Baureihen 03/03^{10} verwendet werden.

Die Firma Krupp hatte für die BR 03^{10} 27 dieser Hochleistungskessel gefertigt (ein Kessel als Reserve) und mit den Fabriknummern 3650 bis 3676 geliefert. Zwei der Krupp-Kessel wurden in Maschinen der BR 41 eingebaut, so daß eine 03^{10} einen Kessel aus der Lieferung der Maschinenfabrik Esslingen erhielt.

Gleichzeitig mit dem Einbau der Verbrennungskammerkessel erhielten die Lokomotiven Mischvorwärmeranlagen und Abdeckklappen für den Kohlekasten des Tenders. Ein Teil der Maschinen wurde mit Vollscheibenrädern im Drehgestell versehen, was dem Aussehen der Lokomotiven sehr abträglich war. Alle Maschinen hatten nach dem Umbau Heißdampfregler, lediglich die 03 1021 erhielt versuchsweise Naßdampfregler.

Anläßlich des Umbaues erhielten alle Lokomotiven Rollenlager in Treib- und Kuppelstangen. Das hintere Treibstangenlager, die Kuppelstangenlager des 1. und 3. Kuppelradsatzes und das Schwingenlager waren als Pendelrollenlager ausgeführt. Der Stabilisierung des Triebwerkes dienten das als Zylinderrollenlager ausgebildete Hauptkuppelstangenlager und das als Buchsenlager ausgebildete vordere Treibstangenlager. Das Innentriebwerk behielt seine Gleitlager.

Nach dem Umbau im AW Braunschweig gingen die Maschinen der BR 03^{10} größtenteils wieder an ihre Heimat-Bw Dortmund Bbf, Hamburg-Altona, Ludwigshafen und Paderborn. Bereits 1958 wurde die BR 03^{10} im Bw Hagen-Eckesey konzentriert und bediente alle von Hagen ausgehenden Hauptstrecken. Mit zunehmender Elektrifizierung erfolgte zwangsläufig ein Rückgang der Leistungen. Der letzte Abschnitt, der mit der 03^{10} befahren wurde, war die Strecke von Hagen nach Kassel.

An die großen Leistungen der Jahre 1953 bis 1957 kamen die Maschinen mit Neubau-Ersatzkessel jedoch nicht wieder heran. Es gab ständig Probleme mit den Heißdampfreglern, die sogar Zuglaufstörungen nach sich zogen. Auch neigte der Kessel, wenn für die innere Kesselspeisewasseraufbereitung nicht sehr sorgsam dosiert worden war, zum Überreißen von Wasser. Der rasch einsetzende Strukturwandel verhinderte, daß aus der 03^{10} wieder eine in allen Belangen befriedigende Lokomotive entstand.

Ab Mitte des Jahres 1966 waren die Maschinen durch die Traktionsumstellung überflüssig geworden und wurden in drei Gruppen in den Monaten Juni, August und November 1966 ausgemustert und waren bis Ende 1967 alle zerlegt. Lediglich die 03 1001 stand noch bis 1972 in Hagen; Bemühungen, sie zu erhalten, fanden keine Fürsprecher.

Konstruktive Merkmale

Kessel: Vollständig geschweißter Kessel mit vorderem zylindrischem und hinterem konischem Schuß. Stahlfeuer-

büchse mit Verbrennungskammer und angeschweißtem U-förmigem Bodenring. Stehkesselmantel des konischen Schusses am hinteren Ende wieder eingezogen, um bisheriges Führerhaus ohne Anpassungsarbeiten verwenden zu können. Nur eine Domöffnung, Domhals eingenietet.
In den Hauptbewegungszonen gewindelos mit Spiel eingeschweißte Kreuzgelenkstehbolzen. Kesselarmaturen aus Stahlguß. 2 Hochleistungs-Sicherheitsventile (80 mm l. W.) Bauart Ackermann-Henschel mit im Dampfraum liegenden Federn. Einfachventil-Heißdampfregler mit Seitenzug. Aschkasten nicht am Stehkessel, sondern am Rahmen befestigt.
Speiseeinrichtungen der Lokomotive: Einstufige Mischvorwärmeranlage Bauart 1957 mit Kolbenspeisepumpe für Kalt- und Heißwasserteil; nichtsaugende Strahlpumpe (250 l/min) links unten außerhalb des Führerhauses.
Rahmen: wie Baureihe 03^{10} (Einheitslok)
Laufwerk: wie Baureihe 03^{10} (Einheitslok)
Triebwerk: wie Baureihe 03^{10} (Einheitslok), jedoch Pendelrollenlager in Treib- und Kuppelstangen.
Steuerung: wie Baureihe 03^{10} (Einheitslok), jedoch mit federlosen Druckausgleich-Kolbenschiebern Bauart Müller.
Bremse: wie Baureihe 03^{10} (Einheitslok), jedoch mit einstufiger Schnellhubluftpumpe Bauart Wülfel.
Sondereinrichtungen: wie Baureihe 03^{10} (Einheitslok), jedoch Druckluftsandstreuer für einseitige Sandung der Kuppelräder von vorn; Sandkästen in Höhe des Umlaufbleches. Indusi Bauart Siemens. Schreibender Geschwindigkeitsmesser Deuta.
Tender: 2'2' T 34 der Einheitsbauart mit 10 t Kohle und Abdeckklappen für den Kohlekasten.

04

Einheitslok (Mitteldruck)

Im Rahmen des Versuchsprogrammes der DRG für Maschinen mit 25 bar (25 kp/cm^2) Kesseldruck entstanden 1932 bei der Fa. Fr. Krupp AG in Essen zwei 2'C1' h4v-Schnellzugloks der BR 04. Sie entsprachen, abgesehen von Kesselbaustoff, Dampfmaschine und Triebwerk, der Baureihe 03. Ihnen lag auch dasselbe Leistungsprogramm zugrunde. Die 04 001 war mit einem Kessel aus Kupfer-Mangan-Stahl und 5,8 m Rohrlänge, die 04 002 mit einem Kessel aus Chrom-Molybdän-Stahl und 6,8 m Rohrlänge ausgerüstet. Beide Maschinen hatten Feuerbüchswasserkammern.
Nach ihrer Ablieferung im Juni 1932 kam die 04 001 zum LVA Grunewald, wurde aber nach wenigen Fahrten an die Lieferfirma zurückgeschickt, weil sie wegen verschiedener Undichtheiten einen zu hohen Dampfverbrauch hatte. Die planmäßigen Versuchsfahrten mit beiden Maschinen mußten jedoch abermals eingestellt werden, weil die Feuerbüchsnähte, die Feuerbüchswasserkammern und die Stehbolzen undicht wurden. Die 04 001 war bis zu diesem Zeitpunkt 6500 km, die 04 002 11 000 km gelaufen. Beide Maschinen wurden dem Hersteller zugeführt, der die Wasserkammern ausbaute, die Stehbolzen mit der Wand verschweißte, Zylinder und Verbinder besser isolierte und eine Reihe anderer Änderungen vornahm. Die Höchstgeschwindigkeit wurde von 130 km/h auf 140 km/h heraufgesetzt.
Obwohl beide Lokomotiven mit Ausnahme des Kessels völlig gleich waren, zeigten sich bei den Versuchsfahrten im Dampfverbrauch erhebliche Unterschiede. Die 04 001 erreichte nicht die Leistung einer 03, die 04 002 kam dagegen der 01 nahe. Der Dampfverbrauch bei 100 km/h betrug für die 04 001 12,5 kg/kWh (9,2 kg/PSeh), für die 04 002 nur 10,5 kg/kWh (7,7 kg je PSeh), obwohl die Überhitzertemperatur der 04 002 um 20 °C niedriger lag.
Auf der 25. Sitzung des Lokausschusses im November 1934 berichtete Prof. Nordmann über die Versuche mit der 04. Seine Erklärung für den unterschiedlichen Dampfverbrauch war folgende: Die 04 001 erzeugt mehr Leistung im ND-Zylinder als die 04 002. Da beide Maschinen im ND-Zylinder im Naßdampfbereich arbeiten, hat die 04 001 höhere Wärmeverluste durch Energieabgabe an die Zylinderwände. Die 04 001 hatte mit 100 °C bis 103 °C eine zu niedrige Ausströmtemperatur, die kurz vor der Kondensation lag. Deshalb erhöhte man bei ihr vorübergehend durch Rauchrohreinsätze die Überhitzertemperatur auf etwa 460 °C. Dadurch sicherte man zwar auch im ND-Zylinder ein Arbeiten im Heißdampfbereich, hatte aber im HD-Teil Temperaturen, bei denen die Schmierung dampfberührter Teile schon problematisch wurde. Mit gesteigerter Überhitzung durch Rauchrohreinsätze übertraf die 04 002 sogar die BR 01 an Leistung.
Der Umbau bei Krupp, die bessere Isolierung von Verbinder und ND-Zylindern, sollte zum Ziel haben, mit niedrigeren Heißdampftemperaturen auch im ND-Teil im Heißdampfbereich zu arbeiten.
Die Versuche litten unter ständigen

Schäden, die an den Kesseln und vor allem an den Feuerbüchsen auftraten. Die gleichen Schäden zeigten sich übrigens auch bei den anderen Mitteldrucklokomotiven. Sie zwangen dazu, den Kesseldruck auf 20 kp/cm^2 zu begrenzen.

Abgesehen von ihrem Versuchseinsatz in Grunewald waren beide Maschinen im Bw Hamburg-Altona stationiert und im Schnellverkehr Berlin–Hamburg tätig. 1935 wurden sie in 02 101 und 02 102 umgenummert und dem Bw Hof zugewiesen. Infolge unkontrollierbarer Materialermüdung (andere Quellen sprechen von Wassermangel) zerknallte am 3. 4. 1939 bei Rothenstadt (Strecke Hof–Regensburg) der Kessel der 02 102. Die Maschine wurde am 8. 7. 1939 ausgemustert. Wegen dieser Kesselexplosion wurde auch die 02 101 aus dem Verkehr gezogen und gleichfalls 1939 ausgemustert. Das genaue Datum ist nicht mehr feststellbar, jedoch wurde sie am 30. 6. 1940 schon nicht mehr im Bestand geführt.

Konstruktive Merkmale

Kessel: Genieteter Einheitslokkessel. Bei 04 001 aus Cu-Mn-Stahl mit 5,8 m langen Rohren, bei 04 002 aus Cr-Mo-Stahl mit 6,8 m langen Rohren. Schornstein, Dome und Sandkasten in gleicher Weise ausgebildet wie bei BR 03. Feuerbüchse aus IZ I-Stahl mit Wasserkammern. 6,8-m-Kessel mit Weitrohrüberhitzer, 5,8-m-Kessel mit Normalüberhitzer. 2 Sicherheitsventile Bauart Ackermann. Speiseeinrichtungen: Knorr-Tolkien-Pumpe (250 l/min) mit Oberflächenvorwärmer Bauart Knorr; saugende Dampfstrahlpumpe (250 l je min) der Einheitsbauart.

Rahmen: 90 mm starker Barrenrahmen, im Bereich der Schleppachse auf 40 mm eingezogen. Abstand der Rahmenwangen 1050 mm. Pendelbleche vor jeder Kuppelachse.

Laufwerk: Drehgestell wie BR 01/03 mit 2200 mm Achsstand und ± 50 mm Seitenverschiebbarkeit. Adamsachse mit ± 80 mm Seitenverschiebbarkeit. Spurkränze der 2. Kuppelachse um

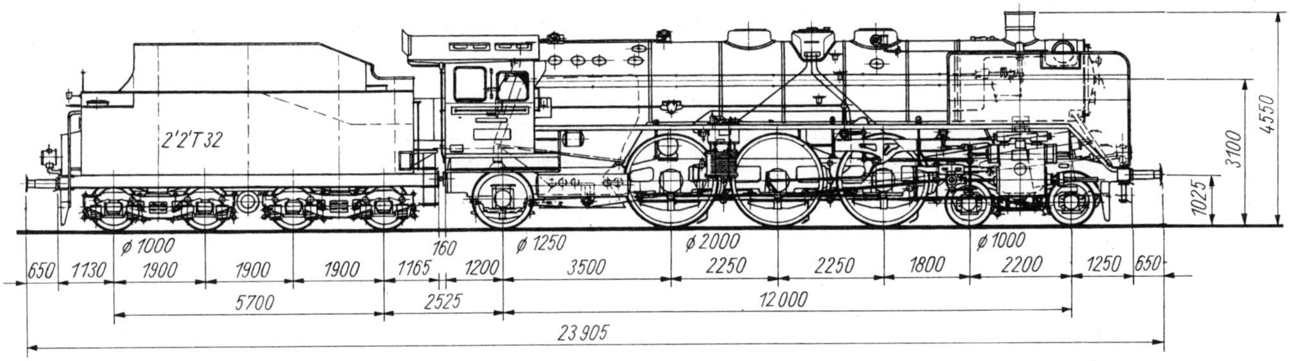

BR 04 (Lieferzustand)

15 mm geschwächt. Lok in vier Punkten auf dem Laufwerk abgestützt.
Triebwerk: 2 innenliegende, geneigte und gegenüber den Außenzylindern nach vorn verschobene HD-Zylinder, 2 außenliegende ND-Zylinder. Innenzylinder arbeiten auf 1. Kuppelachse (Kropfachse mit Frémont-Ausschnitten), Außenzylinder auf 2. Kuppelachse. Nachstellbare, geteilte Treibstangenlager, Kuppelstangen mit nicht nachstellbaren Buchsenlagern. Alle Stangenlager mit Nadelschmierung.
Steuerung: ND-Zylinder mit Heusinger-Steuerung für äußere Einströmung. Schieber der HD-Zylinder werden durch Übertragungswelle von äußerer Steuerung angetrieben. Füllungen bis etwa 80 % für Vor- und Rückwärtsfahrt. Steuerung wird von 2. Kuppelachse angetrieben. HD-Kolbenschieber mit innerer einfacher Einströmung und äußerer einfacher Ausströmung. ND-Kolbenschieber (Kammerschieber) mit doppelter äußerer Einströmung und doppelter innerer Ausströmung. Anfahrvorrichtung: Anfahrschieber und Füllventile. Bei Füllungen unter 70 % schaltet Steuerung selbsttätig auf Verbundwirkung.
Bremse: Selbsttätig wirkende Einkammer-Druckluftbremse Bauart Knorr mit Zusatzbremse. Einseitige Abbremsung der gekuppelten und der Drehgestellachsen. Adamsachse ungebremst. 2 Hauptluftbehälter (je 400 l) unterhalb des Stehkessels rechts und links längs zum Rahmen. Hilfsluftbehälter für die Treibachsbremse quer auf dem Rahmen über 3. Kuppelachse.
Tenderbremse: Einkammer-Druckluftbremse mit Zusatzbremse und masseabhängige Wurfhebel-Handbremse. Doppelverbundluftpumpe Bauart Nielebock-Knorr.
Sonderausrüstungen: Druckluft-Sandstreuer Bauart Borsig-Reichsbahn sandet die Räder aller Kuppelachsen bei Vorwärtsfahrt. 2 Hochdruckschmierpumpen Bauart Bosch-Reichsbahn für alle unter Dampf gehenden Teile, teilweise mit Tropfanzeiger. Dampfheizungsanlage. Elektrische Beleuchtungsanlage mit Dampfturbogenerator. Geschwindigkeitsmesser Deuta.
Tender: Einheitstender 2'2' T 32 mit 10 t Kohle.

04 001 (Krupp 1194/1932), später 02 101

05 Einheitslok (Stromlinienverkleidung)

Die DRG plante 1932 den Bau einer Schnellfahrlok, die vor allem für die Erprobung von Reisezugwagen bei hohen Geschwindigkeiten, aber auch im planmäßigen Dienst eingesetzt werden sollte. Gedacht war an Geschwindigkeiten um 150 km/h.

Die von der Lokindustrie eingereichten Vorschläge wichen weit voneinander ab, weil für die Lösung der gestellten Aufgabe jeder Erfahrungswert fehlte. Geschwindigkeiten um 150 km/h waren im Versuch nur selten erreicht, im praktischen Betrieb noch nie gefahren worden. Das Verhalten von Lok und Wagen bei diesen Geschwindigkeiten war ebenso unbekannt wie die Bremsmöglichkeiten und die Wirtschaftlichkeit der Maschine. Unstimmigkeit herrschte auch über Wert und Wirkung einer strömungsgünstigen Verkleidung.

Die BLW erhielten schließlich 1933 den Auftrag zum Bau zweier 2′C2′ h3-Maschinen, weil von dieser Firma bereits die meiste Vorarbeit geleistet worden war. Der Kuppelraddurchmesser sollte 2300 mm betragen, 100 mm mehr als bei der bay. S $^{2}/_{6}$. Borsig plädierte für eine vollständige Stromlinienverkleidung der Lok und des Tenders. Um die günstigste Form zu finden, fanden Modellversuche im Windkanal der TH Berlin-Charlottenburg statt, die später durch weitere Versuche im Windkanal der Universität Göttingen, der einen größeren Modellmaßstab zuließ, ergänzt wurden. Diese Versuche gaben zwar Aufschluß über die strömungsgünstigste Form der Verkleidung, nicht aber über ihre betriebliche Eignung. Man versah deshalb eine 03 der bei Borsig laufenden Serie (03 154) mit parabolischer Rauchkammertür, Windschneidenführerhaus und einer vollständigen Triebwerksverkleidung unterhalb des Umlaufes. Die Versuchsfahrten bis 140 km/h brachten die erhofften Ergebnisse: Die Lagertemperaturen waren gegenüber der unverkleideten 03 nur wenig gestiegen, der Leistungsgewinn am Zughaken betrug selbst bei dieser nur geringfügigen Verkleidung bereits 158 kW (215 PSe).

Die mit der 03 154 gewonnenen Ergebnisse wurden von einer zweiten, diesmal vollständig verkleideten 03 (03 193) vollauf bestätigt. Darüber hinaus konnte die 03 193 im direkten Vergleich mit den unverkleideten Maschinen dieser Baureihe erprobt werden und erbrachte Leistungsgewinne von etwa 283 kW (385 PSe).

Damit waren alle Voraussetzungen für den Bau der 05 gegeben. Nach dem „Merkbuch für die Fahrzeuge der Reichsbahn", Ausgabe 1944 (DV 939 a), zog die 05 in der Ebene 255 t mit 160 km/h und auf einer Steigung von 5‰ noch 260 t mit 120 km/h.

05 001 (BLW 14 552/1934)

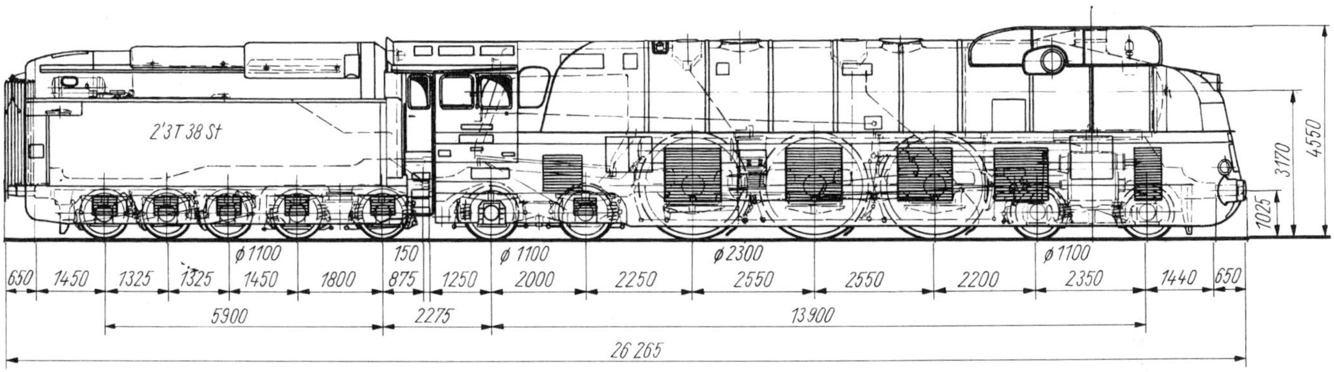

05 001/002 (Lieferzustand)

Der Dampfdruck wurde mit 20 bar (20 kp/cm^2) festgesetzt, die noch in einstufiger Dehnung entspannt werden konnten. Um ein ausgeglichenes Triebwerk und eine gute Anfahrzugkraft zu erzielen, wählte man ein Drillingstriebwerk. Am 8. 3. 1935 erhielt das LVA Grunewald die 05 001, am 17. 5. 1935 die 05 002. Bei zunächst vorgenommenen Bremsversuchen brachte man aus 181 km/h den Zug nach 1375 m, aus 175 km/h nach 1200 m zum Stillstand (1200 m = Signalabstand auf Schnelltriebwagenstrecken). Bei diesen Bremsversuchen platzte bei der 05 001 wegen zu großer Wärmeentwicklung ein Radreifen. Die 05 002 wurde im Geschwindigkeitsbereich von 60 km/h bis 180 km/h im Beharrungszustand gefahren. Bis zu 120 km/h diente eine S 10 als Bremslok. Der spezifische Dampfverbrauch für die Zylinderleistung erreichte bei 180 km/h den niedrigsten Wert mit 8,4 kg/kWh (6,2 kg/PSih). Auch bei 180 km/h war die Kurve für die indizierte Leistung noch im Steigen begriffen. Die gleiche Erscheinung registrierte man nur noch bei der 03 109, wo bei 140 km/h die Kurve ebenfalls noch anstieg. Bei allen anderen Einheitsloks fiel die Leistungskurve nach Erreichen eines Bestwertes vor Erreichen der Höchstgeschwindigkeit wieder ab.

Aus diesem Steigen der Leistungscharakteristik, die auf eine einwandfreie Arbeit der Kolbenschiebersteuerung und gute Dampfströmung ohne große Drosselverluste hinweist, ist auch die Weltrekordfahrt vom 11. 5. 1936 zu erklären. Mit der Lok 05 002 und dem Probezug 4317 wurden von Hamburg Hbf nach Berlin-Spandau mit 197 t Wagenzugmasse (3 D-Zugwagen und der Meßwagen) von Oberlokführer Oscar Langhans und Reservelokführer Ernst Höhne als Heizer 200,4 km/h erreicht. Die durchschnittliche Heizflächenbelastung betrug 58,5 kg/m^{2}h, die indizierte Leistung 2500 kW (3400 PSi). Am 15. 5. 1936 wurde die 05 001, am 14. 10. 1936 die 05 002 dem Bw Altona zum Plandienst vor dem FD 23/24 Berlin–Hamburg zugewiesen. Die Maschinen trugen einen weinroten Anstrich. Mit Kriegsbeginn mußte der Schnellverkehr eingestellt werden, die Loks wurden zu Gelegenheitsarbeiten degradiert und verkamen allmählich.
1948 hätten sie, zum Bestand der DB gehörend, als Splittergattung mit weniger als 20 Stück Bestand ausgemustert werden müssen, doch Witte (Konstruktionsdezernent für Dampflokomotiven beim LVA Göttingen) gab dem Wunsch der Personale nach einem Verbleib im Erhaltungsbestand statt. Die Firma Maffei in München-Allach erhielt den Auftrag zur Überarbeitung der Maschinen. Maffei wurde deshalb gewählt, weil alle Zeichnungen dieser Loks im Kriege vernichtet worden waren und der vormalige Leiter des BLW-Konstruktionsbüros, Adolf Wolff, jetzt bei Maffei beschäftigt, der einzige war, der die Maschinen genau kannte. Anfang des Jahres 1950 erfolgte die Überführung der Loks nach Allach. Maffei lieferte sie im Februar (05 001) und Mai 1951 (05 002) an die DB ab. Die Stromschale wurde ebenso wie die Abschrägung der Rauchkammer beseitigt, der Vorwärmer erhielt seinen Platz vor dem Schornstein. Auch der Tender wurde entkleidet und umgebaut. Allerdings mußte man, um das Kesselmaterial zu schonen, den Dampfdruck von 20 bar (20 kp/cm^2) auf 16 bar (16 kp/cm^2) vermindern. Höchstleistungen waren deshalb von den Maschinen nicht mehr zu erwarten. Sie liefen beim Bw Hamm (Westf.) im leichten FD-Dienst, fuhren jedoch noch die größten Langläufe der Dampftraktion von Hamburg über Köln nach Frankfurt (M) (703 km).
Am 14. 7. 1958 erfolgte ihre Ausmusterung. Die 05 001 bekam unter Mitwirkung Adolf Wolffs nachträglich halbseitig wieder die Stromlinienverkleidung

05 002 Umbau DB (Führerseite)

ihrer Erstausführung und erhielt im Verkehrsmuseum Nürnberg einen Ehrenplatz neben der bay. S $^{2}/_{6}$.

Konstruktive Merkmale

Kessel: Genieteter Kessel der Einheitsbauart aus Sonderbaustoff St 47 K mit 7 m langen Rohren. Vorderer Kesselschuß mit Speisedom, hinterer mit Reglerdom. Wegen beschränkten Raumes zwei Sandkästen zur Unterbringung einer ausreichenden Sandmenge. Feuerbüchse und Stehbolzen aus Kupfer. Aschkasten über dem hinteren Drehgestell. Speiseeinrichtungen: Verbundkolbenspeisepumpe Bauart Knorr-Tolkien mit 250 l/min bis 350 l je min und Oberflächenvorwärmer Bauart Knorr; saugende Dampfstrahl-

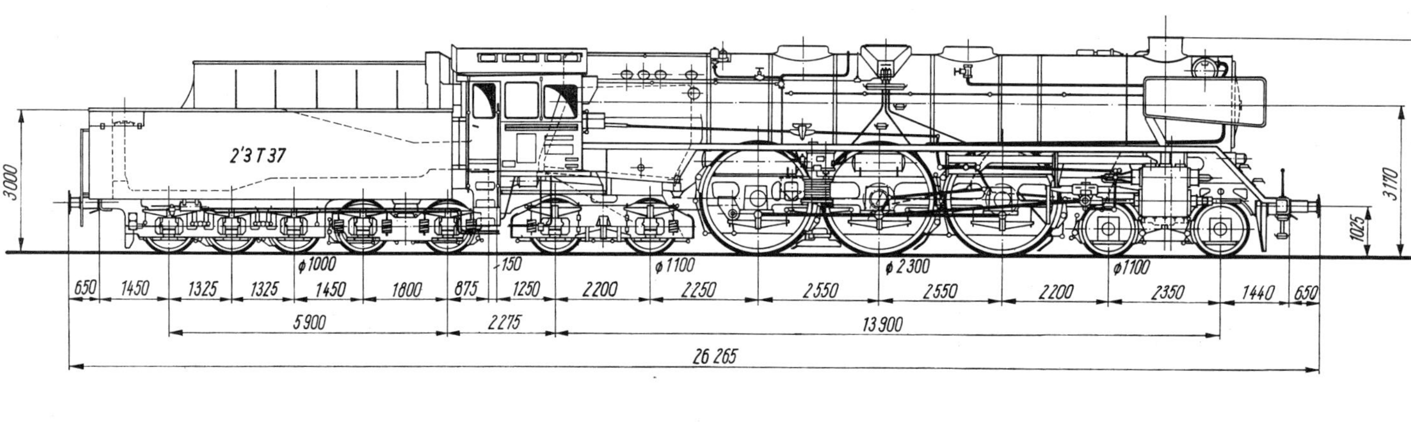

05 001/002 (Umbau DB)

05 002 (BLW 14 553/1935), Umbau DB

pumpe (250 l/min bis 350 l/min) im Führerhaus.

Rahmen: 90 mm starker Barrenrahmen mit violon Querversteifungen.

Laufwerk: Sechspunktabstützung. Die beiden ersten und die beiden letzten Punkte bilden die Gleitflächen der Drehgestelle, die beiden mittleren die Lastausgleichsysteme der Kuppelachsen. Kuppelachsen sind fest im Rahmen gelagert, Spurkränze der Treibachse um 15 mm geschwächt. Vorderes Drehgestell mit Innen-, hinteres mit Außenrahmen. Drehgestelle versuchsweise mit Fischer-Pendelrollenlagern.

Triebwerk: Beide Außenzylinder treiben 2. Kuppelachse an. Innenzylinder treibt die als Kropfachse ausgebildete 1. Kuppelachse. Alle Zylinder mit einstufiger Dampfdehnung. Stangenlager als Gleitlager normaler Bauart.

Steuerung: Heusinger-Steuerung getrennt für alle 3 Zylinder. Kolbenschieber für innere Einströmung abweichend von der Regelausführung mit schneller und weiter Öffnung der Steuerkanäle. Druckausgleicher Bauart Borsig. Druckluftbetätigung bei Leerlauf vom Führerhaus.

Bremse: Einkammerdruckluftbremse Bauart Knorr wirkt auf alle Achsen. 1. Drehgestellachse wird mit 60 %, 2. Drehgestellachse mit 80 % der Achskraft abgebremst. Kuppelachsen und hinteres Drehgestell mit 180 % der Achskraft. Bremsdruck-Fliehkraftregler reduziert Bremsdruck unterhalb 60 km/h. Masseabhängige Druckluftbremse für den Tender. Doppelverbund-Luftpumpe Bauart Nielebock-Knorr.

Sondereinrichtungen: Schmierung aller unter Dampf gehenden Teile durch 2 Hochdruckschmierpumpen Bauart Bosch-Reichsbahn. Preßluftsandstreuer sandet die Räder aller Kuppelachsen von vorn. Dampfheizungseinrichtung. Elektrische Beleuchtung durch Dampf-Turbogenerator. Indusi der Dreifrequenzbauart. Schreibender Geschwindigkeitsmesser Bauart Deuta. Stromlinienverkleidung für Lok und Tender mit Rolläden für Triebwerk und Klappen für Armaturen.

Tender: 2'3 T 37 St mit 10 t Kohle und pneumatischer Kohlenachschubeinrichtung. Tenderachsen versuchsweise mit Fischer-Pendelrollenlagern.

05 003

Einheitslok (Stromlinienverkleidung und Kohlenstaubfeuerung)

Bereits beim Bau der 05 001 und 05 002 waren Bedenken laut geworden, daß bei den geplanten Geschwindigkeiten von 175 km/h die Strecken- und Signalbeobachtung durch das Personal nicht mehr einwandfrei gewährleistet sei. Die DRG beauftragte deshalb die BLW, eine dritte Lokomotive dieser Art, allerdings mit vornliegendem Führerstand, zu entwerfen und zu bauen. Dampflokomotiven mit voranlaufendem Führerstand hatte es in Deutschland bereits gegeben: die 1904 von Henschel & Sohn gelieferten 2′B2′ n3v-Schnellzuglok, Gattung S 9, Betr.-Nr. 561/562 Altona (Bauart Wittfeld-Kuhn) und die 2′C2′-Schnellzug-Tenderlok, Gattung T 16, Betr.-Nr. 1380 Erfurt, ebenfalls 1904 von Henschel geliefert.

Weil Lokführer und Heizer bei der Dienstausübung nicht getrennt werden sollten, entschied sich der Chefkonstrukteur der BLW, Adolf Wolff, dafür, die Lok mit dem Stehkessel voraus, also in der Hauptfahrrichtung rückwärts laufen zu lassen. Der Tender lief demzufolge hinter der Rauchkammer. Stückkohlefeuerung schied aus diesem Grunde von vornherein aus; es blieb die Wahl zwischen Öl- und Kohlenstaubfeuerung, wobei aus Gründen der damaligen Rohstofflage Ölfeuerung nicht in Betracht kam. Die DRG stellte die Forderung, die Maschine mit Steinkohlenstaub einer schlecht zu verkaufenden, aber in großen Mengen vorhandenen Kohlesorte zu betreiben.

Entscheidend für die Funktion einer Kohlenstaubfeuerung sind u. a. die Länge des Brennweges und die Korngröße des Staubes. Steinkohlenstaub braucht länger zum Ausbrennen als Braunkohlenstaub, grobkörniger länger als feinkörniger. Wolff erhoffte, durch den Einbau einer 1,5 m langen Verbrennungskammer diesen erforderlichen Brennweg zu schaffen. Die 05 003 ist somit die erste deutsche Lok mit Verbrennungskammer. Sie wurde nach dem Vorbild der Pennsylvania Railroad mit Dehnungsfalte ausgeführt.

Weil der für die Fahrversuche benötigte Steinkohlenstaub nicht rechtzeitig zur Verfügung stand, wurden die ersten Meßfahrten von dem LVA Grunewald auf der Strecke Berlin–Hamburg im Oktober/November 1937 mit Braunkohlenstaub gemacht. Zwar wurden nur 60 % der geplanten Leistung erreicht, doch verbrennungstechnisch gab es keine Probleme. Die Ursachen für die Minderleistung liegen darin, daß das Getriebe für die Staubförderung auf Steinkohlenstaub berechnet und in der Leistung nicht variierbar war.

Die Versuche mit Steinkohlenstaub waren jedoch ein Fehlschlag. Die Feuerung versagte wegen Luftmangels, das Staub-Luft-Gemisch entmischte sich teilweise, der Staub fiel unverbrannt aus den Brennern (Bauart AEG), und es traten erhebliche Druckverluste in der Staub-Luft-Leitung auf. Außerdem war nach kurzer Zeit die Feuerbüchsrohrwand mit Schlackenestern völlig zugesetzt. Weil auch bauliche Veränderungen keine Besserung brachten, mußten die Versuchsfahrten schließlich abgebrochen werden.

Wie eine im Stand durchgeführte Untersuchung bei den BLW in den Jahren 1939/40 ergab, war Luftmangel die

05 003 (Lieferzustand)

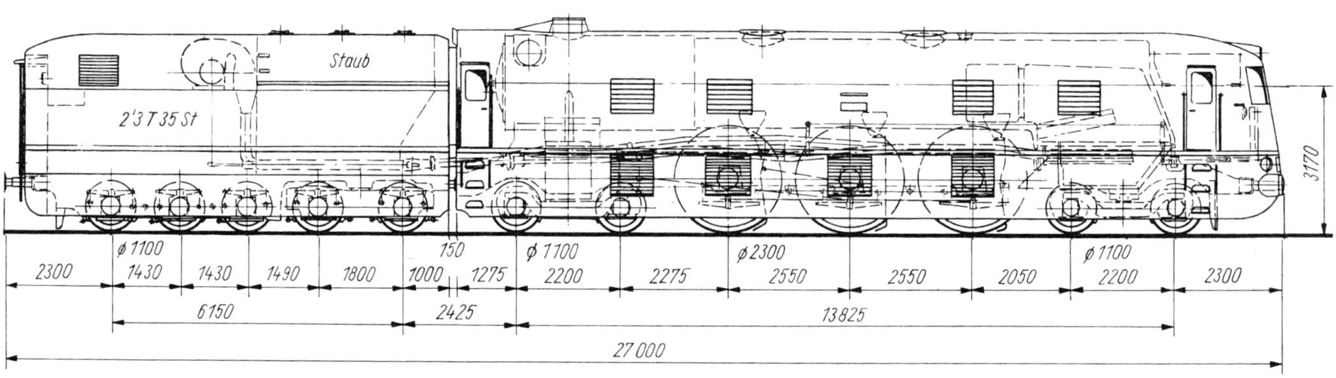

05 003 (BLW 14 555/1935) mit Frontführerstand

Hauptursache für das Versagen der Lokomotive. Auf dem Wege zu den Brennern wurden 80 % Druckverlust in den langen und nicht in einer Flucht verlegten Leitungen gemessen. Auch nach Begradigung der Rohre im Rahmen des baulich Möglichen und Vereinheitlichung der Querschnitte ergaben sich noch immer 50 % Druckverlust durch Reibung und Wirbelung.

Der dringende Bedarf an Lokomotiven und die offensichtlich in absehbarer Zeit nicht zu behebenden Mängel der Steinkohlenstaubfeuerung veranlaßten die DRG, den Auftrag zum Umbau in eine stromlinienverkleidete stückkohlegefeuerte Maschine zu erteilen, die wieder mit dem Schornstein voraus lief. Auf Vorschlag Wolffs blieb die Lok jedoch unverkleidet und wurde im März 1945 abgeliefert. Sie trug die Fabrik-Nr. 14 555, Baujahr 1937/umgebaut 1945. Beim Umbau war die Lok gedreht worden, die Rauchkammer lag vorn, der Tender lief nach dem Stehkessel. Äußerlich unterscheidet sich die 05 003 von den 05 001 und 05 002 durch den Kessel und durch das hintere Drehgestell (Innenrahmen). Mit 38,5 m^3 Wasser und 12 t Kohle hatte sie den größten von der DRG gebauten Tender.

Die Maschine wurde nach ihrer Ablieferung sofort dem Bw Altona zugeteilt und mit einem Tarnanstrich versehen. Zum planmäßigen Einsatz kam die Lok erst nach der 1950 fälligen Hauptuntersuchung bei Krauss-Maffei. Bis auf den Ersatz der Einheits- durch Witte-Windleitbleche blieb sie konstruktiv unverändert. Jedoch mußte der Kesseldruck von 20 bar (20 kp/cm^2) auf 16 bar (16 kp/cm^2) vermindert werden, weil der legierte Kesselstahl zu Spröd- und Schweißbrüchigkeit neigte.

Alle drei Maschinen der BR 05 liefen dann beim Bw Hamm im FD-Plandienst bis zu ihrer Außerdienststellung. Sie wurden zwar nie bis zur vollen, nach Reduzierung des Kesseldruckes verbliebenen Leistung gefordert, doch haben sie die leichten FD-Zugpaare „Domspatz" und „Hanseat" im 140-km/h-Plan anstandslos gefördert. Dem Vernehmen nach soll die 05 003 im Brennstoffverbrauch wirtschaftlicher als ihre beiden Schwestern gewesen sein.

Die Maschinen der BR 05 wurden durch die ersten an das Bw Hamm gelieferten Dieselloks der BR V 200 abgelöst. Am 14. 7. 1958 wurde die 05 003 ausgemustert.

Konstruktive Merkmale

Kessel: Genieteter Kessel der Einheitsbauart. Kesselblech aus Molybdän-Sonderstahl. Vollständig geschweißte Stahlfeuerbüchse breit über dem Rahmen mit anschließender 1,5 m langer Verbrennungskammer. Dehnungsfalte zwischen Feuerbüchse und Verbrennungskammer. Stehbolzen und Deckenanker im Bereich der Verbrennungskammer beweglich ausgebildet. Kessel gegenüber Normalbauweise um 180° gedreht: Rauchkammer ten-

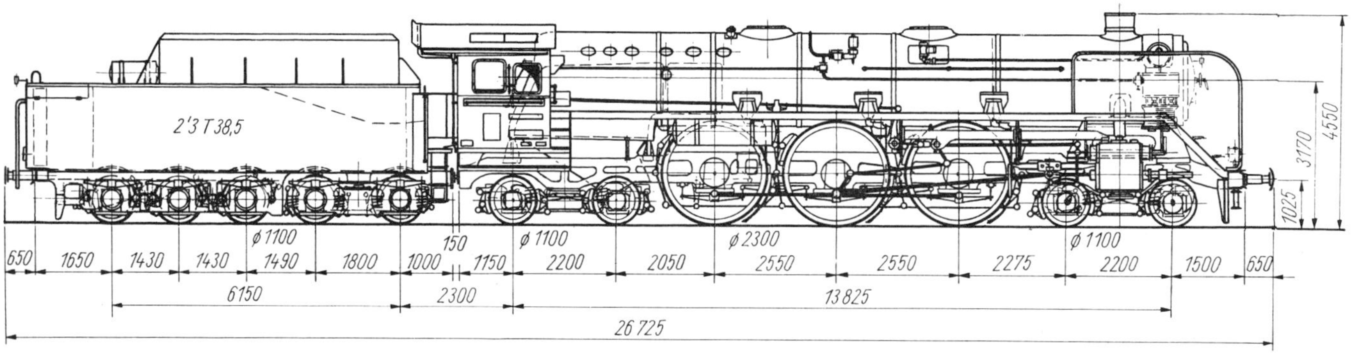

05 003 (Umbau DRG 1945)

derseitig, Stehkessel über dem vorderen Drehgestell. Steinkohlenstaubfeuerung mit 2 Brennern Bauart AEG. Vorderer Dom mit Naßdampf-Ventilregler Bauart Schmidt & Wagner, hinterer Dom Speisedom. 2 Sicherheitsventile Bauart Ackermann. Speiseeinrichtungen: Verbundkolbenspeisepumpe Bauart Knorr-Tolkien mit 250 l je min bis 350 l/min und Oberflächenvorwärmer Bauart Knorr; 1 saugende Dampfstrahlpumpe (250 l/min bis 350 l/min).

Rahmen: 90 mm starker Barrenrahmen mit zahlreichen Querversteifungen. Mittenabstand 1090 mm.

Laufwerk: Sechspunktabstützung. Vorderes und hinteres Drehgestell mit Innenrahmen. Vorderes Drehgestell mit ± 75 mm, hinteres mit ± 70 mm Seitenverschiebbarkeit. Alle 3 Kuppelachsen fest im Rahmen gelagert. Spurkränze der 2. Kuppelachse um 15 mm geschwächt.

Triebwerk: Dreizylindertriebwerk mit einstufiger Dampfdehnung. 2 waagerechte Außenzylinder treiben die 2. Kuppelachse an. Der waagerechte Innenzylinder treibt die als Kropfachse ausgebildete 3. Kuppelachse an.

Steuerung: Heusinger-Steuerung mit Kuhnscher Schleife. Kolbenschieber mit innerer Einströmung abweichend

05 003 nach dem Umbau (Bauzustand DB)

von der Regelausführung mit schneller und weiter Öffnung der Steuerkanäle. Bewegung der Schieber des Innenzylinders wird von Halbkröpfung der 2. Kuppelachse abgeleitet. Druckausgleicher Bauart Borsig. Druckluftbetätigung bei Leerlauf vom Führerhaus aus. Umkehrung der Steuerung, da Hauptfahrtrichtung rückwärts.

Bremse: Einkammerdruckluftbremse Bauart Knorr wirkt doppelseitig auf alle Achsen, nur 1. Laufachse des führenden Drehgestelles einseitig von innen gebremst. Bremsdruckfliehkraftregler setzt Bremsdruck bei Geschwindigkeiten unter 60 km/h selbsttätig herab. Masseabhängige Druckluftbremse für den Tender. Tenderräder werden beidseitig abgebremst. Doppelverbundluftpumpe Bauart Nielebock-Knorr.

Sondereinrichtungen: Druckluftsandstreuer Bauart Borsig-Reichsbahn sandet die Räder aller Kuppelachsen von vorn. Je 3 Sandkästen auf jeder Lokseite in Höhe des Umlaufes. Schmierung aller unter Dampf gehenden Teile durch 2 Hochdruckschmierpumpen Bauart Bosch-Reichsbahn. Elektrische Beleuchtung durch Dampfturbogenerator, rechts auf dem Umlauf neben der Rauchkammer angeordnet. Indusi der Dreifrequenzbauart. Schreibender Geschwindigkeitsmesser Bauart Deuta. Stromlinienverkleidung für Lok und Tender mit Rolläden für Triebwerk und Klappen für Armaturen. Frontführerstand. Fest eingebaute Dreilicht-Spitzen-Signallaternen.

Tender: 2'3 T 35 mit 10 t Kohlenstaub. Heißdampfgetriebene Turbine treibt Turbogebläse und Förderschnekken für Kohlenstaub. Gelenkige Rohrleitungen zur Beförderung des Staub-Luft-Gemisches zur Lok.

06

Einheitslok (Stromlinienverkleidung)

Die BR 06 ist der Abschluß der Entwicklung schnellfahrender Dampflokomotiven mit Kolbendampfmaschine bei der DRG. Vorausgegangen waren die BR 01^{10}, 03^{10}, 05 und 61. Geschwindigkeitserhöhungen im Personenverkehr konnten nicht allein von den Triebwagen übernommen werden. Reisezüge bieten größeren Komfort (Schlaf-, Speise- und Kurswagen), lassen sich besser der Platznachfrage anpassen und verursachen geringere Beförderungskosten. Entscheidend war auch die Brennstoffversorgung, denn Dampfloks konnten mit einheimischer Steinkohle betrieben werden. Nicht zuletzt wollte auch die Dampflokindustrie im Schnellverkehr konkurrenzfähig bleiben.

1939 war der FD 21 der schnellste mit einer Dampflok bespannte Reisezug, der die 286,8 km zwischen Hamburg und Berlin mit einer Durchschnittsgeschwindigkeit von 117,1 km/h zurücklegte.

Die BR 06 sollte in weitgehender Übereinstimmung mit anderen Einheitsloks entstehen. Der Kessel entsprach der 1'E1'-Güterzuglok der BR 45, und mit der BR 41 (1'D1') sollte in vielen Teilen Baugleichheit bestehen. Die 06 war für den schweren Schnellzugdienst in hügligem Gelände vorgesehen und hatte nach dem Leistungsprogramm 650 t in der Ebene mit 120 km/h und auf Steigungen von 1:100 mit 60 km/h zu befördern.

Aus den von der Lokindustrie vorgelegten Entwürfen wählte man den mit der Achsfolge 2'D2'. Die Achsfolge 1'D2' fand keine Billigung, weil man einem führenden Krauss-Helmholtz-Drehgestell keine Betriebssicherheit bis 140 km/h zutraute. Daß diese Befürchtungen unbegründet waren, bewiesen die E 16, E 17 und später die E 18 und E 19.

Um bei 6,75 m festem Achsstand der Kuppelachsen die preußische Weiche 1:7,5 und Radien von 180 m noch durchfahren zu können, wurden bei der 06 001 der Spurkranz auf der 3. Kuppelachse weggelassen, bei der 06 002 die Spurkränze der 2. und 3. Kuppelachse geschwächt und der 3. Kuppelachse ± 10 mm Seitenspiel gegeben. Trotzdem wurden die Weichen durch die große Maschine stark beansprucht, und es kam in engen Weichenbögen zu Entgleisungen.

Den Dampfdruck setzte man auf 20 bar (20 kp/cm^2) fest, weil die Versuchsergebnisse der sogenannten Mitteldruckloks mit 25 bar (25 kp/cm^2) nicht günstig waren. Man entschied sich für die einstufige Dampfdehnung und gab der Lok wegen der hohen Maschinenleistung und aus Gründen eines ruhigen Laufes ein Drillingstriebwerk. Der mit der BR 45 identische Kessel besaß die enorme Rohrlänge von 7500 mm und war der größte je in Deutschland gebaute Lokomotivkessel. Seine Dimensionen standen allerdings in keinem Verhältnis zu seiner Leistung, denn gemessen an Rostgröße und Rohrheizfläche war die Strahlungsheizfläche viel zu klein. Eine Verbrennungskammer zur Vergrößerung der Strahlungsheizfläche lehnte Wagner als „Verlegenheitslösung des Konstrukteurs" ab.

Bei Krupp hatte sich die Auslieferung

der Maschinen bis zum Frühjahr (06 001) und Sommer (06 002) 1939 verzögert. Henschel hatte die Vorauslokomotive der BR 45 schon 1937 geliefert. Die 06 001 kam zum LVA Grunewald und begann im April 1939 vor dem Meßwagen 3 Versuchsfahrten. Die 06 002 erhielt das Bw Frankfurt (Main) 1. Nach 21 Meßfahrten bei 80 km/h, 100 km/h und 120 km/h wurden die Versuche am 7. 7. 1939 abgebrochen und wegen des Krieges nicht wieder fortgesetzt. Auch ein Abschlußbericht kam nicht zustande; vielmehr versuchte die Deutsche Bundesbahn 1948, die Kurven der Meßfahrten zu rekonstruieren.

Am 15. 6. 1939 fand mit der 06 001 eine Betriebsmeßfahrt auf der Strecke Bebra–Frankfurt (M) und zurück mit 678 t Wagenzugmasse statt. Die größte Zughakenleistung wurde mit 2060 kW (2800 PSe) registriert. Kurzzeitig erzielte die Maschine 2142 kW (2910 PSe ≙ 3670 PSi). Allerdings wurde diese Leistung bei einer Heizflächenbelastung von 76 kg/m^2h anstatt der festgesetzten 57 kg/m^2h erbracht, sie kam also nicht durch Verdampfungsleistung, sondern durch Inanspruchnahme der Kesselreserve zustande.

In den Kriegsjahren waren beide Maschinen beim Bw Frankfurt (Main) 1 stationiert und liefen vorwiegend auf der Strecke Frankfurt (M)–Erfurt (D 43 Ffm-Erfurt; D 2 Erfurt-Ffm). Es stellte sich heraus, daß die Wagnerschen Super-Langrohrkessel trotz verlängerter Fahrzeit und bei normaler Heizflächenbelastung (57 kg/m^2h) immer wieder schadhaft wurden. Infolge der extrem hohen Feuerbüchsheizflächenbelastung nahmen Feuerbüchswandung und Anker Schaden. Es kam zu Rißbildungen in der Wandung, zu Rohrlaufen und abgerissenen Stehbolzen. Die Maschinen mußten deshalb häufig aus dem Betrieb gezogen werden.

Die 06 002 erhielt bei Kriegsende einen Bombenschaden, die andere Maschine wurde ebenfalls außer Betrieb gesetzt. Nach 1945 erwog die DB eine Neubekesselung beider Maschinen, doch sah man schließlich davon ab, weil keine ökonomische Verwendung für diese beiden Riesenlokomotiven bestand. Am 14. 11. 1951 wurden beide Exemplare der größten deutschen Schnellzuglok ausgemustert.

Konstruktive Merkmale

Kessel: Genieteter Einheitslokkessel aus St 47 K mit 20 bar (20 kp/m^2) Kesseldruck und 7,5 m langen Rohren. Bis auf Rauchkammer identisch mit dem Kessel der BR 45. Feuerbüchse aus IZ II-Stahl. Vorderer Kesselschuß mit Speisedom, hinterer mit Dampfdom. 2 Sandkästen. 2 Hochhubsicherheitsventile Bauart Ackermann. Speiseeinrichtungen: Verbund-Kolbenspeisepumpe Bauart Knorr-Tolkien (300 l je min) und Oberflächenwärmer Bau-

06 001 (Krupp 2000/1937)

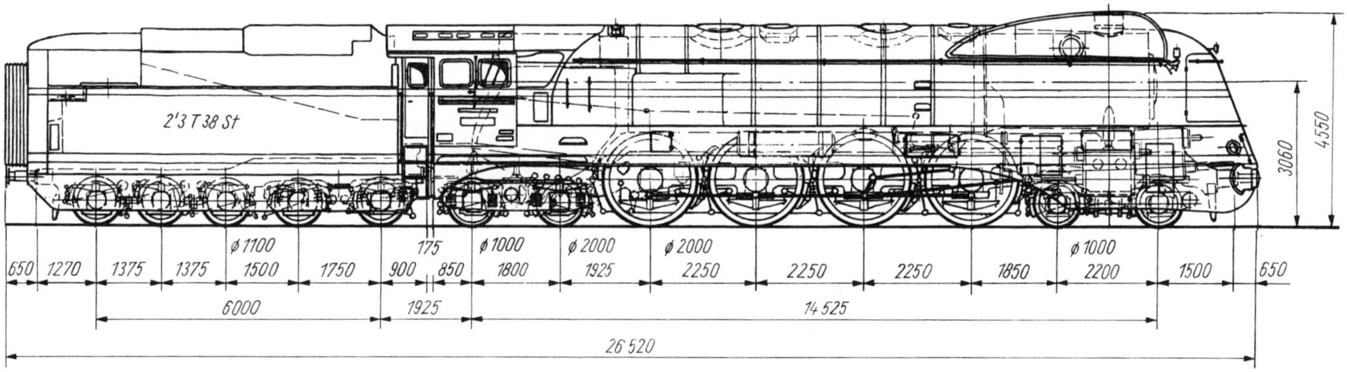

BR 06 (Lieferzustand)

art Knorr; saugende Dampfstrahlpumpe (300 l/min) links im Führerhaus.

Rahmen: 100 mm starker Barrenrahmen. Vorn und hinten wegen Beweglichkeit der Drehgestelle auf 40 mm eingezogen.

Laufwerk: Sechspunktabstützung. Vorderes Drehgestell mit Innenrahmen wie BR 01/03 (1000 mm Laufraddurchmesser). Hinteres Drehgestell mit Außenrahmen, um Aschkasten gut durchbilden zu können. Bei 06 001 alle 4 Kuppelachsen fest im Rahmen gelagert, 3. Kuppelradansatz ohne Spurkranz, bei 06 002 Spurkranzschwächung des 2. und 3. Kuppelradsatzes und ± 10 mm Seitenverschiebbarkeit der 3. Kuppelachse.

Triebwerk: 2 im Modell gleiche Außen- und 1 Innenzylinder mit einstufiger Dampfdehnung. Innenzylinder gegenüber den Außenzylindern nach vorn verschoben. Innenzylinder treibt über Kropfachse 1. Kuppelradsatz, Außenzylinder arbeiten auf 2. Kuppelradsatz. Kuppelstangenlager als Buchsenlager; geteilte, nachstellbare Treibstangenlager.

Steuerung: Außenliegende Heusinger-Steuerung für Außenzylinder. Innenliegende unabhängige Heusinger-Steuerung für Innenzylinder. Antrieb wird von Halbkröpfung der 2. Kuppelachse abgenommen. Kolbenschieber der Regelbauart. Eckventil-Druckausgleicher der Einheitsbauart.

Bremse: Einkammer-Druckluftbremse Bauart Knorr (Kssbr) mit Zusatzbremse. Alle Kuppelradsätze durch doppelklötzige Scherenbremse zweiseitig gebremst. Abbremsung mit 195 % der Achskraft. Abbremsung der 1. Achse des vorderen Drehgestells mit 50 %, der 2. mit 80 %. Abbremsung des hinteren Drehgestells mit 180 %. Fliehkraft-Bremsdruckregler setzt Bremskraft unter 60 km/h selbsttätig herab. Doppelverbundluftpumpe Bauart Nielebock-Knorr.

Sondereinrichtungen: Stromlinienverkleidung für Lok und Tender. Stirn- und Zylinderverkleidung bis dicht über SO, Triebwerk bis 1275 mm ü. SO verkleidet. Druckluftsandstreuer Bauart Borsig-Reichsbahn. Hochdruckschmierung aller unter Dampf gehenden Teile Bauart Bosch-Reichsbahn. Schreibender Geschwindigkeitsmesser Bauart Deuta. Indusi der Dreifrequenz-Bauart.

Tender: 2'3 T 38 St mit 10 t Kohle und Kohlenachschubeinrichtung. Achsen mit Fischer-Rollenlagern. Tenderende gerundet und mit Faltenbalgattrappe.

07 1001 Umbaulok DR (SNCF 231 E 18)

Neben einer Reihe ausländischer Bahnverwaltungen unternahmen zu Beginn der 20er Jahre in Deutschland die AEG und die Stug Versuche mit Kohlenstaubfeuerungen.

Trotz großer Aufwendungen blieb diesen Bemühungen vorerst ein durchgreifender Erfolg versagt. Erst die umfangreichen Versuche, die nach 1945 bei der DR vom Kollektiv Wendler unternommen wurden, um Braunkohlenstaub als Lokomotivbrennstoff zu verwenden, führten zum gewünschten Ergebnis und trugen zur spürbaren Verbesserung der Wirtschaftlichkeit des Dampflokomotivbetriebes bei. In diese Umbauten auf Braunkohlenstaubfeuerung bezog man neben den bekannten Güterzuglokomotivbaureihen auch Schnellzuglokomotiven ein. Hierzu zählten die kohlenstaubgefeuerten 2′C h4v-Maschinen der Gattung pr. S 10^{1} (BR 17^{10-12}) und eine Lokomotive der BR 03^{10} (03 1087). Besonders bemerkenswert sind jedoch die mit Kohlenstaubfeuerung ausgerüsteten ehemaligen Lokomotiven 241 A 21 der Französischen Ostbahn und der 231 E 18 der Französischen Nordbahn, die nach dem zweiten Weltkrieg im Bereich der DR verblieben waren.

Während die 241 A 21 1951 im Raw Zwickau umgerüstet wurde und die Betriebsnummer 08 1001 (BR 08^{10}) erhielt, baute das Raw Stendal 1952 die 231 E 18 zur 07 1001 (BR 07^{10}) um.

Entscheidend für das Zurückgreifen Wendlers auf diese Lokomotive war das gute Lauf- und Leistungsverhalten dieser Bauart, deren Gesamtkonzeption unter dem Wirken Chapélons entstanden war und hier die Vorteile eines gut durchgebildeten Heißdampf-Verbundtriebwerkes mit den thermischen Vorteilen der Kohlenstaubfeuerung vereinen sollte.

Abgesehen von den wenigen thermisch, betrieblich und aus der Sicht der Instandhaltung wirklich überzeugenden deutschen Vierzylinderverbundlokomotiven waren besonders zur Zeit der DRG diese Fragen ständig Gegenstand fachlicher Auseinandersetzungen. Das ist um so erstaunlicher, da zur gleichen Zeit im benachbarten Frankreich – besonders unter dem Einfluß von André Chapélon – beachtliche Verbesserungen der Wirtschaftlichkeit und aufsehenerregende Leistungssteigerungen erzielt wurden.

In Frankreich hatte bereits 1907 die Paris-Orléans-Bahn den ersten Pazifik-Typ Europas in Betrieb genommen. Nach dem ersten Weltkrieg standen bei allen französischen Bahnen mehrere Typen von 2′C1′-Maschinen in Dienst.

Versuche, deren Leistungsfähigkeit zu erhöhen, hatten 1927 wichtige Erkenntnisse über die Energieverluste des Dampfes vom Kessel bis zur Arbeitsleistung im Zylinder geliefert. Es ist das Verdienst Chapélons, diese Erkenntnisse folgerichtig ausgewertet zu haben. Die 1929 nach seinen Entwürfen umgebaute Pazifik 3566, bei der vor allem auf möglichst geradlinige Dampfführung bei großen Querschnitten Wert gelegt wurde, bestätigte dann auch nach zahlreichen Messungen und Versuchen die große Überlegenheit gegenüber der unveränderten Ausführung. Dabei gemessene Wasserein-

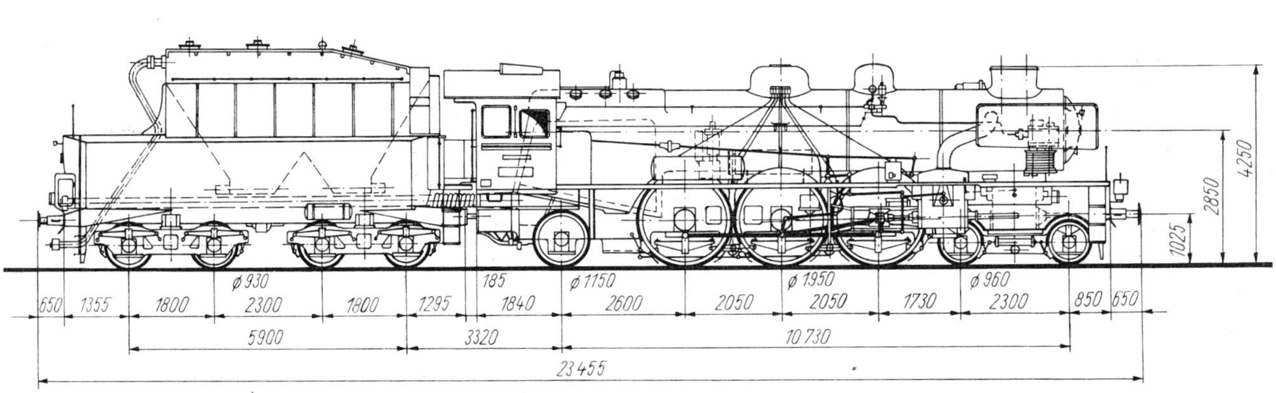

07 1001 mit Kohlenstaub-Wannentender (nur für Versuchsbetrieb)

07 1001 (Belfort 6507/1912), einst Bahnnummer 3557 der Paris–Orléans, dann NORD 3.1188 und vor Übernahme durch die DR SNCF 231 E 18

sparungen schwankten zwischen 12,6 % und 19,1 %, die Kohleeinsparungen lagen zwischen 10,35 % und 18,7 % bei einer gleichzeitigen Steigerung der Leistung am Zughaken um 50 %. Diese Erfolge veranlaßten die PO zum Umbau weiterer Lokomotiven der Reihe 3500 (später SNCF 231.701–731; 2′C1′ h4v) und der Reihe 4500 (2′C1′ h4v) in 2′D h4v-Maschinen (später SNCF 240.701–712).
Aber auch die Nordbahn wurde durch

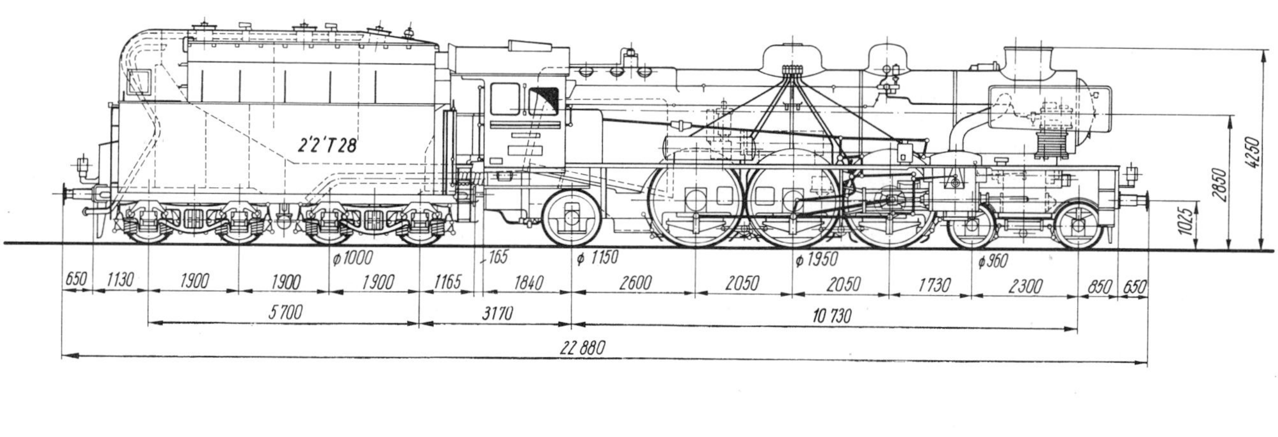

07 1001 mit Kohlenstaubtender 2′2′ T 28

diese beispielhaften Erfolge zur Beschaffung von 20 nach ähnlichen Gesichtspunkten verbesserten Lokomotiven der Reihe 3500 der PO veranlaßt, deren Umbau 1934 in Tours erfolgte. Sie trugen die Bezeichnung 3.1171–3.1190. Nach dem Zusammenschluß zur SNCF erhielten diese 48 Maschinen die Bezeichnung 231 E 1–231 E 48. Gemeinsam mit den berühmten „Superpazifiks" der SNCF beförderten sie noch in den sechziger Jahren die großen internationalen Fernschnellzüge. Von ihrer Laufgüte bei hohen Geschwindigkeiten künden die Schnellfahrten der 3.1174 (später 231 E 4), die 1935 174 km/h erreichte, oder die 231 E 35, die noch 1956 bei Versuchsfahrten 165 km/h fuhr.

Alle die hier genannten Merkmale sprachen dafür, die bei der DR verbliebene 231 E 18 in die Kohlenstaubversuche mit einzubeziehen. Dabei blieb die Maschine im wesentlichen in ihrer ursprünglichen Form erhalten. Auch die Dabeg-Steuerung behielt man bei. Neben den aus der Kohlenstaubfeuerung nach dem System Wendler resultierenden Veränderungen waren es vor allem Anpassungen an die Betriebsbedingungen der DR, die geringfügige Umbauten erforderten.

So wurde die Steuerung nach rechts verlegt, auf deutsche Armaturen umgerüstet und ein Einheitsführerhaus vorgesehen. Den Kylchap-Doppelschornstein ersetzte man später durch einen Schornstein der BR 58^{10-21}. Während der Versuchsfahrten war die Lokomotive mit einem Kohlenstaubtender der BR 58^{10-21} gekuppelt, der später durch den Tender der 03 1087 ersetzt wurde. Nach ihrer Fertigstellung kam sie als 07 1001 zum Bw Dresden A, wo sie im Schnellzugdienst nach Berlin zum Einsatz gelangte.

Als Einzelgänger und Fremdling im Betriebspark war ihr trotz einiger Angleichungen an deutsche Normen kein langes Leben beschieden. Bereits am 4. 2. 1958 wurde sie ausgemustert, lediglich ihr ursprünglicher Tender blieb an der 18 314 noch für einige Jahre in Betrieb.

Konstruktive Merkmale

Kessel: 3 zylindrische Kesselschüsse, Belpaire-Feuerbüchse, trapezförmiger und stark geneigter Rost.
Rahmen: Blechrahmen
Laufwerk: Drehgestell- und hintere Laufachse durch obenliegende Blattfedern einzeln abgestützt, gekuppelte Achsen durch unterhalb der Achslager angeordnete Blattfedern abgefedert und mit Ausgleichhebeln verbunden.
Triebwerk: Vierzylinder-Verbundtriebwerk in De-Glehn Bauform, innenliegende Niederdruckzylinder arbeiten auf die erste Kuppelachse, die außenliegenden Hochdruckzylinder arbeiten auf die zweite Kuppelachse.
Steuerung: Ventilsteuerung Bauart Dabeg.

08 1001 Umbaulok DR (SNCF 241 A 21)

Die Kohlenstaubversuchslokomotive 08 1001 ist 1952 durch Umbau der französischen Lokomotive 241 A 21 entstanden, die zum damaligen Zeitpunkt zum Schadpark der Rbd Greifswald gehörte. Maßgebend für die Auswahl zum Umbau war ihre günstige Dimensionierung hinsichtlich eines großen Verbrennungsraumes durch eine der Feuerbüchse vorgebaute Verbrennungskammer und die günstige Rahmenkonstruktion im Bereich des Aschkastens. Außerdem ließ die Kohlenstaubfeuerung in Verbindung mit der leistungsbetonten, mit deutschen Lokomotiven kaum vergleichbaren Grundkonzeption bemerkenswerte Ergebnisse erwarten. Die Grundbauform dieser Lokomotive entstand bei der Französischen Ostbahn, die zum Verbessern ihres Schnellzugdienstes 1925 in ihrer Bahnwerkstätte Epernay eine 2'D1' h4v-Versuchslokomotive bauen ließ, welche als Bahn-Nr. 41 001 umfangreichen Untersuchungen unterzogen wurde. Die im Ergebnis dieser Untersuchungen vorgenommenen Veränderungen betrafen eine Erhöhung des Kesseldruckes von 16 bar (16 kp je cm^2) auf 17 bar (17 kp/cm^2), das Vergrößern der Niederdruckzylinder, eine Verbesserung der Dampfführung der Hochdruckmaschine und den Ersatz der zweischienigen Kreuzkopfführung

rung durch die einschienige Kreuzkopfführung.

Nachdem auch die verbesserte Maschine eingehend erprobt wurde, stellte man 1931 die weiterentwickelten Lokomotiven der Gattung 241.002–241.041 in Dienst, bei denen als wesentlichste Änderung der Kesseldruck von 17 bar (17 kp/cm^2) auf 20 bar (20 kp/cm^2) erhöht wurde.

Auch an diesen Lokomotiven nahm man ständig Verbesserungen vor. So erhielten sie z. B. zusätzliche Rahmenversteifungen und nachträglich die ACFI-Vorwärmanlage, Niederdruckschieber mit doppelter Ein- und Ausströmung und Änderungen zum Vermindern der Strömungswiderstände in der Dampfführung.

Bis 1935 ließ die Französische Ostbahn 18 Lokomotiven in dieser Form umbauen, und auch die Französische Staatsbahn beschaffte 49 Maschinen dieser Gattung, die nach der Neu-Numerierung des Lokparkes bei der SNCF die Bezeichnung 241 A erhielten. Noch 1950 befanden sich 83 Lokomotiven dieser Gattung im Betriebspark der SNCF.

Der Umbau der bei der DR verbliebenen Lokomotive bei gleichzeitigem Einbau der Kohlenstaubfeuerung System Wendler nahm 1952 das Raw „7. Oktober" in Zwickau vor.

Neben den Änderungen, die aus der Umstellung auf Kohlenstaubfeuerung resultierten, wie Entfall des Rostes und Einbeziehung des Aschkastens in den Feuerraum, Einbau der Kohlenstaubbrenner, Anbau einer zweiten Luftpumpe und eines zusätzlichen Hauptluftbehälters für die Staubaustragung und Ersatz des Originaltenders durch einen Kohlenstaubtender der Grundform 2′2′ T 34, waren allgemeine Änderungen notwendig, die der Einsatz auf den Strecken der DR erforderte.

Dazu gehörten die Verlegung der Führerseite von links nach rechts, wozu der Seitenzug für den Anfahrregler, die Umsteuerung, die Bremsbetätigung

08 1001 (Fives-Lille 4696/1931), einst EST 241-021, vor Übernahme durch die DR SNCF 241 A 21

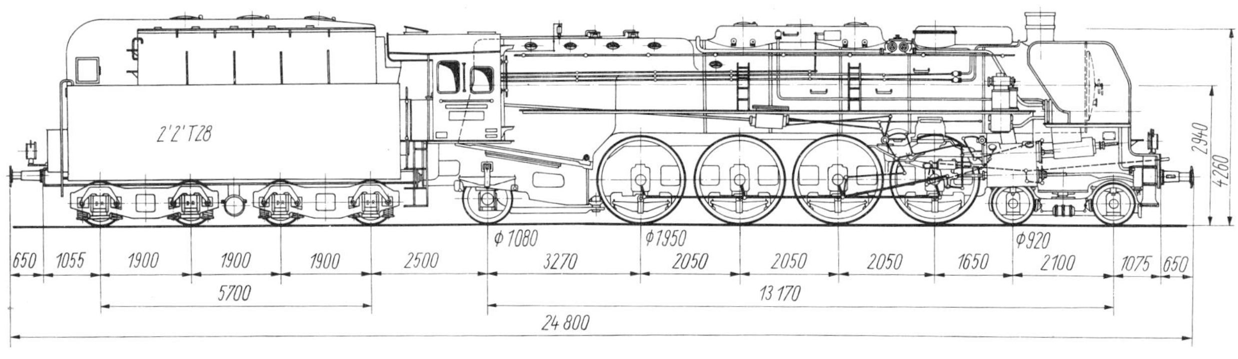

08 1001 mit Kohlenstaubtender 2'2' T 28

und die Manometer verlegt werden mußten. Des weiteren entfiel die bisherige ACFI-Mischvorwärmeranlage, an deren Stelle eine Oberflächenvorwärmeranlage der Bauart Knorr zum Einsatz kam. Soweit es möglich war, ersetzte man Armaturen und Ausrüstungen der Originalausführung durch Normteile, die den Lokomotiven der DR entsprachen.

Nach Fertigstellung der Lokomotive im Raw Zwickau wurde sie im Februar 1953 zur damaligen FVA Halle überführt und hier für ein umfangreiches Versuchsprogramm vorbereitet. Dabei zeigte sich, daß vor der leistungstechnischen Untersuchung Änderungen an der Saugzuganlage und an der Einstellung der Schieber erforderlich wurden.

Noch während der Versuche wurden ein neuer Schornsteinaufsatz und ein geänderter Blasrohreinsatz gefertigt.

Die Beharrungsfahrten mit 80 km/h und 100 km/h fanden zwischen Hagenow Land und Neustadt (Dosse) und für 60 km/h zwischen Halle (Saale) und Lutherstadt Wittenberg statt.

Obwohl die Umbau-Konzeption die Lokomotive für die schwersten, nach der BO zugelassenen D-Züge mit Dauerfahrgeschwindigkeiten von 90 km/h bis 100 km/h auf Steigungen von 1:500 bis 1:333 vorgesehen hatte, zeigte sich, daß sie bereits der einfachen Zweizylinderlokomotive der BR 01 unterlegen war, obwohl diese noch fast 12 Tonnen weniger wog.

Trotz ihrer günstigen Kesseldimensionierung und einer günstigen Abstimmung zwischen Strahlungs- und Berührungsheizfläche erreichte die 08 1001 mit maximal 662 kW (900 PSe) Zughakenleistung und 24 kN effektiver Zugkraft bei v_{max} = 100 km/h und Kesselgrenzleistung von 60 kg/m^{2}h weder die Werte der BR 01 noch die der BR 03. Dabei lagen die spezifischen Verbrauchswerte [kg/PSeh] ausnahmslos über denen der BR 01. Von entscheidendem Einfluß für dieses Verhalten war dabei die auf Grund gesetzlicher Bestimmungen vorgenommene Verminderung des Kesseldruckes von 20 bar (20 kp/cm^2) auf 16 bar (16 kp/cm^2) und eine ungünstige Bemessung und Gestaltung des Überhitzers. Aber auch der Aufwand für das komplizierte Verbundtriebwerk, das Betrieb und Instandhaltung der Lokomotive erheblich verteuert hätte, ließ ernste Zweifel aufkommen, ob die energetischen Vorteile aus einer möglichen Kesseldruckerhöhung auf den Ursprungswert diese Mehrkosten aufgehoben hätten. Es erschien zudem fraglich, ob die unter Versuchsbedingungen gewonnenen Werte im Regelbetrieb auch nur annähernd erreicht würden.

Die im Vergleich zu Versuchsfahrten nur kurzen Perioden hoher Dauerbeanspruchung würden besonders im Verbundbetrieb eine weitere spürbare Verschlechterung zur Folge haben, ganz abgesehen davon, daß für einen Einzelgänger dieser Bauform kein ideales Beförderungsprogramm realisierbar war.

Nach der Anschrift im Führerhaus waren ursprünglich 140 km/h Höchstgeschwindigkeit zugelassen, während die FVA Halle später 110 km/h vorgeschlagen hat. Grund für dieses Herabsetzen war die Abstützung der Lokomotive in 11 Punkten bei Fehlen der sonst üblichen Ausgleichhebel, was ungewöhnlich weiche Federn erforderte. Da solche von der üblichen DR-Ausführung abwichen und nicht beschaffbar waren, befürchtete man bei so hohen Geschwindigkeiten und der späteren Verwendung härterer Federn folgenschwere Entgleisungen.

So blieb die 08 1001 ein Einzelexemplar. Nach Abschluß der meßtechnischen Untersuchungen kam sie zum Bw Dresden Altstadt, wo sie im Schnellzugdienst nach Berlin eingesetzt wurde.

Anfang 1958 wurde sie gemeinsam mit der 07 1001 ausgemustert.

Konstruktive Merkmale

Kessel: Langkessel aus drei Schüssen, genietete Langkessel- und Rundnähte, Dampfdom auf erstem und zweitem Kesselschuß, Schlammtopf am Boden des 1. Kesselschusses, Stehkessel mit drittem Kesselschuß vernietet und verschweißt, Rohrwand, Bodenring und Feuerbüchse ebenfalls genietet, Rauchkammer mit erstem Kesselschuß vernietet, dreiteilige Feuertür.
Kesselspeiseventile Bauart Knorr, Wasserstandsanzeige, Pfeife, Sicherheitsventile u. a. Armaturen nach DR-Bauart. Speiseeinrichtungen: Nielebock-Knorr-Verbundpumpe, 2 saugende Strahlpumpen.
Rahmen: Blechinnenrahmen, der zwischen Kuppelachsen und HD-Zylindern durch Stahlgußstücke versteift ist. Rauchkammerträger bildet mit Versteifungen zwischen HD-Zylindern ein Gußstück. Rahmen vorn durch Stahlgußhohlträger, hinten durch stabilen Kuppelkasten versteift. Großer ND-Zylinderdurchmesser machte Kröpfung des Rahmens nach außen im ND-HD-Bereich erforderlich.
Laufwerk: Führung durch zweiachsiges Drehgestell mit ± 125 mm Seitenverschiebbarkeit, Spurkränze aller Kuppelachsen geschwächt, hinterer Radsatz in Bissel-Gestell mit ± 150 mm Seitenverschiebbarkeit.
Ungewöhnliche weiche Federung; erforderlich durch Verzicht auf Ausgleich des Federsystems der einzelnen Achsen untereinander, so daß Lokomotive auf elf Punkten abgestützt ist.
Triebwerk: Zweiachsantrieb Bauart de Glehn mit mehrteiliger Kropfachse; äußere 1:28,6 geneigte HD-Zylinder wirken auf zweite, innere 1:10,6 geneigte ND-Zylinder wirken auf erste Kuppelachse; einschienige Kreuzkopfführung für beide Triebwerke; Kreuzkopflager als nicht nachstellbare Buchsenlager, Treibstangen- und Kuppelstangenlager zweiteilig und nachstellbar.
Steuerung: Für jeden Zylinder gesonderte Steuerung Bauart Heusinger mit Hängeeisen, HD- und ND-Maschine mit innerer Einströmung, Antrieb der äußeren HD-Steuerung durch Gegenkurbel von zweiter Kuppelachse, Antrieb der inneren ND-Steuerung durch Exzenter der Kropfachse. Betätigung der Steuerungen durch Einklinkhebel am Handrad für beide Steuerungen gemeinsam oder getrennt für HD- und ND-Füllung möglich. HD-Schieber als einfache Kolbenschieber, ND- als Kanalschieber mit doppelter Ein- und Ausströmung. Haupt- und Anfahrregler (für Beaufschlagung des Verbinders). Als Leerlaufeinrichtung nur Luftsaugeventile am ND-Zylinder.
Bremse: Einfachwirkende Knorr-Bremse, Nielebock-Knorr-Doppelverbundluftpumpe. Zwei Bremszylinder zwischen 2. und 3. Kuppelachse bremsen die 1. und 2. Kuppelachse von vorn, die 3. und 4. Kuppelachse von hinten. Drehgestellachsen beiderseits durch Doppelbremszylinder gebremst, Schleppachse ungebremst.
Sondereinrichtungen: Zwei Sandkästen in gemeinsamer Verkleidung mit 2. Dom, druckluftbetätigte Sandstreueinrichtung, Dampfheizungseinrichtung, elektrische Beleuchtungseinrichtung durch Dampfturbogenerator.
Tender: Entstanden aus Umbau des DR-Einheitstenders 2′2′ T 34 mit Staubbunkern nach Dreikammersystem.

10

Neubaulok DB

Mit der Projektierung der Baureihe 10 beabsichtigte die DB eine Lokomotivgattung zu schaffen, die die Schnellzuglokomotiven der Baureihen 01^{10} und 03^{10} ablösen sollte. Das EZA Göttingen hatte ursprünglich die Beschaffung einer 1′C1′-Schnellzuglok für leichte FD-Züge vorgeschlagen, weil schwere Züge von der Diesellok V 200 befördert werden sollten. Dieser Vorschlag fand nicht die Zustimmung der HVB, die in der V 200 keinen vollwertigen Ersatz für die Baureihe 01^{10} sah.

Die Achsfahrmasse wurde mit 22 t festgelegt, die Achsfolge mit 2′C1′. Die Fa. Friedrich Krupp lieferte 1956 zwei Probelokomotiven, von denen die 10 001 für Rostfeuerung mit Ölzusatzfeuerung, die 10 002 für Ölhauptfeuerung ausgelegt waren. Es blieb jedoch bei diesen beiden Maschinen, denn der einsetzende Traktionswandel beendete das Dampflok-Neubauprogramm bei der Deutschen Bundesbahn.

Im Leistungsprogramm war die Beförderung eines D-Zuges von 300 t in der Ebene mit 140 km/h vorgesehen.

Das Äußere der Maschinen wich recht erheblich vom Bild der Einheitslokomotiven ab. Die Zylindergruppe erhielt eine Teilverkleidung, die vor Abkühlung und Verschmutzung schützen sollte, gleichzeitig den Luftwiderstand zu vermindern hatte. Die kurze Umlaufschürze sicherte den Zugang zum Triebwerk, verhinderte aber die Verschmutzung der Führerhausfenster durch Ölspritzer. Analog den bayerischen und sächsischen Länderbahn-Schnellzugloks hatte man beiden Maschinen eine kegelige Rauchkammertür gegeben, die aber stilistisch ein Fremdkörper blieb.

Bei der Konstruktion der Baureihe 10 sind, wie bei allen anderen Neubauten der DB, die sogenannten neuen Baugrundsätze berücksichtigt worden, die unter Wittes Leitung bei der Projektierung des Neubauprogrammes aufgestellt worden waren. Der vollständig geschweißte Kessel mit Verbrennungskammer entsprach dem 1953 entwickelten Ersatzkessel der BR 01^{10}, besaß aber eine Rohrlänge von 5500 mm und war mit dem $01/01^{10}$-Kessel nicht tauschbar. Er lieferte bei einer Heizflächenbelastung von 74 kg/m^{2}h 15,3 t/h Dampf und war für 18 bar (18 kp/cm^2) ausgelegt. Das Drillingstriebwerk arbeitete mit dem Innenzylinder auf die erste, mit den Außenzylindern auf die zweite Kuppelachse. Jede Dampfmaschine besaß eine eigene Heusinger-Steuerung mit Schwinge und Voreilhebel. Die Außenzylinder wurden von der 2. Kuppelachse gesteuert, die Steuerung des Innenzylinders wurde links außen von der 3. Kuppelachse abgenommen. Zur Erleichterung der Umsteuerung besaßen die Maschinen im Führerhaus einen pneumatischen Hilfsantrieb.

Alle Achslager und die Stangenlager der Steuerung waren mit Wälzlagern ausgerüstet; lediglich das hintere Treibstangenlager des Innentriebwerkes der 10 001 war ein Gleitlager. Auch die Treib- und Kuppelstangen besaßen Wälzlager.

Der Abdampf aller drei Zylinder wurde, um einen guten Saugzug zu erreichen, in einem gemeinsamen Kanal gesammelt, in einem Hosenrohr verzweigt und durch zwei Blasrohre ausgestoßen. Die hierzu erforderlichen zwei Schornsteine waren als Doppelschornstein in einem Gußstück vereinigt.

Um dem Personal so wenig wie möglich Anlaß zu geben, den Kessel und den Tender zu besteigen, legte man die Sandkästen unter den Umlauf und versah die Wassereinlaufdeckel des Tenders mit Druckluftbetätigung. Der Tender (2′2′ T 40) war, ähnlich dem der BR 23 DB, selbsttragend ohne Rahmen ausgeführt und vollständig geschweißt. Gegen das Führerhaus war er mit einem Gummiwulst abgedichtet und bei der 10 001 mit einem Abdeckschieber versehen, um Verschmutzungen des Führerhauses zu vermeiden.

Die Ölzusatzfeuerung der 10 001 hatte nicht die Aufgabe, die Leistung der Maschine zu erhöhen, sondern sollte lediglich bei Höchstbeanspruchung ein ausreichendes Dampfangebot garantieren. Die 10 001 wurde später auf Ölhauptfeuerung umgebaut und war damit der 10 002 nahezu baugleich.

Die hohe Achsfahrmasse der Baureihe

10 002 (Krupp 3352/1956)

10 mit 22 t engte ihren Aktionsradius ein, weil nicht alle Hauptstrecken der DB dafür und für eine Geschwindigkeit von 140 km/h zugelassen waren. Selbst der Tender besaß schon 21 t Achsfahrmasse. Erstes Einsatz-Bw der Maschinen war Bebra. Als Bebra wegen fortschreitender Elektrifizierung seinen Dampflokbestand abgab, kamen die beiden Maschinen nach Kassel, von wo aus sie die Strecken nach Gießen und Münster befuhren. 1967 schieden die Maschinen nach häufigen Triebwerksschäden aus dem Unterhaltungsbestand aus. Die 10 002 endete als Heizlok im Bw Ludwigshafen, die 10 001 war für das Verkehrsmuseum in Berlin (West) vorgesehen, kam jedoch zum Dampflok-Museum Neuenmarkt-Wirsberg. Das BZA Minden hatte im August 1955 die Lokomotivfabriken der Bundesrepublik aufgerufen, Farbstudien für die BR 10 einzureichen, um ihr auch durch einen verkehrswerbenden Anstrich eine Sonderstellung unter den DB-Dampflokomotiven einzuräumen. Die Firmen Jung, Esslingen, Krauss-Maffei, Krupp und Henschel und das TGB Kassel reichten insgesamt 36 Farbentwürfe ein, bei denen die Farben blau, grün, rot und braun dominierten. Die DB hatte aber offensichtlich nicht den Mut, den die DR bei der Farbgebung für Sonderkonstruktionen (18 201, 18 314) bewies, und schon gar nicht die Courage der ČSD, die Sonderkonstruktionen auch farbig besonders hervorhob. Die beiden Lokomotiven der Baureihe 10 sind schließlich nicht anders als alle Dampflokomotiven gespritzt worden – rot und schwarz.

Konstruktive Merkmale

Kessel: Vollständig geschweißter Kessel weiterentwickelt nach dem Muster des für die BR $01/01^{10}$ entworfenen Hochleistungs-Ersatzkessels. Langkessel aus 2 Schüssen mit 5500 mm Abstand zwischen den Rohrwänden. Vorderer Schuß zylindrisch, hinterer Schuß konisch. Vollständig geschweißte Feuerbüchse aus IZ II-Stahl mit Verbrennungskammer. Gewindelos mit Spiel eingeschweißte Stehbolzen. Heißdampf-Mehrfachventilregler Bauart Schmidt mit Seitenzug. 2 Sicherheitsventile Bauart Ackermann-Henschel mit im Dampfraum liegenden Federn. 5-Ton-Dampfpfeife auf dem ersten Kesselschuß. Speiseeinrichtungen: Mischvorwärmer Bauart Heinl mit Warmwasserspeichern über den Außenzylindern und Kolbenspeisepumpe in der linken Rauchkammernische; nichtsaugende Friedmann-Strahlpumpe ASZ 10 (245 l/min) links unter dem Führerhaus.
Rahmen: Vollständig geschweißter Blechrahmen (25 mm stark), zusammen mit dem Dreizylinder-Stahlgußblock, Umlauf-, Steuerungs-, Kessel- und Pumpenträgern zu einer Einheit verschweißt. Vier Pendelbleche.
Laufwerk: Drehgestell mit 1000 mm Laufraddurchmesser und gegenüber $01^{10}/03^{10}$ auf 2250 mm vergrößertem

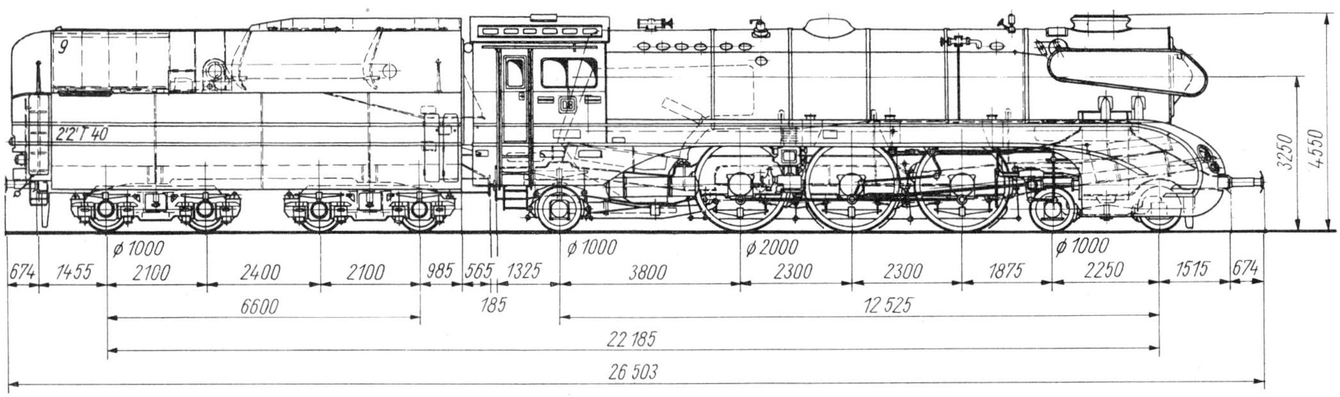

10 001 mit Rost- und Ölzusatzfeuerung

Achsstand. Alle 3 Kuppelachsen fest im Rahmen gelagert, mittlere Kuppelachse mit 15 mm Spurkranzschwächung. Schleppachse als Bissel-Achse mit 1000 mm Laufraddurchmesser. Mit 22 t Achsfahrmasse schwerste für deutsche Bahnen gebaute Dampflokomotive.

T r i e b w e r k: Alle drei Zylinder in einem Stahlgußstück vereinigt. Zweiachsantrieb. Der 1:10 geneigte Innenzylinder treibt die 1., die beiden Außenzylinder treiben die 2. Kuppelachse.

Alle Achslager und die Stangenlager der Steuerung mit Wälzlagern. Hinteres Treibstangenlager der inneren Treibstange der 10 002 mit Wälzlager, 10 001 mit Gleitlager. Für 10 002 nach SKF-Druckölverfahren zusammengesetzte Kropfachse.

S t e u e r u n g: Heusinger-Steuerung mit Inneneinströmung. Außensteuerung wird von mittlerer Treibachse abgenommen. Innensteuerung wird von der 3. Kuppelachse (links) außen abgenommen und zwischen 2. und 3. Kuppelachse nach innen geführt. Schieberschubstange mit Kuhnscher Schleife. Steuerbock auf dem Rahmen befestigt. Steuerungsbetätigung im Führerhaus mit pneumatischer Hilfseinrichtung.

B r e m s e: Druckluft-Schnellbremse Bauart Knorr (Kssbr) mit Zusatzbremse. Zweistufige Luftpumpe Bauart Knorr-Bremse mit Tolkien-Steuerung rechts zwischen 2. und 3. Kuppelachse. Kuppelräder werden doppelseitig durch Scherenklotzbremse, Laufräder einseitig von innen gebremst. Wurfhebelbremse für den Tender.

S o n d e r e i n r i c h t u n g e n: Stromlinienverkleidung der Frontpartie einschließlich der Zylinder, Schürzen am Umlaufblech. Ölzusatzfeuerung für 10 001 (umbaufähig auf Ölhauptfeuerung), Ölhauptfeuerung für 10 002. Druckluftsandstreuer mit unter dem Umlauf liegenden Sandkästen. Hochdruckschmierung durch Bosch-Pumpe für alle unter Dampf gehenden Teile. Handbetriebene Zentralschmierung für schwer zugängliche Schmierstellen. De-Limon-Schmierpresse Typ RZ für Spurkranzschmierung. Schreibender Geschwindigkeitsmesser Bauart Deuta. Indusi der Dreifrequenz-Bauart.

T e n d e r: 2'2' T 40 mit 9 t Kohle und 4,5 m^3 Öl für 10 001 und 12,5 m^3 Öl für 10 002. Wie bei BR 23 DB selbsttragend ohne Rahmen. Rollenachslager. Tender für 10 001 mit Kohlenachschubeinrichtung durch Dampfmotorantrieb. Abdeckklappen für Kohletender.

13^0 pr. S 3

13^{18} old. S 3

Im Jahre 1890 mußten die Eisenbahndirektionen Preußens zur Beschaffung einer 2′B-Lok übergehen, um das nach 1885 gestiegene Verkehrsaufkommen bewältigen zu können. Es wurden höhere Geschwindigkeiten gefordert, längere Strecken waren zu durchfahren, die Wagenzugmassen stiegen mit Einführung vierachsiger Drehgestell-Schnellzugwagen. Die KED Hannover bestellte nach Entwürfen von v. Borries bei Henschel zwei Zweizylinder-Verbundloks mit vorderem Drehgestell. Gleichzeitig ließ auch die KED Erfurt bei Henschel nach Leitzmannschen Entwürfen 2′B-Maschinen als Zwillings- und als Verbundlok, jeweils 2 Schnellzug- und 2 Personenzugmaschinen, bauen. Der Kessel der Erfurter Bauart war zwar um 10% größer als der der hannoverschen, doch waren die Erfurter Maschinen allgemein im Leistungsvermögen schwächer. Diese Maschinen wurden später in die S 2-Gruppe eingeordnet mit Ausnahme der Lokomotiven, die bei den KED Posen und Bromberg umgebaut worden waren. Diese Loks kamen in die S 3-Gruppe.

Die Erfahrungen der KED Hannover bei den ausgedehnten Versuchen mit ihren beiden Verbundmaschinen wurden beim Bau einer 2′B-Schnellzuglok genutzt, einer sogenannten Normal-Schnellzuglok der KPEV nach Musterblatt III 2b. Sie hatte von der hannoverschen Versuchslok das Fahrwerk und von der Erfurter Bauart den fast unveränderten Kessel. Die Abmessungen der Dampfmaschine waren gegenüber der hannoverschen Bauart verbessert worden. Die bisher notwendige Längenbeschränkung war seit dem Einbau von 16-m-Drehscheiben nicht mehr zu beachten. Die 1893 von der Hanomag nach v. Borries' Entwürfen gebaute Maschine war nicht nur um 15% bis 20% sparsamer als die Erfurter Bauart, sondern wurde um die Jahrhundertwende die Schnellzuglokomotive Preußens.

Die S 3-Maschinen bewährten sich im Betrieb und waren bei allen Direktionen der KPEV im Einsatz. Die ab 1897 gebauten Loks erhielten vergrößerte Führerhäuser. Das Dach des Führerhauses überdeckte die Tenderbrücke und schützte den Heizer bei der Arbeit. Einige Maschinen erhielten zum Schutz des Personals Führerhäuser mit halb geschlossener Rückwand, doch war man sich über den Wert dieser Maßnahme noch nicht im klaren, und es blieb bei den Versuchsbauten. Die vorderen Führerhausfenster waren als Türen ausgebildet, um den Zutritt zum Umlauf zu ermöglichen. Die S 3 („33 Magdeburg") wurde mit windschnittiger Verkleidung ausgerüstet, wie sie auch teilweise von der PLM angebracht wurde. Ein Nutzeffekt war bei den geringen Geschwindigkeiten natürlich nicht spürbar. Man erprobte auch Rauchableitvorrichtungen („237 Magdeburg") und Turbodynamos für die elektrische Zugbeleuchtung, doch

pr. S 3, Bahnnummer 504 Halle (Borsig 4827/1900). Diese Lok erhielt keine DRG-Betriebsnummer mehr.

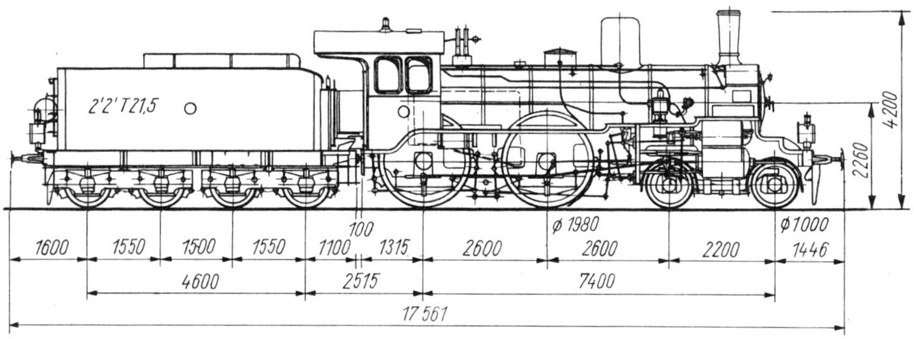

pr. S 3 mit Tender pr. 2'2' T 21,5

waren diese technischen Verbesserungen noch nicht ausgereift und wurden wieder entfernt.

Die S 3 beförderte 10 D-Zugwagen mit einer Masse von 320 t in der Ebene mit 75 km/h und 150 t auf einer Steigung von 10 ‰ mit 50 km/h.

Bis zum Jahre 1904 beschaffte Preußen 1072 Maschinen der Gattung S 3. Die Reichseisenbahnen in Elsaß-Lothringen ließen in den Jahren 1900 und 1901 40 Stück dieses Typs bauen. Oldenburg beschaffte 1903 und 1904 sechs Maschinen mit geringfügigen Änderungen am Achsstand. Das Drehgestell erfuhr bei der preußischen Serienlok im Jahre 1901 einige Verbesserungen. Der Achsstand wurde von 2000 mm auf 2200 mm vergrößert, die Wickelfedern für die Rückstellung durch Blattfedern ersetzt. Dieses hannoversche Drehgestell stand später Pate bei der Entwicklung des Drehgestells der Einheitslokomotiven der DRG.

Die S 3 war ursprünglich mit einem dreiachsigen Tender nach Musterblatt III 5b oder III 5c gekuppelt. Als größere Drehscheiben zur Verfügung standen, wurden auch vierachsige Tender 2'2' T 21,5 verwendet.

Die DRG übernahm lediglich 28 Maschinen der pr. S 3 als BR 13 001–13 028, begann aber kurz nach der Übernahme bereits mit der Ausmusterung, und Ende der 20er Jahre dürfte kaum noch eine S 3 im Betrieb gewesen sein.

Die für die Oldenburgische Staatsbahn von der Hanomag gebauten Maschinen (mit den Namen WODAN, ODIN, DONAR, THOR, BALDUR und HEIMDALL) wurden als BR 13 1801 bis 13 1806 übernommen, doch gleichfalls in den Jahren 1926 bis 1927 ausgemustert.

Konstruktive Merkmale

Kessel: Zylindrischer Kessel mit 1400 mm mittlerem Durchmesser, Kesselmitte 2260 mm ü. SO. Feuerbüchse zwischen Rahmenwangen eingezogen. Mittlerer Kesselschuß trägt Dampfdom mit Regler. Ramsbottom-Sicherheitsventile entsprechend den preußischen Normalien. Speiseeinrichtungen: 2 Dampfstrahlpumpen Bauart Schau.

Rahmen: Blechrahmen aus 25 mm starken Platten, 995 mm hoch, Lichtmaß 1240 mm.

Laufwerk: Drehgestell hannoverscher Bauart, Rückstellung durch Federn. Zylindrischer Drehzapfen mit ± 25 mm Seitenverschiebbarkeit.

Triebwerk: Heusinger-Steuerung mit entlasteten Flachschiebern. 2 Außenzylinder. Erste Kuppelachse als Treibachse.

Bremse: Druckluftbremse Bauart Westinghouse, beidseitig auf die Kuppelräder wirkend. Druckluft- und Handbremse für den Tender.

Sondereinrichtungen: Zentralschmierung Bauart De Limon. Handsandstreuer, Gasbeleuchtung Bauart Pintsch.

Tender: pr. 3 T 15, später 2'2' T 21,5 mit jeweils 5 t Kohle.

13^5 pr. S 4

Gegen Ende der 80er Jahre hatte der Kasseler Zivilingenieur Wilhelm Schmidt ein brauchbares Verfahren für den Betrieb ortsfester Dampfmaschinen mit Heißdampf entwickelt und empfahl dieses Verfahren auch für den Lokomotivbau. Beim Beschaffungsdezernenten der KED Berlin, Robert Garbe, fand er sofort Entgegenkommen. Karl Müller, Vortragender Rat im Ministerium für öffentliche Arbeiten, erreichte, daß Garbe an Henschel und Vulcan den Auftrag zum Bau je einer Heißdampflok mit dem Schmidtschen Überhitzer vergeben durfte. Beide Firmen hatten sich verpflichtet, beim Fehlschlagen der Versuche die Loks in Naßdampfmaschinen umzubauen. Vulcan in Stettin rüstete eine S 3 mit Überhitzer aus, die unter der Fabriknummer 1643 am 12. 4. 1898 als „Hannover 74" abgeliefert wurde. Das war die erste Heißdampflokomotive der Welt! Zwei Monate später hatte Henschel eine P 4 mit Überhitzer fertig; sie kam als „Kassel 131" in Dienst.

Beide Maschinen erwiesen sich bereits bei den ersten Fahrten den Naßdampfmaschinen erheblich überlegen, litten jedoch an verschiedenen sogenannten Kinderkrankheiten, die Schmidt veranlaßten, seine Überhitzerbauart (bisher sog. Langkessel-Überhitzer mit Flammrohr) zu ändern. Es entstand der Rauchkammerüberhitzer, bei dem die Überhitzerelemente in die Rauchkammer verlegt waren und denen durch ein Flammrohr die Rauchgase zugeführt wurden. Bei der anderen Version, dem Rauchrohrüberhitzer, waren die Überhitzerelemente in den im Durchmesser vergrößerten Rauchrohren untergebracht.

Preußen entschied sich zunächst für den Rauchkammerüberhitzer und ließ zwei weitere Maschinen damit ausrüsten: „Hannover 86" und „Berlin 74". Diese Maschinen waren aus der S 3 entwickelt worden, besaßen jedoch Kolbenschieber, weil die Flachschieber der „Hannover 74" den höheren thermischen Beanspruchungen durch den Heißdampf nicht gewachsen waren. Die Lok „Berlin 74" erzielte bei Versuchsfahrten auf der Strecke Berlin–Breslau gegenüber der S 3 einen um 11 % bis 12 % geringeren Kohleverbrauch und einen erheblichen Minderverbrauch an Wasser.

Als die ersten Betriebserfahrungen mit den neuen Heißdampflokomotiven vorlagen, und als sich die Kolbenschieber und Stopfbüchsen als betriebssicher erwiesen, ging die KPEV im Herbst 1901 zur Serienbeschaffung der Heißdampflok S 4 über. Diese Maschinen trugen bereits Garbesche Baumerkmale: die gegenüber dem Langkessel im Durchmesser vergrößerte Rauchkammer und einen mit dem Gesamtbild der Maschine nicht harmonierenden zu dünnen Schornstein.

Die ersten 6 Maschinen der Gattung S 4 wurden 1903 von Borsig geliefert. Sie hatten gegenüber der S 3 einen leistungsfähigeren Kessel mit größerer Heizfläche, erwiesen sich aber mit 17 t Achsfahrmasse als zu schwer. Um auf die zugelassenen 16 t zu kommen, wurden verschiedene Bauteile schwächer ausgeführt. Auch durch Bleigewichte im Pufferträger erstrebte man eine bessere Gewichtsverteilung. In der Leistung übertraf die 2'B h2-Lok

pr. S 4, Bahnnummer 419 Halle (Borsig 5588/ 1905). Diese Lok erhielt keine DRG-Betriebsnummer mehr

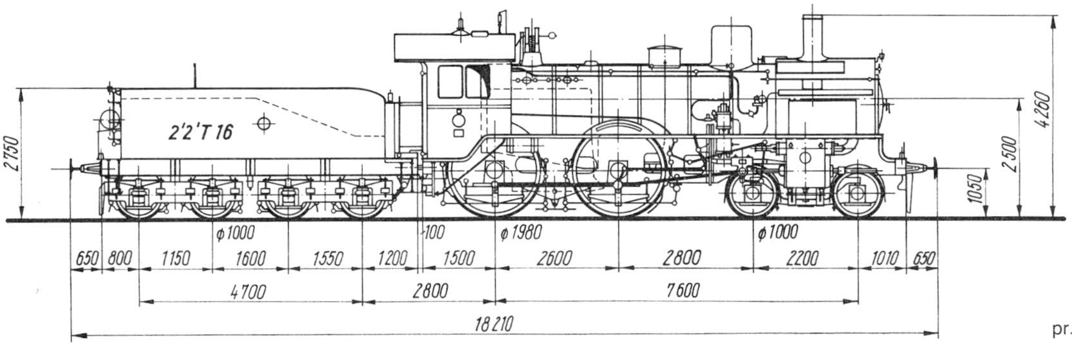

pr. S 4 mit Tender pr. 2'2' T 16

der Gattung S 4 die S 3 um 30% bis 40%. Sie beförderte in der Ebene 420 t mit 80 km/h und 210 t auf einer Steigung von 10 ‰ noch mit 50 km/h.

In die Lieferung der S 4, die bis zum Jahre 1909 mit insgesamt 104 Stück beschafft wurde, teilten sich die Firmen Borsig, Henschel, Linke-Hofmann und Humboldt. Die ersten 34 Maschinen hatten Rauchkammerüberhitzer. Dieser erwies sich im Laufe der Zeit als zu aufwendig und kostspielig in der Unterhaltung. Die Belgische Staatsbahn, die von Anfang an unter Flamme den Rauchrohrüberhitzer angewendet hatte, konnte auf beste Erfahrungen verweisen, so daß schließlich auch die Preußische Staatsbahn 1905 zu dieser Überhitzerart überging. Die folgenden 70 Maschinen der Gattung S 4 wurden mit Schmidtschem Rauchrohrüberhitzer ausgeführt. Vorübergehend wurde eine mit Pielock-Überhitzer ausgerüstete S 3 („Halle 419") in der S 4-Gruppe geführt, jedoch 1909 wieder der Gattung S 3 zugeordnet. Auch die S 3-Maschinen „Halle 402–404" gehörten nur von 1908 bis 1909 der Gattung S 4 an. Zusammen mit den drei Versuchsmaschinen „Hannover 74" und „Hannover 86" sowie „Berlin 74" gab es also 107 Maschinen der Gattung S 4. Sechs Maschinen kamen zur PKP und sechs an die Bahnen des Saarlandes. Die DRG übernahm noch vier Maschinen (Elberfeld 422, 427, 428, 431) mit den Betriebsnummern 13 501–13 504. Die Ausmusterungsdaten dieser Maschinen sind nicht bekannt.

Konstruktive Merkmale

Kessel: Genieteter Kessel der preußischen Regelbauart. Langkessel aus 2 Schüssen mit 3900 mm Abstand (bei Rauchkammerüberhitzer) bzw. 4300 m (bei Rauchrohrüberhitzer) zwischen den Rohrwänden. Kupferne Feuerbüchse mit kupfernen Stehbolzen; Hinterkessel zwischen den Rahmenblechen eingezogen. Vergrößerte mit Winkelring am Langkessel angenietete Rauchkammer. Rauchkammerüberhitzer Bauart Schmidt bei den 6 Loks von 1902 und den 12 bzw. 56 Loks von 1903/1904 und 1905/1906. 1911 alle mit Rauchrohrüberhitzer ausgerüstet. Die Regelausführung (30 Loks in den Jahren 1907 bis 1909) ab Werk mit Rauchrohrüberhitzer. Ramsbottom-Sicherheitsventile. Speiseeinrichtungen: 2 saugende Dampfstrahlpumpen (125 l/min).

Rahmen: Genieteter und geschraubter Blechrahmen aus 2 durchgehenden Blechen. Drehgestell mit Blechrahmen hannoverscher Bauart.

Laufwerk: Vierpunktabstützung. Führendes zweiachsiges Drehgestell mit ± 30 mm Seitenverschiebbarkeit. Rückstellung durch Blattfedern. Beide Kuppelachsen fest im Rahmen gelagert. Tragfedern unterhalb der Achslager und durch Ausgleichhebel verbunden.

Triebwerk: Zweizylinder-Heißdampftriebwerk mit außenliegenden, zwischen den Drehgestellachsen angeordneten, waagerechten Zylindern. Antrieb der 1. Kuppelachse. Geteilte und nachstellbare Kuppel- und Treibstangenlager.

Steuerung: Außenliegende Heusinger-Steuerung. Kolbenschieber mit doppelter Einströmung Bauart Schmidt. Füllungen bis 70%. Druckausgleicher an jedem Zylinder.

Bremse: Druckluftbremse Bauart Knorr bremst die Kuppelradsätze beidseitig. Einstufige Luftpumpe Bauart Knorr.

Sondereinrichtungen: Preßluftsandstreuer sandet die Räder der Treibachse von vorn. Schmierung aller unter Dampf gehenden Teile durch sechsstemplige Schmierpresse; Antrieb von der 2. Kuppelachse. Geschwindigkeitsmesser Bauart Fraam. Dampfheizungseinrichtung. Gasbeleuchtung Bauart Pintsch. Spurkranznäßeinrichtung.

Tender: pr. 2'2' T 16 mit 7 t Kohle.

13^{6-8} pr. S 5^2

13^{18} old. S 5^2

Trotz steigender Wagenzugmassen und Reisegeschwindigkeiten hielt die KPEV zunächst an der 2'B n2v-Maschine fest. Die Vierzylinder-Verbundmaschinen der Gattung S 5^1, die als Bauart de Glehn mit Zweiachsantrieb gebaut worden waren, erreichten keine größeren Stückzahlen. Vielmehr ging man daran, die bewährte S 3 zu verstärken. Als mit Beginn des Jahrhunderts die zulässige Achsfahrmasse auf Hauptstrecken von 15 t auf 16 t erhöht worden war, konnte die Leistung der S 3 nachhaltig verbessert werden. Diese verbesserte Maschine wurde 1903 von der Stettiner Maschinenbau AG Vulcan entworfen und ab 1904 gebaut. Sie erhielt das Gattungszeichen S 5^2.

Die tiefe Kessellage der S 3 hatte verschiedentlich Betriebsgefahren heraufbeschworen, wenn auf Grund ausgeschlagener Achslager oder ermüdeter Tragfedern die Spurkränze der Treibräder Rillen in das Kesselblech schliffen. Bereits bei den ersten Heißdampfloks hatte man den Kessel höher gelegt, und auch bei der S 5^2, die einen Kesseldurchmesser von 1500 mm hatte (S 3 = 1372 mm), hob man die Kesselmitte von 2260 mm auf 2500 mm.

Mit diesem größeren Kessel, dessen Rohrlänge jetzt statt 3900 mm 4100 mm betrug, erhöhte sich die Rohrheizfläche um 10 % und die Feuerbüchsheizfläche um 17 %. Die Rostfläche blieb unverändert. Die höhere Kessellage ließ auch Verbesserungen an der Steuerung zu. Die Heusinger-Steuerung konnte ohne Blindwelle ausgeführt werden, der Drehpunkt des Aufwerfhebels und der Schwingendrehpunkt lagen in gleicher Höhe, die Schieberschubstange endete hinter der Schwinge in einer Kuhnschen Schleife. Die Zylinder wurden gegenüber der S 3 von 460/680 mm auf 475/700 mm vergrößert. Der Achsstand vergrößerte sich um 200 mm auf 7600 mm, die Dienstmasse stieg auf 55 t. Das Leistungsvermögen der S 5^2 übertraf das der S 3 um etwa 10 %. In der Ebene zog sie 360 t mit 80 km/h und auf einer Steigung von 10 ‰ 185 t mit 50 km/h. Die Maschinen erfüllten alle in sie gesetzten Erwartungen und wurden im

pr. S 5^2, Bahnnummer 561 Hannover, spätere 13 790 (Vulcan 2573/1910)

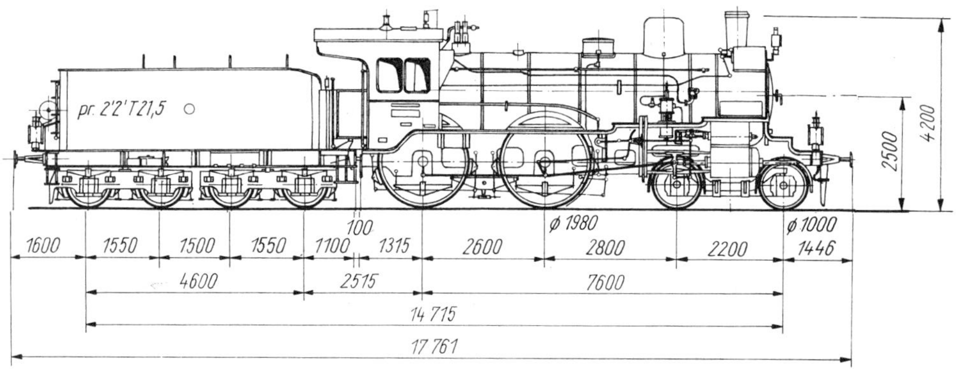

pr. S 5^2 mit Tender pr. 2'2' T 21,5

mittleren und schweren Schnellzugdienst eingesetzt.
Die LBE bestellte in den Jahren 1907 bis 1911 7 Maschinen S 5^2, die Oldenburgische Staatsbahn ließ 1909 bis 1913 bei der Hanomag 11 Maschinen dieser Gattung mit Lentz-Ventilsteuerung bauen.
Von der Gattung S 5^2 wurden 153 Loks nach Musterblatt III 2 c und 214 Loks nach Musterblatt III 2 b als „verstärkte S 3" gebaut. Die verstärkten S 3 wurden 1906 bis 1910 noch als S 3 geführt. Bis auf 8 Maschinen wurden 1910 alle Loks in S 5^2 umgezeichnet. Von diesen insgesamt 367 Maschinen kamen noch 254 Stück in den 2. vorläufigen Umzeichnungsplan der DRG. 9 Loks mußten nach dem Versailler Vertrag an Belgien, 6 an Lettland und 29 an die PKP abgegeben werden. Eine Maschine wurde bereits 1918 ausgemustert, und von 4 Maschinen ist der Verbleib unbekannt. 47 Maschinen waren im 2. vorläufigen Umzeichnungsplan fälschlicherweise als S 5^1 eingeordnet; dieser Fehler wurde aber beim endgültigen Umzeichnungsplan korrigiert. Mit den Betriebsnummern 13 651–13 850 wurden von der DRG 200 Maschinen der Gattung S 5^2 übernommen. Die ersten Ausmusterungen erfolgten bereits 1925, die große Ausmusterungswelle, der fast der gesamte Bestand zum Opfer fiel, begann Ende der 20er Jahre, und Anfang der 30er Jahre waren S 5^2-Lokomotiven bereits Seltenheiten.
Der Beschaffungszeitraum für die S 5^2 hatte sich von 1904 bis 1911 erstreckt. Am Bau der Maschinen waren die Firmen Vulcan und Schichau beteiligt.
Von 1909 bis 1913 beschaffte die Oldenburgische Staatsbahn von der Hanomag 11 der pr. S 5^2 ähnliche Lokomotiven, jedoch mit Lentz-Ventilsteuerung und Anfahrvorrichtung Bauart Ranafier. Das Umlaufblech lag oberhalb der Treibräder. Diese Lokomotiven trugen auch bei der Oldenburgischen Staatsbahn die Gattungsbezeichnung S 5^2 und die Bahn-Nummern und Namen 205 FRIGGA, 206 FREYA, 209 IDUNA, 210 GERDA, 211 NANNA, 223 URD, 224 WERDANDI, 225 SKULD, 248 GEFION, 249 SAGA, 250 WALA.
Die DRG übernahm alle Maschinen und gab ihnen die Betriebsnummern 13 1851 bis 13 1861. Bis Ende 1926 waren 8 Lokomotiven ausgemustert.

Konstruktive Merkmale

Kessel: Genieteter Kessel mit kupferner Feuerbüchse und kupfernen Stehbolzen. Schmale Feuerbüchse zwischen den Rahmenwangen. Kesselmitte 2500 mm ü. SO. Kessel hatte, abweichend von der üblichen Bauform, gewölbte Feuerbüchsdecke mit radialen Deckenankern und nahtlos gewalzten Kesselschüssen. Speiseeinrichtungen: 2 Dampfstrahlpumpen Bauart Strube.
Rahmen: Blechrahmen 1015 mm hoch. Lichtes Maß 1240 mm.
Laufwerk: Blechrahmen für Drehgestell. Drehzapfen mit ± 30 mm Seitenverschiebbarkeit, Rückstellung durch Blattfedern. Tragfedern der beiden Kuppelachsen durch Ausgleichhebel verbunden. Treibachse mit 5 mm Spurkranzschwächung.
Triebwerk: Zweizylinder-Naßdampf-Verbundtriebwerk. Beide Zylinder arbeiten auf die erste Kuppelachse.
Steuerung: Außenliegende Heusinger-Steuerung. Oldenburger Maschinen mit Lentz-Ventilsteuerung.
Bremse: Druckluftbremse Bauart Westinghouse, doppelseitig auf die Kuppelräder wirkend. Abbremsung mit 70 % der Reibungsmasse. Drehgestellräder ungebremst. Druckluft- und Handbremse für den Tender.
Sondereinrichtungen: Ausrüstung nach Staatsbahnvorschrift. Zentralschmierapparat Bauart Michalk, Preßluftsandstreuer Bauart Brüggemann, Gasbeleuchtung Bauart Pintsch.
Tender: pr. 2'2' T 21,5 mit 5 t Kohle.

13^{10-12} pr. S 6

Mit den $^2/_5$ gekuppelten Lokomotiven der Gattung S 7 (2'B1' n4v – Bauart v. Borries und 2'B 1 n4v – Bauart de Glehn) aus dem Jahre 1902 waren der preußischen S 4 Konkurrenten entstanden, die sie an Leistung bereits übertrafen. Garbe, von der Überlegenheit des Heißdampfes nach den gelungenen Versuchen mit der S 4 überzeugt, setzte den Naßdampfmaschinen eine gegenüber der S 4 wesentlich verstärkte und verbesserte Heißdampflok entgegen.
Die Weiterentwicklung der S 4 war durch ein Preisausschreiben des VDI ausgelöst worden, das eine Dampflokomotive forderte, die einen Zug von 180 t mit 120 km/h in der Ebene befördern konnte. Garbe hatte dem Lok-Ausschuß, der zur Prüfung der Vorschläge vom Minister für öffentliche Arbeiten eingesetzt worden war, 2 Entwürfe eingereicht. Die 2'B2' h2-Lok mit 2200 mm Treibraddruchmesser wurde verworfen, aber die 2'B h2-Maschine mit ebenfalls 2200 mm Treibraddurchmesser und Rauchkammerüberhitzer befürwortet. Man hielt allerdings 2100 mm als Treibraddurchmesser für ausreichend.
Die Maschinenbauanstalt Breslau, die nach Garbes Angaben den Entwurf ausgearbeitet hatte, lieferte 1906 die ersten Maschinen. Der Rauchkammerüberhitzer wurde noch im gleichen Jahr bei den folgenden Maschinen durch den Schmidtschen Rauchrohrüberhitzer ersetzt. Die Loks besaßen noch das vorn zugespitzte Führerhaus. Garbe wollte mit dem für preußische Verhältnisse außergewöhnlich großen Treibraddurchmesser die Zuckbewegungen der Maschine bei hohen Geschwindigkeiten vermindern, weil er vom Massenausgleich keine hohe Meinung hatte. Die großen Treibräder bedingten eine höhere Kessellage. Das kam der Feuerbüchse zugute, die nun tiefer hinabgezogen und in der Heizfläche vergrößert werden konnte. Wirkungsgrad und Wirtschaftlichkeit der S 6 waren gut und wurden von keiner anderen Maschine erreicht. Einen 300-t-Zug beförderte sie mit 100 km/h in der Ebene, was ihr die 2'B1'-Naßdampfmaschinen nur bei bedeutend höherem Wasser- und Kohleverbrauch gleichtaten. Auf Probefahrten wurde ein aus 9 vierachsigen Abteilwagen bestehender Zug (306 t Masse) mit Geschwindigkeiten von 110 km/h bis 123 km/h befördert. Als indizierte Leistung maß man dabei 979 kW (1330 PSi).
Die erste von Linke-Hofmann in Breslau gelieferte Maschine „Hannover 601" wurde eingehend untersucht und schnitt dabei, wie aus dem Protokoll der 45. Sitzung des preußischen Lokausschusses ersichtlich (Mai 1907), schlecht ab. Die Maschine lief im Plandienst zwischen Stendal und Berlin und hatte bei einer Probefahrt am 29. 8. 1906 bereits 50 000 km Laufleistung erbracht. Es wurde, so das Protokoll des Lokausschusses, „ein außerordentlich harter Gang der Lokomotive festgestellt. Das Führerhaus erzitterte bei den Bewegungen der Lokomotive so stark, daß eine Verständigung zwischen Lokführer und

pr. S 6 mit Tender pr. 2'2' T 21,5 (Blechrahmendrehgestelle)

Heizer kaum möglich war. Speise- und Luftrohre waren schon mehrfach abgerissen, ein Abbrechen des Pfeifenrohres stand bei den großen Bewegungen des Führerhauses zu befürchten". Die Ursachen hierfür lagen teils bei Ausführungs- und Konstruktionsfehlern, teil in mangelhafter Unterhaltung im Betrieb. Garbe rechtfertigte sich damit, daß diese Lok „Hannover 601" nicht typisch für die Gattung sei und lud die Herren des Lok-Ausschusses zu einer Versuchsfahrt am 15. 5. 1907 auf der Strecke Breslau–Sommerfeld mit 100 km/h Reisegeschwindigkeit ein.

Bereits nach einjährigem Betrieb aber wurde erkennbar, daß die Kesselleistung der S 6 bei starker Beanspruchung nicht ausreichend war, um in jedem Falle Vorspanndienste zu ersparen. Eine Verstärkung des Kessels und der Dampfmaschine war auf dem vorhandenen vierachsigen Fahrwerk nicht mehr möglich, weil die Maschine bereits die Grenze für 16 t Achsfahrmasse überschritten hatte. Es war schon sehr massesparend gebaut worden, und deshalb waren viele Teile, u. a. das Führerhaus, schwächer als erforderlich ausgefallen.

Als Alternative bot Garbe den Entwurf einer 2'C-gekuppelten Schnellzuglokomotive an.

Drei Maschinen der Gattung S 6 („Breslau 633", „Breslau 634" und „Halle 657") bekamen Gleichstromzylinder der Bauart Stumpff. Die Lok „Breslau 634" mit Gleichstromzylindern und Kolbenschiebersteuerung wurde 1913 von der KPEV im Versuchsbetrieb zusammen mit der Wechselstromlokomotive „Altona 662" (später 13 1259) erprobt. Im Versuchsbericht wird festgestellt, daß die Gleichstrombauart gegenüber der Wechselsstrommaschine keine wesentlichen Vorteile bot. Zu ihrer Zeit war die S 6 eine auch international beachtete Maschine. Die Lok „Breslau 632", von Linke-Hofmann mit der Fabriknummer 800 im Jahre 1910 erbaut (später 13 1177), stand auf der Weltausstellung 1910 in Brüssel; die Lok „Halle 657" (Gleichstrom) der gleichen Firma wurde 1911 auf der Ausstellung in Turin gezeigt.

Noch im Jahre 1930 ist der „Nordexpreß" L 11/L 12 ab Neu Bentschen von der PKP mit den 1919 übernommenen S 6-Lokomotiven bespannt worden.

Im Laufe der Beschaffungszeit erfuhr die S 6 eine Vielzahl von Verbesserungen, so daß eine vollwertige Lokomotive entstanden war. Nach der Einführung von Gegenmassestücken zum Ausgleich der hin- und hergehenden Massen war der Lauf auch bei den größten zulässigen Geschwindigkeiten ruhig und weitgehend stoßfrei.

Nach dem Musterblatt XIV 2 a sind 584 Maschinen gebaut worden, von denen 81 an die PKP, 42 an Belgien, 2 an Italien und eine an Litauen abgegeben wurden. Die von der DRG übernommenen Lokomotiven erhielten die Betriebsnummern 13 1001–13 1286 und wurden zum größten Teil bis zum Ende der 20er Jahre ausgemustert. Die Lok 13 1247 (ex „Altona 656") stand als Lehrmodell im AW Braunschweig.

pr. S 6, Bahnnummer 657 Halle, mit Gleichstromzylindern Bauart Stumpff

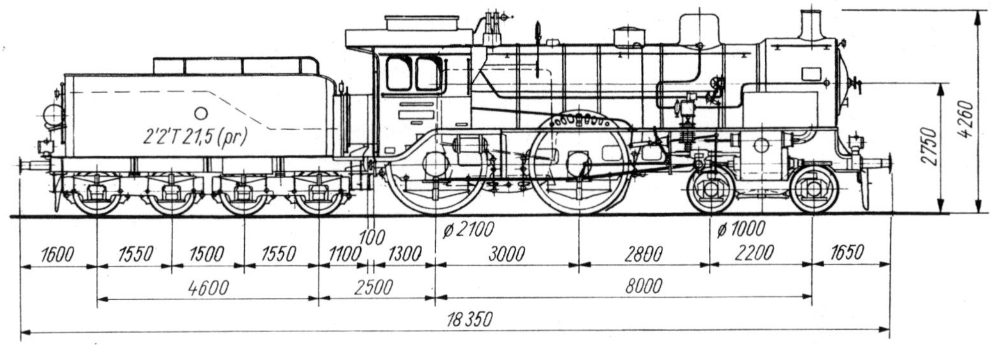

pr. S 6 mit Tender 2'2' T 21,5 (Blechrahmendrehgestelle)

Konstruktive Merkmale

Kessel: Genieteter Kessel mit Langkessel aus zwei Schüssen und anschließendem Stehkessel mit zylindrischem Oberteil. Kupferne Feuerbüchse; Hinterkessel zwischen den Rahmenwangen eingezogen. Erweiterte und mit Winkelring am Langkessel befestigte Rauchkammer. Dampfdom mit Naßdampfventilregler Bauart Schmidt & Wagner auf dem 1. Kesselschuß, Sandkasten in Kesselmitte. Erste Ausführung mit Rauchkammerüberhitzer Bauart Schmidt, ab 1906 mit Rauchrohrüberhitzer Bauart Schmidt. Ramsbottom-Sicherheitsventile. Speiseeinrichtungen: Kolbenspeisepumpe Bauart Knorr und saugende Dampfstrahlpumpe (spätere Ausrüstung).
Rahmen: 25 mm starker Blechrahmen.
Laufwerk: Vierpunktabstützung. Führendes Drehgestell hannoverscher Bauart mit ± 40 mm Seitenverschiebbarkeit. 1. Kuppelachse mit 5 mm Spurkranzschwächung. Federn der Kuppelachsen unterhalb der Achslager und durch Ausgleichhebel verbunden. Gleichstrommaschinen mit auf 2400 mm vergrößertem Achsstand im Drehgestell.
Triebwerk: 2 außenliegende, waagerechte Zylinder mit einstufiger Dampfdehnung. Antrieb der 1. Kuppelachse. Nachstellbare Treib- und Kuppelstangenlager. 3 Maschinen 1910 und 1911 mit Gleichstromzylindern Bauart Stumpff („Breslau 633", „Breslau 634", „Halle 657").
Steuerung: Außenliegende Heusinger-Steuerung mit Antrieb durch die 1. Kuppelachse. Dampfverteilung durch Kolbenschieber.
Bremse: Druckluftbremse Bauart Westinghouse oder Knorr mit doppelseitiger Abbremsung der Kuppelradsätze. Laufachsen ungebremst. Zweistufige Luftpumpe Bauart Knorr.
Sondereinrichtungen: Druckluftsandstreuer Bauart Knorr sandet die Räder der 1. Kuppelachse von vorn. Rauchverbrennung Marcotty. Gasbeleuchtung Bauart Pintsch.
Tender: pr. 2'2' T 21,5 mit 5 t Kohle. Später auch Tender pr. 2'2' T 21,5 mit 7 t Kohle und Fachwerkdrehgestellen.

13^{15} sä. VIII V 1

13^{71} sä. VIII V 1

Die 20 Maschinen der Gattung VIII 2 waren bald für den Reisezugdienst nicht mehr ausreichend. Inzwischen lagen auch die ersten Betriebserfahrungen mit der v. Borriesschen Verbundmaschine (S 2 hannoversche Bauart) vor, die der Sächsischen Staatsbahn Anlaß waren, weitere 2'B-Maschinen als Verbundloks zu bauen.

Hartmann lieferte insgesamt 32 Maschinen der Gattung VIII V 1, die sich erheblich von der VIII 2 unterschieden. Das erste Baulos von 1896 umfaßte 10 Maschinen, die die Bahnnummern 121 bis 130 erhielten. 1897 folgten weitere 10 Lokomotiven (Bahnnummern 131–140) und 1900 die restlichen 12 (Bahnnummern 141–152). Alle 32 Maschinen hatten Belpaire-Feuerbüchse und Heusinger-Steuerung. Gegenüber der VIII 2 wurde das Führerhaus verlängert und erhielt 2 Seitenfenster. Ab dem zweiten Baulos war der vordere Teil der Führerhaus-Seitenwand hochgeschnitten, um die Kuppelstangenlager der 2. Kuppelachse zugänglich zu machen. Die Maschinen der ersten beiden Baulose hatten Ramsbottom-Sicherheitsventile.

Ab Bahnnummer 141 (3. Baulos) wurden die Maschinen weiter verbessert. Den Dampfdruck erhöhte man von 12 bar (12 kp/cm^2) auf 13 bar (13 kp je cm^2), die Feuerbüchsheizfläche wurde von 10,28 m^2 auf 11,07 m^2 vergrößert. Die größere Zahl von Heizrohren (239 statt 212) erforderte eine andere Rohrteilung. Die VIII V 1 des dritten Bauloses war etwas leistungsfähiger als die Maschinen der vorausgegangenen Lieferungen. Darüber hinaus wurden weitere Verbesserungen vorgenommen. Die Kesselmitte lag mit 2350 mm um 100 mm höher als die der Baulose 1 und 2, dafür wurde der Schornsteinaufsatz gekürzt, um die Profilgrenze nicht zu überschreiten. Der Kessel erhielt Pop-Ventile, und das Führerhausdach wurde nach hinten verlängert. Die Maschinen waren mit einem mechanischen Sandstreuer Bauart v. Helmholtz ausgerüstet, der von der Schwinge angetrieben wurde. Weil der Sandstreuer erst beim Erreichen einer bestimmten Mindestgeschwindigkeit arbeitete, mußte beim Anfahren und beim Schleudern durch einen zweiten Zug mit der Hand gesandet werden.

Das gestiegene Leistungsvermögen der Maschinen des dritten Bauloses wird auch in den Leistungsprogrammen deutlich. Die aufgeführten Werte gelten für die Bahnnummern 121–140, die Klammerwerte für die Bahnnummern 141–152. In der Ebene zog die VIII V 1 mit 90 km/h 200 (210) t, auf Steigungen von 5‰ 165 (180) t mit 70 km/h und auf 10‰ 150 (175) t mit 50 km/h.

Die Maschinen des Jahres 1896 hatten

sä. VIII V 1 MÜNSTER, Bahnnummer 146, spätere 13 1506 (Hartmann 2516/1900)

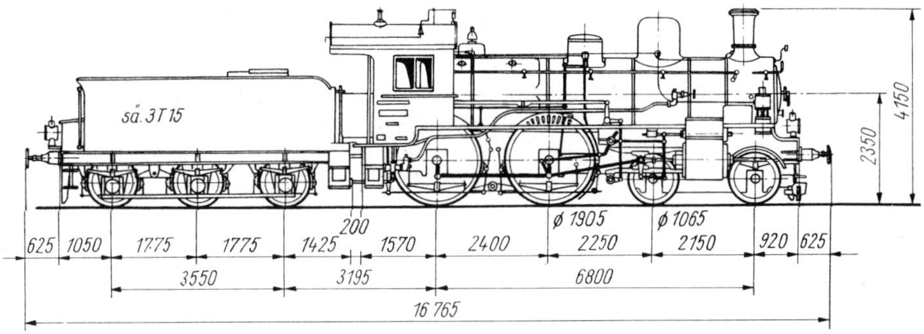

sä. VIII V 1 (BR 13^{15})

wie die pr. S 3 Zylinderdurchmesser von 460/680 mm. 1897 (ab Bahnnummer 131) vergrößerte man die Zylinder auf 500/700 mm und ging 1900 beim dritten Baulos auf 480/700 mm zurück. Die pr. S 5^2 hatte mit 475/700 mm fast die gleichen Abmessungen. Der Kolbenhub betrug bei allen 32 VIII V 1 630 mm.

Um die Reibungsmasse, die bei der Zwillingsmaschine VIII 2 nur 27,8 t betragen hatte, zu erhöhen, verkürzte man den Achsstand des Drehgestells von 2400 mm bei der VIII 2 auf 2150 mm bei der VIII V 1. Dadurch änderte sich die Masseverteilung, und die VIII V 1 erhielt eine Reibungsmasse von 31 t. Ihre mittlere Kuppelachsfahrmasse lag bei etwa 16 t.

Die ersten beiden Baulose waren mit dem Tender sä. 3 T 12 gekuppelt, ab Bahnnummer 141 mit dem Tender sä. 3 T 15. Die Bahnnummer 142 „BROMBERG“ (13 1502) erhielt versuchsweise einen Vorwärmer der Bauart Atlas und hatte eine auf dem linken Umlaufblech liegende Kolbenspeisepumpe.

Die 32 Maschinen der Gattung VIII V 1 und die 20 der Gattung VIII 2 fuhren bei der Sächsischen Staatsbahn bis kurz nach 1900 im Schnellzugdienst mit Grundgeschwindigkeiten von 90 km/h. Die DRG übernahm die leistungsstärkeren Maschinen des 3. Bauloses als Baureihe 13^{15} und gab ihnen die Betriebsnummern 13 1501–13 1511. Die Bahnnummer 147 SCHWERIN war 1923 ausgemustert worden und er-

sä. VIII V 1 TETSCHEN, Bahnnummer 139 (Hartmann 2250/1897)

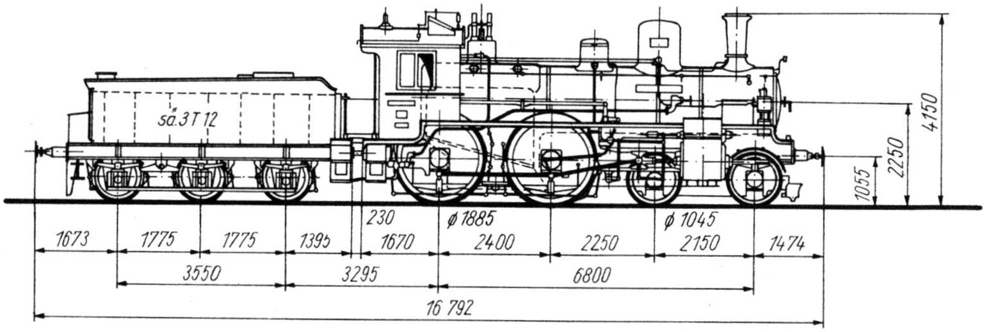

sä. VIII V 1 (BR 13^{71}), Bahnnummern 121–130, 131–140

schien nicht mehr im endgültigen Umzeichnungsplan. Die meisten Maschinen wurden noch 1925 ausgemustert, nur die 13 1505, 13 1509 und 13 1510 schieden erst zwischen 1928 und 1930 aus.

Aus den ersten beiden Baulosen der VIII V 1 übernahm die DRG 12 Maschinen, wovon 7 aus dem ersten, 5 aus dem zweiten Baulos stammten, und gab ihnen die Betriebsnummern 13 7101–13 7112.

Im Bestand des Maschinenamtes Dresden Altstadt wurden bei Einführung des neuen Nummernplanes noch drei Maschinen geführt (13 7107, 13 7109, 13 7110), die aber schon zur Ausmusterung vorgesehen und nur noch im untergeordneten Dienst tätig waren. Die VIII V 1 hielt sich noch etwas länger als die VIII 2, aber im März 1930 war mit der 13 7111 auch die letzte Maschine ausgemustert.

Konstruktive Merkmale

Kessel: Genieteter Kessel mit 4025 mm Abstand zwischen den Rohrwänden. Belpaire-Hinterkessel zwischen den Rahmenwangen eingezogen. Dampfdom auf dem 1. Kesselschuß, Sandkasten in Kesselmitte. Ab Bahnnummer 141 (DRG 13^{15}) um 100 mm höhere Kessellage, niedrigerer Dampfdom und gekürzter Schornsteinaufsatz. Bahnnummern 121–140 (DRG 13^{71}) mit Ramsbottom-Sicherheitsventilen, ab Bahnnummern 141 (DRG 13^{15}) Pop-Ventile. Speiseeinrichtungen: 2 Dampfstrahlpumpen.

Rahmen: Genieteter Blechrahmen.

Laufwerk: Zweiachsiges Drehgestell Erfurter Bauart mit Kugelzapfen und Wiege. Achsstand gegenüber VIII 2 von 2400 mm auf 2150 mm verringert. Beide Kuppelachsen fest im Rahmen gelagert. Federn der Kuppelachsen unterhalb der Achslager und durch Ausgleichhebel verbunden.

Triebwerk: Zweizylinder-Naßdampf-Verbundtriebwerk mit außenliegenden, waagerecht angeordneten Zylindern. Rechts HD-, links ND-Zylinder. Antrieb der 1. Kuppelachse.

Steuerung: Außenliegende Heusinger-Steuerung.

Bremse: Druckluftbremse Bauart Westinghouse. Kuppelradsätze werden beidseitig, Laufradsätze nicht gebremst.

Sondereinrichtungen: Mechanischer Sandstreuer Bauart v. Helmholtz bei 13^{15} mit Antrieb durch die Schwinge und zweitem Zug zur Handbetätigung beim Anfahren und Schleudern. Handbetätigte Sandstreuer bei 13^{71}. Gesandet werden jeweils die Räder der 1. Kuppelachse von vorn. Dampfheizungseinrichtung. Beleuchtung durch Petroleumlampen. Später teilweise Ausrüstung mit Dampfläutewerk Bauart Latowski.

Tender: sä. 3 T 15 mit 5 t Kohle bei 13^{15}; sä. 3 T 12 mit 6 t Kohle bei 13^{71}.

13^{16} wü. AD

13^{17} wü. ADh

Insbesondere die Entwicklung der Schnellzuglokomotive war in Württemberg unter dem Wirken Brockmanns, dem die maschinentechnischen Belange der Württembergischen Staatsbahn von 1867 bis 1886 unterstanden, einem aus heutiger Sicht unverständlichen Rückschritt unterlegen. Es ist auf seinen Einfluß zurückzuführen, daß man während dieser Zeit fast nur steifachsige 1 B-Maschinen in Dienst stellte und in einer regen Umbautätigkeit auch die vorhandenen und richtungweisenden 2′B-Lokomotiven mit voranlaufendem zweiachsigem Drehgestell in 1 B-Tender- und Schlepptenderlokomotiven umbaute. Damit war die Entwicklung leistungsstärkerer und lauftechnisch günstigerer Typen vorerst ins Stocken geraten. Erst als kurz vor der Jahrhundertwende bei allen Verwaltungen die Höchstgeschwindigkeit der Schnellzüge auf 90 km/h anstieg, war man auch bei der Württembergischen Staatsbahn gezwungen, leistungsstärkere Lokomotiven zu beschaffen, die bei den geforderten maximalen Geschwindigkeiten die erforderliche Laufruhe aufwiesen. Die bisher dafür vorhandenen verschiedenen Bauarten der Klassen A (1 B) und die erst 1892 beschafften 1 B 1-Dreizylinder-Verbund-Schnellzuglokomotiven der Klasse E waren dazu nicht mehr ausreichend, so daß zur Unterbringung der leistungsbedingten größeren Masse 1898/1899 endlich wieder das voranlaufende zweiachsige Drehgestell, jetzt gleich bei zwei neuen Lokomotivklassen, zur Anwendung kam.

Für den Schnellzugdienst auf allen Strecken sah man eine leichte 2′ B-Lokomotive vor, die auf Grund der zur damaligen Zeit allgemein guten Erfahrungen ein Zweizylinder-Verbundtriebwerk mit außen liegenden Zylindern erhielt. Die Lokomotiven, die bei der Württembergischen Staatsbahn als Klasse AD bezeichnet wurden, waren mit Heusinger-Steuerung ausgerüstet und bei einem Treibraddurchmesser von 1800 mm für eine Höchstgeschwindigkeit von 100 km/h ausgelegt. Charakteristisch waren die beiden Dampfdome mit dem dicken Verbindungsrohr und die auf dem Umlauf oberhalb der Schwinge angeordneten Sandkästen. Der ursprünglich entlastete Flachschieber der Bahnnummern 441–500 entfiel ab Bahnnummern 1501 bis 1538 zugunsten geneigt angeordneter Kolbenschieber. Ab Bahnnummer 1501 trugen die Lokomotiven auch spitze Rauchkammertürverkleidungen. Die frühere Dampfbremse ersetzte man durch die übliche Druckluftbremse. Bis 1907 lieferte die Maschinenfabrik Esslingen 98 Exemplare der Gattung AD.

Die Württembergische Staatsbahn hatte sich bis dahin zur Einführung des Heißdampfes sehr abwartend verhalten. Auf Grund der guten Erfahrungen anderer Bahnen ließ sie jedoch 1907 zwei Lokomotiven dieser Gattung versuchsweise mit Heißdampf-Zwillingstriebwerk ausrüsten und erzielte dabei einen Leistungsgewinn von 20 %. Damit war entschieden, daß alle weiteren Lokomotivneubauten nur noch als Heißdampflokomotiven beschafft wur-

wü. AD, Bahnnummer 452, spätere 13 1603 (Esslingen 3038/1899)

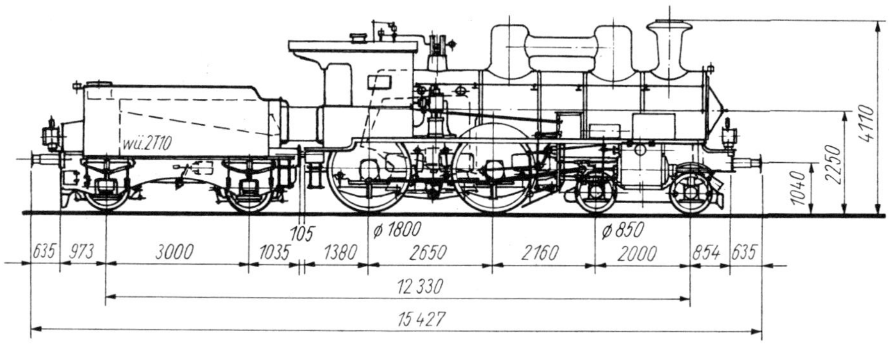

wü. ADh (BR 13^{17})

den. Ab 1907 wurden dann diese 2′ B-Maschinen nur noch als h 2-Lokomotiven, jetzt als Klasse ADh, in Dienst gestellt.
Bis 1909 lieferte die Maschinenfabrik Esslingen ebenfalls 17 Heißdampflokomotiven, die sich in den Abmessungen von denen der Klasse AD nicht unterschieden, allerdings setzte man den Kesseldruck von 14 bar (14 kp/cm^2) auf 12 bar (12 kp/cm^2) herunter. Das Verbundtriebwerk hatte bei einem Hub von 560 mm 450/670 mm Zylinderdurchmesser, die Zwillingsmaschine 490 mm Zylinderdurchmesser und ebenfalls 560 mm Hub.
Bereits ein Jahr zuvor hatte die Württembergische Staatsbahn eine neue Lokomotive mit voranlaufendem Drehgestell in Dienst gestellt, die für den schweren Reisezugverkehr auf den Strecken Bretten–Stuttgart–Ulm als 2′C n4v-Lokomotive mit $v_{max} = 90$ km je h konzipiert war und die als Klasse D eingereiht wurde. Damit war endgültig die verhängnisvolle Zeit der Steifrahmenlokomotiven überwunden und Raum für Neuschöpfungen frei, die später in der Klasse C, der 2′ C1′ h4v-Schnellzuglokomotive der Württembergischen Staatsbahn (DRG BR 18^1) ihren Höhepunkt erreichten.
Die AD- und ADh-Lokomotiven entsprachen voll den gestellten Leistungsforderungen, 165 t in einer Steigung von 10‰ mit 50 km/h zu befördern. Sie vermochten im planmäßigen Dienst 150 t (190 t) bei 0 ‰ mit 100 km/h und 180 t (190 t) bei 10 ‰ mit 50 km/h zu ziehen (die in den Klammern angegebenen Werte gelten für die Klasse ADh).
Noch 1920 gehörten alle 98 AD und alle 17 ADh zum Bestand der Württembergischen Staatsbahn. Die DRG übernahm 24 Lokomotiven der Klasse AD als BR 13^{16} (13 1601–13 1624) und 14 der Klasse ADh als BR 13^{17} (13 1701–13 1714). 1932 wurden die letzten ADh ausgemustert.

wü. ADh, Bahnnummer 1540, spätere Bahnnummer 1542. DRG 13 1702

13 1711 (wü. ADh, Bahnnummer 1552) (Esslingen 3493/1909)

Konstruktive Merkmale

Kessel: Runde Feuerbüchse; zwei Dampfdome, durch dickes Rohr verbunden; Klasse ADh Rauchrohrüberhitzer; Kesseldruck 14 bar (14 kp/cm^2), bei Klasse ADh auf 12 bar (12 kp/cm^2) gesenkt.
Rahmen: Blechrahmen.
Laufwerk: Voranlaufendes zweiachsiges Drehgestell, Abstützung über Blattfedern.
Kuppelachse durch Blattfedern abgefedert und über Ausgleichhebel verbunden, Drehgestell ± 35 mm seitenverschiebbar.
Triebwerk: Außenliegende Zylinder; in n2v-Bauart bei Klasse AD mit Zylinderdurchmesser 450/670 mm und 560 mm Hub; in h2-Bauart bei Klasse ADh mit Zylinderdurchmesser 490 mm. Zweischienige Kreuzkopfführung.
Steuerung: Heusinger-Steuerung mit Hängeeisen. AD-Maschinen ursprünglich mit Flachschiebern, ab Lieferung 1903 (Bahnnummer 1501) mit Kolbenschiebern, Anfahrvorrichtung nach Lindner für Verbundmaschinen.
Bremse: Ursprünglich Dampfbremse, später durch Westinghouse-Schnellbremse ersetzt, beide Kuppelachsen einseitig abgebremst.
Sondereinrichtungen: Dampfheizungseinrichtung; Sandkästen auf Umlauf oberhalb der Schwingen.
Tender: Ursprünglich zweiachsiger Tender wü. 2 T 10, später auch wü. 3 T 15,5.

13⁷⁰ sä. VIII 2

Die ersten acht 2'B-Schnellzuglokomotiven hatte die Sächsische Staatsbahn 1870 von Esslingen bezogen. Es waren die Lokomotiven AMERIKA, WARTBURG, WORMS, EMS, MOSKAU, MADRID, WARSCHAU (Fabriknummern 990–996) und KESSLER (Fabriknummer 1000). Ab 1900 galt für diese Maschinen die Gattungsbezeichnung VIII 1 (ab 1871: K VIII, ab 1886: K VIII b, ab 1896: VIII b 1).

Die Maschinen waren keine besonders glückliche Konstruktion. Die beiden vorderen Laufachsen saßen dichtgedrängt (Achsstand nur 1100 mm) hinter den Zylindern, so daß Zylinder, Rauchkammer und Pufferbohle bereits zu den überhängenden Massen gehörten. Bei nur 11 t Achsfahrmasse war das Leistungsvermögen der Maschinen gering.

Aber erst 1891 baute Sachsen eigene 2'B-Schnellzuglokomotiven, ein Jahr nach der ersten preußischen 2'B-Lok der Bauart von Borries. Die erste Lieferung der von Hartmann gebauten Maschinen umfaßte 10 Stück, die die Bahnnummern 101 bis 110 (Nummernplan von 1892) und die Namen STOCKHOLM, ATHEN, BUKAREST, ODESSA, PALERMO, BARCELONA, OPORTO, DUBLIN, ANTWERPEN und ROTTERDAM erhielten. Der Kesseldruck betrug 10 bar (10 kp/cm²). Die Lokomotiven, Zweizylinder-Naßdampfmaschinen, bekamen ab 1900 (vorher VIII b 2) das Gattungszeichen VIII 2.

Die VIII 2 ist der ein Jahr später entstandenen pr. S 2 (Erfurter Bauart) recht ähnlich und besaß wie diese innenliegende Allan-Steuerung mit Umkehrwelle nach amerikanischem Muster. Die Bahnnummer 105 PALERMO, die spätere 13 7004, wurde umgebaut und erhielt anstelle der Flachschieber Kolbenschieber und Nachfüllschieber Bauart Lindner.

Das zweite Baulos (1894) umfaßte wiederum 10 Maschinen, die die Bahnnummern 111–120 erhielten. Die Lok mit der Bahnnummer 111 ZWEITAUSEND war zugleich die 2000. von Hartmann gelieferte Lokomotive. Auch diese Maschinen trugen Namen europäischer Großstädte: LONDON, INNSBRUCK, MAINZ, METZ, MÜHLHAUSEN, PASSAU, BUDAPEST, SALZBURG. Nur die Bahnnummer 119 erhielt merkwürdigerweise den Namen PRIESTEWITZ nach einer kleinen Ortschaft bei Dresden.

Der Kesseldruck der Maschinen des zweiten Bauloses war auf 10 bar (12 kp/cm²) erhöht worden. Gegenüber den Esslinger Maschinen (VIII 1) erhielten die der Gattung VIII 2 ein großes Drehgestell mit 2400 mm Achsstand. Die Zylinder saßen mittig zwischen den Drehgestellachsen. Um diese Zeit war die Sächsische Staatsbahn durch ihre größeren Drehscheiben in der Längenentwicklung der Lokomotiven

sä. VIII 2 PALERMO, Bahnnummer 105, spätere 13 7004 (Hartmann 1753/1891)

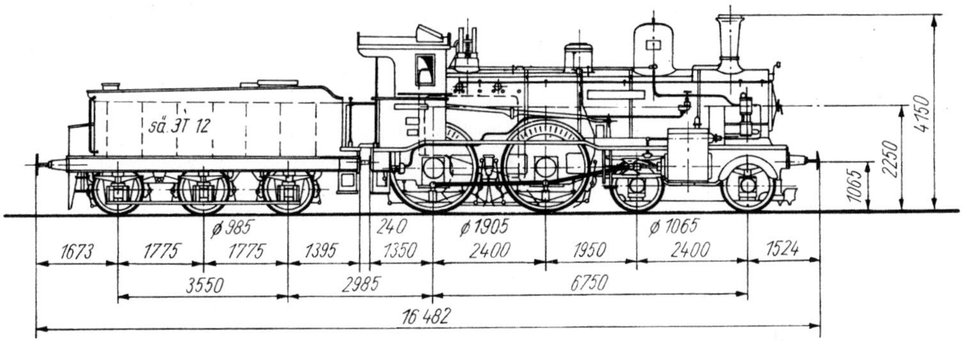

sä. VIII 2 (Bahnnummern 111–120)

nicht so eingeengt wie die Preußische Staatsbahn. Der Achsstand der VIII 2 betrug 6750 mm gegenüber 6575 mm bei der S 2. Das Drehgestell analog der Erfurter Bauart saß auf einem Kugelzapfen mit Wiege und hatte vier gesonderte Tragfedern.
Typisch für die sächsischen Maschinen dieser Epoche ist die Lage der Treibstangen hinter den Kuppelstangen, also zwischen Kuppelstange und Radstern. Man konnte mit dieser Konstruktion die Zylinder dichter an den Rahmen rücken. Die mittlere Kuppelachsfahrmasse betrug 14 t, die der Laufachsen 10 t.
Von den 10 Maschinen des ersten Bauloses übernahm die DRG 7 Maschinen (13 7001–13 7007), vom zweiten Baulos nur 5 (13 7008–13 7012). Um diese Zeit (1925) waren die Maschinen aber bereits in untergeordnete Dienste und zu Gelegenheitsarbeiten (Bauzüge) abgeschoben worden, weil sie für den Reisezugdienst nicht mehr brauchbar waren. Der größte Teil wurde noch 1925 ausgemustert, 3 Maschinen hielten sich bis 1927 und die 13 7007 sogar bis 1928.
Die VIII 2 war mit dem Tender sä. 3 T 12 gekuppelt.

Konstruktive Merkmale

Kessel: Vollständig genieteter Kessel mit 4025 mm Länge zwischen den Rohrwänden. Hinterkessel mit runder Decke und zwischen den Rahmenwangen eingezogen. Dampfdom auf dem 1. Kesselschuß. Sandkasten in Kesselmitte. Ramsbottom-Sicherheitsventile. Speiseeinrichtungen: 2 Dampfstrahlpumpen.
Rahmen: Genieteter Blechrahmen.
Laufwerk: Zweiachsiges Drehgestell Erfurter Bauart mit Kugelzapfen und Wiege. 4 gesonderte Tragfedern. Beide Kuppelachsen fest im Rahmen gelagert. Federn der Kuppelachsen unterhalb der Achslager.
Triebwerk: Zweizylinder-Naßdampftriebwerk mit einfacher Dampfdehnung. Antrieb der 1. Kuppelachse. Treibstangen zwischen Radstern und Kuppelstange. 2 außenliegende, mittig zwischen den Drehgestellachsen liegende Zylinder.
Räder der 2. Kuppelachse laufen gekapselt im Führerhaus.
Steuerung: Innenliegende Allan-Steuerung. Antrieb der außenliegenden Flachschieber über Umkehrwelle nach amerikanischem Vorbild.
Bremse: Schleiferbremse für die Kuppelachsen. Laufachsen ungebremst.
Später Umbau auf Druckluftbremse Bauart Westinghouse.
Sondereinrichtungen: Sandstreuer sandet die Räder der 1. Kuppelachse von vorn. Dampfheizungseinrichtung. Beleuchtung mit Petroleumlampen.
Tender: sä. 3 T 12 mit 6 t Kohle.

14^0 Umbaulok pr. S 9 (S 8) und pr. S 9

Nach der Änderung der Eisenbahn-Bau- und Betriebsordnung vom 4. 11. 1904 durften Schnellzüge 44 Achsen bei vierachsigen und 52 Achsen bei sechsachsigen Wagen führen. Damit stieg die Masse der Schnellzüge auf etwa 460 t. Zugleich wurde bei vielen Zügen die Grundgeschwindigkeit von 85 km/h auf 90 km/h heraufgesetzt. Für diese Aufgaben erwies sich die S 7, von der bis 1907 238 Stück in 4 Varianten beschafft worden waren, als nicht mehr ausreichend. Sie verfügte nicht über die notwendigen Reserven, um Verspätungen einzufahren, wie sie durch das immer häufigere Einstellen von Kurswagen entstanden.

Die Preußische Staatsbahn entschloß sich deshalb zum Bau einer leistungsfähigeren, ebenfalls 2B1-gekuppelten Schnellzuglokomotive. Obwohl schon im Jahre 1906 gute Erfahrungen mit dem Einsatz von Heißdampf-Schnellzuglokomotiven gesammelt worden waren, erteilte die Preußische Staatsbahn der Hanomag den Auftrag über Entwicklung und Bau einer Vierzylinder-Verbund-Naßdampflok. Dieser Entschluß erwies sich als wenig weitsichtig, denn andere deutsche Bahnverwaltungen orientierten sich zu dieser Zeit bereits auf Heißdampflokomotiven und gingen zur dreifach gekuppelten Schnellzuglok über. Obwohl die auf 20 m Durchmesser vergrößerten Drehscheiben und der für 16 t Achsfahrmasse ausgebaute Oberbau den Konstrukteuren einen größeren Spielraum ließen als bei der S 7, war abzusehen, daß die installierte Mehrleistung der S 9 nur für einen kurzen Zeitraum den steigenden Anforderungen genügen konnte.

Wenn auch die Grundform des S 7-Kessels beibehalten wurde, so entstand doch eine völlig neue, im Erscheinungsbild elegant und modern wirkende Lokomotive. Die höhere Kessellage ließ die Radkästen entbehrlich werden, das Führerhaus wurde länger und geräumiger. Im Gegensatz zur S 7 ist bei der S 9 die breite, über den Rahmen ausladende Feuerbüchse gut sichtbar und ein charakteristisches Merkmal dieser Baureihe. Alles, was sich bei der S 7 als nachteilig herausgestellt hatte, versuchte man zu vermeiden. Der Dom wurde im Interesse einer ruhigen Dampfentnahme auf den hinteren Schuß gesetzt. Da dieser konisch

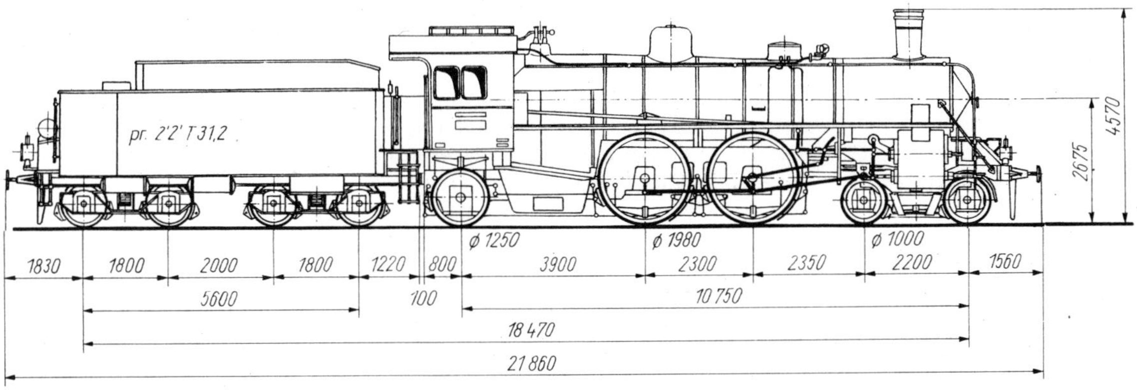

pr. S 9 mit Tender pr. 2'2' T 31,2

war, mußte man die Herstellung eines komplizierten Kümpelteiles für den Domuntersatz in Kauf nehmen. Der Aschkasten erhielt im Gegensatz zur S 7 auch seitliche Luftklappen. Mit 4 m^2 hatte die S 9 die größte Rostfläche aller preußischen Lokomotiven.

Die Hanomag lieferte 1908 die ersten zehn Maschinen mit dem Tender 2'2' T 21,5. Auf der Strecke Berlin–Hannover mußten D 21/22 in Oebisfelde einen Aufenthalt haben, um Wasser nachzufüllen. Diesen Aufenthalt zu vermeiden, boten sich zwei Möglichkeiten: Wasser während der Fahrt aus Trögen zwischen den Schienen aufzunehmen oder die Entwicklung eines größeren Tenders. Man wählte den zweiten Weg und ließ einen neuen Tender, den 2'2' T30, entwickeln. Dabei mußte beachtet werden, daß die Lok noch auf einer 20 m-Scheibe gedreht werden konnte und daß das Maß für die Einfüllöffnung von 2750 mm ü. SO nicht überschritten wurde. Der Gesamtachsstand von Lok und Tender betrug mit dem 2'2' T 31,2 18 470 mm, also nur 1120 mm mehr als mit dem 2'2' T 21,5. Mit dem neuen Tender konnte die Strecke Hannover–Berlin Zoologischer Garten (254 km) ohne Halt durchfahren werden.

Die ersten beiden Loks der Gattung S 9 trugen, wie auch die ersten S 6 und P 8, Windschneidenführerhäuser. Auch hatten diese beiden Maschinen den Geschwindigkeitsmesser noch auf der Heizerseite.

Für den Dienst im Flachland bewährte sich die S9 recht gut. Sie war vor allem auf der Strecke Berlin–Hannover vor Schnellzügen von 300 t bis 400 t eingesetzt. Versuchsweise wurde auch der D 3 Hamm–Berlin (442 km) im Langlauf mit S 9 gefahren, doch war das nur mit ausgesuchter Kohle möglich und Regelbetrieb wegen Verschlacken des Rostes nicht durchführbar. Bei Versuchsfahrten auf der Strecke Grunewald–Mansfeld, einer der klassischen Versuchsstrecken der Preußischen Staatsbahn, schnitt die S 9 im Vergleich zur S 6 recht ungünstig ab. Auf einer 13 km langen Steigung von 8,3‰ blieb die S 9 mit einem Zug von 397 t beinahe liegen, obwohl sie mit 70 % Füllung fuhr. Die Maschine war wegen zu kleiner Hochdruckzylinder nicht in der Lage, die erforderliche Dampfmenge zu verarbeiten und in Zugkraft umzusetzen.

Insgesamt wurden 99 Loks der Gattung S 9 nach dem Musterblatt III 2 g gebaut. 1911 wurde die Beschaffung eingestellt. Auch die beiden Versuchslokomotiven der Bauart Wittfeld (2'B 2') liefen unter der Gattungsbezeichnung S 9. Nach umfangreichen Reparationsabgaben (21 Maschinen) an die Siegermächte des ersten Weltkrieges kamen noch 51 Maschinen in den 2. vorläufigen Umzeichnungsplan der DRG,

pr. S 9, Bahnnummer 919 Hannover (Hanomag 5469/1909). Diese Lok erhielt keine DRG-Betriebsnummer mehr.

aber nur 2 Maschinen wurden unter den Betriebsnummern 14 001 und 14 002 übernommen. Diese beiden Maschinen hatte man in den Jahren 1913/1914 mit Schmidt-Überhitzern ausgerüstet und so auf Heißdampf umgebaut (ehemalige Betr.-Nr. ,,Hannover 903" und ,,Hannover 905"). Zur Länderbahnzeit trugen diese beiden Maschinen die inoffizielle Bezeichnung S 8, weil Preußen die ungeraden Nummern der Gattungsbezeichnung an Naßdampf-, die geraden an Heißdampflokomotiven vergab. Insgesamt hat es fünf inoffizielle S 8 gegeben: eine S 7 mit Pielock-Überhitzer, die beiden umgebauten S 9 und die beiden ersten S 10, die kurzzeitig mit S 8 bezeichnet worden waren.
Auch unter den an Belgien (SNCB) und Frankreich (Est) abgegebenen S 9 befand sich je eine Heißdampflok.

Konstruktive Merkmale

Kessel: Genieteter Kessel der Bauform pr. S 7 mit vergrößertem Dampfraum und zusätzlichem Wasserabscheider, um Überreißen zu vermeiden. Hinterkessel und Feuerbüchse breit über dem Rahmen mit fast quadratischer Rostfläche. Zweiter Kesselschuss konisch von 1602 mm Durchmesser auf 1714 mm Durchmesser übergehend. Feuerbüchse und Stehbolzen aus Kupfer. Feuerbüchse abweichend von der üblichen Bauform mit gewölbter Decke und radialen Dekkenankern. Ventilregler Bauart Schmidt & Wagner. Speiseeinrichtungen: 2 Dampfstrahlpumpen Bauart Strube.
Laufwerk: Vierpunktabstützung. Drehgestell hannoverscher Bauart mit ± 50 mm Spiel am zylindrischen Drehzapfen. Kuppelachsen fest im Rahmen gelagert. Tragfedern der Kuppelachsen und der Schleppachse durch Ausgleichhebel verbunden.
Triebwerk: 2 Außenzylinder (HD) und 2 Innenzylinder (ND). Je ein Außen- und ein Innenzylinder bilden ein Halbsattel-Gußstück. Alle vier Zylinder arbeiten auf erste Kuppelachse.
Steuerung: außenliegende Heusinger-Steuerung mit Doppelkolbenschiebern und Übertragung durch Pendelwelle auf die Innenzylinder.
Bremse: Druckluftbremse Bauart Westinghouse mit beidseitiger Abbremsung der Kuppelachsen und einseitiger Abbremsung der Laufachsen. Abbremsung mit 70% der Kuppelachsfahrmasse.
Sondereinrichtungen: Schmierpumpe De Limon für alle unter Dampf gehenden Teile, Preßluftsandstreuer Bauart Knorr, Rauchverbrennung Marcotty, Gasbeleuchtung Pintsch.
Windschneidenführerhäuser bei den ersten beiden Maschinen.
Tender: 2'2' T21,5 für die ersten 10 Lokomotiven. Später 2'2' T 30 bzw. 31,2 (7,4 t Kohle). Druckluft- und Handbremse.
Rahmen: Vorn 95 mm starker Barrenrahmen, hinten 28 mm bzw. 30 mm starker Blechrahmen, 1020 mm hoch. Lichtmaß vorn 1365 mm, hinten 1230 mm bzw. (im Bereich der Schleppachse) 1174 mm.

14^1 Umbaulok pfälz. P 3^I

Die Pfalzbahnen waren zu wichtigen Durchgangslinien in Nord-Süd- und in Ost-West-Richtung geworden. Sie befanden sich aber auch in ständiger Konkurrenz zur rechten Rheinuferstrecke, auf der die Schnellzüge Holland–Basel über Baden und Hessen verkehrten. Hatte die Pfälzische Eisenbahn zunächst versucht, mit den 1890/1891 erstmals von Krauss beschafften 1'B1 n2-Lokomotiven der Gattung P 2^I den Personenverkehr zu beschleunigen, so zeigte sich bald, daß für die inzwischen auf über 20 Achsen gewachsenen Reisezüge eine erheblich leistungsfähigere Lokomotive erforderlich wurde.
Die Lokomotivfabrik Krauss bot Entwürfe mit der Achsanordnung 1'B2' und 2'B1 an. Staby, der damalige maschinentechnische Leiter, wählte die Atlantik-Bauart 2'B1, die damit erstmals 1898 auf deutschen Bahnen zum Einsatz kam.
Für ihre Leistung hatte man die Beförderung von 220 t auf Steigungen von 0‰ mit 90 km/h und 220 t auf Steigungen bis zu 10‰ mit 65 km/h zugrunde gelegt. Sie erhielt dafür eine reichlich bemessene Heizfläche und bereits einen Kesseldruck von 13 bar (13 kp/cm^2). Gemäß damaliger Auffassung rüstete man die für den Schnellzugdienst geplante Lokomotive mit

Windschneiden an der Rauchkammer und am Führerhaus aus.
Von Vorteil für die Laufruhe war zweifellos das Innentriebwerk in Zweizylinderbauart, denn man hatte auf die Verbundwirkung verzichtet. Auch die Steuerung lag innerhalb des Rahmens und wurde von den Treibstangen angetrieben. Flachschieber und Triebwerk waren trotz der Außenrahmenbauart, letzteres durch eine Einstiegluke vom Umlauf, gut zugänglich.
In den Jahren 1898 bis 1899 lieferte Krauss 11 Lokomotiven in der n2-Ausführung, 1904 folgte die Maschine „von Neuffer" in gleicher Bauart, jedoch mit h2-Triebwerk, wozu man sie mit einem Überhitzer der Bauart Pielock versah. Zusätzlich erhielt sie eine Drehgestellbremse. Mit überhitztem Dampf wurden die Strahlpumpen, die Luftpumpe, die Rauchverbrennungseinrichtung, ja sogar die Dampfheizung versorgt. Da jedoch nur geringe Überhitzertemperaturen erreicht wurden, baute man den Überhitzer wieder aus.
Obwohl die pfälzischen P 3[I]-Lokomotiven dem geforderten Leistungsprogramm entsprachen, zeigte sich, besonders bei längeren Schnellzugfahrten, daß auf Grund der ständig steigenden Wagenzugmassen Kesselleistung und Reibungsmasse nicht mehr ausreichten. Auch die 1904 in Betrieb genommene h2-Maschine vermochte keine spürbare Verbesserung zu erzielen.
Leistung und Wirtschaftlichkeit – letztere hatte nie ganz befriedigt – konnten jedoch durch Umbau auf Vierzylinder-Verbundwirkung gesteigert werden. In den Jahren 1913 und 1914 baute man alle 12 Lokomotiven nach dieser Konzeption um, wobei das vorhandene Innentriebwerk zur HD-Maschine wurde. Die bisherigen Schieber behielten äußere Einströmung, wurden jedoch durch Kolbenschieber ersetzt. Zusätzlich baute man äußere ND-Zylinder an, die durch die Versetzung um 180° Schieber mit innerer Einströmung bekamen. Wegen der vorhandenen Kropfachse und der äußeren Kuppelzapfen paßte man den Hub für HD- und ND-Triebwerk den gegebenen Verhältnissen an.
Aus diesem Umbau, der eine Verschiebung des Drehgestelles nach vorn bedingte und zusätzliche Massen brachte, resultierte außerdem eine günstigere Masseverteilung. Leider war der Einbau eines Schmidt-Überhitzers nicht realisierbar, weil der daraus resultierende Steuerungsumbau zu aufwendig gewesen wäre und zudem die Gefahr des Warmlaufens des Innentriebwerkes bestand. Die Skizze zeigt die Originalausführung, das Bild den Zustand nach dem Umbau zur n4v-Lokomotive.
Dem Umbau war ein voller Erfolg beschieden. Neben einer spürbaren Leistungs- und Zugkrafterhöhung konnte der Kohleverbrauch um fast 15 % gesenkt werden. Die P 3[I] waren nun in der Lage, eine Wagenzugmasse von 250 t bei 0 ‰ Steigung mit 110 km/h und bei 20 ‰ Steigung 125 t mit 50 km/h zu befördern.

pfälz. P 3[I], Bahnnummer 226 NECKAR, nach dem Umbau in die Bauart n4v. Später Betriebsnummer 14 103 (Krauss 3760/1898)

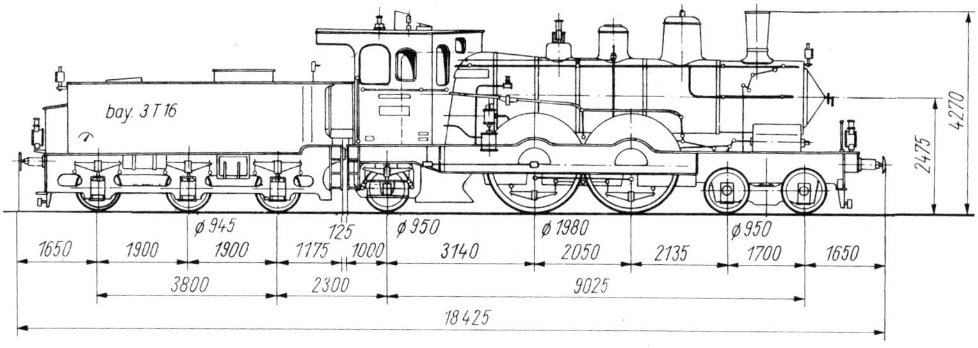

pfälz. P 3ˡ (BR 14[1]) in der Ursprungsausführung

Abgesehen von der verwickelten Bauart entsprachen sie jedoch nach wenigen Jahren als 2'B1-Maschinen nicht mehr den geforderten Leistungen.
Die DR übernahm noch 5 Lokomotiven als 14 101 bis 14 105, die jedoch bis 1926 wegen der ungewöhnlich hohen, bauartbedingten Kosten ausgemustert wurden.

Konstruktive Merkmale

Kessel: Langkessel und glatter Stehkessel durch konischen Kesselschuß verbunden, sehr breite Feuerbüchse, senkrechte Stehkesselwände. Rostbeschickung durch zwei gegenseitig unter Verschluß stehende Feuertüren. Oberer zylindrischer Stehkesselteil ergab großen Dampfraum. Pielock-Überhitzer (Lok „v. Neuffer"), auch alle Hilfsverbraucher erhielten überhitzten Dampf. Zur Rauchminderung Rauchverzehrer Bauart Staby. Ramsbottom-Sicherheitsventile.
Rahmen: 23 mm starker durchlaufender Blechinnenrahmen vom vorderen Pufferträger bis Stehkesselvorderwand, zusätzlich 13 mm starker Blechaußenrahmen vom Gleitbahnträger bis hinter den Stehkessel. Innenrahmen durch vorderen Pufferträger, Zylinderblock, Gleitbahnträger, Einstiegkasten und Querwand vor Stehkessel versteift, Außenrahmen durch Querwände in Gleitbahnträger- und in Stehkesselebene sowie am Rahmenende versteift.
Laufwerk: Auf voranlaufendem zweiachsigem Drehgestell stützt sich Vorderteil der Lokomotive über zwei halbkugelförmige Zapfen mit Rotgußgleitpfannen ab. Anlenkung über Mittelzapfen unter dem Zylinderblock, der seitlich ± 40 mm verschiebbares Gleitstück mit Kugelschale trägt, so daß Drehgestell allseitig beweglich; Rückstellung durch Blattfedern. Treib- und Kuppelachslager im Innenrahmen geführt und durch Längsausgleichhebel miteinander verbunden. Hintere Laufachse als freie Lenkachse mit ± 15 mm Seitenverschiebbarkeit im Außenrahmen gelagert.
Triebwerk: Mittlere Maschine aus zweiteiligem, in der Mitte verschraubtem Gußstück. Trotz Heißdampf Flachschieber mit Trick-Kanal. Schieber und Kolben durch Dampfschmierpresse geschmiert. Nach Umbau auf n4v wurde inneres Triebwerk zur HD-Maschine mit äußerer Einströmung. Zusätzlich angebrachtes äußeres Triebwerk wurde ND-Maschine mit innerer Einströmung. Beide erhielten jetzt Kolbenschieber. Gekröpfte Treibachse für Innentriebwerk mit geradem Verbindungsarm und rechteckigem Querschnitt.
Steuerung: Heusinger-Steuerung mit Antrieb jedoch nicht durch Gegenkurbel, sondern entsprechend der Joy-Steuerung von Treibstange mittels Lenker und Gegenlenker.
Besonders Triebwerks- und Steuerungsbauart machten Zugang zum Innentriebwerk erforderlich, der durch Einstieg links vom Laufblech her gewährleistet wurde.
Bremse: Ursprünglich mit Einkammer-Luftdruckbremse Bauart Schleifer, Treib- und Kuppelachsen sowie Achsen des Drehgestells einseitig abgebremst.
Sondereinrichtungen: Windschneiden an Rauchkammer und Führerhaus. Sandstreueinrichtung für Räder der 1. Kuppelachse. Dampfheizeinrichtung. Geschwindigkeitsmesser und Funkenfänger Bauart Sturm.
Tender: Plattenrahmenbauweise mit teilweise zwischen den Rädern eingebauten Wasserkästen. 3 starr im Außenrahmen gelagerte Radsätze, die beidseitig gebremst wurden. Tenderbauart bay. 3 T 16 mit 6 t Kohle.

14^1

bay. $S\,^2/_5$

Die Bayerische Staatsbahn hatte im Jahre 1900 von den Baldwin-Werken in Philadelphia (USA) u. a. zwei 2′B1′ n4v-Schnellzugloks mit Vauclain-Triebwerk gekauft, um die amerikanische Bauart zu studieren und die Maschinen im Betriebsdienst zu erproben. 1903 bestellte die Bahnverwaltung bei Maffei in München-Allach zugleich mit einer dreifach gekuppelten Schnellzuglok (Gattung $S\,^3/_5$) eine 2′B1 n4v Schnellzugmaschine, die Gattung $S\,^2/_5$. Beide Typen wurden weitgehend parallel entwickelt und stimmten in vielen Baugruppen prinzipiell überein.

Vom amerikanischen Lokomotivbau hatte Maffei den Barrenrahmen übernommen und schuf in der $S\,^2/_5$ die erste deutsche Schnellzuglok mit dieser Rahmenkonstruktion. Man konnte damals die Rahmenwangen noch nicht aus einem Stück walzen; vielmehr schmiedete man den Rahmen aus einzelnen Barren zusammen und glühte ihn anschließend.

Das Vauclain-Triebwerk wurde nicht nachgebaut, auch der Zweiachsantrieb wie bei der C V wurde aufgegeben, man entschied sich für den von Borriesschen Einachsantrieb. Um weitgehende Übereinstimmung mit der $S\,^3/_5$ (2′C) zu erreichen, verzichtete man auf eine breite Feuerbüchse, wie sie bei der gewählten Achsfolge und durch den Barrenrahmen möglich gewesen wäre. Zwar wurde die Feuerbüchse nicht mehr zwischen den Rahmen eingezogen, doch überragte sie die Rahmenbreite nur um etwa 90 mm.

Mit der $S\,^2/_5$ begann der von Anton Hammel geprägte bayerische Lokomotivbaustil, der schließlich zur $S\,^3/_6$ führte. Die Maffei-Maschinen dieser Epoche zählen zweifellos zu den bemerkenswertesten deutschen Lokomotiven der Länderbauart.

Die $S\,^2/_5$ war für leichte, schnellfahrende Züge bestimmt und beförderte in der Ebene 250 t mit 110 km/h, die gleiche Masse auf 5‰ Steigung mit 85 km/h. Entsprechend ihrem Verwendungszweck erhielt sie, abweichend von der bayerischen Norm (1870 mm Durchmesser), Treibräder von 2000 mm Durchmesser. Die 1904 von Maffei gelieferten Maschinen bewährten sich und galten als vorzügliche Schnelläufer. Bei Versuchsfahrten wurden für die Strecke München–Rosenheim (65 km) mit 150 t Wagenzugmasse 40 min benötigt. Die Spitzengeschwindigkeiten lagen bei 135 km/h (Bahnnummer 3007, später 14 143).

Trotz ihrer ausgezeichneten Konstruktion war den Lokomotiven keine Zukunft beschieden. Zweifach gekuppelte Schnellzugmaschinen konnten nur auf den wenigen Flachlandstrecken Bayerns eingesetzt werden, und auch hier wurden sie den Anforderungen des Zugförderungsdienstes bald nicht mehr gerecht.

bay. $S\,^2/_5$, Bahnnummer 3002 (Maffei 2365/1904). Lok erhielt keine DRG-Betriebsnummer mehr.

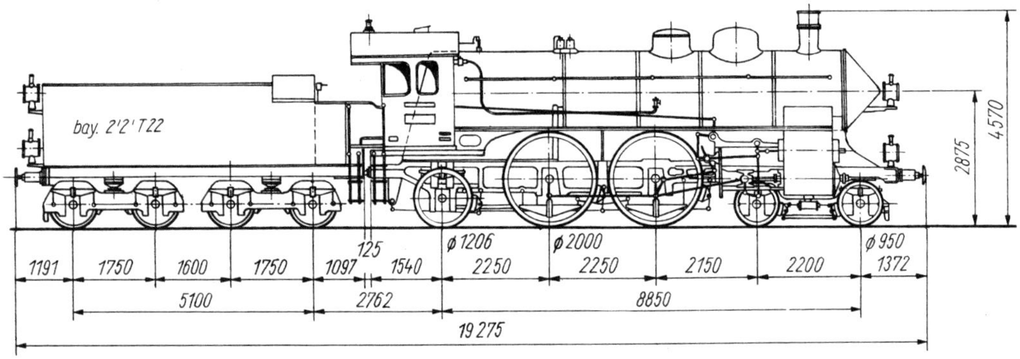

bay. S $^2/_5$ (BR 14^1)

Es blieb bei der einmaligen Lieferung von 10 Lokomotiven, die zwischen Mai und Juli 1904 beim Bw München I in Dienst gestellt wurden. Im gleichen Jahr erreichten einzelne Maschinen von ihrer Anlieferung im Mai bis zum Jahresende tägliche Laufleistungen von etwa 500 km. In den folgenden Jahren ging die durchschnittliche Jahreslaufleistung auf 90 000 km zurück und wies ab 1910 eine weiterhin rückläufige Tendenz auf. Das Bw München I bespannte mit der S $^2/_5$ den „Orient-Expreß" zwischen München und Salzburg, den „Nord-Süd-Expreß" zwischen Regensburg–München–Kufstein, den D 39/40 Nürnberg–Kufstein und den D 93/94 München–Ansbach.

Ab 1911 gab München die S $^2/_5$ nach Nürnberg und an das linksrheinische (pfälzische) Netz nach Ludwigshafen ab. Die Maschinen liefen im Schnellzugplan des Bw Ludwigshafen mit der S $^2/_6$ und den pfälz. P 4 nach Straßburg–Bingerbrück und zurück.

Die DRG übernahm noch fünf Lokomotiven: 14 141 bis 14 145. Wie für viele bayerische Gattungen war auch für die S $^2/_5$ das Bw Augsburg die letzte Station. Augsburg beheimatete 1922/1923 8 Loks S $^2/_5$, 1924 noch 2 und setzte sie für die Personenzüge nach Ulm ein. Bis 1927 waren alle Maschinen ausgemustert und wurden in Regensburg zerlegt.

Konstruktive Merkmale

Kessel: Genieteter Kessel. Langkessel aus 3 Schüssen. Vorderer Schuß mit Dampfdom, Sandkasten auf dem mittleren Schuß. 4550 mm Abstand zwischen den Rohrwänden. Kupferne Feuerbüchse mit kupfernen Stehbolzen und stählernen Deckenankern. Stehkessel über dem Rahmen stehend. Geneigte Stehkesselrückwand. 2 Pop-Sicherheitsventile. Speiseeinrichtungen: 2 Dampfstrahlpumpen Bauart Friedmann.

Rahmen: Aus 2 Teilen (Treibachsgestell und Zylindergestell) verschraubter Barrenrahmen. Drehgestell mit Blechrahmen.

Laufwerk: Sechspunktabstützung. Führendes zweiachsiges Drehgestell mit ± 70 mm Seitenverschiebbarkeit u. Rückstellung durch Doppelblattfedern. Kuppelachsen und hintere Laufachse fest im Rahmen gelagert. Tragfedern der Kuppelachsen unterhalb der Achslager und durch Ausgleichhebel verbunden.

Triebwerk: Vierzylinder-Verbund-Naßdampftriebwerk mit 2 außenliegenden ND- und 2 inneren HD-Zylindern. Alle 4 Zylinder waagerecht und in einer Ebene. Einachsantrieb der 1. Kuppelachse (Bauart v. Borries). HD-Zylinder und Schieberkästen aus einem Gußstück; ND-Zylinder mit dem Rahmen verschraubt.

Steuerung: Außenliegende Heusinger-Steuerung für ND-Schieber. HD-Schieber werden über Zwischenwelle angetrieben. HD-Schieber mit innerer Einströmung, ND-Schieber mit äußerer. Kolbenschieber für alle 4 Zylinder. Anfahrvorrichtung als Drehschieber ausgebildet: Überströmrohr zwischen HD- und ND-Einströmung versorgt ab 70 % Füllung ND-Zylinder mit Frischdampf.

Bremse: Druckluftbremse Bauart Westinghouse bremst die Kuppelräder und die hintere Laufachse einseitig von vorn, die Drehgestellräder von innen. Luftpumpe auf der linken Maschinenseite.

Sondereinrichtungen: Druckluftsandstreuer Bauart Brüggemann sandet die Räder der Treibachse von vorn. Kegelförmig ausgebildete Rauchkammertür. Gasbeleuchtung. Geschwindigkeitsmesser Bauart Haußhälter.

Tender: bay. 2'2' T 22 mit 6 t Kohle.

14^2 sä. X V

Auf der Pariser Weltausstellung im Jahre 1900 zeigte die Sächsische Maschinenfabrik Hartmann aus Chemnitz eine 2′B1′ n4v-Lokomotive, die insofern Aufsehen erregte, als sie eine der ersten deutschen Atlantik-Lokomotiven war. Sie war zudem die erste sächsische Atlantik und die erste fünfachsige Lokomotive Sachsens.

Die Königlich-Sächsische Staats-Eisenbahn erwarb die Ausstellungslok, teilte ihr das Gattungszeichen X V zu und bestellte weitere 14 Maschinen bei Hartmann. Die Maschine mit der Fabriknummer 2600 stand noch auf der Weltausstellung, als die Vorauslok (Fabrik-Nr. 2492) bereits Dienst tat. Im Jahre 1902 lieferte Hartmann das erste Baulos mit 7 Maschinen (Fabriknummern 2753–2759) an die Staatsbahn ab, die ihnen die Bahnnummern 183 bis 189 gab. 1903 folgte das zweite Baulos mit 6 Lokomotiven (Fabriknummern 2805–2810) und den Bahnnummern 190 bis 195. Die X V war zu ihrer Zeit die größte sächsische Lokomotive. Den Kuppelraddurchmesser hatte man wie bei den preußischen Schnellzugloks mit 1980 mm Durchmesser festgelegt. Die beiden ersten Maschinen hatten den gleichen Raddurchmesser für Drehgestell- und Schleppachsräder; später änderte man auf Regelbauart (1065 und 1260 mm Durchmesser) um.

Nach der Leistungstafel des Merkbuches, Ausgabe 1924, waren von der X V in der Ebene bei 100 km/h 170 t zu bewältigen (bei 110 km/h nur noch 80 t!), auf einer Steigung von 5‰ 180 t mit 75 km/h und auf 10‰ 155 t mit 60 km/h. Die bayr. P 4, ebenfalls eine Atlantik-Bauart (BR 14^1), zog zum Vergleich in der Ebene bei 100 km/h 400 t und bei 10‰ mit 60 km/h noch 275 t. Die P 4 hatte aber auch 62 m^2 mehr Heizfläche und einen um 1,42 m^2 größeren Rost.

Die X V war von der Sächsischen Staatsbahn erworben worden, um den Schnellzugdienst auf der Strecke Dresden–Leipzig zu übernehmen. Die dort eingesetzten 2′B n2v-Maschinen der Gattung VIII V 1 waren weder den Wagenzugmassen von 385 t noch der geforderten Höchstgeschwindigkeit von 100 km/h gewachsen. Ein Blick auf die Leistungstafel der X V zeigt, daß auch sie dieser Aufgabe von vornherein nicht gewachsen sein konnte. Zwar hatte man den Kessel mit etwa 161 m^2 Heizfläche gegenüber der VIII V 1 (117,5 m^2) erheblich vergrößert, die Rostfläche aber in nahezu der gleichen Größe (2,30 m^2 zu 2,38 m^2) belassen. Platz für die Unterbringung eines noch größeren Kessels und eines ausreichend dimensionierten Rostes war durchaus vorhanden. Die Dienstmasse von 69,4 t wurde nicht einmal zur Hälfte als Reibungsmasse (31,4 t) genutzt.

Wirtschaftlichkeit und Laufruhe der X V wurden vom Personal gelobt. Die Maschine hatte ein De-Glehn-Triebwerk mit äußerer Heusinger- und innerer Joy-Steuerung. Die Wind-

sä. X V, Bahnnummer 175 (Hartmann 2600/1900), spätere 14 202. Diese Lokomotive erhielt 1900 auf der Weltausstellung in Paris den Grand Prix (Ursprungsausführung mit kleinem Schleppradsatz)

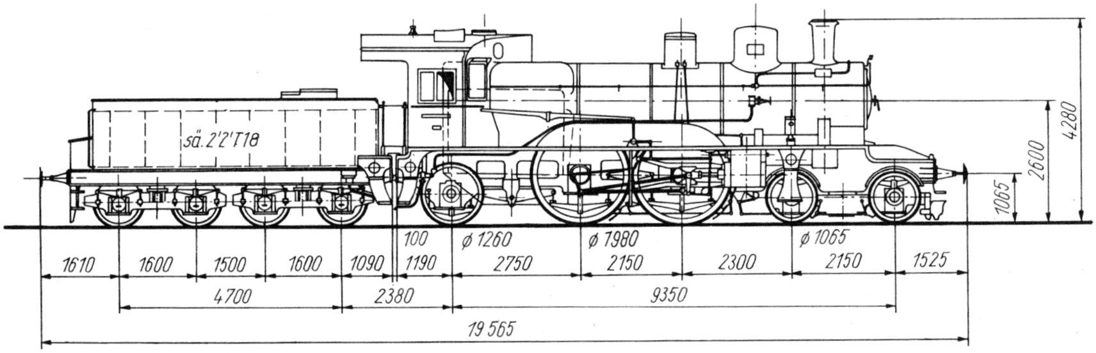

sä. X V (BR 14^2), Bahnnummer 183–195

schneide am Führerhaus war mehr ein in dieser Zeit übliches modisches Beiwerk, denn strömungstechnische Vorteile waren im zugelassenen Geschwindigkeitsbereich unter 100 km/h nicht zu erwarten.
Die Maschinen konnten auf der Strecke Leipzig–Dresden nicht die geforderten Leistungen bringen. Auch als sie Anfang der zwanziger Jahre auf der Elbtalstrecke Dresden–Bodenbach im Schnellzugdienst eingesetzt wurden, waren sie mit Zügen von 52 Achsen überfordert. Sie wanderten deshalb in den Personenzugdienst ab und befuhren noch einige Jahre die Strecken von Dresden nach Leipzig, Bodenbach und Zittau. Die beiden Maschinen des Baujahres 1900 erhielten zunächst die Bahnnummern 176 (Fabr.-Nr. 2492) und 175 (Fabr.-Nr. 2600), wurden aber später in 182 und 181 umgezeichnet. Die anderen 13 Maschinen trugen die Bahnnummern 183–195. Die DRG übernahm alle 15 Maschinen als Baureihe 14^2 mit den Betriebsnummern 14 201–14 215, musterte aber 1925 bereits 8 und 1926 die restlichen 7 Maschinen aus.
Die Bahnnummer 193, die spätere 14 213, hatte 1924 als einzige der Gattung X V einen Oberflächenvorwärmer Bauart Knorr erhalten.

Konstruktive Merkmale

Kessel: Genieteter Kessel mit Belpaire-Hinterkessel und zwischen dem Rahmen eingezogener Feuerbüchse und kleiner Rostfläche. Dampfdom auf dem ersten, Sandkasten auf dem zweiten Kesselschuß; teilweise 2 Sandkästen bzw. Doppelsandkasten. 2 Pop-Sicherheitsventile.
Rahmen: Genieteter Blechrahmen, im Bereich der innenliegenden ND-Zylinder von 1200 mm lichter Weite auf 1380 mm gekröpft.
Laufwerk: Drehgestell mit Innen-

rahmen der Erfurter Bauart (Wiege mit Kugelzapfen). Adams-Schleppachse mit 1045 mm, später 1260 mm Durchmesser; Masseübertragung durch 2 Querfedern. Beide Kuppelachsen fest im Rahmen gelagert. Federn der Kuppelachsen unterhalb der Achslager und durch Ausgleichhebel verbunden.
Triebwerk: Vierzylinder-Verbundtriebwerk Bauart de Glehn mit 2 außenliegenden HD- und 2 innenliegenden ND-Zylindern. HD-Zylinder arbeiten auf die 2., ND-Zylinder auf die 1. Kuppelachse (Kropfachse). HD-Zylinder zwischen 2. Drehgestell- und 1. Kuppelachse, ND-Zylinder zwischen dem Drehgestell über 2. Drehgestellachse.
Steuerung: HD-Zylinder mit außenliegender Heusinger-Steuerung, ND-Zylinder mit innenliegender Joy-Steuerung. Anfahrvorrichtung Bauart Lindner. Entlastete Flachschieber mit Trick-Kanal.
Bremse: Druckluftbremse Bauart Westinghouse mit einseitiger Abbremsung der Drehgestell- und Kuppelachsen. Schleppachse ungebremst. Abbremsung durch senkrecht an einer Rahmenquerverbindung angebrachte Bremszylinder.
Sondereinrichtungen: Führerhaus mit Windschneide. Druckluftsandstreuer sandet die Räder beider Kuppelachsen von vorn. Zylinder- und Schieberschmierung durch Friedmann-Schmierpumpe. Gasbeleuchtung. Geschwindigkeitsmesser Bauart Haußhälter.
Tender: sä. 2′2′ T 18 mit 5 t Kohle.

sä. X V, Bahnnummer 186 (Hartmann 2756/1902), spätere 14 206, mit Schleppradsatz von 1260 mm Durchmesser

14^3 sä. X H 1

Die Sächsische Staatsbahn hatte mit den drei Varianten der 2′C-Schnellzuglokomotiven (XII H, XII HV und XII H 1) in den Jahren 1906 bis 1909 zumindest in der XII HV eine durchaus leistungsfähige und vielseitige Reisezuglokomotive entwickelt. Diese dreifach gekuppelten Maschinen waren auf längere Zeit in der Lage, den Anforderungen zu genügen.
Es erscheint deshalb etwas unverständlich, wenn die Sächsische Staatsbahn 1909 nochmals zur Atlantik-Bauart zurückkehrte und eine verbesserte Auflage der X V vorbereitete. Von der X V, einer Vierzylinder-Verbund-Naßdampfmaschine mit De-Glehn-Triebwerk, wurde kaum mehr als die Achsanordnung übernommen. Man orientierte sich an der XII H 1, übernahm deren Kessel und baute die X H 1 ebenfalls als Zwillings-Heißdampflok. Der größere Raddurchmesser als bei der XII H-Familie weist die X H 1 als Flachlandmaschine aus. Sie war in erster Linie für den Schnellzugdienst auf den Strecken Dresden–Leipzig und Dresden–Berlin bestimmt. Ihr Leistungsprogramm sah die Beförderung von 440 t in der Ebene mit 100 km/h und von 445 t auf 5‰ Steigung mit 60 km/h vor. Mit diesen Leistungen war die X H 1 eine der stärksten deutschen Atlantik-Lokomotiven und der pr. S 9 durchaus ebenbürtig.

Bei der Konstruktion der X H 1 hatte Hartmann recht eigenwillige Wege beschritten. Im Drehgestell hatte die erste Achse ± 61 mm, die zweite ± 17 mm Seitenspiel. Der Drehzapfen selbst hatte beidseitig 74 mm Ausschlag. Die Kuppelachsen und auch die Schleppachse waren starr im Rahmen gelagert, so daß sich ein fester Radstand von 4150 mm ergab. Um mit der Masse des Tenders die Zuckbewegungen der Lokomotive zu dämpfen, erhielt die Feder der Tenderkupplung 6500 kg Vorspannung. Die schmale Feuerbüchse war zwischen der Schleppachse und der 2. Kuppelachse eingezogen.
Hartmann lieferte 1909 13 Maschinen der Gattung X H 1 (Bahnnummern 81–93) und vier Jahre später nochmals 5 Maschinen (Bahnnummern 94–98) in unveränderter Ausführung. Nach 1913 wurde diese Gattung nicht weiterbeschafft, weil ein B-Kuppler den gestiegenen Anforderungen auch auf den Flachlandstrecken nicht mehr gewachsen war.
Die DRG übernahm noch 17 Maschinen unter den Betriebsnummern 14 301–14 317 in ihren Bestand. Keine Maschine erreichte jedoch ein Alter von mehr als zwanzig Jahren. Die Bahnnummer 91 war bereits 1925 ausgemustert worden und kam nicht mehr in den endgültigen Umzeichnungsplan. Die anderen Maschinen mußten zwischen 1926 und 1929 ihren Dienst quittieren.

Konstruktive Merkmale

Kessel: Genieteter Langkessel aus 3 Schüssen mit Belpaire-Hinterkessel. Rauchrohrüberhitzer Bauart Schmidt. Kessellage 2800 mm ü. SO. 2 Sicherheitsventile Pop-Coale. Speiseeinrich-

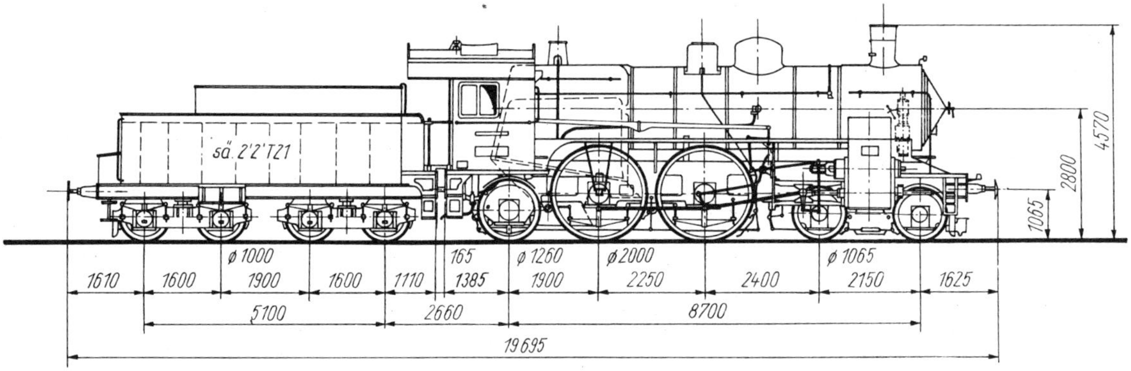

sä. X H 1 (BR 14^3), Bahnnummern 94–98

tungen: 2 nichtsaugende Strahlpumpen.
Rahmen: Blechrahmen mit 1250 mm l. W. Im Bereich der Zylinder auf 1100 mm eingezogen. Um die Achslager unterzubringen, wurden Radsterne nach außen gebaut.
Laufwerk: Drehgestell mit Wiegenaufhängung. Erste Laufachse mit ± 61 mm, zweite Laufachse mit ± 17 mm Seitenverschiebbarkeit. Treib-, Kuppel- und Schleppachse fest im Rahmen gelagert und durch Ausgleichhebel verbunden. Federn der Kuppel- und Schleppachse unterhalb der Achslager.
Triebwerk: Zweizylinder-Heißdampftriebwerk mit außenliegenden, waagerecht angeordneten Zylindern. Antrieb der 1. Kuppelachse.
Steuerung: Kolbenschieber Bauart Fester. Trick-Kanal für innere Einströmung. Je 2 gekuppelte Druckausgleichhähne und 1 Recour-Ventil am Einströmrohr. Antrieb der Steuerung von der 1. Kuppelachse.
Bremse: Druckluftbremse Bauart Westinghouse. Je ein Bremszylinder für Drehgestell und Kuppelachsen.
Sondereinrichtungen: Sandstreuer, durch Schaltwerk von der Schwinge aus angetrieben. Dampfläutewerk Bauart Latowski. Dampfheizungseinrichtung.
Tender: sä. 2'2' T 21 mit 5 t Kohle.

sä. X H 1, Bahnnummer 81, spätere 14 301 (Hartmann 3243/1909)

15^0

bay. S $^2/_6$

Kurz nach der Jahrhundertwende wurden die deutschen Bahnverwaltungen von einem Geschwindigkeitsrausch erfaßt:
1903
Schnellfahrversuche der Studiengesellschaft für elektrische Schnellbahnen,
1904
Schnellfahrversuche der pr., bay. und bad. Staatsbahnen, wobei die bad. II d mit 144 km/h Rekord fuhr,
1905
die pr. S 9 (2'B2' n3v) fuhr mit 150 t Wagenzugmasse 137 km/h.

Ende 1905 erging an die Firma Maffei von der Bayerischen Staatsbahn der Auftrag zum Entwurf und Bau einer Schnellfahrlokomotive. In der Rekordzeit von 4 Monaten entworfen, wurde die Maschine auch in Rekordzeit gebaut. Am 3. 5. 1906 lieferte sie Maffei mit der Fabriknummer 2519 und der Bahnnummer 3201 ab. Die Lok kam zunächst auf die Nürnberger Verkehrsausstellung. Die amtliche Abnahme erfolgte am 6. 5. 1907. Die S $^2/_6$ war nach der S $^3/_5$ (3329) die zweite Heißdampflok der Bayerischen Staatsbahn. Anton Hammel hatte sie konstruiert und in ihr alle Erkenntnisse des modernen Lokomotivbaues vereinigt: Barrenrahmen, Vierzylinder-Verbund-Triebwerk nach v. Borries, Rauchrohrüberhitzer nach Schmidt. Zur Verminderung des Luftwiderstandes bei hohen Geschwindigkeiten (die Maschine war für 150 km/h vorgesehen) erhielten Führerhaus, Rauchkammertür, Zylinder- und Domverkleidung Windschneiden.
Um die vorgegebene Achsfahrmasse von 16 t nicht zu überschreiten, mußte die Masse der Maschine auf sechs Achsen verteilt werden. Der einzige Schönheitsfehler der Lok bestand in ihrer zu geringen Reibungsmasse (32 t bei 83,4 t Dienstmasse), das sie beim Anfahren von (für damalige Verhältnisse) schweren Zügen bis 360 t in Schwierigkeiten brachte. 360 t zog sie in der Ebene mit 120 km/h und auf 5‰ Steigung mit 85 km/h. 1907 wurde sie der Betriebswerkstätte München I überstellt und ab Juli zu Versuchsfahrten auf der „Rennstrecke" München–Augsburg eingesetzt. Mit 150 t Anhängemasse fuhr sie 154,5 km/h (damaliger deutscher Rekord für Dampflokomotiven) und legte die 62 km lange Strecke in einer Durchschnittsgeschwindigeit von 130 km/h zurück. Gelobt wurden der ruhige Lauf, auch bei Höchstgeschwindigkeit, und die geringe Beanspruchung des Oberbaues. Nach diesen Versuchen kam die Lok in den Dienstplan des Bw München I, erreichte aber in den vier Jahren, in denen sie in München beheimatet war, keine sonderlich hohen Laufleistungen:

bay. S $^2/_6$, Bahnnummer 3201, spätere 15 001 (Maffei 2519/1906)

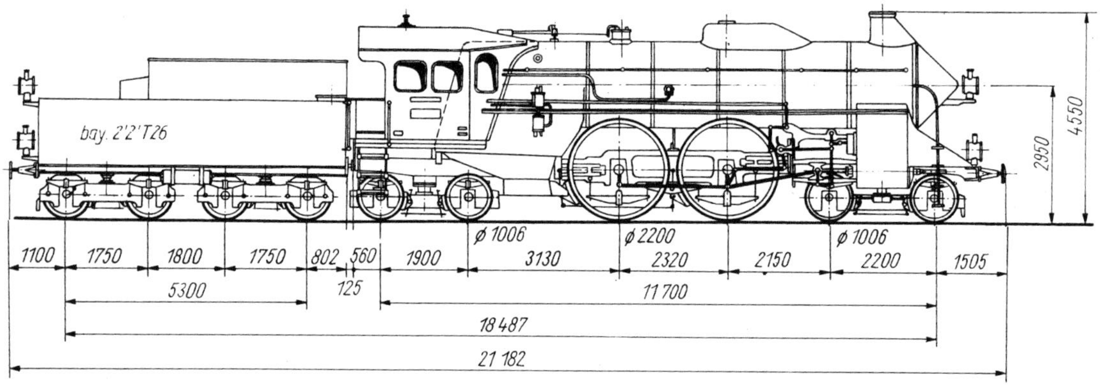

bay. S $^2/_6$ (BR 15^0)

1907: 44370 km; 1908: 67705 km; 1909: 69100 km; 1910: 32300 km. München verlor das Interesse an der Maschine und gab sie am 1. 10. 1910 an das linksrheinische (pfälzische) Netz zum Bw Ludwigshafen ab. Dort lief sie zusammen mit der S $^2/_5$ und der pfälz. P 4 in einem Dienstplan und erzielte in den Jahren 1911 bis 1914 bei Doppelbesetzung jährliche Laufleistungen von 90000 bis 100000 km. Während ihrer pfälzischen Dienstzeit führte die Maschine Schnellzüge auf den Strecken Ludwigshafen–Straßburg und Straßburg–Bingerbrück.

1919 stand sie auf der Ablieferungsliste an die Entente, wurde aber wieder, vermutlich weil sie Einzelgängerin war, gestrichen. 1922 kam sie nach Bayern zurück, stand zunächst beim Bw München, ab Mai 1923 beim Bw Augsburg im Dienst. Nach einer L 4 in Ingolstadt war sie kurzzeitig wieder beim Bw München. Maffei arbeitete die Maschine für die Nürnberger Verkehrsausstellung auf, und im Anschluß an die Ausstellung wurde die Lok dem Verkehrsmuseum Nürnberg übergeben, wo sie heute neben der Schnellfahrlok der DRG, der 05 001, steht. Nach dem Nummernplan der DRG war der S $^2/_6$ die Betriebsnummer 15 001 zugedacht, aber dieses Schild ist nie an der Maschine angebracht worden.

Mehrfach wechselte bei der S $^2/_6$ der Anstrich. Der ursprünglich hellgraue Anstrich der Königlich-Bayrischen Staatsbahn wurde bei einer Hauptausbesserung durch den braunvioletten pfälzischen ersetzt. Als sie 1922 ins rechtsrheinische bayrische Gebiet zurückkehrte, erhielt die Lok 1925 im Raw Ingolstadt eine graue Lackierung.

Konstruktive Merkmale

Kessel: Genieteter Kessel aus 3 Schüssen mit 4900 mm Rohrlänge. Rauchrohrüberhitzer Bauart Schmidt. Dom und Sandkasten unter gemeinsamer Verkleidung. Mit 4,7 m^2 außergewöhnlich große Rostfläche breit über dem Rahmen. Rostbeschickung durch zwei Feuertüren. 2 Pop-Sicherheitsventile. Speiseeinrichtungen: 2 saugende Dampfstrahlpumpen Bauart Friedman (230 l/min und 275 l/min). Später nichtsaugende Dampfstrahlpumpen Bauart Friedmann.

Rahmen: Barrenrahmen.

Laufwerk: Vorderes Drehgestell mit Innenrahmen und 2200 mm Achsstand. Beide Kuppelachsen fest im Rahmen gelagert. Hinteres Innenrahmendrehgestell weit zurück versetzt mit 1900 mm Achsstand. Seitenverschiebbarkeit beider Drehgestelle ± 70 mm.

Triebwerk: Vierzylinder-Verbundtriebwerk mit innenliegenden HD- und außenliegenden ND-Zylindern. Alle 4 Zylinder in einer Ebene. HD-Zylinder bilden ein Gußstück, ND-Zylinder am Rahmen angeschraubt. Einachsantrieb nach v. Borries: alle 4 Zylinder arbeiten auf die 1. Kuppelachse (Kropfachse).

Steuerung: Dampfverteilung durch 4 getrennte Kolbenschieber, je zwei gemeinsam von einer Heusinger-Steuerung angetrieben. Drehschieber als Anfahrvorrichtung. Bei Füllung der HD-Zylinder über 70 % Frischdampf auch im Verbinder. ND-Zylinder mit besonderen Einströmkanälen und Füllventilen. Werden bei Füllungen über 70 % automatisch bedient.

Bremse: Westinghouse-Schnellbremse. Einseitige Abbremsung der Kuppelachsen von hinten und der Drehgestellachsen von innen.

Sondereinrichtungen: Preßluftsandstreuer Bauart Brüggemann sandet die Räder der Treibachse von vorn. Geschwindigkeitsmesser Bauart Haußhälter. Windschneidenführerhaus. Windschneiden an Schornstein, Domverkleidung und Zylinderverkleidung.

Tender: bay. 2'2' T 26 mit 7 t Kohle.

16^0

old. S 10

Die Gründe für die Beschaffung einer dreifach gekuppelten Schnellzuglokomotive sind in den Besonderheiten des Streckennetzes der Oldenburgischen Staatsbahn zu suchen. 1853 hatte Preußen ein Gebiet an der Jademündung zum Bau des Marinestützpunktes Wilhelmshaven erworben. In den dazu erforderlichen Eisenbahnneubau teilten sich Oldenburg und Preußen. Oldenburg baute die Strecke Bremen–Oldenburg, Preußen die Strecke Wilhelmshaven–Oldenburg. 1914 kaufte Oldenburg die von Preußen gebaute Strecke für 23 Millionen Mark. Die Bedeutung der Bahn stieg 1914 mit Beginn des ersten Weltkrieges enorm an. Da Wilhelmshaven bedeutendster Stützpunkt der deutschen Kriegsmarine war, mußten u. a. große Truppenmassen transportiert werden. Die Schnellzüge auf der Strecke Oldenburg–Bremen waren deshalb nicht nur sehr lang, sondern gewöhnlich auch überbesetzt. Die oldenburgischen 2′B-Lokomotiven waren weit überfordert, als es galt, diese Züge zu befördern. Die größten oldenburgischen S-Lok waren 2′B n2v mit Lentz-Ventilsteuerung analog der pr. S 5^2. Es kam mit diesen Maschinen zu empfindlichen Störungen im Zugbetrieb, weil die 2′B-Lokomotiven mit ihren vielen vergeblichen Anfahrversuchen die Strecke blockierten und damit auch die Kohletransporte für die Marine behinderten. Es mußte umgehend Abhilfe durch den Einsatz einer dreifach gekuppelten Schnellzuglok geschaffen werden. Der Einsatz preußischer Maschinen war nicht möglich, weil die zulässige Achsfahrmasse in Oldenburg nur 15 t betrug (keine Schotterbettung des Gleises), die pr. S 10-Maschinen aber bereits mehr als 17 t Achsfahrmasse besaßen. Der maschinentechnische Leiter der Oldenburgischen Staatsbahn, Heinrich Ranafier, ließ deshalb 1915 bei der Hanomag eine dreifach gekuppelte Schnellzuglok mit der Achsfolge 1′C1′ entwerfen und bauen. Metzeltin, Konstrukteur bei der Hanomag, erfüllte die Forderungen des Bestellers: 15 t Kuppelachsfahrmasse, 12 t Laufachsfahrmasse, 3 m^2 Rostfläche und 190 m^2 Heizfläche. Aus Gründen einfacher Unterhaltung wählte Oldenburg das Zwillingstriebwerk, ließ es jedoch traditionsgemäß mit Lentz-Ventilsteuerung

old. S 10 BERLIN, Bahnnummer 266, spätere 16 001 (Hanomag 8000/1916)

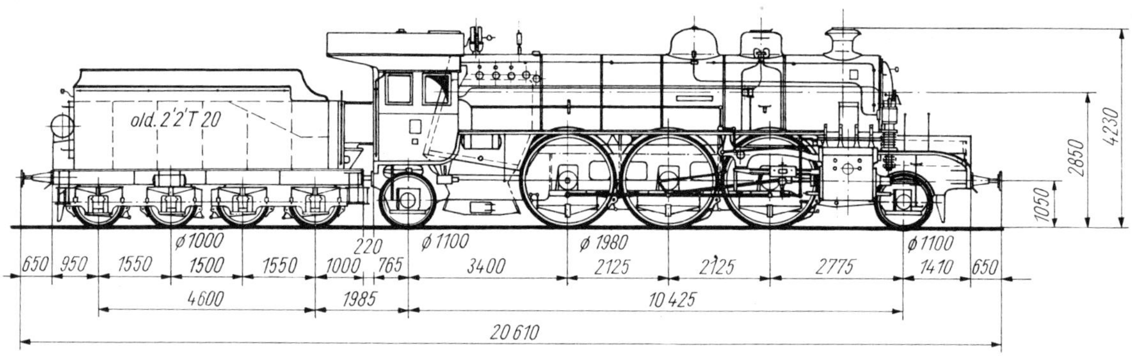

old. S 10 (BR 16^0)

ausrüsten. Diese Maschinen waren zugleich die ersten Heißdampfloks der Oldenburgischen Staatsbahn.
Am 24. 1. 1917 wurde mit der Fabrik-Nr. 8000 die erste Maschine BERLIN übergeben. Die beiden anderen MÜNCHEN und DRESDEN folgten wenige Tage später. Das Beförderungsprogramm sah 300 t in der Ebene mit 100 km/h und 310 t mit 70 km/h auf 5‰ Steigung vor. Wegen des Krieges gab es fast keine Probefahrten; auch vor dem Meßwagen ist die old. S 10 nie gelaufen, weil Oldenburg keinen besaß. Lediglich eine Werksprobefahrt auf der Strecke Hannover–Goslar–Bad Harzburg fand statt, an der auch Ranafier teilnahm. Nach Metzeltin wurden dabei sogar 519 t auf 10‰ Steigung mit 33 km/h bewältigt, das Leistungsprogramm also mühelos erfüllt.
Die Maschinen fielen durch das Mißverhältnis zwischen Kessel und Fahrwerk auf, wofür die Schwierigkeiten verantwortlich sein dürften, die man mit der Einhaltung der vorgegebenen Achsfahrmasse hatte. Die Schleppachse (Achsstand 3400 mm) wurde zu ihrer Entlastung weit zurückgenommen, die große Plattform über der vorderen Laufachse nahm die Pumpen und den Vorwärmer auf, um hier die notwendige Achsfahrmasse zu erzielen.
Die drei Maschinen wurden im Schnellzugdienst auf der Strecke Oldenburg–Hannover eingesetzt und beförderten Schnellzüge bis zu 560 t. Das Leistungsvermögen hierzu war zwar vorhanden, doch klagte das Personal über den unruhigen Lauf bei 70 km/h bis 90 km/h. Metzeltin nahm eine Resonanz in der Rückstellvorrichtung der Adamsachse an, die allerdings über 90 km/h nicht mehr spürbar war.
Hauptmängel der Maschinen waren aber Undichtheiten an der Feuerbüchsrohrwand, die bereits nach wenigen Betriebstagen auftraten. Man vermutete die Ursachen dafür im Einsatz der Stahlfeuerbüchse, die man wegen der Rohstoffknappheit hatte verwenden müssen und mit der man keine Erfahrungen besaß. Versuche, kupferne Rohrvorschuhe anzuschweißen, brachten keine Besserung. Nach Kriegsende baute die Hanomag kupferne Feuerbüchsen ein, konnte jedoch auch damit keine Abhilfe erzielen.
Ursache des Rohrlaufens der old. S 10 war vielmehr das Mißverhältnis zwischen Feuerraum und Rohrwand, zwischen der großen, breiten Feuerbüchse und dem engen Kessel. Es kam zu Wärmespannungen in der zu stark erhitzten Rohrwand, die nur durch eine Feuerbüchse Garbescher Bauart oder durch eine Verbrennungskammer hätten beseitigt werden können.
Die 3 Maschinen fielen wegen ihrer Kesselschäden sehr oft für den Betriebsdienst aus. Das Interesse an ihnen ließ nach, als 1918/1919 die Strecken Oldenburgs für 17 t Achsfahrmasse ausgebaut wurden und die P 8 von Bremen bis Oldenburg fahren konnte. 1921 erhielt das Bw Oldenburg 5 P 8-Maschinen, später folgten S 10^1 des Baujahres 1911. Mit der Einstellung der P 8 wurden die old. S 10 aus dem Verkehr gezogen. Vor einer Ausmusterung scheute man sich wegen des noch zu hohen Buchwertes, lehnte aber auch eine Neubekesselung wegen zu hoher Kosten ab. Die DRG, die diese Maschinen übernommen hatte und mit der Baureihenbezeichnung 16^0 (Betriebsnummern 16 001–16 003) versah, trennte sich 1926 von den Fehlkonstruktionen und musterte sie aus.
Damit war nach der bad. IV g der zweite Versuch fehlgeschlagen, eine deutsche Reisezuglokomotive mit der Achsfolge 1'C1' zu bauen. Diese Achsfolge wurde mit 1750 mm Treibraddurchmesser erst mit der BR 23 der DRG und den BR 23 (DB) und 23^{10} (DR) wieder und erfolgreich aufgegriffen.

Konstruktive Merkmale

K e s s e l: Genieteter Kessel mit 5,20 m Rohrlänge, aus Massegründen nur

1540/1571 mm Durchmesser. Hinterkessel mit stählerner Feuerbüchse breit auf den Rahmen gestellt. Später gegen kupferne Feuerbüchse und Stehbolzen getauscht. Speiseeinrichtungen: Kolbenspeisepumpe und Oberflächenvorwärmer Bauart Knorr, Dampfstrahlpumpe Bauart Friedmann.

Rahmen: 28 mm starker Blechrahmen, 1080 mm hoch. Lichtmaß vorn und Mitte 1180 mm, hinten 1124 mm (im Bereich der Schleppachse).

Laufwerk: Vierpunktabstützung. Vordere Lauf- und 1. Kuppelachse sowie 2. und 3. Kuppelachse und Schleppachse durch Ausgleichhebel verbunden. Laufachsen als Adamsachsen, vorn ± 80 mm, hinten ± 60 mm Seitenverschiebbarkeit.

Triebwerk: 2 Außenzylinder, die auf die 2. Kuppelachse arbeiten. Beide Zylinder durch Umlaufkanal verbunden. Selbsttätige Druckausgleich- und Luftsaugeventile Bauart Müller. Treibstangenlänge 2375 mm. Treibachse mit 10 mm Spurkranzschwächung.

Steuerung: Lentz-Ventilsteuerung. Außensteuerung Bauart Heusinger. Einseitige Lagerung der Schwinge.

Bremse: Druckluftbremse Bauart Knorr, einseitig auf die Kuppelachsen wirkend. Laufachsen ungebremst. Abbremsung mit 72% der Reibungsmasse.

Sondereinrichtungen: Schmierpumpe de Limon für alle unter Dampf gehenden Teile. Preßluftsandstreuer Bauart Knorr. Gasbeleuchtung Bauart Pintsch.

Tender: old. 2'2' T 20 (mit preußischen Drehgestellen) und 6 t Kohle. Druckluft- und Handbremse.

17^{0-1} pr. S 10

Bereits im Mai 1907 beschäftigte sich der preußische Lok-Ausschuß auf seiner 45. Sitzung mit einer Leistungssteigerung der Schnellzuglokomotiven. Das gestiegene Verkehrsaufkommen war mit zweifach gekuppelten Maschinen kaum noch zu bewältigen, doch den einzig richtigen Schritt, die Atlantik-Bauart durch eine dritte Kuppelachse zu verstärken, ging man nicht. Im Gegenteil! Robert Garbe bezeichnete die S 9 wegen ihrer kurzen Treibstangen und ihres kurzen festen Achsstandes als Gleiszerstörer. Er bot eine zweifach gekuppelte Schnellzuglok an, die den Kessel und die Rahmenbauart der P 8 besitzen sollte. Die Entwürfe sahen eine 2'B1'-Variante und eine Maschine mit 2 gekuppelten und 3 Laufachsen vor. Die dritte Laufachse sollte hinter dem Drehgestell vor der ersten Kuppelachse sitzen. Aber diese Entwürfe wurden zunächst zurückgestellt, weil man die ausführliche Erprobung der S 6 abwarten wollte und wohl hoffte, mit dieser Maschine doch für die nächste Zukunft den Verkehr bewältigen zu können.

Als schließlich die dritte Kuppelachse nicht mehr zu vermeiden war, erhielt Schwartzkopff den Auftrag, zwei Probeloks der Achsfolge 2'C zu bauen, die aus der P8 zu entwickeln waren. Der P 8-Kessel wurde verstärkt, der P 8-Rahmen als genieteter und geschraubter Blechrahmen im Prinzip beibehalten. Garbes Vorschlag, die Maschine als 2'C h2 zu bauen, fand beim Ministerium für öffentliche Arbeiten keine Billigung. Um eine bessere Laufruhe als bei den bisher von Garbe entwickelten Heißdampf-Zwillingsmaschinen zu erreichen (S 6 und P 6), entschied sich das Ministerium für ein Vierzylinder-Triebwerk mit einfacher Dehnung. Die süddeutschen Erfahrungen mit Verbundtriebwerken und der Achsfolge 2'C1' blieben unberücksichtigt.

Die beiden Vorausmaschinen erhielten zunächst die Gattungsbezeichnung S 8. Die erste Maschine wurde 1910 auf der Weltausstellung in Brüssel gezeigt. Die betriebliche Erprobung der zweiten Maschine erfüllte nicht ganz die Erwartungen. Die Kesselleistung war zu knapp, der Zugang zum Innentriebwerk durch den Blechrahmen sehr erschwert. Die Firma Vulcan in Stettin bekam den Auftrag, die Konstruktion zu überarbeiten. Bereits 1911 wurde die Maschine in verbesserter, serienreifer Ausführung auf der Ausstellung in Turin gezeigt. Die Maschine hatte jetzt einen zusammengesetzten Blech- und Barrenrahmen, der Kesseldruck war von 12 bar (12 kp/cm^2) auf 14 bar (14 kp je cm^2) erhöht worden, Rostfläche und Überhitzer wurden vergrößert. Alle 4 Zylinder arbeiteten auf die erste Kuppelachse. Von der Vierlings-S 10 wurden 200 Maschinen beschafft; mit den beiden Probeloks von Schwartzkopff waren es 202. Die LBE bestellte fünf etwas schwächere Maschinen mit dreiachsigem Tender.

Das Leistungsprogramm (nach Merkbuch, Ausgabe 1924) sah die Beförderung eines Schnellzuges von 390 t in der Ebene mit 100 km/h vor. Auf einer Steigung von 5‰ wurden 270 t mit 80 km/h, auf 10‰ Steigung 300 t mit 50 km/h bewältigt.

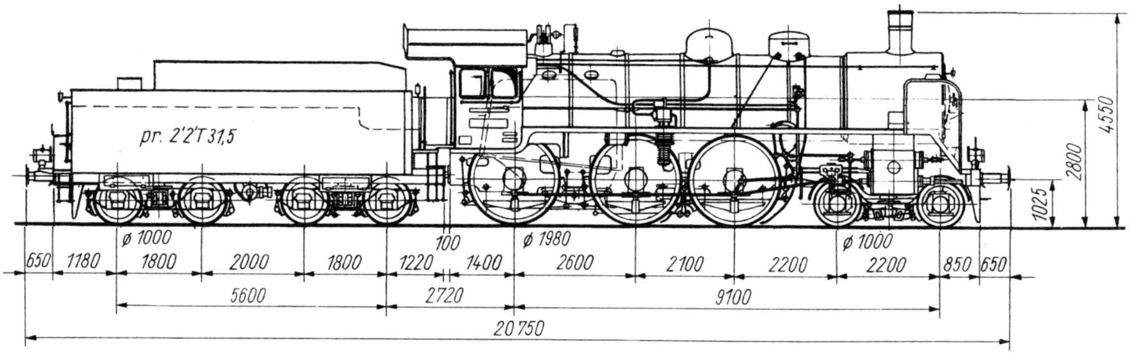

pr. S 10 (BR 17^{0-1}), Serienausführung

Verglichen mit den anderen Maschinen der S 10-Familie, der S 10^1 und S 10^2, war der Vierling die leistungsschwächste und wegen ihres hohen Kohleverbrauchs auch die unwirtschaftlichste dieser Schnellzuglokomotiven. Nach den Bestimmungen des Versailler Vertrages mußten 31 Maschinen an die PKP, 16 nach Belgien, 12 an Elsaß-Lothringen, 6 Stück an Litauen und 1 an Italien abgegeben werden. Eine Maschine wurde wegen eines Unfalls am 19. 2. 1924 ausgemustert. Die verbliebenen 135 Maschinen übernahm die DRG unter den Betriebsnummern 17 001–17 135.

Bis zum Beginn der 30er Jahre bestritten die S 10-Maschinen zusammen mit den Baureihen S 10^1 und S 10^2 den Schnellzugdienst in Norddeutschland. Das Bw Osnabrück Bremer Bf beheimatete zeitweise 35 Maschinen der Gattung S 10 für den Schnellzugdienst Hamburg–Altona–Bremen–Münster–Aachen. Mit dem Beginn der 30er Jahre mußten sie den von Henschel nachgebauten bay. S $^3/_6$ und den ersten drei Maschinen der Einheitslok BR 03 weichen.

17 006 (pr. S 10, vormals 1005 Breslau) (Schwartzkopff 4757/1911)

Die hohe Beanspruchung der Vierlingsmaschinen, die bei einer Heizflächenbelastung von 57 kg/m^{2}h nur etwa 883 kW (1200 PSi) entwickelten, führte zum schnellen Verschleiß. Der hohe Unterhaltungsaufwand und der unwirtschaftliche Kohleverbrauch führten schließlich zur Ausmusterung der Maschinen bis zum Jahre 1935. Nur wenige S 10-Lokomotiven hatten ein Alter von 20 Jahren erreicht. Lediglich fünf Maschinen überstanden noch den zweiten Weltkrieg. Es waren dies die 17 039 und die 17 102. Sie waren zusammen mit der 17 107 als Bremslok im LVA Grunewald eingesetzt gewesen und hatten Gegendruckbremsen der Bauart Riggenbach erhalten. Am 20. 9. 1948 wurden die 17 039 und die 17 102, am 3. 5. 1954 die 17 055 und 17 115 von der DB als Splittergattung ausgemustert. Die bei der DR verbliebene 17 107 schied am 15. 2. 1951 aus.
Von den fünf speziell für die LBE von Henschel gebauten Vierlings-S 10 übernahm die DRG im Jahr 1938 noch drei Maschinen, die die Betriebsnummern 17 141 bis 17 143 erhielten. Eine davon, die 17 141, kam nach 1945 zur DR und wurde am 31. 10. 1950 ausgemustert.

Konstruktive Merkmale

Kessel: Genieteter Kessel mit 4900 mm Rohrlänge. Feuerbüchse und Stehbolzen aus Kupfer. Schmale, lange Feuerbüchse zwischen den Rahmenwangen eingezogen (Garbe-Stehkessel). Dampfdom mit Naßdampfventilregler Bauart Schmidt & Wagner auf dem vorderen Langkesselschuß, Sandkasten auf dem 1. Schuß. Ramsbottom-Sicherheitsventile. Speiseeinrichtungen: 2 Dampfstrahlpumpen Bauart Strube.
Rahmen: Kombinierter Blech-/Barrenrahmen. Vorn 100 mm starker Barrenrahmen, hinten 25 mm starker Blechrahmen. Lichtmaß vorn 1106 mm, hinten 1240 mm.
Laufwerk: Blechrahmendrehgestell hannoverscher Bauart. Zylindrischer Drehzapfen. Drehgestellager seitenverschiebbar. Rückstellung durch Federn. 1. bis 3. Kuppelachse fest im Rahmen gelagert. 2. Kuppelachse mit 15 mm Spurkranzschwächung. Tragfedern der 2. und 3. Kuppelachse durch Ausgleichhebel verbunden.
Triebwerk: Vierzylinder-Triebwerk mit einfacher Dampfdehnung. 1. Kuppelachse ist Treibachse für alle 4 Zylinder. Kurbeln um 180° versetzt. Je 2 Zylinder zu einem Halbsattel zusammengegossen. Treibstangenlänge 2080 mm.
Steuerung: Außenliegende Heusinger-Steuerung mit Übertragungswelle auf die Innenzylinder. 2 Doppelkolbenschieber. Ursprünglich Antrieb der Innenschieber von vorn, bei späterer Bauform von hinten.
Bremse: Selbsttätig wirkende Druckluftbremse Bauart Knorr. Beidseitige Abbremsung der Kuppelachsen, einseitige Abbremsung der Drehgestellräder von innen; Drehgestell ursprünglich ungebremst.
Sondereinrichtungen: Druckluftsandstreuer Bauart Brüggemann. Schmierpumpe Bauart Friedmann für alle unter Dampf gehenden Teile. Rauchverbrennung Marcotty. Dampfheizungseinrichtung. Gasbeleuchtung Bauart Pintsch. Geschwindigkeitsmesser Bauart Deuta.
Tender: pr. 2'2' T 31,5 mit 7 t Kohle. Fachwerkdrehgestelle, Druckluft- und Wurfhebelbremse.

17^2 pr. S 10^2

Um die günstigste Bauart einer Lokomotivgattung zu ermitteln, ließ z. B. die Sächsische Staatsbahn von einer Gattung einige Probelokomotiven mit verschiedenen Triebwerken bauen. Das geschah bei der Gattung XII (XII H, XII HV und XII H 1) und bei der Gattung XI (XI V, XI H, XI HV). Nicht so die KPEV. Obwohl man aus Sparsamkeitsgründen mit jedem Zylinder und mit jeder Laufachse geizte, beschritt man oft bei der Beschaffung seltsam kostspielige Wege. Neben der Vierlings-S 10 waren 1911 die Verbundmaschine S 10^1 und 1914 deren verbesserte Ausführung beschafft worden. Noch während der Auslieferung des Bauloses 1914 setzten die Verfechter der einstufigen Dampfdehnung den Bau einer dritten S 10-Version durch, eines Heißdampf-Drillings. Mit der Ausarbeitung des Entwurfs wurde die Stettiner Maschinenbau-Aktiengesellschaft Vulcan beauftragt. Die Bestellung umfaßte 6 Maschinen, von denen drei mit Gleichstromzylindern der Bauart Stumpff auszurüsten waren. Der Auftrag wurde noch um eine Wechselstrommaschine erweitert, die dann auf der Baltischen Ausstellung in Malmö gezeigt wurde.
Die Drillingsmaschine S 10^2 stimmte in fast allen Bauteilen mit der Vierlings-S 10 überein und hatte ebenfalls die 1. Kuppelachse als Treibachse. Ledig-

lich die drei Gleichstrommaschinen besaßen Zweiachsantrieb.
Als Hauptgrund für die Beschaffung des Drillings nannte die KPEV die Bruchanfälligkeit der doppelt gekröpften Treibachsen bei den Vierzylindermaschinen. Beim damaligen Stand der Technik wurde die doppelte Kröpfung aus dem vollen Block herausgeschnitten und die Achse dann um 90° verdreht. Es war noch nicht möglich, die Achse in erforderlichem Maße durchzuschmieden. Zwar hatten die Firmen Krupp und Henschel 1913 ein verbessertes Schmiedeverfahren entwickelt, die Kropfachse mit Frémont-Ausschnitten hatte sich bewährt, doch das Eisenbahn-Zentralamt blieb mißtrauisch. Der preußische Lok-Ausschuß beschloß in seiner 64. Sitzung vom 15. bis 17. 2. 1912 in Breslau eine „Anweisung zur Untersuchung der gekröpften Lokomotiv-Treibachsen". Nach dieser Anweisung mußten die Treibachsen bis zum Laufkilometer 550 000 aller 100 000 km, danach aller 75 000 km ausgebaut und untersucht werden. Das schützte zwar nicht vor Anrissen und Achsbrüchen, erleichterte aber das rechtzeitige Erkennen schadhafter Stellen. Die Laufleistungen der doppelt gekröpften Treibachsen bei den preußischen S 10-Maschinen lagen zwischen 48 600 km und 1 332 173 km. Man erhoffte sich von der einfach gekröpften und deshalb besser zu bearbeitenden Treibachse störungsfreiere Laufleistungen. Außerdem waren die geringere Masse und die niedrigeren Beschaffungskosten Argumente der Verfechter dieser Drillingsbauart. Auch sollten die Unterhaltungskosten wegen der geringeren Zahl der beweglichen Teile niedriger als bei Vierzylindermaschinen liegen. Für den Drilling sprachen weiterhin die geringeren Abkühlungs- und Reibungsverluste und eine bessere Feueranfachung als bei Vierzylindermaschinen. Die ständig zunehmende Masse der Schnellzüge schließlich würde beim Anfahren von einem Drilling durch das gleichförmigere Drehmoment besser bewältigt als von einer Vierzylinderlok.
Diese Argumente sind, sofern sie die S 10 betreffen, durchaus richtig, und die S 10^2 war ihr auch in allen Belangen überlegen. Die Wirtschaftlichkeit und das Leistungsvermögen der S 10^1 hat sie jedoch nie erreichen können.
Nach dem Merkbuch (Ausgabe 1924) war die S 10^2 in der Lage, in der Ebene 400 t mit 100 km/h zu befördern. Auf einer Steigung von 5‰ zog sie 350 t mit 70 km/h, auf 10‰ 300 t mit 50 km/h.
Mit einer der ersten Maschinen, der Lok „Halle 1201", unternahm der preußische Lokausschuß am 1. 5. 1914 auf der Eifelbahn zwischen Köln und Jünkerath eine Versuchsfahrt (Wagenzugmasse 400 t). Das Protokoll vermerkt: „Die Lokomotive lief gut und ruhig. Die Dampfbildung war gut."
Von der S 10^2 wurden insgesamt 124 Maschinen nach dem Musterblatt XIV 2d gebaut; am Bau waren die Firmen Vulcan, Hanomag und BMAG (vorm. Schwartzkopff) beteiligt. Nach dem ersten Weltkrieg mußten 15

17 264 (pr. S 10^2, vormals 1205 Halle) (Hanomag 7709/1915)

pr. S 10^2 (BR 17^2), Serienausführung

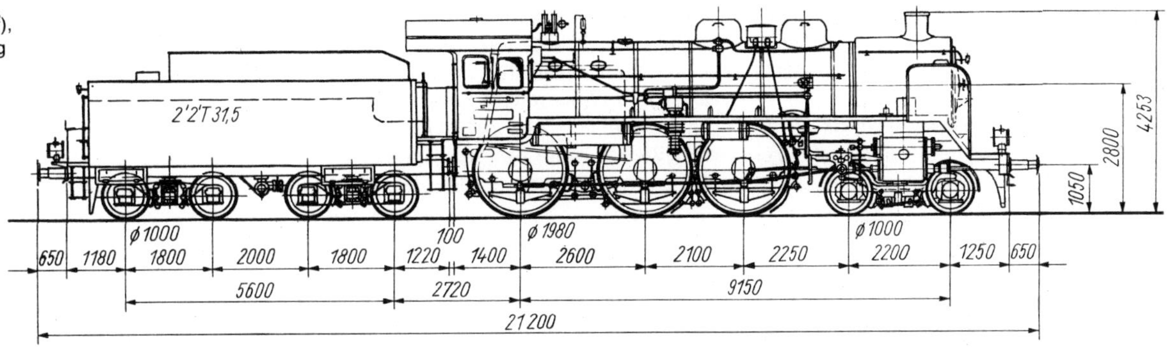

Maschinen an Belgien, 10 an Frankreich (Nord), 2 an die PKP und eine nach Italien abgegeben werden. Die DRG übernahm 96 Maschinen mit den Betriebsnummern 17 201–17 296. Nach dem zweiten Weltkrieg existierten noch 88 Maschinen, die ausnahmslos zur DB kamen und fast sämtlich am 20. 9. 1948 ausgemustert wurden. Die Lok 17 218 stand bis zum Jahre 1957 als Lehrobjekt in der Lokführerschule Troisdorf, wurde dann von der 62 003 abgelöst und 1965 in Gremberg verschrottet.

Die drei Gleichstromlokomotiven (Vulcan 2902–2904, Bj. 1914) erbrachten keine wirtschaftlichen Vorteile. Eine Lok („Hannover 1202" – Vulcan 2903) wurde 1918 an die PKP abgegeben, die anderen beiden unter Beibehaltung des Zweiachsantriebes in die Normalausführung umgebaut und als 17 203 und 17 204 eingeordnet.

Die Lok 17 206 wurde 1925 von Henschel in eine Hochdrucklok mit 60 bar (60 kp/cm^2) Kesseldruck umgebaut (H 17 206) und 1936 ausgemustert.

Während der Reichsbahnzeit wurden vom LVA Grunewald die S 10^1 und die S 10^2 vor dem Meßwagen systematisch untersucht (17 1205 und 17 1206, 17 228 und 17 265). Dabei wurde bestätigt, was die Praxis schon lange ermittelt hatte, die eindeutige Überlegenheit der Verbundmaschine.

Die Einheitslok der Baureihe 03 verdrängte die S 10^2 in den Personenzugdienst, für den sie wegen ihrer besseren Anfahreigenschaften geeigneter war als die S 10^1. Nur selten mußte der Drilling anstelle der 03 im Schnellzugdienst aushelfen oder Vorspanndienste bei schweren Zügen leisten. Ihre Haupteinsatzgebiete waren der norddeutsche und westdeutsche Raum.

Konstruktive Merkmale

Kessel: Genieteter Kessel der preußischen Regelbauart aus 2 Schüssen mit Dampfdom auf dem hinteren Kesselschuß. Rohrlänge 4900 mm. Feuerbüchse (Kupfer) schmal und zwischen den Rahmenblechen eingezogen. Ventilregler Bauart Schmidt & Wagner. 2 Sicherheitsventile Bauart Ramsbottom. Speiseeinrichtungen: Kolbenspeisepumpe und Oberflächenvorwärmer Bauart Knorr, 1 Dampfstrahlpumpe. Anfangs Vorwärmer Bauart Vulcan.

Rahmen: Kombinierter Blech- und Barrenrahmen. Vorn 100 mm starker Barrenrahmen, hinten 25 mm starker Blechrahmen mit 1240 mm Lichtmaß. 2 Pendelbleche.

Laufwerk: Sechspunktabstützung. Zweiachsiges Drehgestell hannoverscher Bauart. Federn der 2. und 3. Kuppelachse durch Ausgleichhebel verbunden. 2. Kuppelachse mit Spurkranzschwächung.

Triebwerk: 2 Außenzylinder, die mit dem Innenzylinder verschraubt sind. Alle 3 Zylinder waagerecht. Kurbelversetzung um 120°. Innenzylinder bildet Auflagerung für den Kessel. 1. Kuppelachse als Treibachse.

Steuerung: Heusinger-Steuerung mit Kolbenschiebern der Regelbauart (innere Einströmung) für Außenzylinder. Bewegung des mittleren Schiebers wird von den Bewegungen der äußeren Schieberkreuzköpfe abgeleitet. Anfangs Hochwald-Schieber mit Anfahrventil.

Bremse: Selbsttätige Druckluftbremse Bauart Knorr mit zwei unabhängigen Bremskreisen: einseitige Abbremsung der Drehgestellräder (etwa 69 %), zweiseitige Abbremsung der Kuppelräder (etwa 80 %). Zusatzbremse für Kuppelräder (182 %). Zweistufige Lupftpumpe Bauart Knorr.

Sondereinrichtungen: Preßluftsandstreuer Bauart Knorr. Schmierpumpe für alle unter Dampf gehenden Teile. Geschwindigkeitsmesser Deuta. Rauchverbrennung Marcotty. Dampfheizungseinrichtung, Gasbeleuchtung Bauart Pintsch.

Tender: pr. 2'2' T 31,5 mit 7 t Kohle.

H 17^2 Umbaulok pr. S 10^2 (Hochdruck, Bauart Schmidt-Henschel)

17^2 Umbaulok pr. S 10^2 (Mitteldruck)

Um die Mitte der 20er Jahre war die DRG, um Prof. Nordmann zu zitieren, auf der Suche nach der ,,blauen Blume der Wärmewirtschaft". Man bemühte sich, zunächst um jeden Preis, die Wärmewirtschaftlichkeit der Dampflokomotive zu verbessern. Einer der Wege dazu waren die Turbinenlokomotiven, die zwar nach mannigfachen Umbauten brauchbar waren, deren wärmewirtschaftliche Ersparnisse jedoch durch den baulichen Aufwand und durch die komplizierte Unterhaltung mehrfach wieder aufgezehrt wurden. Ein anderer Weg war die Hochdrucklokomotive. Die Konstruktion von Schwartzkopff-Löffler für 120 bar (120 kp/cm^2), vorgesehen als H 02 1001, erwies sich als Fehlschlag. Sie wurde von der DRG nicht abgenommen und wird deshalb im Rahmen dieses Buches nicht behandelt.

Eine andere Hochdrucklok für 60 bar (60 kp/cm^2) Kesseldruck entstand durch den Umbau einer pr. S 10^2. Man wählte für diesen Versuch (und auch für die Mitteldruckloks) S 10^2-Maschinen, weil diese Baureihe sehr abgewirtschaftete Kessel und Mittelzylinder hatte, die bei der nächstfälligen L 4 ohnehin zu ersetzen waren. Außerdem hatte man bei diesen Maschinen bereits ein Mehrzylindertriebwerk zur Verfügung. Bekanntlich läßt sich Dampf von mehr als 20 bar (20 kp/cm^2) nicht mehr wirtschaftlich in einstufiger Dehnung entspannen, so daß bei Maschinen dieser Größenordnung Drei- oder Vierzylinder-Verbundtriebwerke erforderlich sind.

In die 17 206 wurde 1925 ein von der Schmidtschen Heißdampfgesellschaft entwickelter Zweidruckkessel Bauart Schmidt-Hartmann von der Firma Henschel eingebaut. Der Hochdruckdampferzeuger wurde in einem geschlossenen Kreislauf vom Dampf des Niederdruckkreislaufs (14 bar ≙ 14 kp/cm^2) beheizt. Der ND-Dampf kehrte nach seiner Wärmeabgabe als Kondensat in Sammelrohre zurück. Im ND-Langkessel wurden alle Kesselsteinbildner und Verunreinigungen ausgeschieden, so daß der HD-Teil mit reinem Wasser ohne Härtebildner gespeist wurde. Der auf 440°C überhitzte HD-Dampf von 60 bar (60 kp/cm^2) gelangte in die Dreizylinder-Verbundmaschine, wovon der Mittelzylinder als HD-Teil, die beiden äußeren als ND-Teil fungierten. Im Ver-

H 17 206, vormals 1201 Cassel (Henschel 20 455/ 1925)

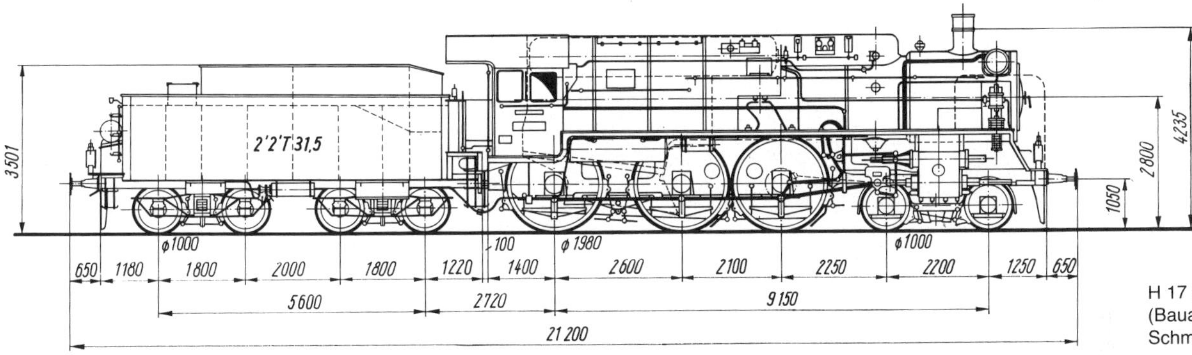

H 17 206 (Bauart Schmidt-Henschel)

binder wurde dem teilweise entspannten HD-Dampf hochüberhitzter Dampf aus dem Niederdruckkessel zur Aufheizung und zur Vergrößerung der Maschinenleistung beigefügt.

Die H 17 206 wurde in Grunewald vor dem Meßwagen untersucht (1927/1928). Ihre Ersparnisse an Dampf und Kohle standen aber in keinem Verhältnis zum baulichen Mehraufwand und konnten mit denen der Mitteldruckloks (M 17 236 u. M 17239) nicht konkurrieren. Die Leistung der H 17 206 lag nur zwischen der 17² und der 03, so daß sie in die Normalausführung zurückgebaut und schon 1936 ausgemustert wurde.

Um bei den sog. Mitteldrucklokomotiven mit 25 bar (25 kp/cm²) Kesseldruck mit den neuen Kesselbaustählen schneller Erfahrungen zu sammeln, beschloß die DRG im Jahre 1932, neben den Neubauloks (BR 04, BR 44 011/012, 24 069/070) auch 2 S 10²-Maschinen umzubauen. Die S 10² (BR 17²) wählte man, wie oben erwähnt, deshalb, weil Kessel und Zylinder stark verbraucht waren und ersetzt werden mußten. Die Lokomotiven 17 236 und 17 239 erhielten 1933 im Raw Braunschweig neue, von Schwartzkopff gelieferte Kessel aus Molybdänstahl, neue Feuerbüchsen aus Nickelstahl und neue Zylinder. Der Mittelzylinder wurde Hochdruckzylinder, die beiden äußeren, in ihren Abmessungen gleichbleibend, wurden Niederdruckzylinder. Am Triebwerk wurde wenig verändert, lediglich Gleitbahn und Schwingenträger verstärkte man durch Anschweißen von Rippen, weil die Maschinen für 120 km/h zugelassen werden sollten.

Während der Grunewalder Versuche riß bei der 17 236 der Mittelzylinder, was auf fehlerhaften Guß zurückzuführen war. Schwartzkopff lieferte kostenlosen Ersatz. Bei der 17 239 wurden, wie auch bei der 17 236, nachträglich die schädlichen Räume der Zylinder vergrößert und Zylinder und Verbinder besser gegen Wärmeverluste isoliert.

Bei den Versuchen kam die so umgebaute S 10² fast an die Leistung der 03 heran, die Verbrauchswerte für Dampf und Kohle lagen wesentlich niedriger als bei der normalen S 10². Diese sehr annehmbaren Ergebnisse veranlaßten den Versuchsdezernenten, Prof. Nordmann, auf der 25. Sitzung des Lokausschusses 1934 zu der Empfehlung, weitere S 10²-Maschinen in Mitteldrucklokomotiven umzubauen.

Es blieb jedoch bei diesen beiden Lokomotiven, die nach Abschluß der Versuche dem Bw Braunschweig zugeteilt wurden. Von dort kamen sie zum Bw Hannover-Ost und liefen zusammen mit der BR 03 im gleichen Plan des mittleren und schweren Schnellzugdienstes. Auf die Dauer erwiesen sich jedoch Rahmen und Triebwerk für die höheren Leistungen als zu schwach, so daß, auch wegen Schäden an den Kesseln, der Druck wieder auf Normaldruck herabgesetzt wurde. 1948 wurden beide Maschinen bei der DB ausgemustert.

Konstruktive Merkmale

H 17 206

Kessel (ND): Abstand zwischen den Rohrwänden 4200 mm. Vorderer Kesselschuß trägt Speisedom mit Winkelrost-Schlammabscheider und Dampfdom mit Niederdruckregler Bauart Schmidt & Wagner üblicher Ausführung. Rauchkammer unverändert wie Baureihe 17², jedoch mit Nischen für Pumpen und Vorwärmer. Feuerbüchse durch Verbrennungskammer aus Heizrohren verlängert. Steigrohre zum HD-Kessel, 2 obere Sammeltrommeln für Dampf, Fallrohre, 2 untere Sammeltrommeln für rücklaufendes Kondensat. Steig- und Fallrohre bilden senkrechte Wände der Feuerbüchse und die Feuerbüchsdecke, da sie zu den jeweils gegenüberliegenden Ausgleich-

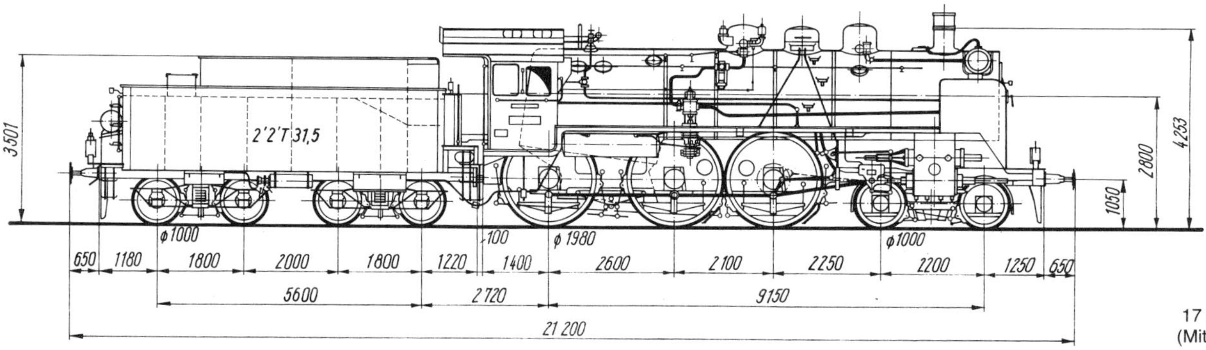

17 236/17 239
(Mitteldrucklok)

trommeln führen. Untere Sammeltrommeln unterhalb des Rostes. ND-Überhitzer.

Kessel (HD): Liegt über der Feuerbüchse in Längsrichtung der Lokomotive. Mittelbare Beheizung durch Heizschlangen aus oberen Sammeltrommeln. HD-Kessel von Fr. Krupp (Essen) geschmiedete und an den Enden gestauchte Trommel aus Nickelstahl (914 mm l. W., 30 mm Wandstärke). Mit Winkeleisen-Traggerüst auf Lokrahmen abgestützt. HD-Anlage wird mit destilliertem oder kesselsteinfreiem Wasser aufgefüllt. Wasserverluste können im Betrieb unter Druck mittels vorderer HD-Speisepumpe aus der Speiseleitung des HD-Kessels ergänzt werden. HD-Dampf 60 bar (60 kp/cm^2) wird durch Kleinrohrüberhitzer Bauart Schmidt (in der Rauchkammer) überhitzt.

Speiseeinrichtungen: ND-Speisung mit Kolbenspeisepumpe Bauart Nielebock-Knorr (250 l/min) und Oberflächenvorwärmer Bauart Knorr; saugende Dampfstrahlpumpe (250 l/min). Beide Pumpen werden mit ND-Dampf betrieben und liefern gesamte Verbrauchswassermenge der Zweidruckkesselanlage.

HD-Speisung durch 2 Hochdruck-Kolbenpumpen Bauart Knorr-Bremse. Wasserentnahme aus ND-Kessel. HD-Pumpen und Luftpumpe arbeiten mit ND-Dampf. 2 Sicherheitsventile verschiedenen Durchmessers. HD-Regler Bauart Wagner & Co. und ND-Regler werden mit einem Hebel bedient.

Rahmen: wie Baureihe 17^2 (pr. S 10^2)

Laufwerk: wie Baureihe 17^2 (pr. S 10^2)

Triebwerk: Dreizylinder-Heißdampf-Verbundtriebwerk mit Antrieb der 1. Kuppelachse. Austausch des Mittelzylinders der BR 17^2 gegen HD-Zylinder mit gleichem Hub und 290 mm Durchmesser. Schieberkasten in ursprünglicher Lage belassen. 2 außenliegende ND-Zylinder unverändert wie BR 17^2. Im Verbinder wird Abdampf des HD-Zylinders (14 bar ≙ 14 kp/cm^2 bis 15 bar ≙ 15 kp/cm^2) mit überhitztem ND-Frischdampf gemischt und ND-Zylindern zugeführt.

Steuerung: wie Baureihe 17^2 (pr. S 10^2), jedoch HD-Schieber mit 120 mm Durchmesser aus 2 getrennten, auf eine Stange geschraubten Körpern. Innere Einströmung.

Bremse: wie Baureihe 17^2 (pr. S 10^2)

Sondereinrichtungen: wie Baureihe 17^2 (pr. S 10^2)

Tender: wie Baureihe 17^2 (pr. S 10^2)

M 17 236 und M 17 239

Kessel: Genieteter Langkessel aus Molybdänstahl. Speisedom mit Winkelrost-Schlammabscheider auf dem 1. Kesselschuß. Dampfdom mit Ventilregler Bauart Schmidt & Wagner auf dem 2. Kesselschuß. Sandkasten zwischen Dampf- und Speisedom. Geschweißte Stahlfeuerbüchse aus Nikkelstahl (3 %), zwischen den Rahmenblechen eingezogen. Kesseldruck 25 bar. 2 Sicherheitsventile Bauart Ackermann. Speiseeinrichtungen: Kolbenspeisepumpe (250 l/min) mit Oberflächenvorwärmer Bauart Knorr (quer vor dem Schornstein in Rauchkammernische); Dampfstrahlpumpe (250 l je min).

Rahmen: wie Baureihe 17^2 (pr. S 10^2)

Laufwerk: wie Baureihe 17^2 (pr. S 10^2)

Triebwerk: Dreizylinder-Heißdampf-Verbundtriebwerk mit Antrieb der 1. Kuppelachse. Innenliegender HD- und 2 außenliegende ND-Zylinder. Zylinder sind Neukonstruktionen der Fa. Schwartzkopff mit geänderter Kanalführung und Verbinder. Spezielle Anfahrvorrichtung. Gleitbahn- und Schwingenträger verstärkt.

Steuerung: wie Baureihe 17^2 (pr. S 10^2)

Bremse: wie Baureihe 17^2 (pr. S 10^2)

Sondereinrichtungen: wie Baureihe 17^2 (pr. S 10^2), jedoch mit elektrischer Beleuchtung durch Dampf-Turbogenerator.

Tender: wie Baureihe 17^2 (pr. S 10^2).

17^3 bay. C V

1896 zeigte Maffei auf der Bayerischen Landesausstellung in Nürnberg eine 2′C-Lokomotive mit Vierzylinder-Verbundtriebwerk in Naßdampfausführung, die zum Prototyp einer neuen bayerischen Lokomotivgattung wurde.
Wie der geringe Treibraddurchmesser erkennen läßt, war sie ursprünglich als Mehrzwecklokomotive auch für den Personen- und Güterzugdienst geplant. Diese Lokomotive erwarb die Bayerische Staatsbahn, für die ein Dreikuppler als Ersatz für die leistungsmäßig stark überforderten Maschinen der Gattung B XI (DR BR $36^{7;\,7-8}$; 2′B n2 und n2v) immer dringlicher wurde. Als Einzelgänger erschien sie 1897 im Bestand der Bayerischen Staatsbahn, wo sie im Bw München stationiert war und zunächst umfangreichen Erprobungen unterzogen wurde.
Nach Abschluß dieser Untersuchungen, die die Brauchbarkeit dieser Bauart erwiesen hatten, erging an Maffei der Auftrag, weitere Maschinen, allerdings in geänderter bzw. verstärkter Ausführung, zu liefern. Von 1899 bis 1901 stellte Maffei 42 Maschinen her, die bei der Bayerischen Staatsbahn als Gattung C V eingereiht wurden.
Damit erhielt Bayern erstmalig Vierzylinder-Verbund-Lokomotiven in de Glehn-Bauart. Die weit nach vorn unter die Rauchkammer verschobenen inneren Hochdruckzylinder trieben die 1. Kuppelachse, die außenliegenden Niederdruckzylinder die 2. Kuppelachse an. Zur Anwendung gelangte die Heusinger-Steuerung in Hängeeisenbauart. Hoch- und Niederdrucksteuerung waren miteinander gekuppelt, das Füllungsverhältnis von ND/HD-Füllung damit über den gesamten Bereich konstant, allerdings erhielt der ND-Zylinder eine um 8 % größere Füllung. Ein Anfahrhahn, der von der Steuerung betätigt wurde und ab 60 % Füllung zusätzlich Dampf freigab, erleichterte das Anfahren. Eine zusätzliche Anfahrerleichterung sah man in einem geringen Versatz der HD- und ND-Kurbeln, bei dem die Niederdruckkurbeln den Hochdruckkurbeln um 4° vorauseilten. Alle Schieber waren als Flachschieber ausgebildet; später kamen jedoch teilweise Kolbenschieber zum Einbau.
Vom Prototyp wurden übrigens im Jahre 1897 und in den Jahren 1904/1905 8 Lokomotiven an die Bulgarische Staatsbahn geliefert ($S^3/_5$ Nr. 1–8).
Eine Änderung der Aufbauten zwischen der Prototyplok und der Serienlieferung bestand in der Verschiebung des ursprünglich in Kesselmitte angeordneten Domes auf den ersten Langkesselschuß ab Bahnnummer 2303 (17 302). Dafür erhielt die Serienausführung an Stelle des früheren Domes einen runden Sandkastenaufbau. Mit dem Prototyp war auch erstmalig die Kropfachse mit schrägem Arm eingesetzt worden, die später bei allen bayerischen Lokomotiven üblich wurde. Die Lokomotiven konnten bei 0‰ Steigung eine Wagenzugmasse von 160 t mit 90 km/h und bei 10‰ Steigung 200 t mit 50 km/h befördern. Sie waren damit der bay. B XI Verbund mit 125 t bei 10‰ Steigung und 50 km/h spürbar überlegen. Für die gesteigerten Anforderungen nach der Jahrhundertwende waren sie jedoch schon wieder zu schwach und wurden mit Erscheinen der Gattungen $S^2/_5$, $S^3/_5$ und $P^0/_5$ aus dem Schnellzugdienst verdrängt.
1919 befanden sich noch alle 43 Lokomotiven im Bestand der Bayerischen Staatsbahn, wovon nach dem ersten Weltkrieg 17 Maschinen, darunter auch

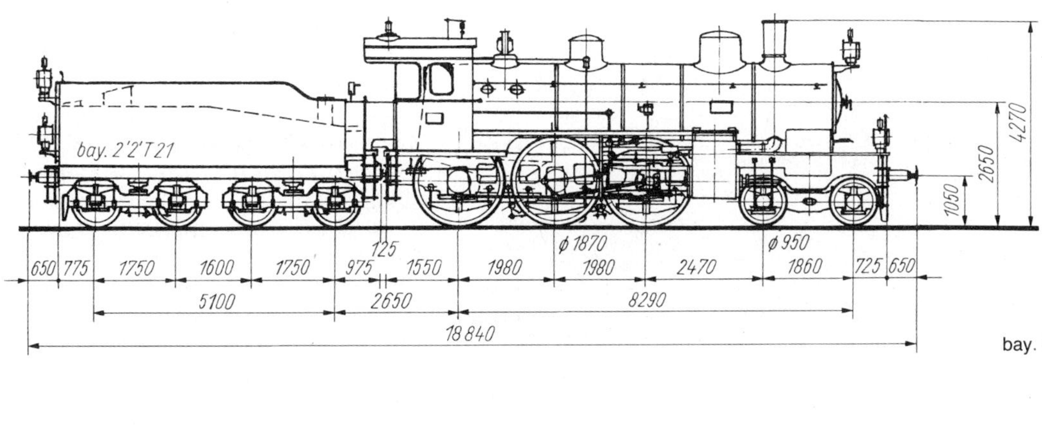

bay. C V (BR 17^3), Serienausführung

die Prototyplokomotive von 1896, an Frankreich abgegeben werden mußten. Von den verbleibenden 26 Exemplaren übernahm die DRG 22 Lokomotiven, die man als 17 301 bis 17 322 einreihte.
1930 wurde die letzte Lokomotive dieser Baureihe ausgemustert.

Konstruktive Merkmale

Kessel: Genieteter dreischüssiger Langkessel, Dom bei Prototyp auf 3., bei erster Serienlokomotive auf mittlerem, bei allen weiteren auf vorderem Kesselschuß; Hinterkessel zwischen den Rahmen; kupferne Feuerbüchse.
Rahmen: Blechrahmen.
Laufwerk: Voranlaufendes zweiachsiges Drehgestell mit Blechrahmen; Drehgestell sowie Kuppelradsätze über Blattfedern abgestützt, keine Verbindung durch Ausgleichhebel. Drehgestell mit ± 67,5 mm Seitenverschiebbarkeit.
Triebwerk: Zweiachsantrieb Bauart de Glehn, geneigt angeordnete innere HD-, waagerechte äußere ND-Zylinder. HD-Zylinder arbeitet auf 1., ND-Zylinder auf 2. Kuppelachse; zweischienige Kreuzkopfführung.
Steuerung: Heusinger-Steuerung mit Hängeeisen; ursprünglich Flachschieber, z. T. auf Kolbenschieber umgerüstet, gemeinsame Betätigung von HD- und ND-Steuerung bei konstantem ND/HD-Füllungsverhältnis. Anfahrhahn von Steuerung betätigt, ab 60 % Füllung wirksam.
Bremse: Westinghouse-Schnellbremse, erste und zweite Kuppelachse einseitig abgebremst.
Sondereinrichtungen: Runder Sandkasten auf Kessel, Räder der mittleren Kuppelachse besandet, Dampfheizungseinrichtung.
Tender: Prototyp mit Tender bay. 2′2′ T 18, Serienlieferung mit Tender bay. 2′2′ T 21 ausgerüstet.

bay. C V (BR 17^3), Bahnnummer 2343 (Maffei 2176/1901). Lok erhielt keine DRG-Betriebsnummer mehr.

17^4 bay. S $^3/_5$ N

17^5 bay. S $^3/_5$ H

In den Jahren 1899 und 1900 kaufte die Bayerische Staatsbahn von den Baldwin-Werken in Philadelphia neben zwei 1′D n4v-Güterzuglokomotiven auch zwei 2′B1′ n4v-Schnellzuglokomotiven mit Vauclain-Triebwerk. Diese Lokomotiven besaßen einen durchgehenden Barrenrahmen, wie er in Deutschland bisher noch nicht bekannt war. Neben fertigungstechnischen und werkstattseigenen Vorteilen gestattete der Barrenrahmen eine gute Zugänglichkeit zu dem in Bayern später bevorzugten Vierzylinder-Verbundtriebwerk. August von Borries hatte einige Jahre früher bei seiner pr. S 5^1 bereits diesen Vorteil erkannt und den vorderen Teil des Rahmens als Barrenrahmen ausgebildet.
1903 entstand bei Maffei die erste deutsche Schnellzuglokomotive mit Barrenrahmen, die Gattung S $^2/_5$, eine Vierzylinder-Verbundmaschine mit der Achsanordnung 2′B1′. Bei ihr waren die Erfahrungen des mehrjährigen Betriebes mit den beiden Baldwin-Schnellzugloks von Anton Hammel, dem Chefkonstrukteur Maffeis, verwertet worden. Obwohl bei der gewählten Achsanordnung Platz für die Ausbildung einer breit über dem Rahmen liegenden Feuerbüchse vorhanden gewesen wäre, setzte man sie auf den Rahmen, überschnitt aber die Rahmenbreite nur um 90 mm. Grund für diese Maßnahme war

bay. S $^3/_5$ N (BR 17^4)

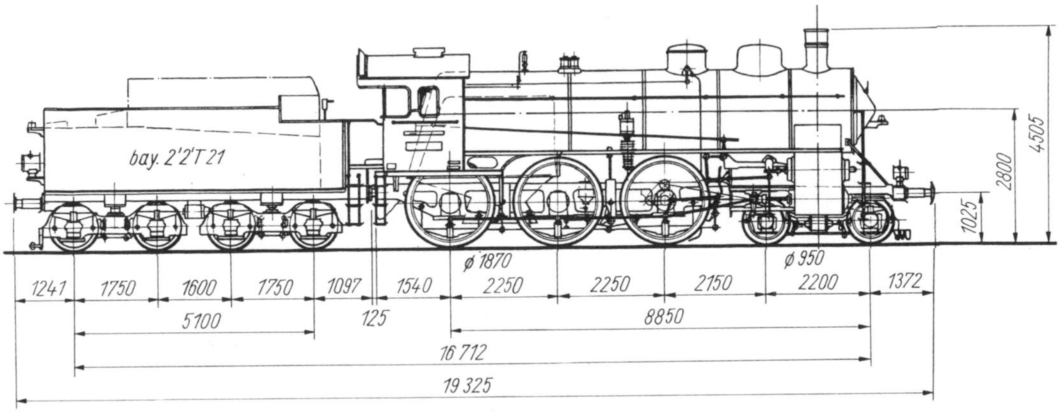

die Parallelentwicklung einer dreifach gekuppelten Schnellzuglok (2'C n4v), die in den Hauptbaugruppen mit der S $^2/_5$ übereinstimmen sollte. Beide Maschinen waren zur gleichen Zeit bei Maffei bestellt worden.

Rahmen und Triebwerk waren bei S $^2/_5$ und S $^3/_5$ nach dem gleichen Prinzip gebaut. Nach der Bauart von Borries wurde die 1. Kuppelachse angetrieben. Auch die Kessel beider Maschinen stimmten überein, nur war die Rohrlänge bei der S $^2/_5$ um 300 mm geringer. Gleich waren auch die Zylinderabmessungen mit 335/570 mm; später bohrte man die HD-Zylinder auf 340 mm auf.

Das Leistungsprogramm der S $^3/_5$ sah die Beförderung von Schnellzügen mit 300 t in der Ebene mit 100 km/h und von 300 t auf 5‰ Steigung mit 70 km/h bis 75 km/h vor.

Ab November 1903 bis Januar 1904 lieferte Maffei die ersten 13 Maschinen, die nach einer kurzen Erprobung im Februar 1904 beim Bw München I im Schnellzugdienst eingesetzt wurden. Die zweite Bauserie folgte 1904/1905, die dritte 1906/1907. Anfang 1905 hatte München 28 Maschinen der beiden ersten Bauserien und gab einige davon nach Nürnberg Hbf ab. Aus der dritten Bauserie wurden dem Bw München I 5 Maschinen, dem Bw Nürnberg Hbf 7 Maschinen zugewiesen. Insgesamt lieferte Maffei 39 Lokomotiven der Gattung S $^3/_5$ in Naßdampfausführung. Ab der 14. Lokomotive wurden die Rohre von 4850 mm auf 4550 mm gekürzt, so

17 417 (bay. S $^3/_5$ N, Bahnnummer 3331) (Maffei 2599/1907)

daß sich die Heizfläche von 210 m^2 auf 205,7 m^2 verringerte. Den Dampfdruck erhöhte man von 14 bar (14 kp/cm^2) auf 16 bar (16 kp/cm^2). 1906 erhielt die Lok mit der Bahnnummer 3329 einen Rauchrohrüberhitzer. Diese Heißdampf-S $^3/_5$ stand im gleichen Jahr auf der Bayerischen Landesausstellung in Nürnberg.
Die folgenden Lieferungen Maffeis (4. Bauserie 1908) waren dann ausschließlich Heißdampflokomotiven. Die Heizfläche war auf 163 m^2 verkleinert, die Zylinderdurchmesser waren auf 360/590 mm vergrößert worden. Diese wesentlich leistungsfähigere S $^3/_5$ H zog in der Ebene 450 t mit 100 km/h und 370 t auf 10‰ Steigung mit 50 km/h. Die Höchstgeschwindigkeit beider S $^3/_5$-Versionen betrug 110 km/h. Bis zum Jahre 1911 lieferte Maffei 30 Maschinen der Gattung S $^3/_5$ in Heißdampfausführung, die ebenfalls auf die Bw München I und Nürnberg aufgeteilt wurden.
Drei S $^3/_5$-Maschinen erlitten schwere Unfälle: die Bahnnummer 3310 im Oktober 1908 bei Großkarolinenfeld, die 3320 im August 1905 bei Ingolstadt und die 3327 im Oktober 1908 bei Hochzoll. Alle Maschinen wurden wieder aufgebaut, die 3310 bei dieser Gelegenheit auf Heißdampf umgebaut.
Die DRG übernahm 20 Naßdampf- und 24 Heißdampflokomotiven S $^3/_5$ in ihren Bestand und gab den S $^3/_5$ N die Betriebsnummern 17 401–17 420, den S $^3/_5$ H die Nummern 17 501–17 524. Ab 1924 wurden alle Naßdampfmaschinen mit Rauchrohrüberhitzern ausgerüstet, außerdem bekamen die Loks Abdampfinjektoren Bauart Friedmann. Die ersten Ausmusterungen begannen 1932, und bis 1938 waren 12 Lokomotiven der BR 17^4 und 3 der BR 17^5 ausgeschieden. Ab 1935 waren die meisten Maschinen von den S $^3/_6$ und den Einheitsloks aus den Bw München und Nürnberg verdrängt worden und in verschiedenen Bw der Rbd Augsburg stationiert.
In den Bestand der DB kamen nach dem zweiten Weltkrieg 8 Lokomotiven der BR 17^4 und 21 der BR 17^5. Die ehemaligen S $^3/_5$ N wurden zwischen 1946 und 1948 im Bw Augsburg ausgemustert. Auch die S $^3/_5$ H blieb nicht in der Unterhaltung und wurde bis 1948 verschrottet. Im Januar 1948 wurde mit der 17 521 im Bw Buchloe die letzte S $^3/_5$ H außer Dienst gestellt.

Konstruktive Merkmale

17^4

Kessel: Genieteter Kessel. Langkessel aus 3 Schüssen mit Dampfdom auf dem 1. Kesselschuß und Sandkasten auf dem 2. Kesselschuß. Länge zwischen den Rohrwänden 4850 mm (für 14 bar ≙ 14 kp/cm^2 Kesseldruck) bzw. ab 14. Lokomotive 4550 mm (16 bar ≙ 16 kp/cm^2 Kesseldruck). Kupferne Feuerbüchse zwischen den Rahmenwangen eingezogen. 2 Pop-Sicherheitsventile. Speiseeinrichtungen: 2 saugende Dampfstrahlpumpen Bauart Friedmann.
Rahmen: 100 mm dicker Barrenrahmen aus Treibachsenrahmen und Zylinderrahmen zusammengesetzt. Drehgestell mit Blechrahmen.
Laufwerk: Sechspunktabstützung. Führendes zweiachsiges Drehgestell mit ± 70 mm Seitenverschiebbarkeit. Alle 3 Kuppelachsen fest im Rahmen

17 520 (bay. S $^3/_5$ H, Bahnnummer 3363) (Maffei 3085/1909)

gelagert. Federn der 1. und 2. Kuppelachse durch Ausgleichhebel verbunden.
Triebwerk: Vierzylinder-Verbund-Naßdampftriebwerk mit Antrieb der 1. Kuppelachse (Einachsantrieb nach v. Borries). 2 außenliegende ND- und 2 innenliegende HD-Zylinder. Alle 4 Zylinder waagerecht und in einer Ebene angeordnet.
Steuerung: Außenliegende Heusinger-Steuerung mit Hängeeisen für ND-Zylinder. Schieber der HD-Zylinder werden durch Übertragungswelle von den ND-Schiebern gesteuert. Anfahrvorrichtung Bauart Maffei.
Bremse: Druckluftbremse Bauart Westinghouse bremst alle 3 Kuppelachsen von vorn und die Drehgestellachsen von innen. Luftpumpe auf der linken Maschinenseite.
Sondereinrichtungen: Druckluftsandstreuer Bauart Brüggemann sandet die Räder der Treibachse von vorn. Geschwindigkeitsmesser Bauart Haußhälter. Gasbeleuchtung. Keglig ausgebildete Rauchkammertür. Schmierpresse Bauart Friedmann für alle unter Dampf gehenden Teile.
Tender: bay. 2'2' T 21 mit 7 t Kohle.

17^5

Kessel: wie Baureihe 17^4 mit 4550 mm Abstand zwischen den Rohrwänden und 16 bar Kesseldruck, jedoch mit Rauchrohrüberhitzern Bauart Schmidt und verkleinerter Gesamtheizfläche.
Rahmen: wie Baureihe 17^4
Laufwerk: wie Baureihe 17^4
Triebwerk: Vierzylinder-Verbund-Heißdampftriebwerk mit prinzipiellem Aufbau wie Baureihe 17^4.
Steuerung: wie Baureihe 17^4
Bremse: wie Baureihe 17^4
Sondereinrichtungen: wie Baureihe 17^4
Tender: bay. 2'2' T 21,8 mit 7,5 t Kohle.

17^6 sä. XII H

17^7 sä. XII HV

17^8 sä. XII H 1

Nur wenige Jahre nach Beschaffung der 2'B1' Schnellzuglok der Gattung X V (BR 14^2) mußte sich die Sächsische Staatsbahn um eine neue Maschine bemühen, weil sich die X V als zu schwach erwies. Man wollte endlich auch die unwirtschaftlichen Vorspanndienste vermeiden, die bei den zu leichten Maschinen auf stark befahrenen Schnellzugstrecken an der Tagesordnung waren.
Es stand außer Frage, daß die neue Lok eine Heißdampfmaschine zu sein habe, nur lagen keinerlei Erfahrungen, auch bei anderen Bahnverwaltungen, vor, ob die Ausführung als Zwilling, Vierling oder Verbundmaschine günstiger wäre. So entstanden schließlich in 3 Jahren drei Varianten der 2'C-Heißdampflok.
1905 erging an die Sächsische Maschinenfabrik (vorm. Hartmann) der Auftrag über 6 2'C h4-Schnellzuglok mit Rauchrohrüberhitzer Bauart Schmidt. 1906 wurden die Maschinen als Gattung XII H (Fabr.-Nr. 3017 bis 3022) geliefert und mit den Bahnnummern 1–6 in Dienst gestellt. Das Leistungsprogramm sah auf einer Steigung von 1:100 420 t mit 45 km/h oder 240 t mit 65 km/h vor. Die ursprünglich geplante Höchstgeschwindigkeit von 90 km/h wurde bei Indienststellung auf 100 km/h heraufgesetzt. Charakteristisch an diesen Loks waren das auf dem Kessel liegende Verbindungsrohr beider Dome und die Windschneiden an Führerhaus, Rauchkammertür und Drehgestell.
Mit der Vorläuferin, der X V, hatte die XII H wenig Gemeinsames. Die Verdampfungsheizfläche war etwas kleiner, das De-Glehn-Triebwerk war zugunsten des v. Borriesschen Triebwerks verlassen worden; alle vier Zylinder trieben (wie bei der bay. S 3/5) die erste Kuppelachse an. In der Gestaltung des Triebwerkes orientierte sich die Sächsische Staatsbahn jetzt mehr am süddeutschen Vorbild, während der Rahmen in norddeutscher Blechbauweise entstand.
Wenn auch der Dampfverbrauch der Heißdampf-Vierlingsmaschine niedriger als der der Naßdampfmaschine war, so lag er doch noch über den Erwartungen der Bahnverwaltung. Um endgültige Klarheit über die wirtschaftlichste Durchbildung der Dampfmaschine zu gewinnen, erhielt Hartmann bereits 1907 den Auftrag zum Bau einer 2'C h4v- und 1909 zum Bau einer 2'C h2-Schnellzuglok auf der Basis der vorliegenden Gattung XII H (2'C h4).
Die Vergleiche zwischen Zwilling, Vierling und Verbundmaschine erfolgten nicht in Form von Versuchsfahrten, sondern im praktischen Einsatz. Allerdings waren die Vergleiche nicht ganz real, weil man bei der Verbundlok den Dampfdruck von 12 bar (12 kp/cm^2) auf 15 bar (15 kp/cm^2) erhöht hatte, um in der zweistufigen Abspannung das Druckgefälle besser zu nutzen. Im Dampfverbrauch erwies sich die Verbundlok (Gattung XII HV) am sparsamsten. Ihr folgte mit Abstand die Zwillingsmaschine (Gattung XII H 1) noch vor dem Vierling (Gattung XII H). Eine Erhöhung des Dampfdruckes bei den beiden anderen Gattungen hätte mit Sicherheit auch hier zu günstigeren Verbrauchswerten geführt. Interessant ist

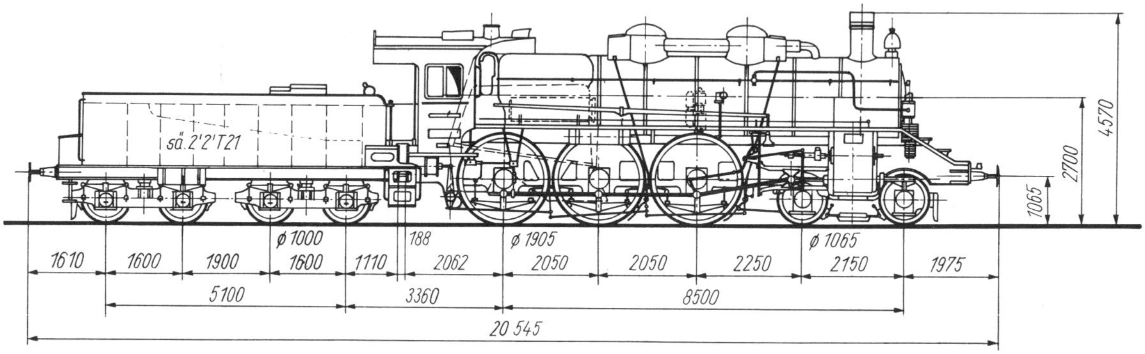

sä. XII H (BR 17^6)

in diesem Zusammenhang die Wiederholung derartiger Vergleiche bei der Preußischen Staatsbahn mit der S 10-Reihe, obwohl die sächsischen Versuchsergebnisse seit Jahren bekannt waren. Die Preußische Staatsbahn kam übrigens zu den gleichen Ergebnissen.

Auf Grund der Versuche wurde die XII H 1 nicht weiterbeschafft, wenngleich sie auch gegenüber den beiden anderen Gattungen den Vorteil des billigeren und wartungsärmeren Triebwerkes bot. Die sieben Maschinen dieser Gattung, die Hartmann 1909 geliefert hatte, erhielten die Bahnnummern 15–21. Auch für die XII H ergingen keine weiteren Aufträge. Die XII HV dagegen wurde bis 1914 mit insgesamt 42 Stück weiterbeschafft; die Maschinen erhielten die Bahnnummern 7–55 (ohne 15–21).

Die einzelnen Baulose der XII HV unterschieden sich nur wenig voneinander. Die Reibungsmasse erhöhte sich bei den 5 Maschinen der letzten Lieferung von 48,1 t auf 51,6 t, so daß diese Loks das Gattungszeichen S 35.17 bekamen.

Nach dem ersten Weltkrieg mußten auch einige Maschinen der XII H-Reihe an ausländische Bahnverwaltungen abgegeben werden:

Die Bahnnummer 12 (XII HV) ging an die SNCB, die Bahnnummern 15, 16 und 21 (XII H 1) und 44 (XII HV) an die

sä. XII H, Bahnnummer 1, spätere 17 601 (Hartmann 3017/1906)

Französische Ostbahn, die Bahnnummer 49 (XII HV) an die AL.
Im Laufe der Zeit erfuhren die Maschinen einige bauliche Änderungen. Die windschnittige Ausführung brachte bei den relativ niedrigen Geschwindigkeiten keine betrieblichen Vorteile und wurde deshalb entfernt. Auch das Verbinderrohr zwischen den Domen der XII H wurde anläßlich einer L 4 von der DRG innerhalb des Kessels gelegt. Einige Maschinen wurden für den Nebenbahndienst mit Läutewerk ausgerüstet. Die 17 717 erhielt als einzige der XII H-Reihe Windleitbleche.
In den Jahren 1923/1924 waren auch die XII H-Maschinen an der Grenze ihres Leistungsvermögens angekommen und wurden durch die 1917 beschaffte Gattung XVIII H (BR 18^0 - 2'C1' h3) und durch die 1918 erstmals gebaute Gattung XX HV (BR 19^0 - 1'D1' h4v) ersetzt. Eine weitere Verdrängung aus dem hochwertigen Reisezugdienst erfolgte durch die Anlieferung der pr. P 10 (BR 39^{0-2}) und der Einheitslokomotiven.
1925 besaßen die Bw Dresden-A, Chemnitz, Zwickau, Reichenbach und Leipzig Hbf Nord noch XII HV. Von dort aus bestritten sie den Eilzug- und Personenzugdienst auf den Strecken Dresden–Cottbus/Frankfurt (Oder), Dresden–Görlitz/Zittau, Dresden–Riesa–Leipzig, Dresden–Döbeln–Leipzig und Leipzig–Reichenbach (V). Auch im Eilgüterzugdienst und auf Nebenbahnen wurden die Maschinen eingesetzt. Am 1. 4. 1933 existierten noch 12 Maschinen der Gattung XII HV (17 705, 17 706, 17 708, 17 709, 17 711, 17 712, 17 716, 17 717, 17 720, 17 726, 17 733 und 17 751), die aber auch bis Mitte der dreißiger Jahre fast alle ausgemustert worden sein dürften.
Von den Maschinen der Gattung XII H (17^6) waren 1926 schon drei ausge-

17 717 (sä. XII HV, Bahnnummer 31) (Hartmann 3601/1912)

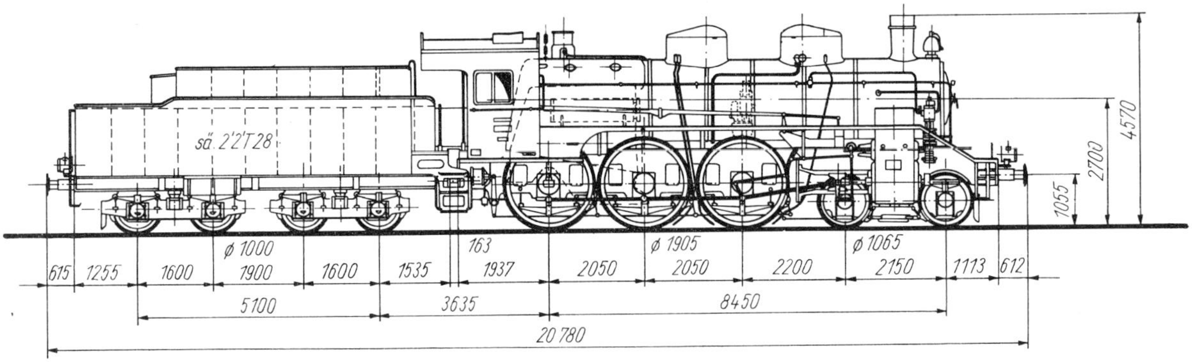

sä. XII HV
(BR 17^7)

mustert. Die 17 604 überstand den zweiten Weltkrieg und wurde bis 1956 im Bestand der DR geführt. Sie war Heizlok im Bw Dresden-A und wurde im Bw Dresden-Pieschen verschrottet.

Von der Gattung XII H 1 (17^8) hatte die DRG nur 4 Maschinen übernommen. Die Loks 17 801–17 804 wurden 1929 ausgemustert.

Konstruktive Merkmale

17^6

Kessel: Genieteter Langkessel mit schmalem, tiefem Belpaire-Hinterkessel, Kupferfeuerbüchse. Feuerbüchsdecke nach hinten leicht geneigt. Langkessel mit 3 Schüssen nach vorn teleskopartig ineinandergeschoben. 2 durch Überströmrohr verbundene Dampfdome. Ventilregler im hinteren Dampfdom. Rost im vorderen Teil als Kipprost ausgebildet. Geräumiger Aschkasten. Speiseeinrichtungen: 2 Friedmann-Injektoren SZ Nr. 9 (180/190 l/min) und ein Injektor SZ Nr. 7 (100 l/min).

Rahmen: 30 mm starker Blechrahmen vor der 1. Kuppelachse bis zu den Zylindern von 1250 mm auf 1110 mm eingezogen. Pendelblech unter dem 2. Kesselschuß.

Laufwerk: 22 mm starker Blechrahmen für Drehgestell. Drehgestellzapfen mit jeweils ± 38 mm Seitenverschiebbarkeit. Kuppelachsen fest im Rahmen gelagert, Spurkranzschwächung bei 2. Kuppelachse. Kuppelachsen durch Ausgleichhebel verbunden. Federn unterhalb der Achslager angeordnet.

Triebwerk: Alle 4 Zylinder in einer Ebene unter der Rauchkammer. Innenzylinder als Sattelstück gegossen und identisch mit XII HV. Außenzylinder angeschraubt. Alle 4 Zylinder arbeiten auf die 1. Kuppelachse.

Steuerung: Außenliegende Heusinger-Steuerung. Schwingenbewegungen werden durch waagerechte Hebel auf Innenzylinder übertragen. Kreuzköpfe der Innenzylinder mit Voreilhebeln. Nachfüllschieber Bauart Lindner. Arbeitet beim Anfahren mit zusätzlichem, vom Voreilhebel angetriebenem Hilfsschieber, der Füllungen bis zu 80 % erlaubte.

Bremse: Druckluftbremse Bauart Westinghouse, einseitig auf alle Radsätze wirkend.

Sondereinrichtungen: Windschneiden am Führerhaus und vor der Rauchkammer.

Tender: sä. 2'2' T 21 mit 7 t Kohle.

17^7

Kessel: Langkessel aus 3 teleskopartig ineinandergeschobenen Schüssen. Rohrlänge 4550 mm. Kesseldruck 15 bar (15 kp/cm^2). Rauchröhrenüberhitzer Bauart Schmidt. Langkessel mit 2 durch Überströmrohr verbundenen Dampfdomen. An beiden Domen vorn und hinten verkleidete Sandkästen angelehnt. Regler im vorderen Dampfdom. Belpaire-Hinterkessel zwischen den Rahmenwangen eingezogen. 2 Pop-Sicherheitsventile. Speiseeinrichtungen: 2 Dampfstrahlpumpen Bauart Friedmann SZ Nr. 9 (180/190 l/min) und 1 kleine Friedmann-Dampfstrahlpumpe SZ Nr. 7 (100 l/min).

Rahmen: Genieteter und geschraubter Blechrahmen (30 mm dick), vor den Kuppelachsen bis zu den Zylindern von 1250 mm auf 1110 mm eingezogen.

Laufwerk: Vierpunktabstützung. Genieteter Blechrahmen (22 mm dick) für Drehgestell. Drehgestell mit ± 38 mm Seitenverschiebbarkeit. Kuppelachsen fest im Rahmen gelagert. 2. Kuppelachse mit Spurkranzschwächung. Kuppelachsfedern durch Ausgleichhebel verbunden.

Triebwerk: Vierzylinder-Verbundtriebwerk mit innenliegenden HD- und außenliegenden ND-Zylindern. Schieberbewegungen werden nach Bauart

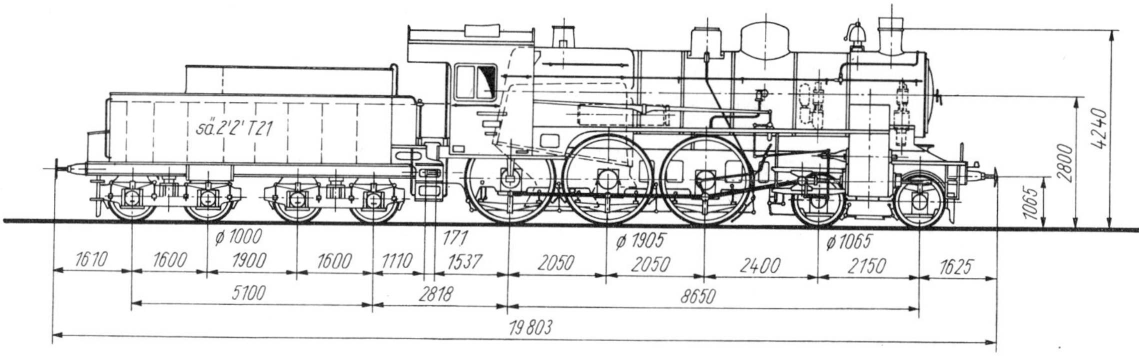

sä. XII H 1 (BR 17^8)

v. Borries auf Innenzylinder übertragen. Innere Kreuzköpfe mit Voreilhebel. Kolbenhauptschieber und Nachfüllschieber Bauart Lindner als Anfahrvorrichtung, zur Vergrößerung der Ein- und Ausströmquerschnitte und zur Verringerung des Druckabfalls.

Bremse: Druckluftbremse Bauart Westinghouse wirkt einseitig von vorn auf die Kuppelachsen und einseitig von innen auf die Drehgestellachsen. Kuppelachsen werden mit 66 %, Laufachsen mit 45 % der Reibungsmasse abgebremst.

Sondereinrichtungen: Druckluftsandstreuer Bauart Oehlert sandet die Räder der ersten beiden Kuppelachsen von vorn.

Geschwindigkeitsmesser Bauart Haußhälter. 2 Ölpressen Bauart Michalk für alle unter Dampf gehenden Teile. Achslagerschmierung durch Tropfgefäße. Gasbeleuchtung mit Vorratsbehälter auf dem Tender. Ölzusatzfeuerung für Bahnnummer 34, Rauchverbrennung Bauart Marcotty bei Bahnnummern 41 bis 47, Rauchverbrennung Bauart Körting bei Bahnnummern 48–55, Vorwärmer Bauart Atlas bei Bahnnummern 51–55, Sandstreuer für Rückwärtsfahrt (1. Kuppelachse) bei Bahnnummern 36 bis 55, Führerhaus bei Bahnnummern 7–14 ursprünglich mit Windschneide.

Tender: sä. 2′2′ T 21 mit 7 t Kohle oder sä. 2′2̣′ T 21 mit 7 t Kohle.

17 804 (sä. XII H 1, Bahnnummer 20) (Hartmann 3241/1909)

17^8

Kessel: Langkessel aus 3 teleskopartig ineinandergeschobenen Schüssen. Rohrlänge 4550 mm. Kesseldruck 12 bar (12 kp/cm^2). Rauchrohrüberhitzer Bauart Schmidt. Langkessel trägt einen Dom und einen Sandkasten (getrennt angeordnet). Dampfdom mit Ventilregler (entlastetes Doppelsitzventil). Belpaire-Hinterkessel zwischen den Rahmen eingezogen. 2 Pop-Sicherheitsventile. Speiseeinrichtungen: 2 Dampfstrahlpumpen Bauart Friedmann SZ Nr. 9 (180/190 l/min) und 1 kleine Friedmann-Strahlpumpe SZ Nr. 7 (100 l/min).
Rahmen: Genieteter und geschraubter Blechrahmen (30 mm dick), vor den Kuppelachsen bis zu den Zylindern von 1250 mm auf 1100 mm eingezogen.
Laufwerk: Vierpunktabstützung. Genieteter Blechrahmen (22 mm dick) für Drehgestell. Drehgestell mit ± 38 mm Seitenverschiebbarkeit. Kuppelachsen fest im Rahmen gelagert. 2. Kuppelachse mit Spurkranzschwächung. Kuppelachsfedern durch Ausgleichhebel verbunden.
Triebwerk: Zweizylinder-Triebwerk mit einstufiger Dehnung. Beide Außenzylinder arbeiten auf die 1. Kuppelachse. Außergewöhnlich große Zylinderdurchmesser (610 mm). Je Zylinder 2 Druckausgleichhähne als Leerlaufeinrichtung.
Steuerung: Außenliegende Heusinger-Steuerung. Kolbenschieber Bauart Fester mit innerer Einströmung. Verbesserte Heusinger-Steuerung mit Nachfüllschieber Bauart Lindner nachträglich bei einigen Maschinen eingebaut.
Bremse: Druckluftbremse Bauart Westinghouse wirkt einseitig von vorn auf die Kuppelachsen und einseitig von innen auf die Drehgestellachsen. Kuppelachsen werden mit 67,5%, Laufachsen mit 45% der Reibungsmasse abgebremst.
Sondereinrichtungen: Druckluftsandstreuer Bauart Oehlert sandet die Räder der ersten beiden Kuppelachsen von vorn.
Geschwindigkeitsmesser Bauart Haußhälter. Ölpresse Bauart Michalk für alle unter Dampf gehenden Teile. Gasbeleuchtung mit Vorratsbehälter auf dem Tender.
Tender: 2′2′ T 21 (sä.) mit 7 t Kohle.

17^{10-11} pr. S 10^1 Bauart 1911

Während Schwartzkopff und die Stettiner Vulcan-Werke noch damit beschäftigt waren, der S 8/S 10 Serienreife zu geben, fanden die ersten Verhandlungen zwischen dem Eisenbahn-Zentralamt und der Firma Henschel & Sohn über den Entwurf einer 2′C h4v-Maschine statt. Garbe, der seit der Einführung des Heißdampfes das Verbundverfahren als für Heißdampfloks überflüssig ablehnte, war nicht der Initiator dieser Verbundmaschine. Vielmehr wurde die Entwicklung vom Ministerium für öffentliche Arbeiten vorangetrieben.
Offensichtlich konnte man nun auch in Preußen die Erfolge anderer deutscher Länder mit Heißdampf-Verbundmaschinen nicht länger ignorieren. Man erhoffte von den Verbundmaschinen eine weitere Kohleersparnis gegenüber Maschinen mit einfacher Dehnung und beabsichtigte, die neuen Verbundmaschinen in den von den Kohlevorkommen weiter entfernt liegenden Direktionen einzusetzen. Die höheren Kosten, die bei Beschaffung und Unterhaltung der Verbundlok entstanden, sollten durch die Ersparnisse an Brennstoff ausgeglichen werden.
Die neue Verbundmaschine entstand bei Henschel unter der Leitung von Georg Heise, der aus der süddeutschen Lokomotivbauschule stammte. Er hatte es nicht leicht, seinen Entwurf gegen

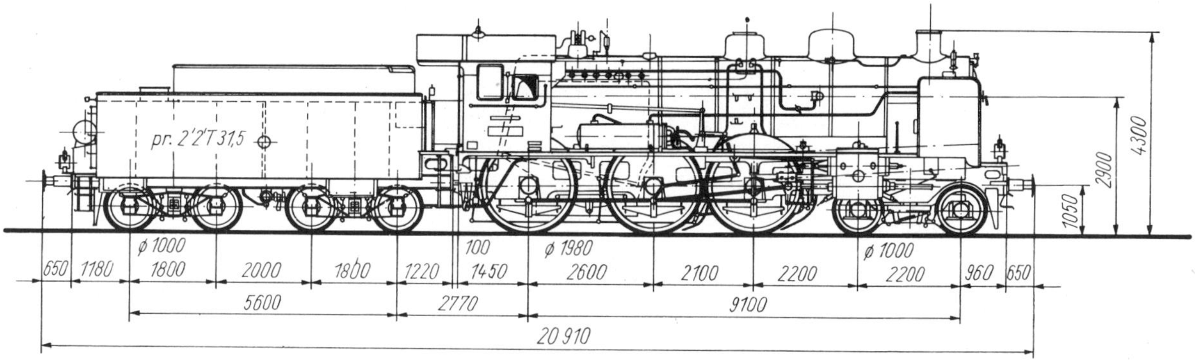

pr. S 10^1 (BR 17^{10-11}), Bauart 1911

Garbe durchzusetzen. Garbe konnte sich zwar den Weisungen des Ministers nicht widersetzen, arbeitete aber auf eine Maschine hin, die in allen Punkten der Vierlings-S 10 entsprach mit dem einen Unterschied, daß die Lok als Verbundmaschine ausgeführt wurde.
Er begründete das damit, weil nur bei Übereinstimmung beider Maschinen in allen Hauptabmessungen exakte Vergleichsmöglichkeiten gegeben seien. Der Versuch, die Konstruktion in seinem Sinne zu beeinflussen, ging so weit, daß er empfahl, auf den De-Glehn-Antrieb zu verzichten und den Einachsantrieb zu verwenden, die Niederdruckzylinder nach außen zu setzen und alle Zylinder in eine Ebene zu legen.
Die Firma Henschel ist daraufhin offensichtlich beim Ministerium vorstellig geworden, denn in einer Besprechung am 29. 4. 1911, an der auch der Geh. Oberbaurat Müller teilnahm, fiel die Entscheidung zugunsten des Henschelschen Entwurfs. Zwei Dinge waren besonders zu beachten: Die Achsfahrmasse durfte keinesfalls 17 t übersteigen, und die ersten Maschinen mußten um jeden Preis noch im Jahre 1911 geliefert werden. Notfalls sollte eine bereits bei Henschel bestellte andere Lieferung von Staatsbahnlokomotiven zurückgestellt werden. Besonders die ED Halle forderte immer nachdrücklicher die neue Maschine, weil sie mit ihr die Gegenleistung für die Züge nach Nürnberg fahren mußte, denn man hatte der S $^3/_6$ nur die P 8 entgegenzusetzen.
Als im Oktober 1911 die erste S 10^1 von Henschel geliefert wurde (1101 Halle), kam sie sofort in die Erprobung. Beachtlich ist die kurze Zeit von einem halben Jahr, die die Firma von der Verabschiedung des Entwurfs bis zur Lieferung der ersten 10 Maschinen benötigte. Die Änderungen, die nach den Versuchsfahrten für die Serienmaschinen vorgenommen werden mußten, waren relativ gering und keinesfalls mit denen an der S 10 zu vergleichen. Von den 1911 gelieferten 10 Maschinen gingen je 3 an die Direktionen Halle und Stettin, je 2 an Bromberg und Posen. Das Baulos 1911 hatte keine Laufradbremse, die niedrige Pufferbohle und Schichau-Schieber. 1912 wurden 26 Maschinen geliefert und an die Direktionen Bromberg, Danzig, Mainz, Stettin, Breslau und Posen verteilt. Dieses Baulos war ebenfalls ohne Laufradbremse, hatte aber eine höhere Pufferbohle, bessere Rahmenversteifung und bei 6 Maschinen Kammerschieber der Bauart Hochwald. Das erste Teillos 1913 (33 Maschinen) entsprach der Serie 1912, hatte aber Normalschieber; das zweite Teillos (30 Maschinen) entsprach dem ersten Teillos. Außer den bereits genannten Direktionen erhielten jetzt auch Königsberg, Altona, Hannover und Magdeburg S 10^1-Lokomotiven. Das Baulos 1913/1914 mit 40 Maschinen besaß Laufradbremse. Vier Maschinen dieser Serie gingen an die Reichseisenbahnen.
Die Entscheidung zugunsten der S 10^1 war bereits nach den Versuchsfahrten im Jahre 1912 gefallen. Die Maschine erwies sich als die wirtschaftlichste und leistungsstärkste preußische Schnellzuglokomotive. Sie unterbot im spezifischen Dampf- und Kohleverbrauch sogar die als wirtschaftlich bekannte P 8. Garbe selbst mußte anerkennen, daß die Lokomotive „unter nahezu allen Betriebsbedingungen mittlere Leistungen von rund 736 kW (1000 PS) am Tenderzughaken nutzbar zu machen“ vermochte und damit die Lokomotiven aller übrigen Gattungen übertraf.
Über den weiteren betrieblichen Einsatz siehe pr. S 10^1 (Bauart 1914) auf Seite 127.

17 1008

17 1010

17 1008 (pr. S 10^1, Bauart 1911, 1102 Osten, vorher 1102 Bromberg) (Henschel 10 872/1911) mit Oberflächenvorwärmer nachgerüstet

Konstruktive Merkmale

Kessel: Genieteter Kessel nach der Grundkonzeption S 10 mit vergrößerter Heizfläche und 4900 mm Rohrlänge. Schmaler, zwischen den Rahmenwangen eingezogener Hinterkessel. Rauchrohrüberhitzer Bauart Schmidt. Dampfdom auf dem 1. Kesselschuß, Sandkasten in Kesselmitte. Ramsbottom-Sicherheitsventile. Speiseeinrichtungen: Knorr-Speisepumpe und Dampfstrahlpumpe. (Ursprungsausführung ohne Kolbenspeisepumpe mit 2 Dampfstrahlpumpen).

17 1010 (pr. S 10^1, Bauart 1911, 1103 Osten, vorher 1103 Bromberg) (Henschel 11 162/1912)

Rahmen: 25 mm dicker Blechrahmen mit kräftigen Querversteifungen.
Laufwerk: Drehgestell mit ± 40 mm Seitenverschiebbarkeit. 1. und 3. Kuppelachse fest im Rahmen gelagert, 2. Kuppelachse mit 15 mm Spurkranzschwächung. Ungleiche Abstände der Kuppelachsen durch zurückversetzte 3. Kuppelachse.
Triebwerk: Vierzylinder-Heißdampf-Verbundtriebwerk mit 2 innenliegenden geneigten ND- und 2 außenliegenden waagerechten HD-Zylindern, Zweiachsantrieb nach de Glehn. ND-Zylinder arbeiten auf die 1., HD-Zylinder auf die 2. Kuppelachse. Druckausgleicher der HD-Zylinder als Anfahrvorrichtung.
Steuerung: Außenliegende Heusinger-Steuerung für HD-Zylinder. Steuerung der ND-Zylinder durch Schwinghebel und Übertragungswelle von der äußeren Schieberstange abgeleitet. Umsteuerung über Hängeeisen. Ausrüstung mit Schichau-Kolbenschiebern (Regelbauart) und teilweise mit Kammerschiebern Bauart Hochwald. Später durch Regelschieber ersetzt.
Bremse: Druckluftbremse Bauart Knorr. Einseitige Abbremsung der Treibachsen. Drehgestellachsen ungebremst.
Sondereinrichtungen: Preßluftsandstreuer Bauart Knorr sandet die Räder der beiden Treibachsen von vorn. 2 Schmierpumpen Bauart Michalk zur Schmierung aller unter Dampf gehenden Teile. Pyrometer zur Kontrolle der Heißdampftemperatur im Einströmrohr. Geschwindigkeitsmesser Bauart Deuta. Dampfheizungseinrichtung.
Tender: pr. 2′2′ T 31,5 mit 7 t Kohle.

17^{11-12}

pr. S 10^1
Bauart 1914

Im Jahre 1913 konstruierte Heise auf Anregung Hinrich Lübkens, des Amtsnachfolgers Garbes, die S 10^1 mit dem Ziel um, Masse einzusparen, damit ein Speisewasservorwärmer untergebracht werden konnte. Das EZA strebte mit dieser Maßnahme eine weitere Leistungssteigerung der Lokomotiven an.
Die Zylinder lagen bei der umkonstruierten Maschine, der Bauart 1914, wie bei der hannoverschen S 7 in einer Ebene, die äußeren Zylinder dabei mittig zwischen den Laufachsen. Die schweren Zylinderverstrebungen, die bei der Bauart 1911 wegen der gegeneinander versetzten HD- und ND-Zylinder erforderlich waren, konnten entfallen. Der Zweiachsantrieb nach de Glehn blieb, aber die Steuerung der Innenzylinder wurde wesentlich vereinfacht. Wie bei der S 10 wurde der vordere Teil des Rahmens als Barrenrahmen ausgebildet und erleichterte die Zugänglichkeit zum Triebwerk. Die Anordnung der Außenzylinder in Drehgestellmitte und die höhere Lage des Umlaufbleches (Wegfall der Radkästen) verhalf den Maschinen auch zu einem gefälligeren Aussehen.
Die S 10^1 beider Bauarten wurde sowohl zur Zeit der KPEV als auch zur Reichsbahnzeit eingehend vor dem Meßwagen untersucht. Die Bauart

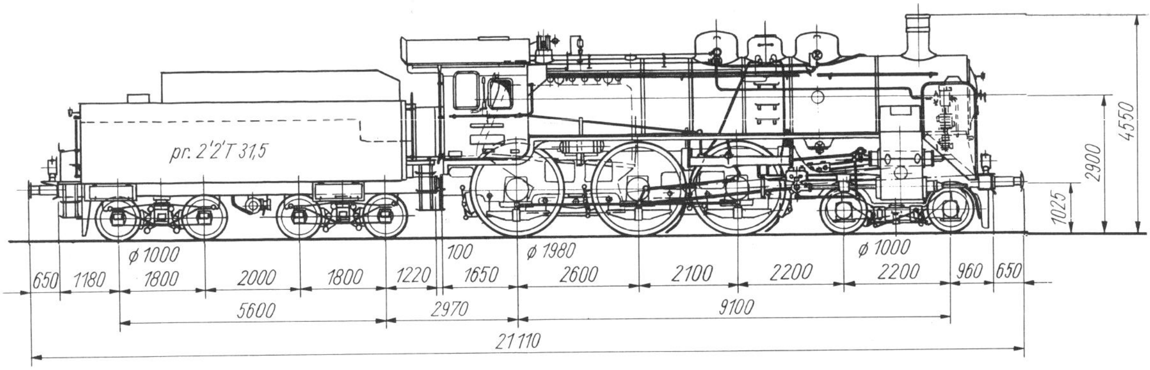

pr. S 10^1 (BR 17^{11-12}), Bauart 1914

1914 war der Vorgängerin mit 1060 kW (1440 PSi) zu 1045 kW (1420 PSi) etwas überlegen. Als aber die Massebeschränkung für die S 10^1 aufgehoben wurde und auch die Bauart 1911 mit Vorwärmer ausgerüstet werden konnte, gab es praktisch keinen Leistungsunterschied zwischen beiden Bauarten mehr.

Die Laufeigenschaften der Maschine waren ausgezeichnet. Ihre höchste Geschwindigkeit wird von Prof. Nordmann mit 152 km/h bei Versuchen des LVA Grunewald angegeben. Ihr Leistungsprogramm sah die Beförderung eines Schnellzuges von 450 t in der Ebene mit 100 km/h vor. Auf 5‰ Steigung wurden 445 t mit 70 km/h und auf 10‰ 390 t mit 50 km/h bewältigt.

Die ersten acht Maschinen der Bauart 1914 erhielten die Reichseisenbahnen. Mit dem Erscheinen der verbesserten Verbundmaschine wurde der Bau der Vierlings-S 10 eingestellt, und die Vulcan-Werke entwickelten unter Najork die Drillingsmaschine S 10^2.

Die S 10^1 wurde d i e Schnellzuglokomotive der KPEV. Bis zum Jahre 1921 hatte Berlin keine S 10^1, weil nach der Struktur der KPEV die KED Berlin nur für den Nahverkehr zuständig war. Die Fernverkehrszüge von und nach Berlin waren Leistungen der angrenzenden Direktionen. Erst 1921 erhielt Berlin 60 Loks S 10^1 aus den Nachbardirektionen als eigenen Bestand. Vor Indienststellung der ersten Einheitsloks waren die S 10 hauptsächlich in Mittel- und Westdeutschland, die S 10^1 vorwiegend in Nord- und Ostdeutschland stationiert. Die S 10^2 war von Köln bis Görlitz zu Hause.

Mit dem Erscheinen der Baureihe 01 verloren die S 10^1 einen Teil ihrer Leistungen, und als die 03 in Dienst

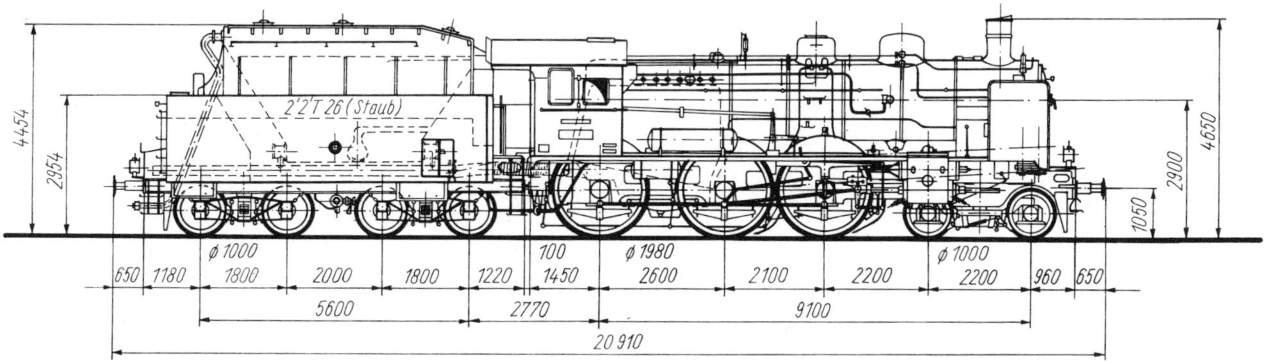

pr. S 10^{1}
(Bauart 1914)
mit Kohlenstaubfeuerung System Wendler

gestellt wurde, blieb ihnen oft nur der Eilzug- und Personenzugdienst. Bei den schweren Zügen in der ersten Hälfte der 30er Jahre konnten aber auch die neuen Einheitsloks oft nicht auf die Vorspanndienste der S 10^{1} verzichten. Da die DRG bis 1935 fast alle S 10-Maschinen wegen ihrer Unwirtschaftlichkeit ausgemustert hatte, erhielten die S 10^{1}-Maschinen wieder ein weites Betätigungsfeld.
Es waren aber nicht allein die Wagnerschen Schnellzugloks der Baureihen 01 und 03 oder die P 10, die die S 10^{1} in untergeordnete Dienste gedrängt hatten. Die fast zwei Jahrzehnte währende ständige Überbeanspruchung der relativ leichten Maschinen vor Zügen mit 500 t bis 600 t zwang die Personale, um die Fahrzeiten zu halten, die Kesselgrenze von 57 kg/m^{2}h erheblich zu überschreiten. Die Kessel der Maschinen waren deshalb Anfang der 30er Jahre weitgehend abgewirtschaftet und mußten im leichten Dienst geschont werden. Der Lokomotivmangel, der durch die Kriegsvorbereitungen Hitlers verursacht wurde, zwang zu einer Neubekesselung der S 10^{1}, weil man vorerst noch nicht in der Lage war, die Maschinen durch Einheitsloks zu ersetzen.
Es sind aus den dreißiger Jahren eine Reihe spektakulärer Einsätze der S 10^{1} bekannt, die für das enorme Leistungsvermögen der Maschinen sprechen. So fuhr die 17 1186 am 11. 9. 1938 einen FD von Berlin nach Hamburg, weil die Planlok 05 001 ausgefallen war. Am 12. 3. 1938 sprang die 17 1177 für die ausgefallene 61 001 in die Bresche und beförderte den Henschel-Wegmann-Zug pünktlich von Berlin nach Dresden.
In dem Maße, wie in den beiden letzten Kriegsjahren Einheitsmaschinen an die östlichen Gebiete Deutschlands gingen, kamen S 10^{1}-Maschinen nach Westdeutschland. Nach Kriegsende befanden sich mit Ausnahme von 5 Maschinen (17 1158, 17 1176, 17 1177, 17 1198 und 17 1199) alle S 10^{1} der Bauart 1914 auf dem Gebiet der heutigen DB. Dort hatte man an den alten Maschinen keinen Bedarf und musterte sie bis 1950 aus. In insgesamt 13 Zügen wurden sie als Schrott nach Jugoslawien exportiert (vom Juli 1951 bis März 1952).
Bei der DR standen die betriebsfähigen S 10^{1}-Maschinen noch einige Jahre im Dienst. Der Gesamtbestand betrug 34 Lokomotiven der Bauart 1911 und 5 der Bauart 1914. Zwei Maschinen wurden auf bemerkenswerte Weise umgebaut. Die Lok 17 1119 erhielt am 30. 4. 1949 im Raw Stendal Kohlenstaubfeuerung (System Wendler) und einen Kondenstender der BR 52. Der andere Umbau betraf die 17 1104. Es war allerdings nicht die „echte" 17 1104, denn diese war bereits am 9. 5. 1949 von der DB ausgemustert worden. Die Kriegswirren hatten die AL 1104 (Henschel Fabriknummer 11 997) auf das Gebiet der DDR verschlagen. Man gab dieser Maschine die Nummer 17 1104 und besetzte die Nummer somit zum zweiten Male. Die Lok wurde 1954 im Raw Meiningen auf Kohlenstaubfeuerung (System Wendler) umgebaut. Zusätzlich zum Tender erhielt sie einen Koh-

17 1200 (pr. S 10^{1}, Bauart 1914. 1115 Altona) (Henschel 13 815/1916) mit Versuchswindleitblechen

17 1119 (Umbau DR)
mit Kohlenstaubfeuerung
System Wendler
und Kondenstender

17 1163 (pr. S 10^1, Bauart 1914, 1111 Altona) (Henschel 13 184/1915), Normalausführung

17 1119 mit Kohlenstaubfeuerung System Wendler und Kondenstender

lenstaub-Langlaufwagen aus zwei kurzgekuppelten Tendern mit je zwei zweiachsigen Drehgestellen. Der Lokomotivtender konnte nur 3,5 t bis 4 t Kohlenstaub aufnehmen, jedoch 42 m^3 Wasser. In der Mitte des Langlaufwagens befand sich ein Aufenthaltsraum mit Schlafgelegenheit für eine zweite Lokomotivmannschaft. Im Rahmen des Versuchsprogrammes wurde ein Langlauf von Saßnitz (Rügen) nach Gutenfürst (Vogtland) über 625 km mit einem 400-t-D-Zug gefahren, ohne auszuschlacken oder die Rauchkammer zu reinigen. Die betriebliche Bewährung hatte die Lok bestanden, doch gab es keine Einsatzmöglichkeiten für das Einzelstück. Der Langlaufwagen wich bald dem normalen Kohlenstaubtender. Mit ihm lief die Lok noch bis 1962.

Insgesamt wurden von der DR 15 Maschinen der BR 17^{10-12} auf Kohlenstaubfeuerung (System Wendler) umgebaut, darunter 2 der Bauart 1914. Die langen, schmalen Feuerbüchsen der S 10^1-Loks eigneten sich vorzüglich für die Kohlenstaubfeuerung, weil sie lange Brennwege zum vollständigen Ausbrennen des Staubes boten. Die Maschinen waren im Raum Cottbus stationiert und befuhren die Strecken nach Frankfurt (Oder), Dresden und Berlin. In dem Maße, wie die Neubaulok 23^{10} auftauchte, verschwand die S 10^1 auch von den Strecken der DR. Im April 1964 wurden die beiden letzten Maschinen ausgemustert. Die 17 1055 ist vom Raw Cottbus wieder in den Originalzustand versetzt worden und gehört als „Osten 1135" dem Verkehrsmuseum Dresden.

Mit einer Lebensdauer von über 50 Jahren gehörte die preußische S 10^1 zweifellos zu den markantesten und bewährtesten deutschen Schnellzuglokomotiven.

Konstruktive Merkmale

Kessel: Vollständig genieteter Kessel. Langkessel aus 2 Schüssen. Vorderer Schuß mit Dampfdom, Sandkasten in Kesselmitte. Schmaler, zwischen den Rahmenwangen eingezogener Hinterkessel. Rostfläche gegenüber Ausführung 1911 vergrößert. Rauchrohrüberhitzer Bauart Schmidt. Rauchkammer mit Nischen für Luft- und Speisepumpe. Ausrüstung mit Pop- oder Ramsbottom-Sicherheitsventilen. Speiseeinrichtungen: Knorr-Oberflächenvorwärmer mit Kolbenspeisepumpe Bauart Knorr; 1 Dampfstrahlpumpe.

Rahmen: Kombinierter Blech-/Barrenrahmen. Im Vorderteil 100 mm starker Barrenrahmen. Kuppelachsen in

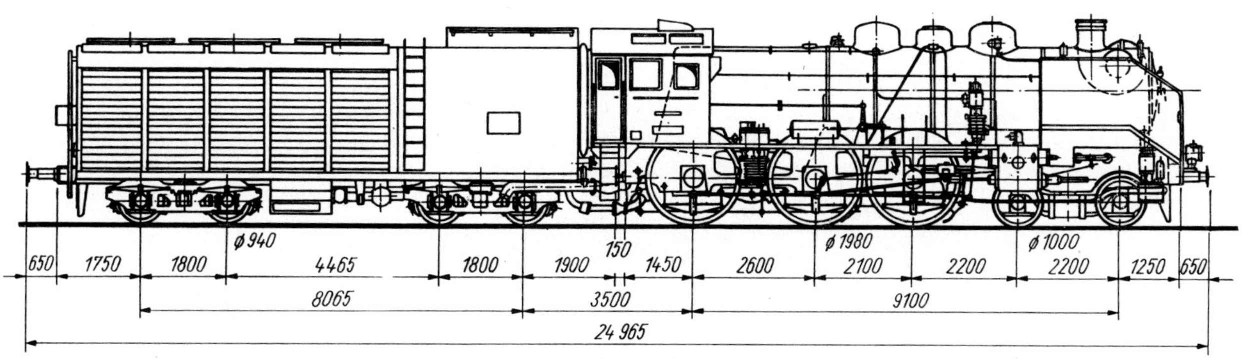

17 1077 (Henschel 11 771/1913) mit Kohlenstaubfeuerung System Wendler (Umbau DR)

25 mm dickem Blechrahmen. 2 Pendelbleche.
Laufwerk: Drehgestell hannoverscher Bauart mit ± 40 mm Seitenverschiebbarkeit. 1. und 3. Kuppelachse fest im Rahmen gelagert, 2. Kuppelachse mit 15 mm Spurkranzschwächung. Federn der 2. und 3. Kuppelachse durch Ausgleichhebel verbunden.
Triebwerk: Vierzylinder-Heißdampf-Verbundtriebwerk Bauart de Glehn mit 2 innenliegenden ND- und 2 außenliegenden HD-Zylindern. Alle 4 Zylinder in einer Ebene und zu einem mittig geteilten Block zusammengefaßt. Verlängerte Kolbenstangen und Gleitbahnen für HD-Zylinder. HD-Druckausgleicher dienen als Anfahrvorrichtungen. HD-Zylinder treiben 2., ND-Zylinder 1. Kuppelachse an.
Steuerung: Außenliegende Heusinger-Steuerung für HD-Zylinder. Steuerung der Innenzylinder durch Schwinghebel und Übertragungswelle von den äußeren Schieberstangen abgeleitet. Schichau-Kolbenschieber (Regelbauart). Umsteuerung durch Kuhnsche Schleife.
Bremse: Druckluftbremse Bauart Knorr mit einseitiger Abbremsung der Kuppelachsen von vorn und der Drehgestellachsen von innen.
Sondereinrichtungen: Preßluftsandstreuer Bauart Knorr sandet die Räder der Treibachsen von vorn. 2 Schmierpumpen Bauart Michalk zur Schmierung aller unter Dampf gehenden Teile. Pyrometer zur Kontrolle der Heißdampftemperatur im Einströmrohr. Dampfheizungseinrichtung. Geschwindigkeitsmesser Bauart Deuta. Rauchverbrennung Marcotty.
Tender: pr. 2'2' T 31,5 mit 7 t Kohle.

18^0

sä. XVIII H

Sachsen hatte auf Grund seiner verkehrsgeographischen Lage Bedarf an zugkräftigen und schnellen Maschinen für den Reisezugdienst, denn es waren nicht nur die steigungsreiche Strecke von Dresden über Chemnitz nach Hof, sondern auch die Flachlandstrecken nach Berlin und Leipzig zu bedienen.

Während Preußen bei der 2'C stehenblieb, orientierte sich die Sächsische Staatsbahn am süddeutschen Lokomotivbau und lieh sich für Versuchszwecke von der Bayerischen Staatsbahn 1915 die S $^3/_6$ Nr. 3654 (später 18 465) aus. Die Maschine wurde auf der Strecke Reichenbach (Vogtl)–Dresden erprobt. Weil die Verhandlungen mit Maffei über einen Nachbau der Maschine nicht zum Erfolg führten, wurde die Lokomotive zurückgegeben und an Hartmann der Auftrag zum Bau einer 2'C1'-Schnellzuglok für 17 t Achsfahrmasse erteilt. Das Leistungsprogramm sah die Beförderung eines Schnellzuges von 430 t in der Ebene mit 100 km/h vor. Diese Leistung wurde mühelos erbracht, so daß das Merkbuch von 1924 der XVIII H 550 t in der Ebene mit 100 km/h und 400 t auf 10‰ Steigung mit 50 km/h zubilligte.

Die erste (und einzige) Serie von 10 Maschinen lieferte Hartmann mit den Fabriknummern 3966–3975 vom Herbst 1917 bis zum Februar 1918.

Offensichtlich wurde bei der XVIII H versucht, eine Maschine zu entwickeln, die die progressiven Bautendenzen des süddeutschen und des preußischen Lokbaus vereinigte und weiterentwickelte. Von Süddeutschland übernahm man den großen Kessel mit der breiten, über den Rahmen hinausragenden Feuerbüchse und wandte sich vom bisher gebräuchlichen Belpaire-Kessel ab. Allerdings versah man den Kessel mit 72 m^2 Überhitzerheizfläche und übertraf damit die relativ kleinen Überhitzer der S $^3/_6$ und der bad. IV h beträchtlich. Vom preußischen Lokomotivbau stammen der Blechrahmen mit angeschuhtem vorderem Barrenrahmen und das Drillingstriebwerk, das auch die S 10^2 hatte.

18 010 (sä. XVIII H, Bahnnummer 205) (Hartmann 3975/1918)

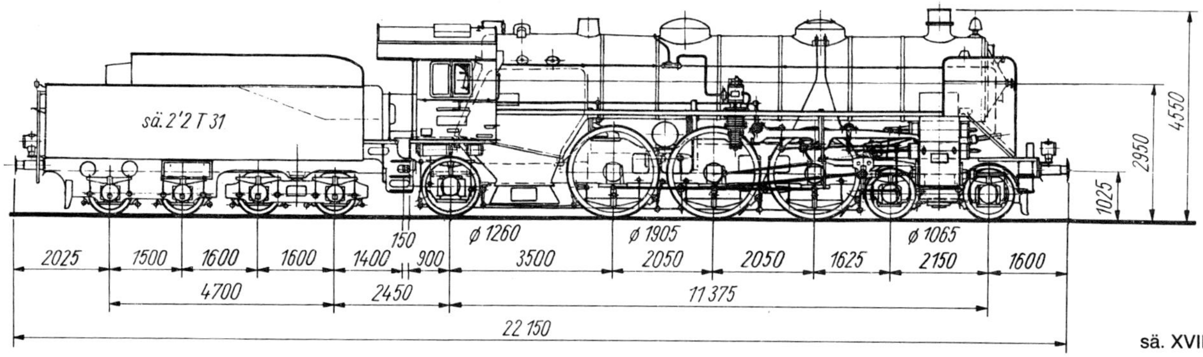

sä. XVIII H (BR 18^0)

Die Übernahme des Drillingstriebwerkes ist um so erstaunlicher, als man bisher in Sachsen dem Vierzylinder-Verbundtriebwerk den Vorzug gegeben hatte. Im Gegensatz zur S 10^2 wählte man aber bei der XVIII H die zweite Kuppelachse als Treibachse und erhielt dadurch längere Treibstangen. Die Steuerung des Innenzylinders wurde bei der S 10^2 von den äußeren Schieberstangen durch waagerecht liegende Hebel abgeleitet. Die XVIII H hatte zwei in den Schwingenträgern gelagerte Zwischenwellen. Beide Steuerungen waren wenig günstig, weil durch ihre Vielteiligkeit und den Verschleiß in den Lagern und Gelenken toter Gang auftrat, der die Füllung des Innenzylinders ungünstig beeinflußte. Außerdem erforderte die komplizierte Steuerung einen großen Unterhaltungsaufwand. Ausschlaggebend für die Wahl des Drillingstriebwerkes dürften die gute Anfahrbeschleunigung und das gleichmäßige Drehmoment gewesen sein.

Bereits bei der unmittelbar danach in Auftrag gegebenen 1'D1'-Lokomotive, der XX HV, kehrte man zum Vierzylinder-Verbundtriebwerk zurück, weil die Wirtschaftlichkeit der XVIII H nicht in jedem Falle befriedigte und man die Ursache dafür in der Ausbildung als Drilling vermutete.

Trotzdem standen die Maschinen mehr als 40 Jahre im Dienst und bedienten zusammen mit der XX HV die von Dresden ausgehenden Schnellzugstrecken nach Berlin, Leipzig und Chemnitz. Wegen der guten Laufeigenschaften setzte man die Höchstgeschwindigkeit auf 120 km/h herauf. Versuche, die Reibungsmasse durch Änderung der Abfederung der mit 16,3 t stark belasteten Schleppachse zu erhöhen, brachten nicht den erwünschten Erfolg und wurden eingestellt.

Die DRG übernahm alle 10 Maschinen in die Baureihe 18 und gab ihnen die Betriebsnummern 18 001–18 010. Einige der Maschinen wurden, ein Kuriosum für eine Schnellzuglok, mit Druckluftläutewerken Bauart Knorr ausgerüstet. Anfang der 30er Jahre mußte eine direkte Schnellzugverbindung zwischen Berlin und Chemnitz eingerichtet werden. Vorher wurde Chemnitz nur mit Kurswagen, die über Dresden liefen, bedient. Die Strecke Berlin–Chemnitz verlief über Elsterwerda und Riesa, wovon dieser Abschnitt als Nebenbahn betrieben wurde. Für das Befahren dieses Streckenabschnittes mußten die Maschinen mit Läutewerk ausgerüstet sein. Die 18^0, die die 17^{10-12} auf dieser Strecke ablöste, lief im Dreieck Dresden–Chemnitz–Berlin–Dresden und in umgekehrter Richtung.

Nach dem zweiten Weltkrieg verblieben alle Maschinen bei der DR, lediglich die 18 002 mußte bereits 1945 mit einem Bombenschaden ausgemustert werden. Heimat-Bw der 9 Maschinen war Dresden A. Am 20. 12. 1951 wurde die 18 004 ausgemustert, die restlichen 8 Maschinen standen bis zum Beginn des Winterfahrplanes 1961/62 im Dienst (zum Teil im Durchlauf Dresden–Berlin–Güstrow) und wurden dann abgestellt. Eine Rekonstruktion, die die Ausrüstung mit einem neuen Kessel und einen Umbau der Steuerung umfaßt hätte, wurde erwogen, aber wegen der zu schwachen Rahmen der Lokomotiven unterlassen. Die Ausmusterung erfolgte dann in den Jahren 1967/1968. Die letzte, wenigstens teilweise erhaltene Maschine war die 18 010. Bei den Überlegungen, eine der beiden großen sächsischen Schnellzuglokomotiven, die XVIII H oder die XX HV, für das Dresdener Verkehrsmuseum zu erhalten, fiel die Wahl auf die 19 017. Die Reste der 18 010 standen noch 1973 im Bw Dresden A und wurden im gleichen Jahr verschrottet.

Konstruktive Merkmale

Kessel: Genieteter Langkessel aus 3 Schüssen mit Dampfdom auf dem mittleren Kesselschuß. Rohrlänge 5500 mm. Großflächiger Rauchrohrüberhitzer Bauart Schmidt. Sandkasten auf dem ersten Kesselschuß. 2 Pop-Sicherheitsventile. Speiseeinrichtungen: 2 nichtsaugende Injektoren Bauart Friedmann rechts und links unter dem Führerhaus; Oberflächenvorwärmer Bauart Knorr quer zwischen 2. und 3. Kuppelachse.

Rahmen: Nach preußischem Vorbild Blechrahmen (30 mm stark) mit vorgeschuhtem Barrenrahmen. Pendelbleche vor jeder Kuppelachse.

Laufwerk: Sechspunktabstützung. Vorderes Drehgestell mit 1065 mm Laufraddurchmesser und ± 38 mm Seitenverschiebbarkeit. Schleppachse als Adamsachse mit 1250 mm Laufraddurchmesser und ± 60 mm Seitenverschiebbarkeit. Alle 3 Kuppelachsen fest im Rahmen gelagert.

Triebwerk: 2 Außen- und 1 Innenzylinder gleicher Größe mit einstufiger Dampfdehnung. Alle 3 Zylinder arbeiten auf 2. Kuppelachse (Kropfachse). Kurbelversetzung 120°. Innenzylinder geneigt.

Steuerung: Außenliegende Heusinger-Steuerung für Außenzylinder. Steuerung des Innenzylinders wird von den äußeren Schieberstangen über 2 in den Schwingenträgern gelagerte Zwischenwellen übertragen.

Bremse: Westinghouse-Bremse. Abbremsung der Kuppelräder einseitig von vorn, der Drehgestellräder einseitig von innen, der Schleppachsräder einseitig von vorn.

Sondereinrichtungen: Preßluftsandstreuer sandet die Räder der beiden ersten Kuppelachsen von vorn. Geschwindigkeitsmesser Bauart Haußhälter. Später Ausrüstung mit Indusi. Einige Maschinen später mit Druckluftläutewerk Bauart Knorr.

Tender: sä. 2′2 T 31 mit 7 t Kohle.

18[1] wü. C

Die Württembergischen Staatsbahnen verfügten zu Beginn des Jahrhunderts über einen Lokomotivbestand für den Reisezugdienst, der zwar, nach Baujahren gerechnet, noch relativ jung, doch dem ab 1905 gestiegenen Zugförderungsaufkommen nicht mehr gewachsen war. Es waren im wesentlichen zweifach gekuppelte Naßdampfmaschinen (Ac, E, AD), und auch der Neubau der AD (ADh2′Bh2) brachte keine Lösung.

Auf dem Gebiet der Württembergischen Staatsbahnen lag mit der Geislinger Steige, einer 6 km langen Steilrampe (1:44) von Geislingen nach Amstetten, ein Streckenabschnitt, der eine wesentlich leistungsfähigere Maschine verlangte.

Im Jahre 1908 erhielt die Maschinenfabrik Esslingen den Auftrag zum Bau einer Heißdampf-Pazifik-Schnellzuglokomotive. Die Maschine sollte in der Ebene 350 t mit 100 km/h, auf 10‰ Steigung mit 60 km/h befördern. Lediglich auf der Geislinger Steige (23‰ Steigung) war eine Schiebelok vorgesehen. Die Entwicklungsarbeiten lagen seitens der Staatsbahn in den Händen von Eugen Kittel und Wilhelm Dauner, seitens der Herstellerfirma bei August Trick und Otto Günther.

Anfang 1909 wurden die ersten fünf Maschinen mit den Fabriknummern 3444–3448 geliefert (Bahnnummern 2001–2005). Von 1914 bis 1921 folgten 36 weitere Maschinen; vier davon mußten nach 1919 an die Bahnen der Siegermächte des ersten Weltkrieges abgegeben werden. Drei Loks kamen an die État-Bahn, eine an die PKP. Die letzte C, die Esslingen baute, hätte die Fabriknummer 3982 erhalten müssen. Das 75jährige Firmenjubiläum war der Anlaß, die Fabriknummer mit einer Tn zu tauschen und der letzten C die 4000 zu geben.

Die wü. C war die kleinste deutsche Pazifik-Lok. Ihre Konstruktion war recht eigenwillig und folgte den süddeutschen Vorbildern nur bedingt. Barrenrahmen konnte man in Esslingen nicht bearbeiten, so rüstete man die C mit durchgehendem Blechrahmen aus. Außer der S 12 der AL hatte nur die sä. XVIII H als Pazifik-Lok einen Blechrahmen (im hinteren Teil). Typisch für die C ist der niedrige Umlauf mit dem außenliegenden Hilfsrahmen und den Radkästen für die Kuppelachsen. Die Rohrlänge von 5500 mm wurde erst 10 Jahre später von der sä. XVIII H wieder erreicht. Bemerkenswert waren auch die beiden Innenzylinder (HD), die im Gegensatz zu den süddeutschen Maschinen und der pr. S 10[1] gegen die äußeren Niederdruckzylinder nach hinten versetzt waren. Alle vier Zylinder arbeiteten auf die mittlere Kuppelachse.

In den Monaten Juli und August 1909 erfolgten unter der Leitung Dauners Meßfahrten mit den Bahnnummern 2003 und 2005. Weil zu dieser Zeit Bremslokomotiven noch unbekannt waren, wurde die Lokomotive mit Wagenzügen von 308 ··· 478 t belastet. Die Meßergebnisse sind natürlich nicht denen vergleichbar, die später das LVA Grunewald erzielte, weil der damalige Stand der Meßtechnik nicht die Präzision der Grunewalder Ergebnisse erlaubte und Beharrungsfahrten auf dem württembergischen Streckenprofil nicht

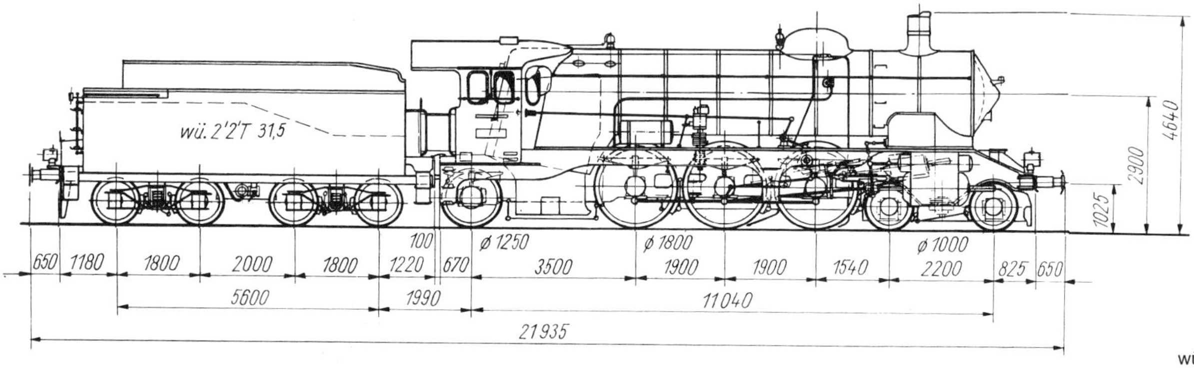

wü. C (BR 18^1)

möglich waren. Immerhin sind die Ergebnisse bedeutungsvoll. Die C schaffte mit 408 t auf 10‰ Steigung 70 km/h, mit 478 t auf 4‰ Steigung 90 km/h und erfüllte damit ohne Schwierigkeiten das geforderte Leistungsprogramm. Die mittlere indizierte Leistung lag zwischen 1325 kW (1800 PSi) und 1384 kW (1880 PSi).

Mit 14,05 t/h Dampferzeugung bei einer Heizflächenbelastung von 67,5 kg/m^{2}h erwies sich der Kessel als außerordentlich leistungsfähig. Ein zu großer Druckabfall vom Regler bis zur Maschine von 1,5 bar bis 1,8 bar (1,5 kp/cm^2 bis 1,8 kp/cm^2) und Drosselverluste innerhalb des Überhitzers und der Steuerorgane hatten eine nachteilige Wirkung auf die Leistung und auf den Dampfverbrauch.

Die wü. C hat nie die Bedeutung einer S $^3/_6$ oder IV h erreicht. Die Maschinen haben auch, von Kriegsversetzungen abgesehen, bis zu ihrer Ausmusterung nie den Bereich der Rbd/BD Stuttgart verlassen. Auch die DRG maß den Maschinen keine überdurchschnittliche Bedeutung bei und unterließ Untersuchungen vor dem Meßwagen.

Bis zur Elektrifizierung der Strecke Stuttgart–Ulm im Jahre 1932 versah die C hier den Schnellzugdienst. Den schweren Schnellzugdienst von Stuttgart aus übernahmen allerdings in der zweiten Hälfte der zwanziger Jahre bereits die pr. P 10, von denen das Bw Stuttgart Hbf 1952 noch 27 Stück beheimatete. Offensichtlich genügten die P 10 und die C den Anforderungen, denn bis zur Mitte der 50er Jahre kamen weder die Einheits-Schnellzugloks noch die bay. S $^3/_6$ ins Bw Stuttgart.

Der kleine 20-m^3-Tender, mit dem die C ursprünglich gekuppelt war, wurde bald gegen einen Nachbau des pr. 2'2' T 31,5 getauscht. Mit ihm waren auch die Langläufe möglich, die die Maschinen des Bw Ulm 1938 von Nürnberg nach Friedrichshafen (305 km) fuhren. Anfang der 50er Jahre wurden alle Maschinen, die den zweiten Weltkrieg schadlos überstanden hatten, beim Bw Ulm konzentriert. 11 Maschinen waren bis Anfang 1950 bereits aus-

18 106 (wü. C, Bahnnummer 2007) (Esslingen 3568/1910)

gemustert worden. Als Ulm 1953 03 und $S\,^3/_6$ bekam, begann die Ausmusterung der BR 18^1. Einige Maschinen wurden noch nach Heilbronn abgegeben, und dort wurden auch am 12. 5. 1955 mit der 18 133 und 18 136 die beiden letzten C ausgemustert.
Wenn die wü. C auch nicht den Nachruhm einer S 10^1 oder $S\,^3/_6$ beanspruchen kann, legen doch die nahezu 50 Jahre Betriebsmaschinendienst ein gutes Zeugnis für die kleinste deutsche Pazifik-Lok ab.

Konstruktive Merkmale

Kessel: Vollständig genieteter Kessel. Langkessel aus 2 Schüssen. Stehkessel mit breit über dem Rahmen liegenden quadratischem Rost und 2 Feuerlöchern. Feuerbüchse und Stehbolzen aus Kupfer. Obere Stehbolzenreihen aus Manganbronze. 5500 mm Abstand zwischen den Rohrwänden. Rauchrohrüberhitzer Bauart Schmidt mit „Heißdampf-Automaten". 2 getrennt angeordnete Pop-Sicherheitsventile, eines hinten am Dampfdom, das zweite auf dem Stehkessel. Sandkasten und Dom mit gemeinsamer Verkleidung. Speiseeinrichtungen: 2 nichtsaugende Dampfstrahlpumpen Bauart Friedmann Typ SZ 9.
Rahmen: 28 mm dicker Blechrahmen, am hinteren Ende wegen Seitenverschiebbarkeit der Schleppachse eingezogen. Äußerer Hilfsrahmen verdeckt z. T. Lauf- und Triebwerk, trägt Umlaufbleche und Lager der Steuerschwingen. Innentriebwerk vom Umlauf aus zugängig.
Laufwerk: Sechspunktabstützung. Drehzapfen des Drehgestells um ± 100 mm aus der Mitte nach hinten versetzt. Rückstellung durch Blattfedern. Schleppachse Bauart Adams ohne Rückstellvorrichtung. Treibachse mit 5 mm Spurkranzschwächung.
Triebwerk: Vierzylinder-Heißdampf-Verbundtriebwerk mit Einachsantrieb der 2. Kuppelachse. 2 innenliegende HD-, 2 außenliegende ND-Zylinder. Innenzylinder gegenüber Außenzylindern nach hinten verschoben. Verbinder durch die Rauchkammer geführt.
Steuerung: Außenliegende Heusinger-Steuerung für ND-Zylinder; Steuerung der HD-Zylinder von den äußeren Schieberkreuzköpfen durch Umkehrwellen. HD-Kolbenschieber Bauart Schmidt für innere Einströmung, ND-Kolbenschieber mit doppelter innerer Einströmung. Druckausgleicher der HD-Zylinder als Anfahrvorrichtung.
Bremse: Druckluftbremsanlage Bauart Westinghouse. Kuppelachsen einseitig von vorn, Drehgestellachsen einseitig von innen gebremst. Schleppachse ungebremst.
Sondereinrichtungen: Druckluftsandstreuer Bauart Knorr sandet die Räder der 1. und 2. Kuppelachse von vorn. Heißdampf-Pyrometer. Vakuummeter für Rauchkammer-Unterdruck. Zentralschmierung unter Dampf gehender Teile durch 2 sechsstemplige Schmierpumpen Bauart Friedmann. Handschmierpumpe auf der Heizerseite für Flachschieber-Regler. Geschwindigkeitsmesser Bauart Haußhälter. Rohrblasvorrichtung zum Ausblasen der Heiz- und Rauchrohre.
Tender: wü. 2'2' T 20 mit 5,5 t Kohle. Zwei seitliche Wassereinfüllöffnungen. Später 2'2' T 31,5 mit Fachwerkdrehgestellen nach preußischem Muster.

18^2

bad. IV f^{1-4}

Die Badische Staatsbahn hatte mit der ebenen Rheintalstrecke Mannheim–Basel und der steigungsreichen Schwarzwaldbahn zwei Hauptstrecken zu bedienen, die an den Maschinendienst sehr unterschiedliche Anforderungen stellten. Auf der Rheinstrecke liefen um die Jahrhundertwende die zweifach gekuppelten Maschinen der Reihen II c und II d, auf der Schwarzwaldbahn die von Grafenstaden gebauten Maschinen der Reihe IV e (2'C n4v), die ersten deutschen 2'C-Maschinen überhaupt. Beide Maschinentypen, die II c und die II d, genügten aber wenige Jahre nach ihrer Beschaffung nicht mehr den Anforderungen. Die IV e hat noch bis 1922 im wesentlichen allein den Schwarzwald-Personen- und Schnellzugverkehr bewältigt; erst dann wurde sie von 40 bad. P 8-Lokomotiven abgelöst.
So mußte sich 1905 der maschinentechnische Leiter, Geheimer Baurat Courtin, um eine neue, leistungsfähigere Schnellzuglokomotive bemühen. Sieger des ausgeschriebenen Wettbewerbes wurde die Münchener Firma J. A. Maffei (die bereits die II d entworfen hatte) mit einer 2'C1' h4v-Lokomotive. Diese Maschine wies eine Reihe völlig neuer Baugrundsätze auf, so daß die Durcharbeitung des Entwurfes länger als geplant währte. Aus diesen

Gründen wurden die ersten Maschinen erst 1907 (statt 1906) geliefert, und die Badische Staatsbahn mußte der Paris-Orléans-Bahn den Ruhm überlassen, die erste europäische „Pazifik" zu besitzen. Die PO hatte wenige Monate vor der Badischen Staatsbahn ihre erst später bestellte erste 2'C1' erhalten, die noch eine Naßdampflok war.

Die IV f ist eine Synthese deutschen und amerikanischen Lokomotivbaus. Die Achsfolge 2'C1' verwendeten die USA seit 1886, der Barrenrahmen stammt ebenfalls aus Übersee. Allerdings wurde er nicht, wie bis dahin bei Maffei üblich, aus mehreren Teilen durch Paßschrauben verschraubt, sondern die Teile wurden aus schweißbarem Flußeisen zusammengeschweißt und die Rahmenwangen dann ausgeglüht. Aus dem deutschen Lokomotivbau stammten das Vierzylinder-Verbund-Heißdampftriebwerk mit Einachsantrieb nach v. Borries und die schnittige Eleganz Maffeischer Konstruktion.

Mit einem Treibraddurchmesser von 1800 mm glaubte man, die Ideallösung gefunden zu haben: ausreichende Geschwindigkeit in der Ebene und ausreichende Zugkraft auf Steigungen. Die Drehzahl mußte auch bei 40 km/h noch hoch genug sein, um eine gute Feueranfachung zu erreichen. Nach Courtins Forderungen sollte die Maschine in der Ebene 300 t mit 100 km/h und auf der Schwarzwaldbahn 185 t mit 50 km/h ziehen. Dieses Leistungsprogramm erforderte einen großen Kessel und eine Rostfläche, die nicht zwischen den Kuppelachsen unterzubringen war. Die erforderliche große Rostfläche konnte nur durch Verbreiterung des Stehkessels über den Rahmen hinaus erzielt werden, so daß eine Schleppachse zur Aufnahme der nach hinten rückenden Masse erforderlich wurde. Um diese Achse nicht zu überlasten und einer zu großen Entlastung des Drehgestells entgegenzuwirken, mußten Stehkesselvorder und -rückwand nach vorn geneigt ausgeführt werden, damit eine günstige Schwerpunktlage erhalten blieb. Dies wurde künftig ein charakteristisches Baumerkmal aller Pazifik-Lokomotiven.

Die IV f erfüllte bei Versuchsfahrten das ihr gestellte Programm zur Zufriedenheit. Sie zog in der Ebene 460 t mit 110 km/h, die gleiche Wagenzugmasse auf 3,3‰ Steigung mit 80 km/h bis 85 km/h und 194 t auf 16,3‰ Steigung mit 55 km/h.

Die ersten drei Maschinen hatte Maffei gebaut. Die Loks der folgenden 3 Serien wurden mit weiteren 32 Stück (12, 12, 8) von der MBG Karlsruhe geliefert. Dieses Verfahren ist seit 1890 typisch für die Badische Staatsbahn. Den Prototyp ließ man von auswärtigen Firmen bauen und nutzte damit deren spezielle Erfahrung; die Serie baute man im eigenen Lande, im Karlsruher Werk.

Für den Maschinendienst konnte die IV f nicht der erhoffte Erfolg werden. Der Lokomotive hafteten, wie oft bei Neuentwicklungen, eine Reihe von Kinderkrankheiten an. Der Betrieb klagte über zu hohe Unterhaltungskosten beim Triebwerk. Offensichtlich wurde die Maschine, die auch bei hohen Geschwindigkeiten sehr ruhig lief, in der Ebene mit zu hohen Drehzahlen gefahren. Hierfür aber war der Treibrad-

bad. IV f, Bahnnummer 753, spätere 18 201 (Maffei 2514/1907)

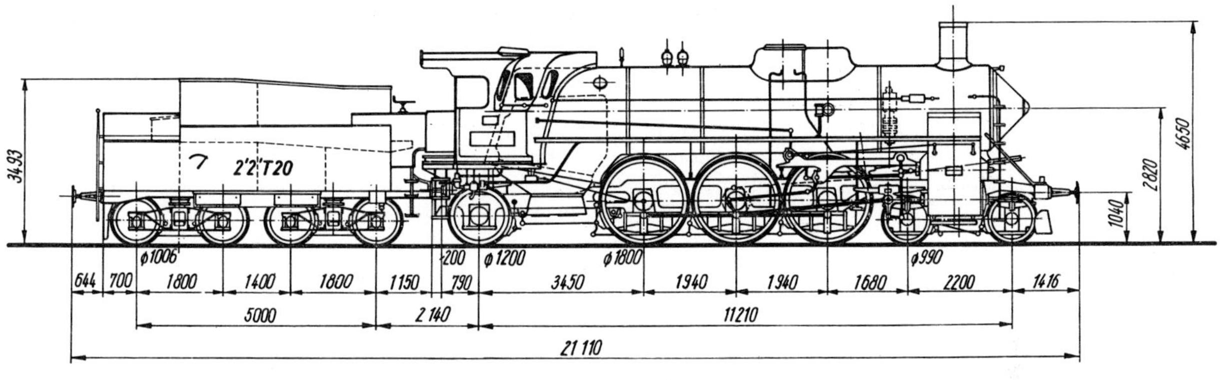

bad. IV f (BR 18^2)

durchmesser zu gering. Spätestens ab Reihe 3 (1912) hätte der Treibraddurchmesser auf 2000 mm vergrößert werden müssen, wie das im gleichen Jahr bei den S $^3/_6$ d-e der Bayerischen Staatsbahn geschah. Rein äußerlich waren die IV f besonders eindrucksvolle Maschinen durch die Glanzblechverkleidung des Kessels und Zylinderblockes. Der Tausch ihrer ursprünglichen Tender mit der BR 56^7 (VIII e^{4-5}) ab 1911 verminderte jedoch die Eleganz ihrer Erscheinung und erhöhte den Luftwiderstand bei höheren Fahrgeschwindigkeiten.

Der hohe Triebwerksverschleiß dürfte wesentlich zur frühzeitigen Ausmusterung der Maschinen beigetragen haben. Ab 1925 wurden sie auf der Schwarzwaldbahn durch die P 8 verdrängt und liefen nur noch auf der flachen Rheinstrecke. Die P 8 mußte später wieder der BR 39^{0-2} (pr. P 10) weichen.

Die DRG hatte nur noch 22 der ursprünglich 35 Maschinen übernommen und sie als Baureihe 18^2 eingereiht. Bei der DRG liefen die meisten Maschinen nicht einmal fünf Jahre und waren mit Beginn der 30er Jahre alle ausgemustert. Nur drei Stück hielten sich als Waschlok noch eine Reihe von Jahren in den Bw Heidelberg, Karlsruhe und Mannheim.

Zur Erinnerung an die erste deutsche Pazifik-Lok gab die VES-M Halle (S) der in eine 2′C1′ umgebauten Lok 61 002 die Nummer 18 201. Diese Nummer trug bereits die dritte von Maffei gelieferte Maschine, die ehemalige Bahnnummer 753 der Badischen Staatsbahn, die unter der Nummer 18 201 im Jahre 1925 von der DRG übernommen worden war.

Konstruktive Merkmale

Kessel: Genieteter Kessel mit zylindrischem, dreischüssigem Langkessel. Kesselmitte 2820 mm ü. SO. Dampfdom und Sandkasten auf dem vorderen Langkesselschuß unter gemeinsamer Verkleidung angeordnet. Abstand zwischen den Rohrwänden 5100 mm. Rauchrohrüberhitzer Bauart Schmidt. Kupferne Feuerbüchse mit 4,5 m^2 Rostfläche; Hinterkessel breit über dem Rahmen. 2 Pop-Sicherheitsventile. Speiseeinrichtungen: 2 Dampfstrahlpumpen (IV f^4 mit 3 Strahlpumpen, zwei davon linksseitig).

Rahmen: 100 mm dicker Barrenrahmen, aus 3 Teilen zusammengeschmiedet.

Laufwerk: Sechspunktabstützung. Führendes zweiachsiges Drehgestell mit ± 75 mm bzw. ± 85 mm Seitenverschiebbarkeit. Kuppelachsen fest im Rahmen gelagert. Schleppachse mit ± 75 mm bzw. ± 95 mm Seitenverschiebbarkeit.

Triebwerk: Vierzylinder-Heißdampf-Verbundtriebwerk mit 2 außenliegenden, waagerechten ND- und 2 innenliegenden, geneigten HD-Zylindern. Alle Zylinder trieben die 2. Kuppelachse an. Anfahrvorrichtung Bauart Maffei mit Füllventilen auf den ND-Schieberkästen.

Steuerung: Außenliegende Heusinger-Steuerung für Außenzylinder. Innenzylinder wurden mittels Pendelwelle von ND-Schiebern gesteuert. HD- und ND-Schieber als Kolbenschieber.

Bremse: Druckluftbremse Bauart Westinghouse bremste die Kuppelachsen einseitig von hinten, die Schleppachse einseitig von vorn und die Drehgestellachsen von innen.

Sondereinrichtungen: Preßluftsandstreuer sandete die Räder der ersten beiden Kuppelachsen von vorn. Führerhausboden an Federn aufgehängt. Windschnittiges Führerhaus und kegelig ausgebildete Rauchkammertür.

Tender: bad. 2′2′ T 15 mit 7 t Kohle (Fachwerkdrehgestelle). IV $f^{1,2}$ mit bad. 2′2′ T 20 (7 t Kohle), später an VIII e^{4-5}

18 201

Rekolok DR

Nach 1950 unternahm die Schienenfahrzeugindustrie der DDR erhebliche Anstrengungen, den technischen Fortschritt mitzubestimmen und exportintensiv zu werden. Nach den international üblichen Forderungen sind dabei Reisezugwagen für den Weitstreckenverkehr für eine maximale Fahrgeschwindigkeit von 160 km/h auszulegen.

Trotz sorgfältiger Konstruktion sind anschließende Erprobungen über das Bremsverhalten, das Geräuschverhalten und die Laufgüte der Fahrzeuge unerläßlich. Diese Versuche erforderten ein geeignetes Triebfahrzeug, welches leistungsmäßig und lauftechnisch in der Lage sein mußte, diese hohe Geschwindigkeit gefahrlos zu gewährleisten.

Auf vorhandene E- oder Diesel-Lokomotiven, die für diese hohe Geschwindigkeit besonders geeignet gewesen wären, konnte nicht zurückgegriffen werden; das geplante Neubauprogramm sah Lokomotiven mit einer solchen Höchstgeschwindigkeit nicht vor, und ein spezieller Neubau wäre von der Entwicklung und der Einzelfertigung her aus wirtschaftlichen Gründen nicht tragbar gewesen.

Als einziges Triebfahrzeug, welches 160 km/h zuließ, war die Dampflokomotive 61 002 (2′C3′ h3, Gattung St 38.18) vorhanden, die für eine Höchstgeschwindigkeit von 175 km/h ausgelegt war.

Mit dieser Lokomotive hatte man nach dem zweiten Weltkrieg leichte Personenzüge befördert und auch versuchsweise Erprobungen von Reisezugwagen durchgeführt, wobei sich erneut ihr grundlegender Mangel offenbarte. Trotz des für die hohen Ge-

18 201 (Umbau DR aus 61 002) (Raw Meiningen 89/1961)

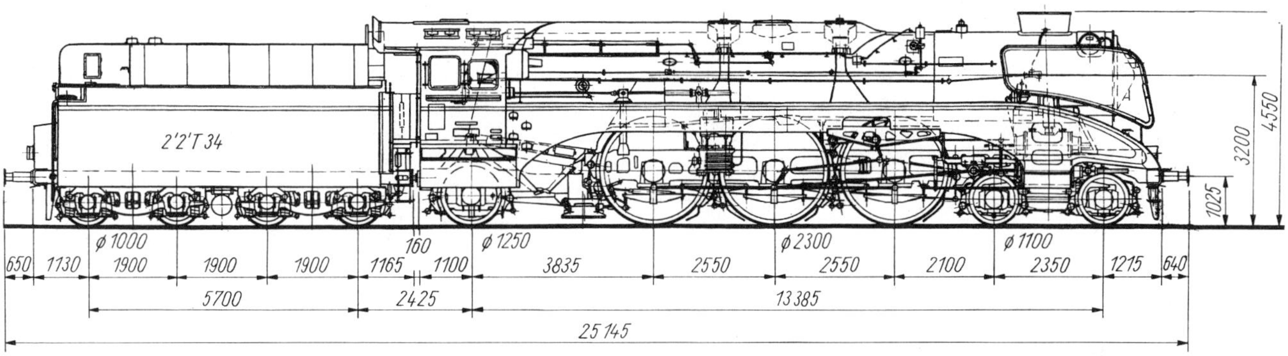

18 201 (Umbau DR aus 61 002)

schwindigkeiten gut geeigneten Laufwerkes, dessen Treib- und Kuppelradsätze das ungewöhnliche Maß von 2300 mm Durchmesser erreichten, war sie leistungsmäßig ungünstig konzipiert. Die Zylinder- und Kesselabmessungen gestatteten keine Reserven, hinzu kam, daß – bedingt durch die geringen Zylinderdurchmesser – der für DR-Verhältnisse abnorme Kesseldruck von 20 bar (20 kp/cm^2) erforderlich wurde, was wiederum die Kosten für die Instandhaltung des Kessels erhöhte. Deshalb hatte die DR diese Maschine nach kurzer Zeit wieder ausgemustert.

Um das vorzügliche Laufwerk trotz dieser Mängel zu nutzen, bestand die Möglichkeit, die Zylinder bei gleichzeitiger Verminderung des Kesseldruckes zu vergrößern und einen leistungsfähigeren Kessel einzubauen.

Auf der Grundlage dieser von der VES-M erarbeiteten Konzeption erfolgte dann der Umbau der ehemaligen 61 002 in eine 2′C1′ h3-Schlepptenderlokomotive, die 1961 als 18 201 in den Triebfahrzeugpark der DR eingereiht wurde.

Der bisherige für einen Überdruck von 20 bar (20 kp/cm^2) ausgelegte Kessel wurde durch den bereits für die Rekonstruktion der BR 03^{10}, 39 und 41 bekannten und bewährten Kessel mit 16 bar (16 kp/cm^2) ersetzt. Als Zylinder mit größerem Durchmesser baute man die äußeren Zylinder der ausgemusterten Versuchslok H 45 024 mit La-Mont-Kessel an, während die mittlere Maschine als Neukonstruktion in Schweißausführung mit Graugußlaufbuchsen entstand. Auch das hintere Rahmenteil mit Schleppachse und Rückstelleinrichtung wurde von der H 45 024 entnommen.

Zur Verminderung des Luftwiderstandes erhielt die neue Lokomotive eine spitze Rauchkammertür und eine Verkleidung, die von der vorderen Pufferbohle bis zu den Zylindern und weiter als Schürze bis zum Führerhaus umlief. Auch der Tender 2′2′ T 34 war in die Formgebung einbezogen.

Alle auf dem Kessel befindlichen Aufbauten waren unter einer gemeinsamen Verkleidung angeordnet, die sich ebenfalls bis zum Führerhaus hinzog. Die Windleitbleche waren der Verkleidung angepaßt. Die günstigen Ergebnisse, die man mit dem Giesl-Flachejektor bei anderen Baureihen erzielt hatte, waren auch bei der 18 201 Anlaß zum Einbau. Versuche bestätigten, daß hier gute Ergebnisse hinsichtlich der Brennstoffeinsparung erzielt wurden. Für den Einsatz als Bremslokomotive erhielt sie eine Riggenbach-Gegendruckbremse.

Dank ihres besonderen Aussehens durch die Verkleidung, des grünen Anstriches mit dem über Lokomotive und Tender umlaufenden weißen Zierstreifen und den auffallend großen roten Radsätzen erregte sie überall beträchtliches Aufsehen. Wie die bereits ausgemusterte 18 314 der VES-M war sie im Bw Halle P stationiert, wo sie neben Schnellfahrten im Versuchs- und Meßbetrieb auch im D- und E-Zugdienst zwischen Halle (Saale)–Berlin und Halle (Saale)–Saalfeld (Saale) zum Einsatz kam.

Bei Versuchsfahrten auf dem Versuchsring der ČSD erreichte sie im November 1964 Spitzengeschwindigkeiten von 176 km/h. Im Juni 1967 wurde sie im Raw Meiningen auf Ölhauptfeuerung umgerüstet. Sie diente noch im Jahre 1978 als Zuglokomotive bei Schnellfahrversuchen.

Konstruktive Merkmale

Kessel: Rekokessel wie für BR 03^{10}, 39, 41. Verkleidung der Kesselaufbauten, spitze Rauchkammertür. Giesl-Flachejektor.

Rahmen: Barrenrahmen mit 80 mm dicken Wangen von 61 002 übernommen, vorderer und hinterer Kesselträger neu, desgl. vorderer Einheitspufferträger. Hinteres Rahmenteil von H 45 024.

Laufwerk: Durchgehender Längsausgleich aller gekuppelten Achsen und der hinteren Laufachse.

Hintere Laufachse und Rückstellvorrichtung von H 45 024 übernommen. Vorderes Drehgestell ± 80 mm Seitenverschiebbarkeit, 2. Kuppelachse mit 15 mm Spurkranzschwächung, hintere Laufachse ± 105 mm Seitenverschiebbarkeit.

Triebwerk: Dreizylindertriebwerk, äußere Zylinder von H 45 024 übernommen, mittlerer Zylinder als Neukonstruktion vollständig geschweißt; mittlerer Zylinder auf 1. gekuppelte Achse, äußere Zylinder auf 2. gekuppelte Achse wirkend.

Zylinderverkleidung von Pufferbohle bis Führerhaus umlaufend.

Steuerung: Innere und äußere Heusinger-Steuerung mit Kuhnscher Schleife. Druckausgleicher mit Eckventilen.

Bremse: Bauart Knorr mit einlösigem Steuerventil, Druckübersetzer, geschwindigkeitsabhängigem Bremsdruckregler und Gleitschutzeinrichtung und direkt wirkender Bremse für Lokomotive und Tender; sämtliche Räder beidseitig abgebremst.

Sondereinrichtungen: Indusi, Giesl-Flachejektor, Oberflächenvorwärmer quer vor Schornstein in Rauchkammernische, Riggenbach-Gegendruckbremse für Bremsbetrieb, 1967 auf Ölhauptfeuerung umgebaut, zwei Sandkästen unter Kesselaufbauten zum Sanden der Räder aller drei gekuppelten Achsen von vorn und der Räder der 2. Kuppelachse von hinten. Dampfheizeinrichtung.

Tender: 2'2' T 34, an Lokomotive angepaßte Form der Verkleidung, 1967 zum Öltender umgebaut.

18^3

bad. IV h^{1-3}

Ursache für die Beschaffung der IV h ist das Scheitern der bad. IV f, mit der man glaubte, sowohl die Flachlandstrecken im Rheintal wie auch die Rampen der Schwarzwaldbahn (bis 20‰) bedienen zu können. Mit 1800 mm Kuppelraddurchmesser war die IV f weder der einen noch der anderen Aufgabe gewachsen.

So entstand vor dem ersten Weltkrieg die Notwendigkeit, eine leistungsstärkere Maschine zu beschaffen, um die auf über 500 t gestiegenen Zugmassen der Durchgangsschnellzüge zu befördern. Sieger des Preisausschreibens aus dem Jahre 1915 um die neue badische Schnellzuglok wurde die Münchener Firma J. A. Maffei. Durch den Krieg verzögerte sich die Lieferung der im November 1915 bestellten drei Maschinen, so daß sie erst im Juni 1918 abgenommen werden konnten (IV h^1). Das zweite Baulos (IV h^2) folgte 1919, das dritte (IV h^3) 1920. Insgesamt wurden 20 Maschinen bestellt und geliefert. Die DRG übernahm die IV h^1 mit den Betriebsnummern 18 301–303, die IV h^2 mit 18 311–319, die IV h^3 mit 18 321–328.

Besondere Aufmerksamkeit wurde seitens des Fahrzeugdezernenten der Badischen Staatsbahn, Heinrich Baumann, dem Antrieb gewidmet. Studien bei einigen europäischen Bahnverwaltungen und eigene Rechnungen ließen ihn zu dem Ergebnis kommen, daß für die Lebensdauer der Kropfachsen der Zweiachsantrieb (Bauart de Glehn) günstiger sei als der Einachsantrieb. Die Laufleistungen der Kropfachsen bei der IV h von teilweise 2 Millionen km gaben ihm recht.

Unter der Leitung Anton Hammels entstand bei Maffei eine Maschine, die viele Merkmale der bay. $S^3/_6$ besaß. Allerdings wies sie auch einige, für Hammel nicht typische, konstruktive Lösungen auf, die aus Zugeständnissen an den Auftraggeber stammen dürften. Die Dampfmaschine besaß nur ein Einströmrohr, das sich erst vor den Zylindern teilte; die Rauchkammeröffnung war mit 1000 mm Durchmesser sehr klein, so daß ein Löschetrichter mit Fallrohr zum Reinigen der Rauchkammer eingebaut werden mußte, wie er auch schon bei IV f, IV g und VIII e vorhanden war. Der Kessel hatte für seine Größe einen zu geringen Wasserinhalt, zu knappe Verdampfungsoberfläche und damit eine zu geringe Kesselreserve. Der wie bei allen süddeutschen Maschinen zu kleine Überhitzer gab nur Dampftemperaturen von etwa 330 °C, wodurch die IV h im Brennstoff- und Wasserverbrauch über den Einheitsschnellzugloks lag. Diese Mängel wurden teilweise in den 40er Jahren beseitigt, teilweise erst bei ihrer Verwendung im Versuchswesen der DB und DR (BZA Minden und VES-M Halle).

Die 20 Maschinen waren im Bw Offenburg stationiert und sollten ursprünglich schwere Schnellzüge von Basel nach Frankfurt (M) (338 km) ohne Lokwechsel befördern. Weil der geplante Umbau des Kopfbahnhofes Heidelberg in einen Durchgangsbahnhof nicht vollendet wurde, mußte in Heidelberg, wenn es nicht umfahren wurde, umgespannt werden.

Das Beförderungsprogramm verlangte 525 t in der Ebene mit 100 km/h und

mit 70 km/h auf der 5,38‰-Steigung Köndringen–Freiburg. Es wurde mit 650 t bei 100 km/h in der Ebene und der gleichen Masse auf der Steigung nach Freiburg weit überboten.
Der schlechte Zustand des Oberbaues in den Nachkriegsjahren gestattete weder Versuchsfahrten noch die Beförderung der Züge mit mehr als 80 km/h. Als Ende der 20er Jahre die Strecken wieder mit 100 km/h bis 110 km/h befahren werden konnten, waren bereits die ersten Maschinen der BR 01 (1930: 01 077–01 081) beim Bw Offenburg aufgetaucht, denen die Rbd wegen ihrer höheren Reibungsmasse und ihrer unkomplizierteren Wartung den Vorzug gab. Einigen Maschinen verblieb die 1928 übernommene Beförderung des FFD 101/102 („Rheingold") auf der Strecke Mannheim–Basel und der Einsatz im Dienstplan 2 zusammen mit der 01. Andere Maschinen wurden betriebsfähig kalt abgestellt.
Ende 1933 beheimatete man die ersten Maschinen nach Koblenz um, weil man ihnen offensichtlich mit ihren 18 t Achsfahrmasse und den 110 km/h Höchstgeschwindigkeit die planmäßige Beförderung der schweren Schnellzüge nicht mehr zutraute. 1935 tauchten die ersten IV h in Nordwestdeutschland auf:
die 18 301–18 303, 18 311 und 18 322 beim Bw Bremen, die 18312, 18 313, 18 317 und 18 327 beim Bw Hamburg-Altona. Die in Koblenz verbliebenen 11 Maschinen waren Reserve für den „Rheingold" und andere FD und liefen im planmäßigen Schnellzugdienst Frankfurt (Main)–Saarbrücken.
Erst im April 1933 kam die 18 328 ins LVA Grunewald zu Versuchs- und Meßfahrten. Im Abschlußbericht wurden die Verstärkung und Verbesserung der Bremsen empfohlen (bei allen 20 Maschinen erfolgt) und der Einbau weicherer Tragfedern vorgeschlagen. Die zulässige Höchstgeschwindigkeit wurde dann durch Anordnung der HV der DRG von 110 km/h auf 140 km/h heraufgesetzt.
Mitte der 30er Jahre wurde die 18^3 zunehmend von der 03 verdrängt, teilweise ohne Stammpersonal gefahren und allgemein heruntergewirtschaftet. Erst als man 1942 alle 20 Maschinen im Bw Bremen zusammenfaßte und sie vom Raw Bremen aufarbeiten ließ, änderte sich der Zustand. Bei den L 4-Untersuchungen bekamen die Lokomotiven neue Feuerbüchsen und neue Armaturen. Auch die 18 302, die 1941 einen schweren Unfall hatte und 15 m tief abgestürzt war, wurde vom Raw Bremen wieder aufgebaut und lief bei der Abnahme 135 km/h. 19 Maschinen überstanden den Krieg; die 18 326 mußte schon 1944 nach einem Bombenschaden ausgemustert werden. Als Anfang 1945 der Schnellzugbetrieb in Norddeutschland zum Erliegen kam, stellte man die Maschinen auf kleinen Bahnhöfen in der Umgebung Bremens ab. Der Verfügung der HV der Reichsbahn [Sitz Frankfurt (M)] vom 20. 9. 1948, nach der alle Splittergattungen mit weniger als 20 Maschinen nach Fristablauf auszumustern waren, fiel auch die BR 18^3 zum Opfer. 3 Maschinen (18 316, 18 319, 18 323) kamen

18 302 (bad. IV h^1, Bahnnummer 64) (Maffei 4628/1918)

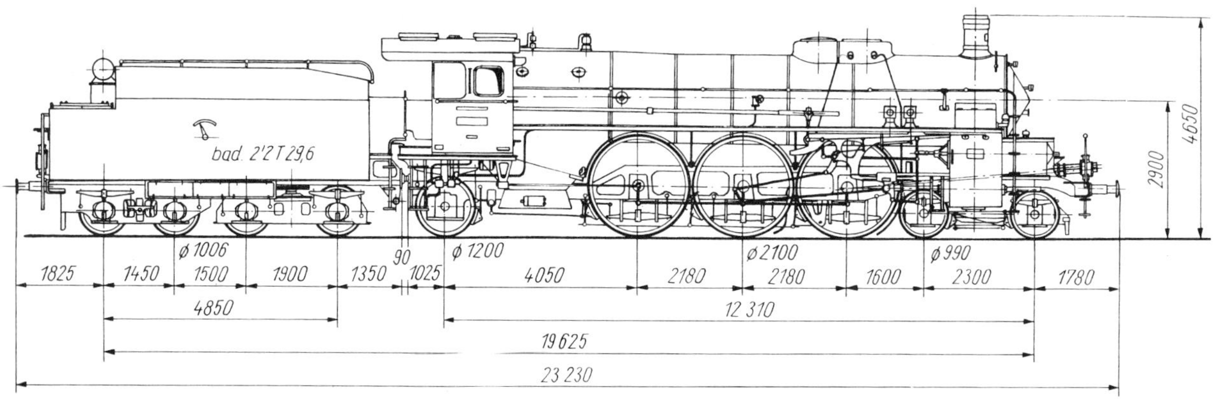

bad. IV h (BR 18^3)

nach Aufarbeitung durch das AW München-Freimann in den Versuchsdienst beim nachmaligen BZA Minden, die 18 314 wurde mit der DR am 29.7.1948 gegen die nach Kriegsende in Dresden A verbliebene 18 434 getauscht.

Die schnellste Fahrt einer 18^3 wurde 1956 mit 162 km/h auf der Strecke Kufstein–Wörgl (ÖBB) mit einem ÖBB-Triebwagen im Schlepp zu Schwingungsmessungen der Stromabnehmer registriert.

Konstruktive Merkmale

Kessel: Langkessel aus 3 Schüssen und hinterem konischem Schuß mit Reglerdom und Naßdampfventilregler auf dem vorderen Schuß. Sandkasten vor dem Dom und mit diesem unter gemeinsamer Verkleidung. Feuerbüchse und Stehbolzen aus Kupfer. Feuerbüchse breit über dem Rahmen. 2 geteilte Schiebetüren als Feuerlöcher. Großer, dreiteiliger Aschkasten mit Kipprost. 2 Pop-Sicherheitsventile badischer Bauart. Speiseeinrichtungen: Knorr-Kolbenspeisepumpe (250 l/min) mit Knorr-Oberflächenvorwärmer; 2 nichtsaugende Dampfstrahlpumpen Bauart Friedmann ASZ 11 (300 l/min). Speisepumpe, Vorwärmer und 1 Strahlpumpe auf der linken Lokseite, nur wechselweise benutzbar.

Rahmen: 100 mm dicker Barrenrahmen mit großen Ausschnitten. Pendelbleche vor 2. und 3. Kuppelachse.

Laufwerk: Sechspunktabstützung. Drehzapfen des Drehgestells um 110 mm nach hinten versetzt und mit ± 76 mm Seitenverschiebbarkeit des Drehgestellagers. Alle 3 Kuppelachsen fest im Rahmen gelagert. Schleppachse Bauart Adams mit ± 100 mm Seitenverschiebbarkeit. Tragfedern auf jeder Lokseite in drei Gruppen zusammengefaßt und durch Ausgleichhebel verbunden. 2. Kuppelachse mit 10 mm Spurkranzschwächung.

Triebwerk: Vierzylinder-Heißdampf-Verbundtriebwerk mit Zweiachsantrieb Bauart de Glehn. Innere HD-Zylinder gegenüber äußeren ND-Zylindern nach vorn verschoben. Innenzylinder arbeiten auf die 1. Kuppelachse (Kropfachse), Außenzylinder auf die 2. Kuppelachse. Kurze Dampfwege mit minimalen Drosselverlusten durch sehr kurzen Verbinder. HD-Maschinendampf gelangt durch Hohlschieber unmittelbar zum ND-Schieber.

Steuerung: Äußere Heusinger-Steuerung der HD- und ND-Zylinder über Tandemschieber. Anfahrvorrichtung Bauart Maffei mit Anfahrhahn und Füllventilen.

Bremse: Druckluftbremsanlage Bauart Westinghouse. Einseitige Abbremsung der vorderen Laufachsen von innen und der Kuppelachsen von hinten. Einseitige Abbremsung der Schleppachse von vorn. Zweistufige Luftpumpe Bauart Westinghouse.

Sondereinrichtungen: Druckluftsandstreuer sandet die Räder der ersten und zweiten Kuppelachse von vorn. Schmierung aller unter Dampf gehenden Teile durch 2 Schmierpumpen Bauart Friedmann (vorn auf dem rechten Umlaufblech). Gasbeleuchtung. Dampfheizungseinrichtung.

Tender: bad. 2'2 T 29,6 mit 9 t Kohle.

18 314

Rekolok DR

Die wechselvollste Geschichte und die größten Veränderungen aller badischen IV h-Lokomotiven dürfte die 18 314 aufweisen.

1948 kam sie im Austausch gegen die nach Kriegsende im Bw Dresden A verbliebene 18 434 des Bw Hof zur DR. Hier leistete sie als Kurierzuglokomotive für das Raw Stendal Dienst, bis sie 1951 der damaligen Lokomotivversuchsanstalt Halle (der späteren FVA Halle) zur Verfügung gestellt wurde, wo sie zunächst ohne große Änderungen zum Einsatz kam. Allerdings ersetzte man den verbrauchten Tender durch den der zur Kohlenstaublokomotive 07 1001 umgebauten 231 E 18 der SNCF.

Inzwischen nahmen die Aufträge zur brems- und lauftechnischen Erprobung von Reisezugwagen mit Geschwindigkeiten von 160 km/h so zu, daß das Herrichten einer zweiten Dampflokomotive für Schnellfahrversuche unumgänglich wurde. Man sah zum Umbauprojekt der 18 201 gleichzeitig die Rekonstruktion der 18 314 vor.

So entschloß man sich, anläßlich der 1958 fälligen planmäßigen Raw-Zuführung, bei der u. a. der Ersatz der Feuerbüchse erforderlich wurde, zum generellen Umbau zur Schnellfahrlokomotive. Der Umbau wurde im Raw „7. Oktober" Zwickau nach den Entwürfen und Konstruktionsunterlagen der VES-M Halle vorgenommen. Am 18. 12. 1960 ging die rekonstruierte Maschine wieder in Betrieb. Abgesehen von den nachfolgend aufgeführten konstruktiven Änderungen unterschied sie sich auch äußerlich wesentlich von ihrer Ursprungsausführung als bad. IV h.

Als entscheidende Änderung, besonders für das zukünftige Leistungsverhalten, ist der Einbau des neuen Kessels mit Verbrennungskammer, der für die Rekonstruktion der BR 03^{10}, 39 und 41 entwickelt worden war, anzusehen. Das Triebwerk blieb unverändert, am Laufwerk waren Änderungen zur Verbesserung des Achsfahrmasseausglei-

18 314 (bad. IV h^2, Bahnnummer 1003) (Maffei 5089/1919) Rekolok DR mit Ölhauptfeuerung

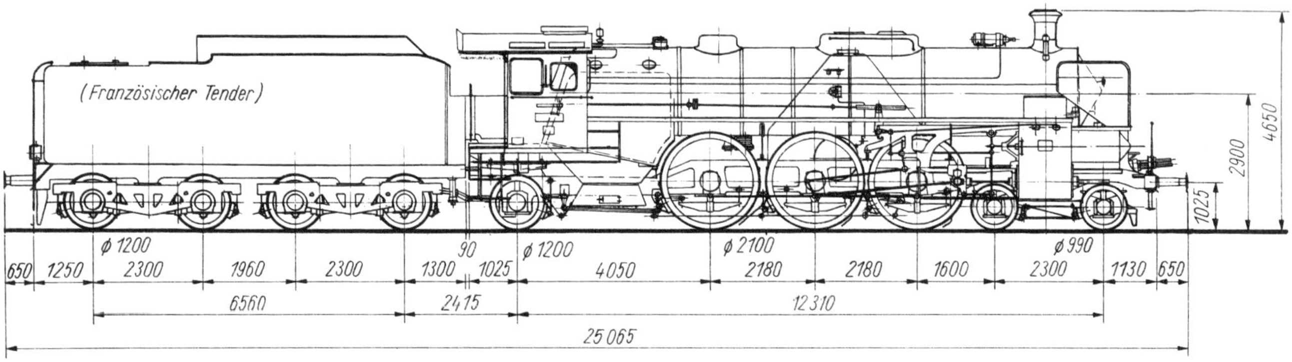

18 314 (bad. IV h) vor der Rekonstruktion durch DR mit Tender der SNCF 231 E 18

ches durch Einbau eines Ausgleichhebels zwischen den Federn der zweiten und dritten Kuppelachse und zwischen beiden Seiten der ersten Drehgestell-Laufachse vorgesehen. Am Langkessel machte sich eine Verkürzung um 220 mm erforderlich, um Platz für die Unterbringung des Dampfsammelkastens in der Rauchkammer zu bekommen, der durch die Anordnung der Ausströmrohre sehr beengt bzw. vorbestimmt ist.

Anstelle des Tenders französischer Herkunft kam der 2′2′ T 34 zum Einsatz. Im Hinblick auf die geplanten Fahrten mit hoher Geschwindigkeit erhielt die Lokomotive eine strömungsgünstige Stirnverkleidung, die sich bis zur Zylindergruppe und im Führerhausbereich bis zur hinteren Laufachse hinzog. Auch die Kesselaufbauten befanden sich unter einer gemeinsamen Verkleidung, die bis zum Führerhaus reichte. Der Vorwärmer lag jetzt quer zur Rauchkammer vor dem Schornstein, neu war ebenfalls die Anordnung von Luft- und Speisepumpe auf einem gemeinsamen Pumpenträger zwischen zweiter und dritter Kuppelachse. Für den Bremsbetrieb wurde die Lokomotive mit der Riggenbach-Gegendruckbremse ausgerüstet.

Die für deutsche Verhältnisse ungewohnte Formgebung, der Krempenschornstein, der bereits im 1. Entwurf der IV h von Maffei vorgesehen war, die kleinen, dem Gesamtbild angepaßten Windleitbleche, der grüne Anstrich von Kessel, Führerhaus, Verkleidung und Tender und das rot gehaltene Triebwerk verliehen diesem Einzelgänger im Lokomotivpark der DR ein elegantes Aussehen.

Das gut durchgebildete Triebwerk der IV h in Verbindung mit diesen Änderungen, vor allem mit dem wesentlich leistungsfähigeren und elastischen Neubaukessel machte die Rekolokomotive 18 314 der „klassischen" IV h weit

18 314 (bad. IV h) nach Rekonstruktion durch DR (Rostfeuerung)

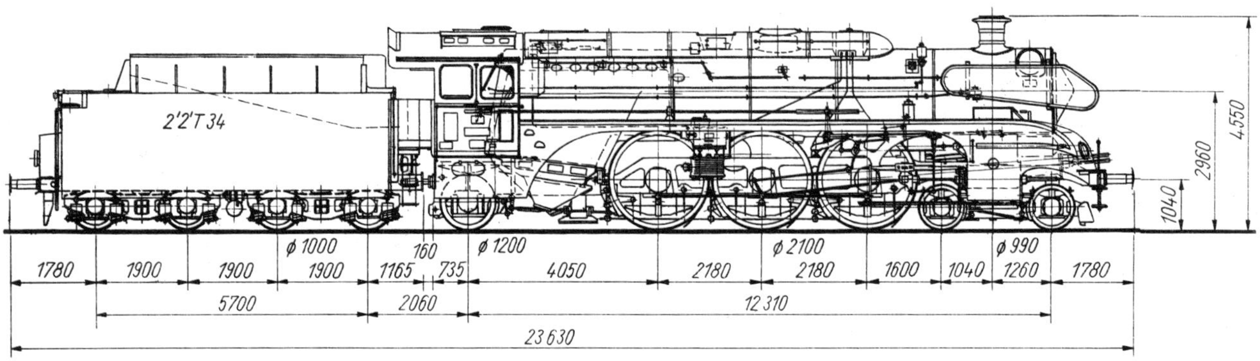

überlegen, was der im Januar 1968 im Raw Meiningen vorgenommene Umbau auf Ölhauptfeuerung noch unterstrich. Nachfolgende Gegenüberstellung der technischen Daten machen die Vorteile der Rekonstruktion deutlich:

18 314	vor Umbau	nach Umbau
Rostfläche	5,00	4,23 m^2
Verdampfungsheizfläche	224,80	199,50 m^2
Überhitzerheizfläche	77,60	80,00 m^2
Kesseldruck	15	16 bar
max. Dampfleistung	12,3	14 t/h
Dienstmasse	97	105 t
Reibungsmasse	53,40	56,00 t

Nach dem Umbau wurde ihre Höchstgeschwindigkeit auf 150 km/h festgesetzt. Neben den Versuchsfahrten bei der VES-M war sie gemeinsam mit Lokomotiven der BR 03^{10} im planmäßigen Schnellzugdienst Halle–Berlin und Halle–Saalfeld eingesetzt.
Mit Ablauf der Kesselfrist am 31. Dezember 1971 wurde die 18 314 ausgemustert. Sie gehört jedoch zum Dampflokbestand, der museal betreut wird.

Konstruktive Merkmale

Kessel: Rekokessel wie für BR 03^{10}, 39 und 41, wegen Unterbringung des Dampfsammelkastens in der Rauchkammer Rohrlänge jedoch um 220 mm verkürzt; Verkleidung der Kesselaufbauten, spitze Rauchkammertür, Caledonian-Schornstein.
Rahmen: Barrenrahmen mit 100 mm dicken Wangen unverändert übernommen, neuer hinterer Stehkesselträger, desgl. vorderer Einheitspufferträger.
Laufwerk: Erste Laufachse durch Querausgleichhebel als vorderer Stützpunkt ausgebildet, Kuppelachsen mit Schleppachse beidseitig zu einer Ausgleichsgruppe zusammengefaßt durch zusätzlichen Ausgleichhebel zwischen 2. und 3. Kuppelachse, Lok in 4 Punkten abgestützt.
Triebwerk: h4v-Triebwerk unverändert übernommen, Zylinderverkleidung von Pufferbohle bis Führerhaus umlaufend.
Steuerung: Heusinger-Steuerung mit Schiebern für HD- und ND-Maschinen auf gemeinsamer Schieberstange unverändert übernommen.
Bremse: Bauart Knorr mit einlösigem Steuerventil, Druckübersetzer, geschwindigkeitsabhängigem Bremsdruckregler, Gleitschutzeinrichtung und direkt wirkender Bremse für Lokomotive und Tender; Riggenbach-Gegendruckbremse; alle Lauf- und Kuppelräder einseitig abgebremst.
Sondereinrichtungen: Indusi, Oberflächenvorwärmer quer vor Schornstein in Rauchkammernische, Riggenbach-Gegendruckbremse für Bremslokbetrieb, 1968 Umbau auf Ölhauptfeuerung, ein Sandkasten unter Kesselaufbau zum Sanden der Räder aller gekuppelten Achsen von vorn. Dampfheizungseinrichtung.
Tender: 2'2' T 34, vorher Tender der 231 E 18 der SNCF (nach Umbau 07 1001 der DR); 1968 zum Öltender umgebaut.

18^4 bay. S $^3/_6$

18^4 bay. S $^3/_6$ Bauart 1912

Der Beschaffungszeitraum der bayerischen Pazifik-Lokomotive erstreckte sich von 1908 bis 1931, also über 24 Jahre.
Noch 11 Jahre nach der Gründung der Deutschen Reichsbahn (1920), 6 Jahre nach Lieferung der ersten 01, wurden die letzten Maschinen der Länderbauart ausgeliefert. Zweifellos sind die Nachbestellungen zur Reichsbahnzeit nicht nur mit dem Mangel an leistungsfähigen Schnellzuglokomotiven zu erklären, sondern auch ein Beweis für die Güte und Leistungsfähigkeit der Maffeischen Konstruktion.
Wie bei den meisten deutschen Länderbahnen, waren auch in Bayern um 1905 die B-Kuppler im Schnellzugdienst am Ende ihres Leistungsvermögens. Die S $^3/_5$, auch in der verstärkten Heißdampfausführung von 1906, konnten auf längere Sicht vor allem auf den schwierigen Hügelstrecken Bayerns eine Pazifik-Lok nicht ersetzen.
Die von Maffei gelieferte bad. IV f gab schließlich den Anstoß für die Bayerische Staatsbahn, eine ähnliche $^3/_6$-gekuppelte Maschine entwickeln zu lassen, wobei die mit den Gattungen S $^2/_5$, S $^2/_6$ und S $^3/_5$ gemachten guten Erfahrungen zu berücksichtigen waren. Als Leistungsprogramm waren 400-t-Schnellzüge auf 2‰ Steigung mit

95 km/h und auf 10‰ Steigung mit 65 km/h zu befördern.

18^4 (bay. S $^3/_6$ a, b, c)

Im Frühjahr 1907 erhielt Maffei den Auftrag, Projekte einer 2'C1' h4v vorzulegen, und am 16. 7. 1908 verließ die erste Maschine das Werk. Ähnlichkeiten mit der bad. IV f sind nicht nur unverkennbar, vielmehr ist die bay. S $^3/_6$ ein Weiterbau der IV f unter Berücksichtigung bayerischen Eigenheiten.
Die zweite Maschine wurde am 20. 7. des gleichen Jahres abgeliefert und kam sofort, mit einem ockerfarbenen Anstrich versehen, zur Ausstellung „München 1908". Die Lieferung des Jahres 1908 bestand aus 7 Maschinen. Als diese ihre betriebliche Bewährungsprobe bestanden hatten, folgten in den Jahren 1909, 1910 und 1911 weitere 16 Lokomotiven, die Bauserien S $^3/_6$ a, b und c. Zwischen den ersten vier Lieferungen bestanden, von unbedeutenden Äußerlichkeiten abgesehen, keine baulichen Unterschiede. Kessel (15 bar ≙ 15 kp/cm^2) und Triebwerk stimmten völlig überein. Im Gegensatz zur bad. IV f (Treibraddurchmesser 1800 mm) hatte man die bay. S $^3/_6$ mit einem Treibraddurchmesser von 1870 mm ausgerüstet. Das kennzeichnet die Lokomotive noch als Hügellandmaschine, die jedoch mit ihrem gut ausgeglichenen Triebwerk auch in der Ebene noch eine ausreichend hohe Geschwindigkeit entwickeln konnte. Sämtliche Maschinen wurden ohne die bei der bad. IV f verwendeten Füllventile an den ND-Zylindern geliefert.

18^4 (bay. S $^3/_6$ d, e)

Für die Schnellzüge von München nach Würzburg und Nürnberg war ab Sommerfahrplan 1912 eine Höchstgeschwindigkeit von 115 km/h vorgesehen. Speziell für diesen Zweck lieferte Maffei 1912 und 1913 die Serien d und e mit Treibrädern von 2000 mm Durchmesser. Diese Maschinen erhielten später die DRG-Nummern 18 441 bis 18 458. Die „Hochhaxigen", wie diese 18 Lokomotiven von den Bayern genannt wurden, hatten die gleichen Zylinderdurchmesser wie die Serien a–c, aber für beide Zylindergruppen den gleichen Kolbenhub von 670 mm (a–c = 610/670 mm). Radstand, Kesselhöhe und Reibungsmasse änderten sich zwangsläufig. Waren die ersten 4 Lieferungen mit dem Tender bay. 2'2 T 26,4 gekuppelt, so erhielten die Serien d und e den größeren Tender bay. 2'2 T 32,5. Erstmals bei dieser Serie kam der Krempenschornstein zur Ausführung.

18 418 (bay. S $^3/_6$, Serie c, Bahnnummer 3623) (Maffei 3160/1911)

18 454 (bay. S $^3/_6$, Serie e, Bahnnummer 3637) (Maffei 3318/1912)

18^4 (bay. S $^3/_6$ f)

Alle folgenden Serien erhielten wiederum einen Treibraddurchmesser von 1870 mm und den kürzeren Kolbenhub für die Hochdruckzylinder, so auch die drei Maschinen der Serie f, die vom 31. 12. 1913 bis 13. 1. 1914 ausgeliefert wurden und noch den größeren Radstand der Serien S $^3/_6$ und S $^3/_6$ a–c hatten, aber erstmals mit zwischen der 2. und 3. Kuppelachse liegenden Vorwärmern ausgerüstet waren und einen Tender bay. 2′2′ T 26,2 erhalten hatten.

18^4 (bay. S $^3/_6$ g)

Mit der Serie g wurde 1914 ein weiteres Baulos geliefert, das 10 Maschinen umfaßte (DRG 18 425–18 434). Die Lokomotiven waren für das linksrheinische bayerische Netz, für die Pfalzbahn bestimmt. Die als pfälz. S $^3/_6$ bekannt gewordenen Maschinen wichen nur in einigen Abmessungen von den Serien a–c ab und waren mit dem Tender bay. 2′2′ T 26,2 ausgestattet. Der feste Achsstand betrug 3980 mm (a–c, f = 4020 mm), der Gesamtachsstand der Lokomotive 11 190 mm gegenüber 11 365 mm der Serien a–c, f. Insgesamt waren die „Pfälzer" um reichlich 150 mm kürzer als die „Bayern". Der Gesamtachsstand (Lok und Tender) betrug 18 667 mm, 355 mm weniger als bei den „Bayern", damit ein Wenden auf den 19-m-Drehscheiben der Pfalzbahn ohne Schwierigkeiten möglich war. Eine dieser Maschinen, die 18 434, hatte es 1945 von Hof nach Dresden verschlagen. Sie wurde im Juni 1948 an die DB gegen die 18 314 getauscht, die als sogenannte Kurierzuglok im Raw Stendal Dienst tat bis 1951.

18^4 (bay. S $^3/_6$ h, i)

1914 folgten mit der Serie h nochmals 5 Lokomotiven in der Ausführung der Serien a–c, aber mit dem Tender bay. 2′2 T 26,4. Es waren die letzten S $^3/_6$ mit 16 t Achsfahrmasse. Die während des ersten Weltkrieges gebaute Serie i (1915–1918) umfaßte 30 Maschinen, die bereits 17 t Achsfahrmasse besaßen. Die höhere Masse resultiert aus dem Einbau von Ballastmassestücken. Die Bahnnummern 3650 bis 3655 erhielten 2 Ballastmassestücke, die Bahnnummern 3656 bis 3679 drei Stück (als Masseausgleich für die flußeiserne Feuerbüchse). Triebwerks- und Kesselabmessungen entsprachen der Serie g.
Mit der Auslieferung der letzten Maschinen der Serie i (Maffei-Fabriknummer 4542) endete die erste große Beschaffungsperiode der S $^3/_6$. Gemeinsames Merkmal aller dieser Maschinen, ausgenommen die Serien d und e (2000 mm Treibraddurchmesser), ist das sogenannte „Windschneidenführerhaus".

Die S $^3/_6$ übernahm sofort bei ihrem betrieblichen Einsatz die führende Rolle im bayerischen Schnellzugdienst. Das Bw München I (Zentralbahnhof) erhielt die Maschinen bis zur Serie c und be-

heimatete sie bis 1914. Sie waren im Schnellzugdienst nach Nürnberg, Regensburg, Lindau, Ulm, Würzburg, Aschaffenburg, Kufstein und Salzburg eingesetzt.
Von den Maschinen mit 2000 mm Treibraddurchmesser erhielt München 12 und Nürnberg 6 Stück. Nürnberg fuhr damit beachtliche Langläufe nach Halle (D 79/80 Nürnberg–Berlin). Die ,,Hochhaxigen" aus München kamen bis Salzburg, Kufstein, Nürnberg und Würzburg.
Die ,,Pfälzer" waren beim Bw Ludwigshafen stationiert und bedienten die Strecken nach Straßburg–Basel, Kaiserslautern–Metz und Stuttgart.
Der erste Weltkrieg hatte einen häufigen Stationierungswechsel zur Folge, denn einige Maschinen wurden auch in den von deutschen Truppen besetzten Gebieten Frankreichs und Belgiens eingesetzt. Als Reparationsleistungen mußten nach 1919 3 $S^3/_6$ an die SNCB und 16 an die État-Bahn abgegeben werden. Die Ablieferung betraf nur Maschinen mit 1870 mm Treibraddurchmesser. Als französische Truppen das Rheinland besetzten, verteilte man die linksrheinisch stationierten Pfälzer Maschinen auf die Bw Regensburg (1), Lindau (4), Nürnberg (4) und Würzburg (1). Erst 1928 waren alle wieder im Bw Ludwigshafen beheimatet.
Interessant ist noch die Farbgebung der $S^3/_6$, über die Kronawitter als ausgezeichneter Kenner dieser Baureihe berichtet. Die ersten Maschinen wurden dunkelgrün lackiert und hatten hellgrün eingefaßte, schwarze Zierleisten und Kesselbänder. Radsterne und Stangennuten waren ebenfalls grün, Rahmen, Rauchkammer, Rauchkammertür und Schornstein schwarz. Die ,,Hochhaxigen" hatten erstmals rote Radsterne und Stangennuten.
Die Vorschrift für die Farbgebung bayrischer Lokomotiven sah folgendes vor: Der Grundierung hatte eine viermalige Spachtelung mit Schleifgrund zu folgen. Drei Anstrichen in Grün folgte ein Schleiflackanstrich. Nach Anbringen der Zierstriche wurden die Maschinen mit Lokomotiv-Überzuglack fertig lackiert.
(Über den weiteren betrieblichen Einsatz der $S^3/_6$ a–i siehe BR 18^{4-5} und 18^5).

Konstruktive Merkmale

18^4 (bay. $S^3/_6$ a–c, f)

Kessel: Genieteter Kessel. Langkessel aus 3 Schüssen mit 5255 mm Abstand zwischen den Rohrwänden. Dampfdom mit Naßdampfventilregler auf dem 1. Kesselschuß, Sandkasten auf dem 2. Kesselschuß. Kupferne Feuerbüchse mit 4,5 m^2 Rostfläche breit über dem Rahmen; allseits geneigte Wände. Stehkesselrückwand mit 2 runden Feuerlöchern. Rauchrohrüberhitzer Bauart Schmidt. 2 Pop-Sicherheitsventile bayerischer Bauart. Kesseldruck 15 bar (15 kp/cm^2). Speiseeinrichtungen: 2 Dampfstrahlpum-

18 425 (pfälz. $S^3/_6$, Serie g, Bahnnummer 341) (Maffei 3439/1914)

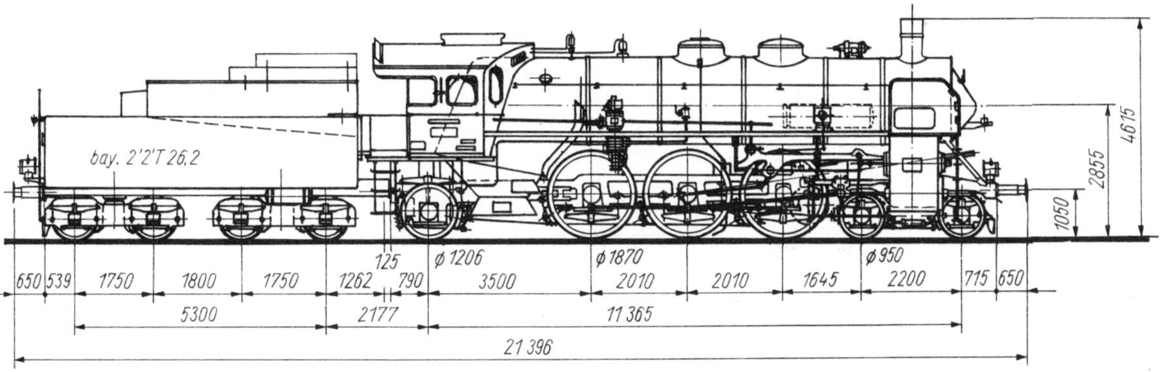

bay. S $^{3}/_{6}$ (BR 18⁴), Serien a–c, f

pen Bauart Friedmann (300 l/min). Bei S$^{3}/_{6}$f (18 419–18 421) Kolbenspeisepumpe und 1 Dampfstrahlpumpe (links).

Rahmen: Dreiteiliger Barrenrahmen mit 100 mm Dicke (Ausnahme: Bahnnummer 3643 u. 3644 = 18 420 bis 18 421; dort bereits Hinterrahmen aus Blechplatten), Lichtmaß 1060 mm. Im Bereich der Schleppachse eingezogen. 3 Pendelbleche.

Laufwerk: Sechspunktabstützung. Zweiachsiges Blechrahmen-Drehgestell mit ± 70 mm Seitenverschiebbarkeit. Rückstellung durch Blattfedern. Hintere Laufachse als Adamsachse mit ± 57,5 mm Seitenverschiebbarkeit. Alle 3 Kuppelachsen fest im Rahmen gelagert; Treibachse mit 10 mm Spurkranzschwächung.

Triebwerk: Vierzylinder-Verbund-Heißdampftriebwerk mit 2 außenliegenden ND- und 2 innenliegenden HD-Zylindern. Außenzylinder waagerecht, Innenzylinder geneigt; alle 4 Zylinder in einer Querebene. Einachsantrieb nach v. Borries auf 2. Kuppelachse. Kuppelstangen mit Buchsenlagern, hinteres Treibstangenlager geteilt und nachstellbar.

Steuerung: Außenliegende Heusinger-Steuerung für ND-Zylinder mit Übertragungswelle zur Steuerung der Innenzylinder. Für HD- und ND-Zylinder Kolbenschieber. Größte HD-Zylinderfüllung 80 % bis 83 %. Anfahrvorrichtung Bauart Maffei, bei Lok 18 419–18 421 mit Füllventilen.

Bremse: Einkammer-Druckluftbremse Bauart Westinghouse bremst alle Kuppelradsätze einseitig von hinten, den Schleppradsatz einseitig von vorn, die Laufradsätze einseitig von innen. Ein- bzw. zweistufige Luftpumpe auf der linken Maschinenseite.

Sondereinrichtungen: Handbetätigter Sandstreuer sandet die Räder der Treibachse von vorn. Geschwindigkeitsmesser Bauart Haußhälter. Schmierpumpe Bauart Friedmann für alle unter Dampf gehenden Teile. Dampfheizungseinrichtung. Petro-

bay. S $^{3}/_{6}$ (BR 18⁴), Serien d, e

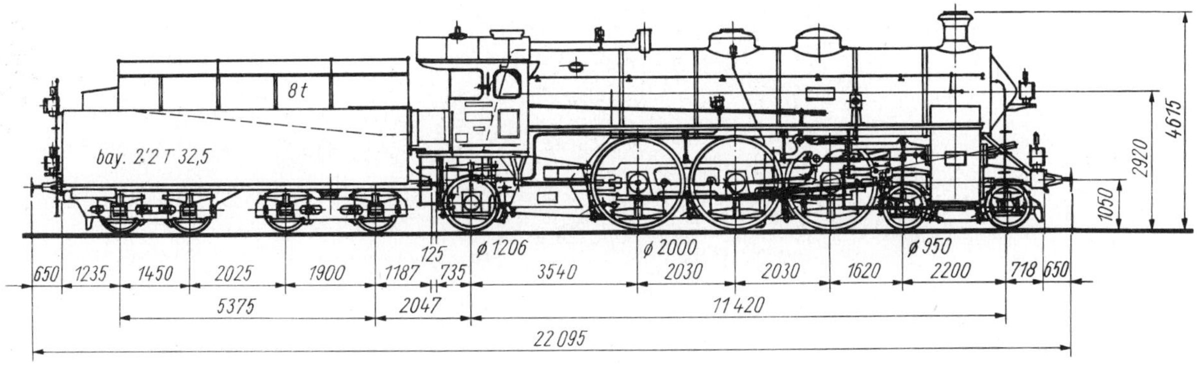

leumbeleuchtung. Keglig ausgebildete Rauchkammertür und Windschneidenführerhaus.
Tender: bay. 2'2' T 26,2 mit 7,5 t Kohle für 3642–3644 (18 419–18 421); bay. 2'2' T 26,4 mit 7,5 t Kohle.

18^4 (bay. $S^3/_6$d, e)

Kessel: wie Baureihe 18^4 (Serie a–c), jedoch mit 2920 mm um 65 mm höhere Lage der Kesselmitte über SO.
Rahmen: analoge Konstruktion wie Baureihe 18^4 (Serie a–c), Abweichungen durch größeren Achsstand bedingt.
Laufwerk: wie Baureihe 18^4 (Serie a–c), jedoch statt 1870 mm hier 2000 mm Treibraddurchmeser.

18 466 (bay. S $^3/_6$, Serie i, Bahnnummer 3655) (Maffei 4518/1917)

Triebwerk: wie Baureihe 18^4 (Serie a–c), jedoch für HD- und ND-Zylinder gleichen Kolbenhub von 670 mm und entsprechend geänderte Stangenlängen.
Steuerung: wie Baureihe 18^4 (Serie a–c).
Bremse: wie Baureihe 18^4 (Serie a–c).
Sondereinrichtungen: wie Baureihe 18^4 (Serie a–c), jedoch mit gerader Führerhausvorderwand.
Tender: bay. 2'2' T 32,5 mit 8 t Kohle.

18^4 (bay. $S^3/_6$ g–i)

Kessel: wie Baureihe 18^4 (Serie a–c), jedoch mit vergrößertem Rauchrohrüberhitzer Bauart Schmidt. Oberflächenvorwärmer Bauart Maffei zwischen 2. und 3. Kuppelachse quer auf dem Rahmen.
Rahmen: ab Serie g („Pfälzer"-$S^3/_6$) verkürzte Ausführung (Radstand Lok 11 190 mm gegenüber bisher 11 365 mm); alle Rahmen- und Triebwerksabmessungen entsprechend verändert.
Laufwerk: wie Baureihe 18^4 (Serie a–c), jedoch mit 17 t Kuppelachsfahrmasse.
Triebwerk: wie Baureihe 18^4 (Serie a–c)
Steuerung: wie Baureihe 18^4 (Serie a–c)
Bremse: wie Baureihe 18^4 (Serie a–c)
Sondereinrichtungen: wie Baureihe 18^4 (Serie a–c)
Tender: bay. 2'2' T 26,2 mit 7,5 t Kohle, bay. 2'2' T 26,4 mit 7,5 t oder 8,5 t Kohle,
bay. 2'2' T 32,5 mit 8 t Kohle.

18^{4-5} bay. S $^3/_6$

18^{5} Nachbau bay. S $^3/_6$

18^{4-5} (bay. S $^3/_6$ k)

Die zweite Beschaffungsperiode der S $^3/_6$ begann im Jahre 1923 und endete mit der Lieferung der 18 548 im Jahre 1931.
Der sehr spürbare Mangel an leistungsfähigen Schnellzuglokomotiven in der Zeit nach dem ersten Weltkrieg, hervorgerufen durch Reparationsleistungen und gestiegenes Verkehrsaufkommen, veranlaßte die DRG, der Gruppenverwaltung Bayern die Genehmigung zum Weiterbau der S $^3/_6$ zu erteilen.
So lieferte die Firma Maffei in den Jahren 1923 und 1924 die Serie k mit insgesamt 30 Maschinen. Äußeres Merkmal ist das Führerhaus mit gerader Stirnwand und schrägen Seitenwänden im Oberteil, aber ohne Windschneiden. Die Serie k hatte jedoch weiterhin Treibräder von 1870 mm Durchmesser. Die Maschinen, die dann später unter den DRG-Nummern 18 479–18 508 liefen, wurden in einzelnen Baugruppen verbessert. Die Überhitzerheizfläche betrug 62 m^2 (vorher 50 m^2), der Stehkessel erhielt ein rechteckiges Feuerloch mit dreiteiliger Klapptür gegenüber den für die älteren Lieferungen typischen zwei runden Feuerlöchern. Die Reibungsmasse stieg auf 53,8 t.

18^{5} (Nachbau bay. S $^3/_6$ l, m, n, o)

Der aus Geldmangel bei der DRG nur schleppend vorangehende Ausbau der Hauptstrecken für 20 t Achsfahrmasse engte das Einsatzgebiet der 01 und 39 (pr. P 10) ein. Deshalb wurde einem Nachbau der S $^3/_6$ zugestimmt, um den Schnellzugdienst auf den Strecken zu bewältigen, die nur für max. 18 t zugelassen waren. Die leichtere Ausführung der Einheits-Schnellzuglok, die BR 03, erschien erst 1930.
Maffei lieferte 1927 die Serie l (18 509–18 520) mit 12 Maschinen, 1927/1928 die Serie m (18 521–18 528) mit 8 Maschinen. Die Lokomotiven waren nochmals verstärkt und die Überhitzerheizfläche auf 76,3 m^2 vergrößert worden. Die Achsfahrmasse betrug jetzt 18 t, die

18 534 (bay. S $^3/_6$, Serie o) (Henschel 21 734/1930)

Reibungsfahrmasse 55,1 t. Den Kesseldruck hatte man auf 16 bar (16 kp je cm^2) erhöht und den Durchmesser der Hochdruckzylinder von 425 mm auf 440 mm vergrößert. Äußerlich wenig bemerkbar, erfolgte hierbei auch der Übergang von der Westinghouse- zur Knorr-Bremse. Die Lokomotiven wurden mit Doppelverbund-Luftpumpen ausgerüstet.

Während des Baues an der Serie n ging die Firma Maffei bankrott und stellte nur noch 2 Maschinen (18 529 und 18 530) fertig. Henschel & Sohn übernahmen in Lizenz den Weiterbau und lieferten 1930/31 mit der Serie o die restlichen 18 Maschinen (18 531 bis 18 548). Bereits ab Serie m waren weichere Tragfedern zum Einsatz gekommen. Henschel änderte bei der Serie o die bisher übliche Sechspunktabstützung in Vierpunktabstützung um und erzielte in Verbindung mit den weicheren Tragfedern eine wesentlich bessere Lage der Maschinen im Gleis.

Die bisher verwendeten bayerischen Tender 2′2 T 26,4 und 2′2 T 27,4 erwiesen sich für längere Durchläufe als zu klein. Die großen Tender (32,5) liefen ausschließlich hinter Maschinen mit 2000 mm Treibraddurchmesser. Für einen Teil der Loks wurde deshalb aus den bisherigen Bauarten der neue Tender 2′2′ T 31,7 entwickelt, den die 18 538–18 548 bereits ab Werk erhielten. Die Lok 18 505, die 1955 dem LVA Minden zugewiesen wurde, bekam dort den Einheitstender 2′3 T 38.

Die S $^3/_6$ ist oft und ausführlich auf ihr Leistungsvermögen untersucht worden. Die „Münchener Neuesten Nachrichten" berichteten unter dem 31. 3. 1927 von einer S $^3/_6$ „neuester Lieferung" (18 518), die am 29. 3. 1927 mit einem Versuchsschnellzug zwischen München und Nürnberg mit 15 Wagen (600 t) spielend 100 km/h erzielte. Auf der Rückfahrt waren 17 Wagen (670 t) zu bewältigen, mit denen die 6,6‰-Steigerung zwischen Treuchtlingen und Donauwörth nach vorherigem Halt in Treuchtlingen mit 70 km/h durchfahren wurde. Die indizierte Leistung betrug 1840 kW (2500 PSi), die Leistung am Zughaken 1325 kW (1800 PSe). Eine weitere Probefahrt fand im Mai des gleichen Jahres statt, bei der zwischen Augsburg und München mit 677 t Wagenzugmasse 127 km/h erreicht wurden (Lok 18 518).

Das LVA Grunewald untersuchte drei S $^3/_6$ vor dem Meßwagen: die 18 518 (Serie m), die 18 538 (Serie o) und die 18 507 (Serie k). Eine Anzahl von Maschinen, darunter auch großrädrige, waren später mit erweitertem Blasrohr und Schornstein, entsprechend der von R. P. Wagner verfolgten Linie, ausgerüstet worden. Eine Maschine mit 2000 mm Treibraddurchmesser ist leider weder von Grunewald noch vom LVA Minden untersucht worden.

Die Grunewalder Versuche ergaben, daß die S $^3/_6$ ihre höchsten Leistungen im Bereich zwischen 60 km/h und 100 km/h abzugeben vermochte und bei dieser Geschwindigkeit auch den günstigsten Dampfverbrauch und Brennstoffverbrauch hatte. Bei Geschwindigkeiten über 100 km/h sank die indizierte Leistung stark ab, und der Dampfverbrauch stieg erheblich an. Den Versuchen wurde die bei der DRG übliche Kesselgrenze von 57 kg/m^{2}h zugrunde gelegt. Betriebsmeßfahrten vor planmäßigen Schnellzügen erbrachten jedoch den Beweis, daß der S $^3/_6$-Kessel, ohne Schaden zu nehmen, auch längere Zeit höher belastet werden konnte. Auf jeden Fall war er gegen höhere Belastung weitaus weniger empfindlich als die Langrohrkessel Wagnerscher Bauart in den Einheitslokomotiven.

Ein Vergleich der kleinrädrigen S $^3/_6$ mit der BR 03, wie er oft angestellt wurde, ist wenig real, weil die S $^3/_6$ als

bay. S $^3/_6$ (BR 18^{4-5}, 18^5), Serien k–o

Hügellandmaschine der Flachlandmaschine mit 2000 mm Treibraddurchmesser im höheren Geschwindigkeitsbereich unterlegen sein mußte. Es traten bei höheren Drehzahlen Drosselverluste in den Dampfleitungen auf, vor allem bei den S $^3/_6$ älterer Bauart, die die Verbrauchswerte nachteilig beeinflußten. Real wäre ein Vergleich zwischen den „Hochhaxigen" und der 03 gewesen, doch der wurde nie angestellt. Zweifellos ist die S $^3/_6$ jedoch eine der gelungensten deutschen Verbund-Schnellzuglokomotiven. Auch R. P. Wagner erkannte die Vorzüglichkeit der Konstruktion in seinem Bericht über die Seddiner Ausstellung (1924) vorbehaltlos an.

Zusammen mit den Einheits-Schnellzugloks 01 und 02, den anderen deutschen Länderbahn-Pazifiks, der sä. XX HV und der pr. P 10 bewältigte die S $^3/_6$ von der Mitte der zwanziger Jahre bis zum Erscheinen der 03 den schweren Schnellzugdienst in Deutschland. Sie ist in allen bedeutenden bayerischen Bahnbetriebswerken zu finden, aber auch außerhalb Bayerns, im Bereich der ehemaligen Preußisch-Hessischen Staatsbahn: Wiesbaden, Mainz, Darmstadt, Bingerbrück und Halle (S), kurzzeitig auch in Osnabrück. Während dieser Zeit wurden so bekannte Expreß- und Luxus-

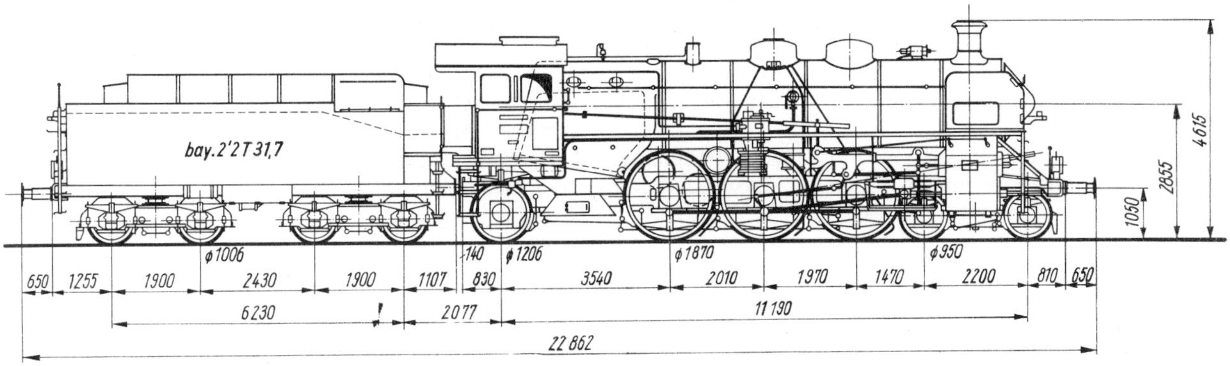

züge wie der „Rheingold"-Expreß FFD 101/102, der FD 79/80 München–Berlin, der L 51/52 Wien–Oostende-Expreß u. a. mit bayerischen $S^3/_6$-Lokomotiven bespannt. 1938 tauchten $S^3/_6$ beim Bw Heidebreck der Rbd Oppeln zur Beförderung der Korridor-Züge D 71–76 auf.

Fortschreitende Elektrifizierung und vermehrte Beschaffung von Einheits-Schnellzuglokomotiven verdrängten die $S^3/_6$ in den Schnellzugdienst auf weniger bedeutenden Hauptstrecken und in den Eilzugdienst.

Fünf Maschinen (18 403, 18 413, 18 414, 18 426 und 18 474) erlitten Kriegsschäden, so daß von ihrer Reparatur abgesehen wurde. Die im Kriege reichlich vernachlässigten und wohl auch nicht immer sachgemäß bedienten Maschinen wurden in der Nachkriegszeit im Personenzugdienst eingesetzt. Die älteren Maschinen bis etwa zur Betriebsnummer 18 458 waren 1950 bereits ausgemustert. Anfang der 50er Jahre folgten die restlichen leichteren Maschinen bis zur Betriebsnummer 18 478. Bis auf die Darmstädter Maschinen waren um diese Zeit wieder alle $S^3/_6$ im bayerischen Raum konzentriert.

Die schweren Maschinen, die ab 1923/24 gebaut worden waren (18^{4-5}), fuhren in den fünfziger Jahren noch einige beachtliche Leistungen, wurden jedoch, von Ausnahmen abgesehen, bis 1960 ebenfalls alle ausgemustert. Von den 40 Maschinen der Baureihe 18^5 (Maffei-Henschel-Nachbau) wurden bei der DB 30 Stück rekonstruiert und erhielten die Betriebsnummern 18 601–18 630.

Einige Maschinen werden der Nachwelt erhalten bleiben: Die 18 451 steht, in den Originalzustand zurückgebaut, im Deutschen Museum München; die 18 478, die letzte Maschine mit Windschneidenführerhaus, wurde 1962 von einem Schweizer Privatmann gekauft und in den Originalzustand versetzt; die 18 508 steht im Werksmuseum der Lokomotivfabrik Krauss-Maffei; die 18 528 hat einen Platz vor dem Verwaltungsgebäude von Krauss-Maffei als Denkmalslok erhalten. Über das Schicksal der 18 505 des LVA Minden ist noch nicht entschieden.

Konstruktive Merkmale

18^{4-5} (bay. $S^3/_6$k)

Kessel: wie Baureihe 18^4 (Serie a–c), jedoch mit vergrößertem Rauchrohrüberhitzer Bauart Schmidt. Oberflächenvorwärmer Bauart Maffei zwischen 2. und 3. Kuppelachse quer auf dem Rahmen.

Rahmen: ab Serie g („Pfälzer"-$S^3/_6$) verkürzte Ausführung (Radstand Lok 11 190 mm gegenüber bisher 11 365 mm); alle Rahmen- und Triebwerksabmessungen entsprechend verändert.

Laufwerk: wie Baureihe 18^4 (Serie a–c), jedoch mit 17 t Kuppelachsfahrmasse.

Triebwerk: wie Baureihe 18^4 (Serie a–c)

Steuerung: wie Baureihe 18^4 (Serie a–c)

Bremse: wie Baureihe 18^4 (Serie a–c). Ab Serie k Einkammer-Druckluftbremse Bauart Knorr.

Sondereinrichtungen: wie Baureihe 18^4 (Serie a–c). Ab Serie k geändertes Führerhaus, dreiteilige Kipptür für den Hinterkessel, geänderte Armaturenstutzen, Hilfsluftumsteuerung, andere Lage der Pumpen.

Tender: bay. 2'2 T 26,4 mit 7,5 t oder 8,5 t Kohle.

18^5 (bay. S $^3/_6$ l–o)

Kessel: Genieteter Kessel. Langkessel aus 3 zylindrischen Schüssen. Vorderer Schuß mit Dampfdom und Naßdampf-Ventilregler. Stehkessel mit geneigter Rückwand und geneigten Seitenwänden breit über dem Rahmen. Kupferne Feuerbüchse. Rechteckiges Feuerloch mit dreiteiliger Klapptür. Rauchrohrüberhitzer Bauart Schmidt. 2 Sicherheitsventile Pop-Coale bayerischer Bauart. Speiseeinrichtungen: Kolbenspeisepumpe Bauart Knorr-Tolkien KT 1 (250 l/min) mit Oberflächenvorwärmer Bauart Maffei (zwischen 2. und 3. Kuppelachse quer auf dem Rahmen); 2 Dampfstrahlpumpen Bauart Friedmann (je 300 l/min).
Rahmen: Aus 3 Teilen zusammengesetzter Barrenrahmen mit 100 mm Stärke und 1060 mm lichter Weite. Blechversteifungen im Bereich der vorderen Kuppelachse.
Laufwerk: Sechspunktabstützung für die Serien l–n. Vierpunktabstützung für die Serie o (ab 18 531). Vorderes zweiachsiges Drehgestell mit ± 70 mm Seitenverschiebbarkeit und Blechrahmen. Schleppachse als Adamsachse mit ± 60 mm Seitenverschiebbarkeit. Alle 3 Kuppelachsen fest im Rahmen gelagert. Treibachse mit 10 mm Spurkranzschwächung. Radstand Lok 11 190 mm.
Triebwerk: Vierzylinder-Verbund-Heißdampftriebwerk mit Antrieb der 2. Kuppelachse (Einachsantrieb nach v. Borries). 2 außenliegende, waagerechte ND-, 2 innenliegende, geneigte HD-Zylinder. Alle vier Zylinder in einer Querebene. Einschienig geführte Kreuzköpfe. Stangenlager bei Serie n und o mit Nadelschmierung.
Steuerung: Außenliegende Heusinger-Steuerung für ND-Zylinder. Steuerung der HD-Zylinder durch Übertragungswelle. Bewegung wird von ND-Schieberkreuzköpfen abgenommen. HD-Kolbenschieber mit innerer, ND-Kolbenschieber mit doppelter äußerer Einströmung und doppelter innerer Ausströmung. Anfahrvorrichtung Bauart Maffei mit Füllventilen. Druckausgleicher an den ND-Zylindern und Luftsaugeventile für Leerlauf.
Bremse: Einkammer-Druckluftbremse Bauart Knorr mit Zusatzbremse. Kuppelradsätze werden einseitig von hinten, Laufradsätze einseitig von innen, Schleppradsatz wird einseitig von vorn gebremst. Doppelverbund-Luftpumpe Bauart Nielebock-Knorr auf der rechten Maschinenseite (später zweistufige Luftpumpen Bauart Knorr mit Tolkien-Steuerung).
Sondereinrichtungen: Druckluftsandstreuer Bauart Knorr sandet die Räder aller Kuppelachsen von vorn. Zentralschmierung aller unter Dampf gehenden Teile Bauart de Limon Klasse N. Elektrische Beleuchtung durch Dampfturbogenerator. Dampfheizungseinrichtung.
Tender: bay. 2'2 T 27,4 mit 8,5 t Kohle, bay. 2'2 T 31,7 (18 538–18 548) mit 8 t Kohle.

18^6

Umbaulok DB

Obwohl die DB den größten Teil der leistungsstarken Schnellzuglokomotiven der DRG übernommen hatte, darunter alle 01^{10} und die drei 05, herrschte Anfang der 50er Jahre ein spürbarer Mangel an Lokomotiven für den hochwertigen Reisezugdienst. Die Hauptverwaltung der Bundesbahn entschloß sich deshalb, die noch während der Reichsbahnzeit gebauten bay. S $^3/_6$-Maschinen der BR 18^5 zu modernisieren. Es handelte sich um die Maffei-Lieferungen aus den Jahren 1927 bis 1930 und die Henschel-Lizenzbauten, ebenfalls aus dem Jahre 1930. Die Maschinen der BR 18^5 waren also nicht älter als die ersten einhundert Maschinen der BR 01. Von den 40 Lokomotiven der BR 18^5 (18 509 bis 18 548) wurden 30 umgebaut. Der Umbau erfolgte 1953 bis 1956 in den AW München-Freimann und Ingolstadt. Die Maschinen trugen künftig die Baureihenbezeichnung 18^6 (18 601–18 630).
Sie wurden mit völlig geschweißten Verbrennungskammerkesseln ausgerüstet, erhielten neue Führerhäuser und eine Führerhausausrüstung (Armaturen usw.) nach den bei der DB üblichen Baugrundsätzen. Der Kessel vermochte durch seinen höheren Anteil an Strahlungsheizfläche bei einer spezifischen Heizflächenbelastung von

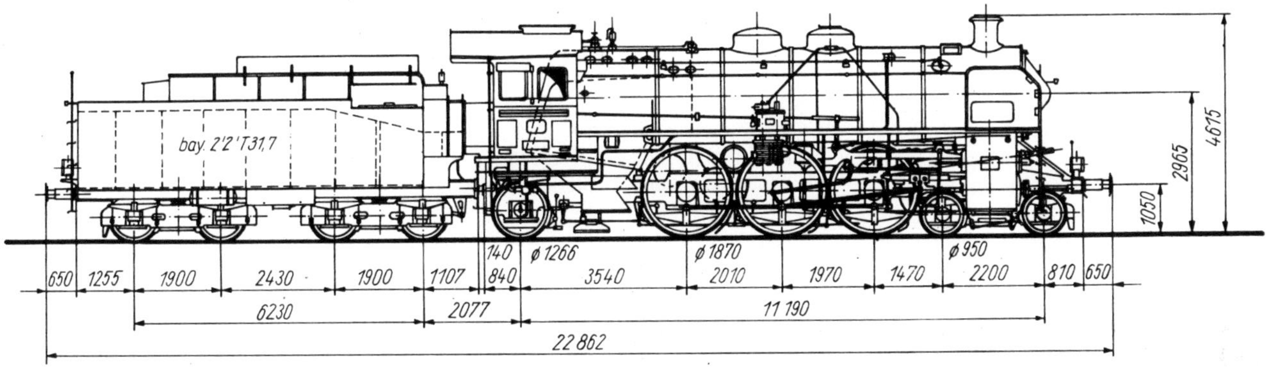

BR 18^6 (Umbau DB)

70 kg/m²h 13,6 t/h Dampf zu liefern, ohne daß für die Feuerbüchsrohrwand Überlastungsgefahr bestand. Wie alle Neubaulokomotiven der DB wurde auch die 18^6 mit einem Heißdampf-Mehrfachventilregler ausgestattet. Die Maschinen blieben wie bisher mit den Tendern 2′2′ T 31,7 und 2′2 T 27,4 gekuppelt.
Die rekonstruierten Lokomotiven zogen in der Ebene 515 t mit 120 km/h und 480 t auf Steigungen von 10‰ mit 50 km/h. Die höchste Dauerleistung wird mit 1693 kW (2300 PSi) angegeben. Mit einem Gesamtwirkungsgrad von 9 % bis 10 % gehörte sie zu den wirtschaftlichsten Maschinen der DB und erreichte im unteren Geschwindigkeitsbereich (unter 100 km/h) fast die BR 01.
Die erste Maschine verließ im Februar 1953 noch unter der Betriebsnummer 18 521 das AW München-Freimann. Die Umzeichnung erfolgte erst später.

Im gleichen Jahr folgten noch 3 Maschinen. Ab Betriebsnummer 18 604 zeichnet das AW Ingolstadt allein für den Umbau verantwortlich. 1954 folgten 8, 1955 11 und 1956 die restlichen 7 Maschinen.

18 601 (Umbau aus 18 521, AW München–Freimann 1953)

Die 18^6-Lokomotiven kamen in den schweren Schnellzugdienst des Rhein-Main-Gebietes und liefen anfangs in den gleichen Dienstplänen wie die 18^4 und 18^{4-5}. Heimat-Bw wurden Darmstadt, Hof, Regensburg, Nürnberg und Lindau. Bereits 1955 fanden die ersten Umstationierungen statt. In Nürnberg löste die 18^6 die BR 01 ab, in Ulm, wohin sie 1957 kam, die 18^4. Darmstadt hatte 1957 bereits alle 18^6 abgegeben.
Leider war beim Aufbau der Kessel der Fehler gemacht worden, die Pumpenträger am Kessel anzuschweißen. Das führte zu Rißbildungen, die dazu zwangen, den Kesseldruck von 16 bar (16 kp/cm^2) auf 12 bar (12 kp/cm^2) zu reduzieren. Damit war natürlich die 18^6 für die Baureihen 01 und 03 keine Konkurrenz mehr.
Seit August 1961 waren alle noch betriebsfähigen Maschinen beim Bw Lindau konzentriert. Es hatte mit den Lokomotiven 18 604, 18 618, 18 621, 18 624 und 18 625 bereits die ersten Ausmusterungen gegeben. Der verstärkte Einsatz der Diesellokomotiven der BR V 200 und $V 200^1$ vom Bw Kempten aus bereitete der Ära der 18^6 ein rasches Ende. Im Juli 1962 gab es noch 20 betriebsfähige Maschinen, im Herbst 1964 noch 4 und im März 1965 nur noch 2. Nach einer Abschiedsfahrt mit Eisenbahnfreunden am 29. 5. 1965 wurde mit der 18 622 offiziell die letzte Maschine der BR 18^6 ausgemustert. Lediglich die 18 603 fristete als Heizlok beim Bw Ludwigshafen noch bis zum 20. 6. 1966 (Ausmusterungsdatum) ihr Dasein.
In den weniger als 10 Jahren ihres Bestehens wurden von den Maschinen beachtliche Leistungen erzielt. Der Tagesdurchschnitt lag zwischen 500 km und 600 km, der größte Langlauf mit 372 km zwischen Stuttgart und Hof. Die meisten Maschinen hatten vom Umbau bis zur Ausmusterung Laufleistungen von 1 Million km erbracht.

Konstruktive Merkmale

Kessel: Vollständig geschweißter Kessel mit vergrößertem Wasserraum. Stahlfeuerbüchse mit Verbrennungskammer. Versuchsweise Ausrüstung mit Feuerbüchssiedern. Kreuzgelenkstehbolzen in den Hauptbewegungszonen. Dampfdom und Sandkasten gegenüber BR 18^5 in der Lage getauscht. 2 Hochhubsicherheitsventile Bauart Henschel-Ackermann. Mehrfachventil-Heißdampfregler mit Seitenzug. Kesseldruck 16 bar (16 kp/cm^2), später reduziert auf 12 bar (12 kp/cm^2). Kesselmitte ü. SO gegenüber BR 18^5 um 110 mm angehoben. Speiseeinrichtungen wie BR 18^5.
Rahmen: wie BR 18^5 (18 509–18 548)
Laufwerk: wie BR 18^5
Triebwerk: wie BR 18^5
Steuerung: wie BR 18^5
Bremse: wie BR 18^5
Sondereinrichtungen: wie BR 18^5, jedoch neues, geschweißtes Führerhaus. Zweiklang-Einheitspfeife der DB.
Tender: bay. 2′2′ T 31,7 mit 9 t Kohle, bay. 2′2 T 27,4 mit 8,5 t Kohle.

T 18^{10} Turbinenlok (Krupp) Turbinenlok (Maffei)

Die Einführung des Heißdampfes im Betrieb der Kolbendampflokomotive nach der Erfindung Wilhelm Schmidts war die letzte große Verbesserung des Wirkungsgrades bei Maschinen Stephensonscher Bauart. Entscheidende Verbesserungen waren nicht mehr zu erwarten. Die Möglichkeit einer weiteren teilweisen Verbesserung des Wirkungsgrades sah man deshalb in der besseren Ausnutzung des Wärmegefälles bei der Dampfexpansion. Die vollständige Expansion bis zum atmosphärischen Druck war nur in der Dampfturbine möglich.
Vom Einsatz der Turbine erhoffte man weitere Verbesserungen gegenüber der Kolbenlokomotive: Das gleichförmige Drehmoment sicherte in jeder Stellung ein sicheres und stoßfreies Anfahren; das Fehlen hin- und hergehender Massen erleichterte die Probleme des Massenausgleichs, vermied zusätzliche Raddrücke und schonte den Oberbau. Die DRG konnte sich infolge wirtschaftlicher Belastungen nach dem ersten Weltkrieg erst spät mit Turbinenlokomotiven befassen, dafür aber die bis ins erste Jahrzehnt unseres Jahrhunderts reichenden Erfahrungen anderer europäischer Bahnverwaltungen (Italien, Schweden, Schweiz) nutzen.

T 18 1001 (Bauart Krupp-Zoelly)

Die Fa. Krupp unterbreitete der DRG einen Vorschlag für eine Turbinenlokomotive, die sich an die Turbinenlok Nr. 1801 der SBB anlehnte. Die Turbine, eine Zoelly-Konstruktion, lieferte die Züricher Firma Escher-Wyss Co. Entsprechend ihrer Bestimmung für den Schnellzugdienst erhielt die Maschine die Achsfolge 2′C1′. Das Drehgestell hatte 1000er Laufräder, die Kuppelräder konnten wegen der möglichen höheren Drehzahlen auf 1650 mm Durchmesser beschränkt bleiben, die Schleppachse besaß 1250er Räder.
Der Kühltender ruhte auf zwei zweiachsigen Fachwerk-Drehgestellen. Den vorderen Teil nahmen der Kohlebunker und der darunterliegende Wasserbehälter ein, im hinteren und größeren Teil war die Rückkühleinrichtung untergebracht.
Die Turbine hatte ihren Platz unter der Rauchkammer über dem Drehgestell. Die 6stufige Vorwärtsturbine entwickelte bei 6800 min^{-1} (≙ 85 km/h Fahrgeschwindigkeit) 1472 kW (2000 PSe), mit Zusatzdüse 2060 kW (2800 PSe). Bei der Rückwärtsturbine begnügte man sich mit einem dreistufigen Läufer.
Nach Fertigstellung der Lokomotive fanden eingehende Untersuchungen auf dem Krupp-Prüfstand statt, wobei zunächst die Funktion der Hilfsmaschinen überprüft und dann die Leistung (Dampfverbrauch) der Hauptturbine gemessen wurden. Weil der Dampf- und Brennstoffverbrauch nicht unter den Werten einer guten Kolbenlokomotive lagen, mußte ein Teil der Leistung verlorengehen. Es wurde ermittelt, daß 55,5 kW von der im Vakuum mitlaufenden Rückwärtsturbine durch Luftverdichtungsarbeit aufgezehrt wurden. Erst als durch eine speziell entwickelte Vorrichtung die Rückwärtsturbine bei Vorwärtsfahrt selbsttätig gegen den Kondensator abgeschlossen wurde, verringerten sich die Verluste auf 32,8 kW (44,5 PS).
Probleme gab es auch durch die zu geringe Kühlleistung der Rückkühlanlage, weil ein Teil des Kühlwassers vom Ventilatorluftstrom mitgerissen wurde. Eine Verbesserung erfolgte, als man die Kühlluft durch Schlitze in den Seitenwänden des Tenders ansaugte und die bisherige Saugwindgruppe durch einen Saugzugventilator in der Rauchkammer ersetzte. In diesem Bauzustand besaß die Lokomotive eine keglige Rauchkammertür. Die Rückkühlung erfolgte im wesentlichen durch Verdunstung, so daß die Lokomotive trotz der Kondensation des Abdampfes noch einen erheblichen Wasserverbrauch hatte und regelmäßig Wasser fassen mußte. Bei einem nochmaligem Umbau erhielt die Lokomotive eine im Rauchkammerscheitel angeordnete Curtis-Saugzugturbine, womit die keg-

T 18 1001 (Krupp 592/1923), letzter Bauzustand

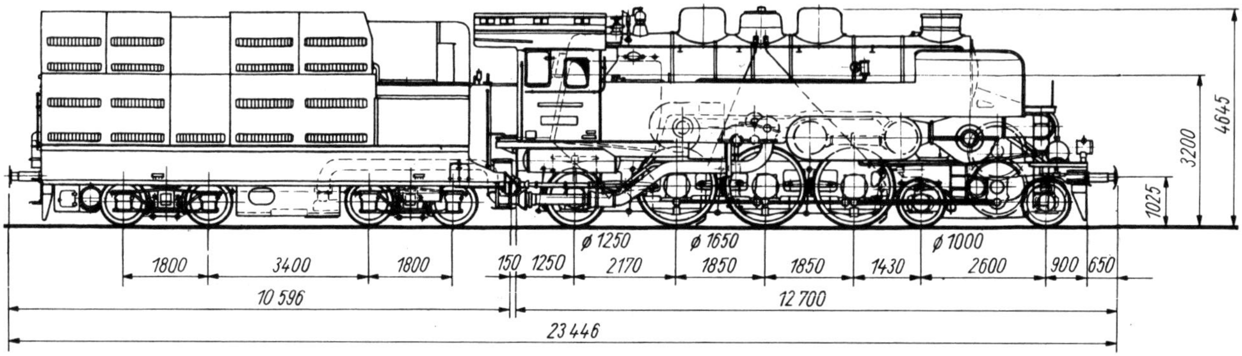

T 18 1001 (Lieferzustand)

lige Rauchkammertür entbehrlich war und gegen eine normale getauscht wurde.

Die Bremsen waren zu schwach dimensioniert, weil man die große kinetische Energie der umlaufenden Massen unterschätzt hatte. Die leerfahrende Lokomotive hatte einen Bremsweg von 2000 m, wenn sie aus Höchstgeschwindigkeit abgebremst wurde. Eine Verstärkung des Bremssystems war aus Platzmangel nicht möglich, so daß für den Betrieb eine Sondererlaubnis erteilt worden war. Das LVA Grunewald, das die Maschine 1928 erhielt, unternahm auf der Strecke Burg–Potsdam Versuchsfahrten mit einer Bremslok bei Geschwindigkeiten von 60 km/h, 80 km/h und 100 km/h. Bei 883 kW (1200 PSe) bis 957 kW (1300 PSe) und dem Kohleverbrauch von 0,55 kg/kWh (0,75 kg/PSeh) wurden gegenüber der BR 39$^{0-2}$ 40 % und gegenüber der BR 01 25 % Brennstoffersparnis erzielt. Entsprechend den Auftragsbedingungen mußte der Brennstoffverbrauch der Turbinenlok unter dem der bei Konstruktion der Maschine modernsten Kolbenlokomotive, der P 10, liegen.

Im Dezember 1928 und im Januar 1929 lief die Maschine probeweise im FD-Plan zwischen Berlin und Bremen (400 km) mit Halt in Stendal und Hannover. Bei ca. 580 t Wagenzugmasse wurden die Planzeiten dank der guten Anfahrzugkraft und der hohen Beschleunigung nicht nur gehalten, sondern teilweise sogar unterboten.

Nach den Probefahrten erfolgte ein Umbau der Maschine: Die Rückwärtsturbine wurde entfernt und durch eine Anfahr- und Rangierturbine ersetzt. Die Anfahrturbine, die bei Geschwindigkeiten über 30 km/h automatisch abschaltete, arbeitete auf ein Wendegetriebe, das durch Umschalten auch die Rückwärtsfahrt ermöglichte.

Die Lok T 18 1001 wurde dem Bw Hamm (Westf) zugeteilt. Sie lief zusammen mit den BR 01 und 39 im schweren Schnellzugdienst auf der Strecke Aachen–Köln–Hannover und erfüllte ihre Aufgaben ohne Beanstandungen. 1940 erhielt sie im Bf Hamm einen Bombentreffer. Die geplante Reparatur bei Krupp konnte nicht erfolgen, weil ein weiterer Bombentreffer die Maschine vernichtete.

Konstruktive Merkmale

Kessel: Normaler genieteter Lokomotivkessel mit zweischüssigem Langkessel der Reichsbahnbauart. Rauchkammer in Ursprungsausführung zweigeteilt mit zweiflügliger Zwischentür. Rauchgasventilator zunächst aus Platzgründen zwischen Pumpengruppe der Hilfsmaschinen und Stehkessel montiert, danach in der Rauchkammertür.

Rahmen: Barrenrahmen nach Art der Einheitslokomotiven.

Lauf- und Triebwerk: Vorauslaufendes zweiachsiges Drehgestell mit 1000er Laufrädern. Drei Kuppelachsen mit Stangenantrieb von der zwischen den vorderen Laufachsen liegenden Blindwelle des Vorgeleges. Treibraddurchmesser 1650 mm. Schleppachse Bauart Adams mit 1250 mm Raddurchmesser.

Turbine: Turbinen- und Vorgelegeaggregat im Vorderteil des Rahmens. Vorwärts- und Rückwärtsturbine Bauart Zoelly in getrennten Gehäusen zu beiden Seiten des Getriebes. Vorwärtsturbine in Fahrtrichtung rechts, sechsstufig. Rückwärtsturbine in Fahrtrichtung links, dreistufig.

Getriebe: Zweistufiges Getriebe Bauart Krupp.

Kondensatoren: 2 räumlich getrennte, hintereinandergeschaltete Oberflächenkondensatoren zylindrischer Bauart quer zur Fahrtrichtung vor und hinter der 1. Kuppelachse.

Hilfsmaschinen: Hilfsturbine treibt über dreistufiges Getriebe Kühlwasserumwälzpumpe, Speisepumpe und Luft-

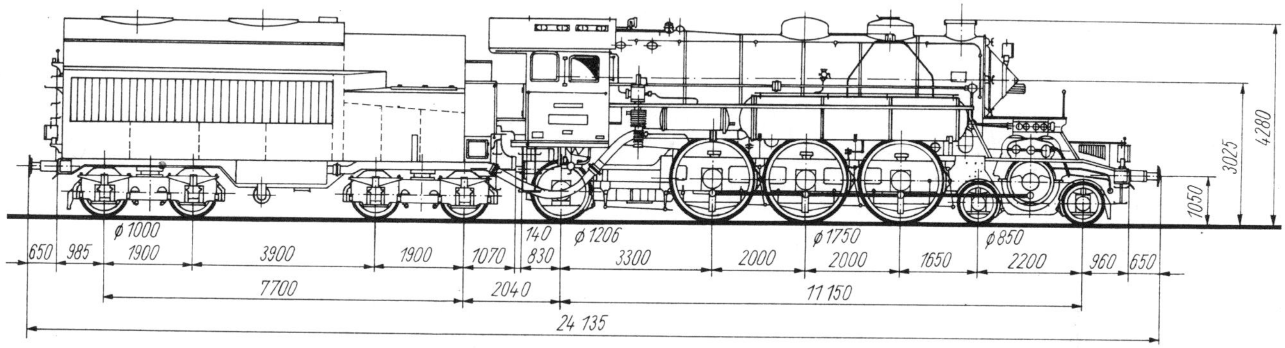

T 18 1002 (Lieferzustand)

pumpe. Als Differentialkolbenpumpe ausgebildete Speisepumpe saugt das in einem Behälter gesammelte Kondensat der Kondensatoren an und drückt es durch Abdampf- und Rauchgasvorwärmer in den Kessel. Umwälzpumpe Bauart Maffei-Schwartzkopff für Kondensat-Kühlwasser und zur Lieferung des Betriebswassers für Strahlluftpumpe zur Erzeugung des Unterdruckes in den Kondensatoren. Vom Reinwasser-Kreislauf getrennter Hilfskessel für Zugheizung im Kesselscheitel vor der Feuerbüchse.

Tender: 2'2' T 19,5 mit 6,5 t Kohle. Im vorderen Teil Kohlekasten mit darunterliegendem Wasserkasten, im hinteren Teil Rückkühleinrichtung. Kühlanlage aus mehreren Reihen Kühlzellen in 4 Etagen mit 30 cm hoher Schicht Raschigs-Ringe. Zentrifugalventilator in der Mitte der Kühlanlage.

T 18 1002 (Bauart Maffei)

Im September 1924 erhielt die Fa. Maffei den Auftrag zum Bau einer zweiten Turbinenlokomotive für 120 km/h Höchstgeschwindigkeit. Die Maschine erhielt die Achsfolge 2'C1' und sollte schwere Schnellzüge in der Ebene mit 100 km/h befördern können.

Der erste Entwurf sah eine Hochdruckkolbenlok mit nachgeschalteter Niederdruckturbine vor, doch entschied man sich schließlich für den wirtschaftlicheren reinen Turbinenantrieb. Auch das Leistungsvermögen, das ursprünglich dem der $S^3/_6$ entsprechen sollte, wurde durch Vergrößerung der Achsfahrmasse auf 20 t erhöht. Den Dampfdruck setzte man mit 22 bar (22 kp/cm^2) fest und konnte wegen der dadurch zu erwartenden Dampfersparnis den Kessel kürzen, so daß, wie bei der Krupp-Lokomotive, das Turbinenaggregat auf dem vorderen Drehgestell Platz fand. Rein äußerlich unterscheidet sich die Maffei-Maschine von der Krupp-Zoelly-Lok durch die längs zum Rahmen beidseitig unter dem Umlauf angebrachten Kondensatoren, die bei der Krupp-Maschine quer zum Rahmen unter dem Kessel lagen.

In der Ursprungsausführung waren Vorwärts- und Rückwärtsturbine in einem gemeinsamen Gehäuse untergebracht und trieben über das neben dem Rahmen liegende Doppelvorgelege eine Blindwelle an. Der Rückkühler war wie bei der Krupp-Lok auf dem Tender untergebracht.

Die Versuche des LVA Grunewald im Fahrbetrieb und auf dem Prüfstand ergaben für die Maffei-Lok trotz höheren Kesseldruckes eine geringere Wirtschaftlichkeit als bei der Krupp-Maschine. Die Ursachen lagen auch hier bei den Ventilationsverlusten durch die Rückwärtsturbine und in einem zu hohen Dampfverbrauch der Hilfsmaschinen.

Der Umbau erfolgte auf die gleiche Weise wie bei der Krupp-Lokomotive; Einbau einer neuen Turbine (ohne Rückwärtsturbine), dafür eine zusätzliche Rangierturbine mit Wendegetriebe für Vorwärts- und Rückwärtsfahrt.

Die Lokomotive wurde am 18. 3. 1929 an die DRG geliefert und erhielt die Betriebsnummer T 18 1002. Nach Beendigung der Erprobung im LVA Grunewald kam sie zum Bw München Hbf und wurde im Schnellzug- und Eilzugdienst auf den Strecken München–Würzburg und München–Lindau eingesetzt.

Bis zum Jahre 1934 hatte die Maschine ca. 60 000 km zurückgelegt. Mit dem Kessel gab es trotz des hohen Druckes keinerlei Schwierigkeiten, jedoch sind an den übrigen Aggregaten des öfteren Reparaturen und Umbauten erforderlich gewesen, die vor allem darauf zielten, den hohen Dampfverbrauch der Hilfsmaschinen zu senken.

Durch Bombeneinwirkung im Jahre 1943 beschädigt, wurde die Lok am 6. 10. 1943 ausgemustert. Der noch betriebsfähige Kessel wurde auf das Fahrwerk einer BR 52 montiert und diente in den Aw München-Freimann und Ingolstadt als Prüfanlage für Kessel-Sicherheitsventile. 1961 wurde auch er verschrottet.

Konstruktive Merkmale

Kessel: Normaler genieteter Lokomotivkessel mit 5200 mm Rohrlänge, dreischüssigem Langkessel (hinterer Schuß konisch) und Rauchkammer. Betriebsdruck 22 bar. 2 Vorwärmer zu beiden Seiten des Langkessels zwischen Führerhaus und Kondensator. Erster Vorwärmer wird mit Abdampf von Speise-, Kondensat-, Luftpumpe, Dampfstrahlpumpen und Lichtmaschine gespeist (1 bar $\triangleq$ 1 kp/cm^2 Druck). Zweiter Vorwärmer übernimmt auf 90 °C bis 95 °C vorgewärmtes Wasser des ersten Vorwärmers, erhält Abdampf der Kühlerturbine und der Saugzugturbine. Speisewasser wird auf 130 °C erhitzt (3,5 bar $\triangleq$ 3,5 kp/cm^2 Druck).

Rahmen: Barrenrahmen nach Art der Einheitslokomotiven.

Lauf- und Triebwerk: Zweiachsiges vorauslaufendes Drehgestell mit 850er Laufrädern. 3 gekuppelte Achsen (1750 mm Raddurchmesser) mit Stangenantrieb durch Blindwelle vom Turbinenvorgelege. Schleppachse mit 1206 mm Raddurchmesser.

Turbine: Quer zur Lokomotivlängsachse vor der Rauchkammer liegende Hauptturbine. Vorwärts- und Rückwärtsturbine im Ursprungszustand auf einer Achse mit gemeinsamem Gehäuse. Vorwärtsturbine mit zweikränzigem Geschwindigkeitsrad als Hochdruckteil, 1 Gleichdruckrad und 5 Überdruckrädern. Rückwärtsturbine mit dreikränzigem Geschwindigkeitsrad.

Getriebe: Turbine treibt über beidseitig neben dem Rahmen angeordnetes Doppelvorgelege Blindwelle an. Zwischenräder mit elastisch gelagertem Zahnkranz (analog Federtopfantrieb mit radial angeordneten Druckfedern). Ringförmige, federbelastete Bremsscheiben zur Schwingungsdämpfung.

Kondensatoren: Parallelgeschaltete Oberflächenkondensatoren zu beiden Seiten des Langkessels in Höhe des Umlaufbleches. Kühlwasserstrom im Vierfluß zwecks hoher Kühlwasser-

T 18 1002 (Maffei 5620/1926)

geschwindigkeit und guten Wärmeübergangs.
Steuerung: Frischdampfzuführung für Vor- und Rückwärtsturbine durch je 4 Düsengruppen. Steuerung für beide Turbinen über Nockenstangen. Steuerspindeln für Vor- und Rückwärtsturbine durch Kegelradgetriebe verbunden und gemeinsam von einem Steuerrad im Führerhaus betätigt. Normalbetrieb mit 3 Düsengruppen. Vierte Gruppe zum Anfahren und bei Leistungsspitzen.
Hilfsmaschinen: Speisepumpe und Kondensatpumpe zu einem Aggregat vereinigt, vom Wasserbehälter umgeben, der mit Tenderwasser in Verbindung steht. Je ein Dampfstrahlsauger zum Absaugen der Luft aus den Kondensatoren. Saugzuganlage aus turbinengetriebenem Ventilator in der Spitze der Rauchkammer.
Tender: 2′2′ T 24 mit 7 t Kohle. Vorderteil mit Wasserbehälter und Kohlekasten. Rückkühler aus mehreren schräggestellten Kammern mit Kühlzellen aus gelochtem Kupferblech. Zwischen Kohlekasten und Kühlanlage in einem Schacht Hilfsturbine zum Antrieb von Kühlwasserpumpe und Lüfter.

19^0 sä. XX HV

Noch während die XVIII H (BR 18^0) im Bau war, unterbreitete der Konstruktionschef der Sächsischen Staatsbahn, Oberbaurat Meyer, den Vorschlag für eine 1′D1′ h4v-Schnellzuglok mit 1905 mm Kuppelraddurchmesser. Damit wurde erstmals bei einer europäischen Bahnverwaltung der Versuch unternommen, die bauartbedingten Unterschiede von Hügel- und Flachland-Schnellzuglok zu vereinen.
Um das in den Kriegsjahren gestiegene Verkehrsaufkommen zu bewältigen, war bereits ein Jahr zuvor (1916) ein Auftrag über 10 Pazifik-Lokomotiven, Gattung XVIII H, an die Sächsische Maschinenfabrik ergangen. Deren Bau sollte eingestellt werden, wenn die neuen Maschinen der Gattung XX HV die Erwartungen erfüllten. 1917 erhielt die Sächsische Maschinenfabrik den Auftrag über 5 Maschinen der Gattung XX HV. Am 8. 3. 1918 wurde die erste Maschine der Sächsischen Staatsbahn übergeben. Dieses Ereignis fand nicht nur in der deutschen, sondern auch in der internationalen Öffentlichkeit große Beachtung, war doch diese Maschine die derzeit größte europäische Schnellzuglok. Aus Repräsentationsgründen hatte man die Fabriknummer vordatiert. Ursprünglich sollten die fünf Maschinen des 1. Bauloses die Bahnnummern 3976–3980 erhalten. Die 3976 kam an eine XI HT, die 4000 an die XX HV. Aus diesen Gründen hat die zuerst gebaute Maschine dieser Gattung eine höhere Fabriknummer als die vier folgenden. Weil die DRG bei der Umzeichnung den Fabriknummern folgte, bekam diese Maschine dann die Betriebsnummer 19 005.
Das Betriebsprogramm sah die Beförderung von 630 t in der Ebene mit 100 km/h und von 495 t auf 10‰ Steigung mit 50 km/h vor. Es wurde ohne Mühe erreicht und überboten: Die Maschine zog auf 10‰ Steigung 585 t mit 50 km/h. Mit 275 t (7 D-Zugwagen) und 40 km/h befuhr sie die Tharandter Steilrampe.
Auf der schweren Hügellandstrecke Dresden–Reichenbach (V)–Hof erfüllte die Maschine die in sie gesetzten Erwartungen. Flachland-Probefahrten zwischen Dresden und Berlin ergaben einen sehr hohen Kohleverbrauch, der über dem der XVIII H lag.
Die Baulose 3 und 4 der Jahre 1922 und 1923 mit jeweils 4 Maschinen wurden schon von der DRG in Auftrag gegeben. Damit sollte der dringende Bedarf an schweren Schnellzuglokomotiven in Hessen und Württemberg gedeckt werden. Die vier Maschinen aus dem Jahre 1922 kamen zum Bw Stuttgart-Rosenstein, die des Jahres 1923 zum Bw Frankfurt (Main) 1, wo sie zusammen mit ebenfalls neu gelieferten P 10 im Schnellzugplan liefen. Hier aber konnten sie sich nicht behaupten. Auf den Steilrampen kam der P 10 ihre höhere Reibungsmasse zugute, auf Schnellstrecken lag sie in den Verbrauchswerten günstiger. Deshalb kehrten die 8 sächsischen Maschinen schon 1925 in die Bw Dresden und Reichenbach zurück. Der Charakter der Streckenführung Dresden–Hof mit dem Wechsel von Steigung und Gefälle schuf einen natürlichen Ausgleich von Dampfleistung und Kohle-

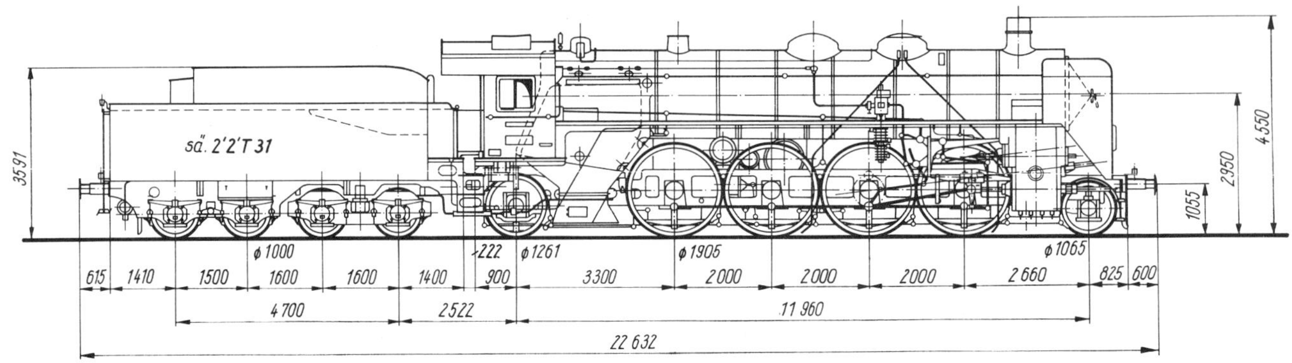

sä. XX HV (BR 19^0)

verbrauch, so daß der „Sachsenstolz", wie die Maschinen genannt wurden, hier zur vollen Zufriedenheit lief.

Die Ursachen für die unzureichenden Leistungen im oberen Geschwindigkeitsbereich lagen in den Mängeln der Dampfmaschine. Weil Sachsen und Preußen nur Drehscheiben mit 20 m Durchmesser besaßen, mußte die Länge der Maschine begrenzt bleiben.

Mit 19 182 mm Gesamtachsstand war die Grenze des Möglichen erreicht. Diese Längenbegrenzung führte zu einer baulichen Beschränkung der Zylindergruppe. Die Ausströmungsquerschnitte im Niederdruckteil waren zu knapp bemessen, in den Kanälen traten Drosselverluste auf, und die volumenmäßige Abstimmung zwischen HD- und ND-Teil war ungünstig. Offensichtlich konnte die Dampfmaschine die Kesselleistung im oberen Geschwindigkeitsbereich nicht verarbeiten.

Bei der Bildung der DRG im Jahre 1920 stand für den Schnellzugdienst auch die Weiterbeschaffung bewährter Länderbahnmaschinen wie der XX HV und der S 10^1 zur Entscheidung. In den Jahren 1920 und 1923 fanden Meßfahrten des LVA Grunewald vor dem Lokomotivmeßwagen der ehemaligen Preußischen Staatsbahn statt. Exakte Beharrungsmeßfahrten oder Versuche, die zweifellos vorhandenen konstruktiven Mängel der XX HV zu beseitigen, hat es nicht gegeben. Die Entscheidung war bereits zugunsten der Einheitslokomotiven mit Zwillingsmaschine und einfacher Dampfdehnung gefallen.

Die insgesamt 23 Maschinen waren im Bw Dresden-A und im Bw Reichenbach (V) beheimatet. Sie liefen, vor

19 001 (sä. XX HV, Bahnnummer 67) (Hartmann 3977/1918)

allem Mitte der dreißiger Jahre, in Langläufen von Leipzig bis Regensburg und über die „Schiefe Ebene" bis Nürnberg und Bayreuth. Einige der im zweiten Weltkrieg sehr abgewirtschafteten Maschinen wurden nach 1945 im Erhaltungs-Raw Zwickau nochmals gründlich aufgearbeitet, wobei auch neue Zylinderblöcke, verstärkte Radsterne und z. T. neue Kropfachsen eingebaut wurden. Diese Maschinen taten noch etwa 10 Jahre Dienst in Reichenbach. Die 19 011, 19 020 und 19 021 wurden infolge ihrer im Krieg erlittenen Schäden bereits 1951 ausgemustert. Die 19 015, 19 017 und 19 022 kamen als Bremslok zur damaligen Fahrzeugversuchsanstalt Halle (S), der späteren VES-M. Dort erfuhren die 19 015 und die 19 022 eine gründliche Rekonstruktion; die 19 017 wurde vom Raw Meiningen 1973 in den Originalzustand (DRG-Ausführung) versetzt und bleibt im Verkehrsmuseum Dresden erhalten.

Konstruktive Merkmale

Kessel: Genieteter Kessel nach dem Muster der BR 18^0 (sä. XVIII H), jedoch mit 5800 mm Rohrlänge und vergrößertem Dampfraum. Stehkessel mit 2 Feuerlöchern breit über dem Rahmen. Dampfdom mit Naßdampf-Ventilregler auf dem Hinterende des 1. Kesselschusses. Rauchrohrüberhitzer Bauart Schmidt. 2 Pop-Sicherheitsventile auf dem Stehkessel-Scheitel. Speiseeinrichtungen: Oberflächenvorwärmer Bauart Knorr (zwischen 3. und 4. Kuppelachse quer zur Fahrtrichtung auf dem Rahmen) mit Kolbenspeisepumpe; 2 Dampfstrahlpumpen Bauart Friedmann, rechts und links unter dem Führerhaus.

Rahmen: 100 mm dicker Barrenrahmen mit großen Ausschnitten.

Laufwerk: Sechspunktabstützung. Vordere Laufachse und 1. Kuppelachse bilden Krauss-Helmholtz-Drehgestell. Vordere Laufachse mit ± 100 mm, 1. Kuppelachse mit ± 20 mm Seitenverschiebbarkeit. Rückstellvorrichtung für vordere Laufachse und 1. Kuppelachse. Schleppachse Bauart Adams mit ± 60 mm Seitenverschiebbarkeit und Rückstellfedern. Kuppelachsen 2, 3 und 4 fest im Rahmen gelagert, 3. Kuppelachse mit 15 mm Spurkranzschwächung.

Triebwerk: Vierzylinder-Heißdampf-Verbundtriebwerk mit Einachsantrieb auf die 2. Kuppelachse. 2 innere HD-Zylinder (1:8,61 geneigt), 2 äußere ND-Zylinder. Alle 4 Zylinder in einer Ebene. Rauminhalt des Verbinders beträgt 1,5faches eines HD-Zylinders.

Steuerung: Außenliegende Heusinger-Steuerung mit Lindnerschem Nachfüllschieber. Bewegung der Schwinge wird von außenliegender ND-Steuerung durch Pendelwelle auf innenliegende HD-Schieber übertragen (nach älterem Patent von v. Borries). Innenzylinder mit eigenen Voreilhebeln. Anfahrvorrichtung Bauart Lindner (Lindnerscher Anfahrhahn).

Bremse: Druckluftbremse Bauart Westinghouse. Kuppelräder werden einseitig von vorn, Laufräder einseitig von hinten gebremst. Zweistufige Luftpumpe Bauart Knorr. Doppelseitige Abbremsung der Tenderachsen.

Sondereinrichtungen: Kombinierter Hand- und Druckluftsandstreuer sandet die Räder der 1. und 3. Kuppelachse von vorn. Spurkranznäßeinrichtung für die Räder der vorderen Lauf- und 1. Kuppelachse durch Abdampf von Luft- und Speisepumpe. Schmierung aller unter Dampf gehenden Teile durch Schmierpumpe Bauart Michalk. Geschwindigkeitsmesser Bauart Haußhälter.

Tender: sä. 2'2 T 31 mit 7 t Kohle.

19^0 Rekolok DR

Mit Fortschreiten des Traktionswechsels bei der DR stieg – besonders bei den Diesellokomotiven – die installierte Leistung ständig. Es ist üblich, Neubauten vor Aufnahme der Serienfertigung einer eingehenden Untersuchung ihres Lauf-, Geräusch- und Leistungsverhaltens zu unterziehen. Bei der für diese Prüfungen zuständigen Versuchs- und Entwicklungsstelle für die Maschinenwirtschaft standen dazu lediglich die bekannten, dreifach gekuppelten Schnellzuglokomotiven zur Verfügung, deren Leistung naturgemäß begrenzt war und den steigenden Anforderungen an höhere Bremsleistungen nicht mehr entsprach.

Als Voraussetzung für eine stärkere Bremslokomotive sind dabei ein Vierzylinder-Verbundtriebwerk und, unter Berücksichtigung einer ausreichenden Höchstgeschwindigkeit, die vierfache Kupplung der Radsätze anzusehen. Zwar standen dazu drei Lokomotiven der Gattung sä. XX HV (19 015; 19 017: 19 022) zur Verfügung, die jedoch wegen der bereits geschilderten grundlegenden Mängel und der im Vergleich zu modernen E- und V-Triebfahrzeugen geringen Leistung nicht ausreichten. Eine Beseitigung dieser Mängel wäre nur bei einer grundlegenden sorgfältigen Durcharbeitung der Steuerung und der beiden Zylindergruppen in Verbindung mit dem Einbau eines leistungsfähigeren Kessels möglich gewesen. Dieser Aufwand schien gerechtfertigt, denn besonders der solide Barrenrahmen und der gute Zustand von Lauf- und Triebwerk boten die Gewähr für einen sinnvollen Umbau der Lokomotiven, so daß man sich Ende 1961 zur Rekonstruktion der letzten Exemplare der BR 19^0 entschloß.

Erste Entwürfe sahen noch das Projekt einer 2′D1′ h4v-Lokomotive vor; allerdings zeigte sich, daß dann auch erhebliche Änderungen an Rahmen und Laufwerk erforderlich gewesen wären, so daß es bei der ursprünglichen Achsanordnung blieb. Sämtliche Entwurfs- und Konstruktionsarbeiten wurden von der VES-M erledigt, für den Umbau sah man das Raw Meiningen vor, welches im Umbau von Sonderlokomotiven, im Rekonstruktionsprogramm und besonders in der Fertigung von geschweißten Zylindern Spitzenleistungen vollbrachte.

Mit diesem Vorhaben ist zugleich der Abschluß einer über 150jährigen Entwicklung erreicht, wurde doch hier letztmalig für eine Dampflokomotive entworfen und konstruiert, wobei nicht zuletzt der besondere Reiz in dem seit Generationen umstrittenen Thema „Vierzylinder-Verbundtriebwerk“ lag. Ursprünglich hatte man noch den Umbau aller vorhandenen XX HV-Lokomotiven vorgesehen, der jedoch im Hinblick auf den geplanten Traktionswandel unterblieb.

Ausschlaggebend für die Rekonstruktion war der Grundmangel dieser BR, der bei hohen Fahrgeschwindigkeiten im Flachland deutlich in Erscheinung trat. Ungünstige Bemessungen der dampfführenden Rohrleitungen und -querschnitte, starke Richtungsänderungen in der Dampfströmung und nicht zuletzt das äußerst schlechte Leerlaufverhalten führten dazu, daß das kräftige h4v-Triebwerk nie zur Entfaltung einer angemessenen und der hohen Reibungsmasse entsprechenden Leistung gelangte.

Vergleiche mit späteren Schöpfungen aus der Periode der Einheitslokomotiven (z. B. BR 02) lassen erkennen, daß man aus diesen offenkundigen Fehlern keine Konsequenzen zog, ob-

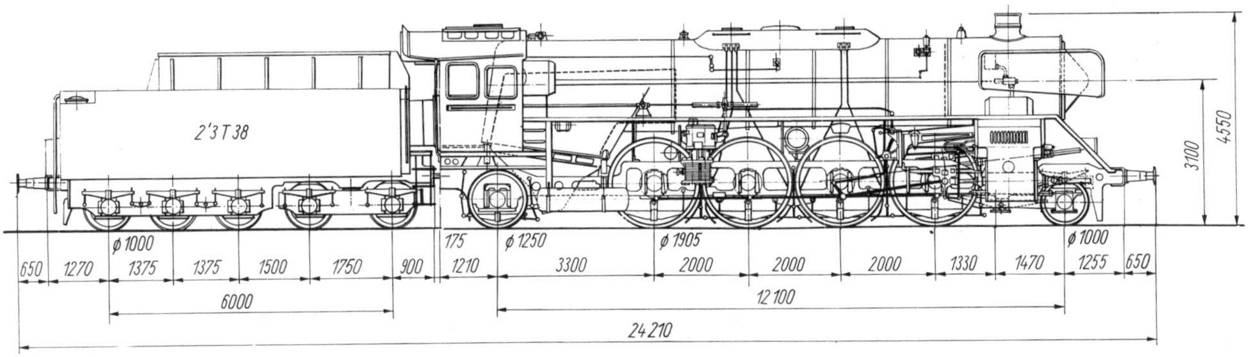

BR 19^0 (Rekolok DR)

wohl – was die spätere Rekonstruktion bewies – bei einer sorgfältigen Konstruktion diese Nachteile grundsätzlich vermeidbar gewesen wären.

Die Rekonstruktion der BR 19^0 beinhaltete folgende Veränderungen: Als Ersatz für den überalterten Originalkessel kam der bereits bei den BR 03^{10}, 39 und 41 eingesetzte Rekokessel zur Anwendung.

Besonders umfangreich gestalteten sich die Änderungen an den Zylindergruppen und an der Steuerung, da zur Beseitigung o. g. Mängel die völlige Neukonstruktion erforderlich wurde.

Die 2 äußeren Niederdruckzylinder und der mittlere Zylinderblock für die Hochdruckmaschine waren als vollständige Schweißkonstruktion ausgeführt. Die mittlere, zwischen den Rahmenwangen angeordnete Hochdruckmaschine bestand aus stabilen Querblechen, in denen die Mäntel für Schieber- und Zylindergehäuse stecken. Entsprechend versteift, bildete die mittlere Zylindergruppe gleichzeitig über einen großen oberen Rechteckflansch die Auflage für die Rauchkammer, während untere große Flansche zur Befestigung zwischen den Rahmenwangen dienten. Quer- und Deckbleche bildeten gleichzeitig den Dampfraum für die innere Einströmung, wobei die Dampfzufuhr über ein zentrales Rohr und einen Flansch in HD-Zylinderblockmitte erfolgte. Die Ausströmkammern trugen entsprechende Verlängerungen und Flansche zum Anschluß der Verbinderkrümmer.

Auch die Niederdruckzylinder mit äußerer Einströmung sind nach dem Prinzip der HD-Zylinder aufgebaut.

Die Schieberkammern trugen noch die Füllventile und den Ausströmflansch. Durch sorgfältige Konstruktion ist es dabei gelungen, sämtliche Kanalführungen vom Schieber zu den Arbeitsräumen der Zylinder ohne Krümmung auszuführen. Sämtliche weiteren Teile wie Kolbenkörper, Zylinderdeckel, Gleitbahnträger u. a. waren ebenfalls Schweißkonstruktionen. Trotz der Kompliziertheit dieser Schweißkonstruktionen gaben diese Baugruppen nie Anlaß zur Sorge.

Ähnliche Gesichtspunkte in Verbindung mit der angestrebten Vereinfachung in Betrieb und Instandhaltung erforderten die Überarbeitung der Steuerung. Wichtigstes Merkmal war hier der Wegfall der inneren Voreilhebel. Die Bewegung für den Hochdruckschieber wurde jetzt direkt vom Schieberkreuzkopf des Niederdruckschiebers abgeleitet und über Stangen und die bisherige Pendelwelle übertragen (damit ist auch das Verhältnis ND/HD-Füllung konstant). Die Gegenkurbel war jetzt voreilend, so daß

19 015 (sä. XX HV, Bahnnummer 80) (Hartmann 4367/1920), Rekolok DR

sich bei Vorwärtsfahrt der Schwingenstein unterhalb der Schwingenmitte befand.
Alle Schieber hatten jetzt das Maß der Einheitslokomotiven und Neubauten von 300 mm Durchmesser.
Für die ND-Maschine sah man Schieber mit doppelter Ein- und Ausströmung vor, die ebenfalls aus einer Schweißkonstruktion bestanden. Auf den ND-Schieberkammern waren auch die Druckausgleicher mit Eckventilen sowie die Füllventile angeordnet. Von der Steuerung wurde weiterhin ein besonderer Anfahrhahn betätigt, der bis zum Erreichen einer bestimmten Füllung zusätzlich Dampf zur ND-Gruppe freigab.
Am Rahmen machten sich auf Grund des neuen Triebwerkes nach vorn und wegen des neuen Kuppelkastens nach hinten Verlängerungen erforderlich, die auch zu einer Vergrößerung des Gesamtachsstandes führten.
Anstelle der ungenormten vorderen und hinteren Laufachsen traten solche der Einheitslokomotiven.
Das neue äußere Bild war geprägt durch das schon bei der 18 314 eingesetzte leicht geänderte Rekoführerhaus, die spitze Rauchkammertür und die Witte-Bleche sowie die gemeinsame Verkleidung von Dom und Sandkästen.
Wie bei den vorangegangenen Rekonstruktionen saßen jetzt die Pumpen auf einem gesonderten Träger. Der Oberflächenvorwärmer war quer zwischen 2. und 3. Kuppelachse angeordnet, die Hauptluftbehälter befanden sich in Längsrichtung zwischen 4. Kuppelachse und hinterer Laufachse.
Als erste Lokomotive ging im Februar 1964 die 19 015 in Betrieb, die mit dem Tender 2′3 T 38 der ehemaligen H 45 024 gekuppelt war; ihr folgte im März 1965 die 19 022, die jedoch den Einheitstender 2′2′ T 34 erhielt.
Im Mai 1967 erfolgte im Raw Meiningen der Umbau der 19 015 auf Ölhauptfeuerung, im Dezember des gleichen Jahres der der 19 022.
Die Lokomotiven bewährten sich im Bremslokbetrieb recht gut, Fahrten im Reisezugdienst bestätigten eindeutig die Überlegenheit der Rekolokomotive gegenüber der Ursprungsausführung als sä. XX HV.
Mit der Beschaffung leistungsstarker Diesellokomotiven mit hoher zulässiger Geschwindigkeit und elektrodynamischer Bremse wurden jedoch auch diese Lokomotiven überflüssig. Im Mai 1976 kam es zur Ausmusterung der 19 022, ihr folgte im November die 19 015.

Konstruktive Merkmale

Kessel: Rekokessel wie für BR 03, 39 und 41, spitze Rauchkammertür, gemeinsame Verkleidung der Aufbauten auf dem Langkessel.
Rahmen: Barrenrahmen mit 104 mm dicken Rahmenwangen nahezu unverändert übernommen, jedoch nach vorn und hinten verlängert (bedingt durch neues Triebwerk, angestrebte gemeinsame ND-Zylinder- und Schornsteinmitte sowie Unterbringung des Krauss-Helmholtz-Drehgestelles und durch neuen Einheitskuppelkasten).
Laufwerk: Abstützung und Ausgleich in 6 Punkten beibehalten, jedoch Änderungen durch Ausgleich zwischen 4. Kuppelachse und hinterer Laufachse; jetzt durch Ausgleichhebel anstelle der früheren Winkelhebel.
Durch Rahmenänderungen größerer Achsstand zwischen Lauf- und 1. Kuppelachse, so daß sich Gesamtachsstand von 11 920 mm auf 12 100 mm vergrößert. Ersatz der alten Laufradsätze mit 1065 mm und 1261 mm durch übliche von 1000 mm vorn und 1250 mm hinten.
Triebwerk: Unveränderter Einachsantrieb, Ersatz der alten Gußzylinder durch zwei neue äußere vollständig geschweißte ND-Zylinder mit Schiebergehäuse und inneren gemeinsamen Zylinderblock für beide HD-Zylinder mit Schiebergehäuse, ebenfalls vollständig geschweißt. Innerer Zylinderblock gleichzeitig Rauchkammerträger. Einzelteile wie Zylinderdeckel, Kolbenkörper für HD und ND ebenfalls vollständig geschweißt.
Steuerung: Außenliegende Heusinger-Steuerung mit Hängeeisen, Wegfall des inneren HD-Schieberantriebs durch eigenen Voreilhebel, Schieber für HD-Maschine vom äußeren ND-Schieberkreuzkopf über Stangen und Pendelwelle angetrieben, Gegenkurbel voreilend. ND-Schieber mit doppelter Ein- und Ausströmung ebenfalls Schweißkonstruktion, ND-Zylinder mit Druckausgleicher mit Eckventilen Anfahrvorrichtung mit Anfahrhahn und Füllventilen Bauart Maffei, HD-Schieberdurchmesser auf 300 mm vergrößert.
Bremse: Bauart Knorr mit einlösigem Steuerventil ohne Beschleunigungseinrichtung und direkt wirkender Bremse für Lokomotive und Tender. Riggenbach-Gegendruckbremse. Vordere Laufachse und gekuppelte Achsen einseitig, hintere Laufachse beidseitig abgebremst.
Sondereinrichtungen: Oberflächenvorwärmer quer über Rahmen zwischen 2. u. 3. Kuppelachse angeordnet, Riggenbach-Gegendruckbremse für Bremslokbetrieb. Später Umbau auf Ölhauptfeuerung, zwei Sandkästen zum Sanden der Räder der 2. und 3. Kuppelachse. Dampfheizungseinrichtung.
Tender: 2′3 T 38 für 19 015; 2′2′ T 34 für 19 022, später Umbau auf Öltender.

19^{10} DRG-Versuchslok (Einzelachs-Antrieb)

Unter der Fabriknummer 25 000 lieferte Henschel 1941 eine Schnellfahrlok, die alle herkömmlichen Vorstellungen von Dampflokomotiven umstieß. Mit den Maschinen der BR 05 hatte man die Grenze der technisch möglichen Höchstgeschwindigkeiten erreicht. Der Treibraddurchmesser konnte nicht mehr weiter vergrößert werden, wenn die Maschine noch ins Lichtraumprofil passen sollte. Die Drehzahl war ebenfalls an einem Grenzwert angelangt, die von der noch beherrschbaren Kolbengeschwindigkeit abgesteckt wurde. Mit der 25 000. Henschel-Lok wurde der Weg konventioneller Dampflok-Konstruktion verlassen. Die Maschine, die die Betriebsnummer 19 1001 erhielt, hatte Einzelachsantrieb durch Dampfmotoren. Ihre Achsfolge mit vier Treib- und zwei Laufachsen ist demnach mit 1′ Do 1′ anzugeben.

Der Einzelachsantrieb hatte sich bereits bei Elloks bewährt. Bis zur Einführung dieser bemerkenswerten technischen Neuerung hatten die Elloks mit ihrem Stangenantrieb die Herkunft vom Dampflokomotivbau nicht verleugnen können. Jetzt wirkte dieser bewährte Einzelachsantrieb (E 04, E 16, E 17, E 18, E 19) befruchtend auf die Weiterentwicklung der Dampflokomotive.

Jede Achse der 19 1001 hatte einen eigenen Antrieb durch einen Dampfmotor in V-Form. Bei den Treibachsen 1 und 3 saß er auf der linken, bei 2 und 4 auf der rechten Lokseite. Die Motoren waren sog. Quadrathuber mit je 300 mm Kolbenhub und 300 mm Zylinderdurchmesser. Sie waren außerhalb der Radebene angeordnet und gehörten zum abgefederten Teil der Lokomotive. Die Relativbewegungen zwischen Kurbelwelle des Motors und Achse, die durch das Federspiel entstanden, wurden von Gelenkkupplungen ausgeglichen.

Der Einzelachsantrieb durch Dampfmotoren hob wie bei den Elloks die Abhängigkeit der Fahrgeschwindigkeit vom Treibraddurchmesser auf. Mit 1250 mm lag der Treibraddurchmesser der Schnellfahrlok 19 1001 noch unter dem für Güterzugloks üblichen Maß. Die Achsen waren untereinander nicht gekuppelt. Es gab fast keine hin und her gehenden Massen, zumindest nur in einer zu vernachlässigenden Größenordnung. Die Drehzahl des Motors war gleich der Drehzahl der Achse. Sie betrug bei 175 km/h etwa 800 mm^{-1}.

Der Kesseldruck war mit 20 bar (20 kp je cm^2) festgesetzt, die Achsfahrmasse betrug 18 t. Damit war die Maschine freizügig auf allen Hauptstrecken einsetzbar. Die Versuchsfahrten ergaben einen zu hohen Dampfverbrauch. Außerdem bereitete es erhebliche Schwierigkeiten, mit der Lok anzufahren. Die Ursache dafür waren zu fest in den Nuten sitzende Kolbenringe. Die Kolbenringe dichteten nicht ab, so daß bei geöffnetem Regler beide Seiten des Kolbens mit Druck beaufschlagt waren. Das Anfahren war deshalb kaum und auch nur bei sehr hohem Dampfverbrauch möglich. Als man die Kolbenringe mit 0,2 mm Spiel einpaßte, fuhr die Lok normal an, und der Dampfverbrauch sank um mehr

19 1001 (Henschel 25 000/1941)

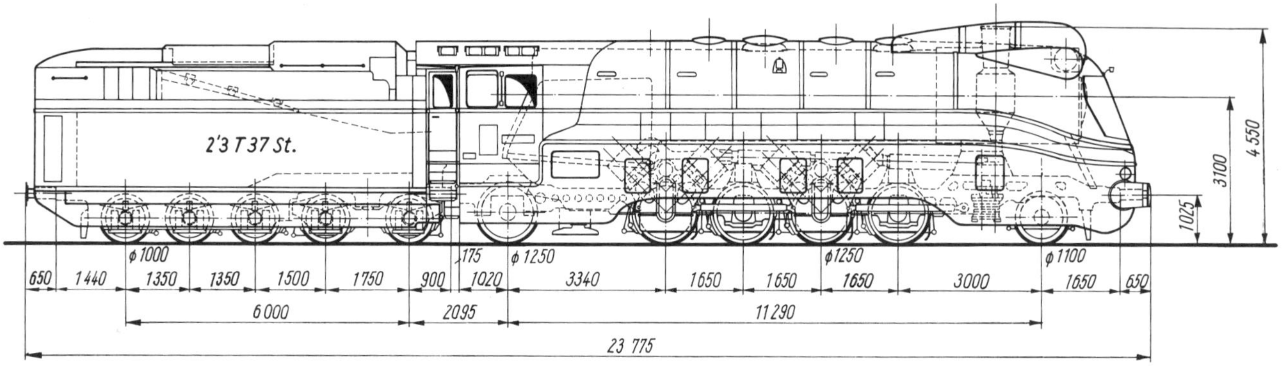

als 12 Prozent. Das LVA Grunewald stellte eine außergewöhnliche Laufruhe auch bei höchsten Geschwindigkeiten fest (die Lok wurde bis 180 km/h ausgefahren). Als sehr günstig erwies sich auch die Kapselung der Dampfmotoren, deren Wartungsaufwand dadurch gering gehalten werden konnte.

Wegen des Krieges konnten fast keine Meßfahrten bei hohen Geschwindigkeiten vorgenommen werden, weder vor planmäßigen Schnellzügen noch mit einer Bremslok. Am 30. 4. 1943 wurde die Maschine im planmäßigen Schnellzugdienst eingesetzt und beförderte an diesem Tag den SFR 1039 von Berlin nach Hamburg und den D 7 von Hamburg nach Berlin. Bis 1944 lief die 19 1001 im Plandienst vor schweren Schnellzügen auf den Strecken Berlin–Hamburg und Hamburg–Osnabrück. Im August 1944 wurde sie bei einem Bombenangriff beschädigt und mußte betriebsunfähig abgestellt werden. In der Nähe von Göttingen fiel sie den US-Truppen in die Hände. Auf Weisung der amerikanischen Besatzungsbehörden mußte Henschel die Maschine instandsetzen. 1945 wurde sie als Beutegut nach den USA verschifft, stand eine zeitlang in Fortress Monroe (Virginia) ausgestellt und ist 1952 verschrottet worden.

Mit der 19 1001 wurde die Tauglichkeit des Einzelachsantriebes für schnellfahrende Dampflokomotiven unter Beweis gestellt. In der Nachkriegszeit hatte man andere Sorgen, als dieses Projekt, das bereits seit 1934 bearbeitet worden war, weiterzuverfolgen. Mit dem Ende der Dampflokära durch den Traktionswandel war auch der Einzelachsantrieb durch Dampfmotoren uninteressant geworden.

Konstruktive Merkmale

Kessel: Genieteter Einheitslokkessel nach dem Muster der BR 44 (Einheitslok), für 20 bar (20 kp/cm^2) Dampfdruck ausgelegt. Kesselbaustoff Molybdänstahl St 47 K. Vorderer Kesselschuß mit Speisedom, hinterer Schuß mit Dampfdom und Naßdampfventilregler Bauart Wagner. Regler mit Fliehkraft- Wasserabscheider Bauart Schmidt. Vollständig geschweißte Feuerbüchse aus IZ II-Stahl mit vernietetem Bodenring. Rauchrohrüberhitzer Bauart Schmidt. 2 Sicherheitsventile Bauart Ackermann. 1 Gestra-Abschlammventil mit Druckluftbetätigung. Speiseeinrichtungen: Oberflächenvorwärmer Bauart Knorr mit Knorr-Tolkien-Verbundspeisepumpe (250 l/min), 1 saugende Dampfstrahlpumpe (250 l/min) links im Führerhaus.

19 1001

Rahmen: 70 mm dicker Barrenrahmen, im Bereich der hinteren Laufachse auf 40 mm eingezogen. Pendelbleche zwischen den Treibachsen.

Laufwerk: Vierpunktabstützung. Vordere Laufachse und 1. Treibachse zu Krauss-Helmholtz-Drehgestell vereinigt. Laufachse mit ± 95 mm, 1. Treibachse mit ± 8 mm Seitenverschiebbarkeit. Schleppachse als Bissel-Achse mit ± 65 mm Seitenverschiebbarkeit. Spurkränze der 3. Treibachse um 15 mm geschwächt. Federn des vorderen Laufradsatzes und der beiden ersten Treibachsen sowie der beiden hinteren Treibachsen und der Schleppachse durch Ausgleichhebel verbunden. Alle Achslager als Pendelrollenlager.

Triebwerk: Antrieb jeder Treibachse durch zweizylindrige, doppeltwirkende Dampfmaschine mit einfacher Dampfdehnung. Zylinder in V-Anordnung (90°). An Kreuzköpfen geführte Pleuelstangen greifen an einfach gekröpfter Kurbelwelle an, die beidseitig im Maschinengehäuse gelagert ist. Alle Lager der Maschine als Wälzlager. Ausnahme: Treibstangenlager am Kreuzkopfbolzen. B-Maschine versuchsweise mit Nadellager. Kraftübertragung zwischen Dampfmaschine und Treibrad durch Siemens-Pawelka-Kupplung.

Steuerung: Dampfzufuhr über Kolbenschieber normaler Bauart mit innerer Einströmung. Äußere Steuerung besteht aus für beide Schieber gemeinsamem Verstellexzenter. Verstellung des Exzenters und damit der Füllungen vom Führerstand aus über Steuerschraube normaler Bauart. Steuerwellen rechtsseitig zur D- und B-Maschine und über Querwelle hinter dem Rauchkammerträger zur A- und C-Maschine. Bedienung der Steuerspindel mit pneumatischem Servomotor. Triebwerk und Steuerung öldicht gekapselt.

Bremse: Selbsttätig wirkende Knorr-Bremse (Kss) mit nichtselbsttätiger Zusatzbremse. Sämtliche Räder beidseitig durch geteilte Bremsklötze mit unterteilter Sohle gebremst. Treibradbremse als Scherenbremse. Abbremsung der vorderen Laufachse mit 53 %, der anderen Achsen mit 200 %. Bremskraftregler vermindert Bremskraft bei Geschwindigkeiten unter 60 km/h. Doppelverbundluftpumpe Bauart Nielebock-Knorr. 2 Hauptluftbehälter quer zum Rahmen über vorderer Laufachse.

Sondereinrichtungen: 2 Sandkästen mit Druckluftsandstreuern Bauart Borsig-Reichsbahn sanden die Räder aller Treibachsen von vorn. Hochdruckschmierung Bauart Bosch-Reichsbahn für Lagergleitbacken, Ausgleichhebellager, Drehzapfen, Federführungen und Rückstellvorrichtungen der Laufachsen. Zahnrad-Druckölschmierpumpe für Dampfmaschinen; Schmierdruckanzeige auf dem Führerstand. Schleuderschmierung für Triebwerk und Steuerung. Schmierung der Kolben- und Schieberlaufflächen durch Bosch-Pumpe. Elektrische Beleuchtung durch Dampfturbogenerator. Dampfheizungseinrichtung. Indusi der Dreifrequenzbauart (Ausführung VES). Stromlinienverkleidung für Lok und Tender nach Art der BR 01^{10} (Einheitslok).

Tender: Einheitstender 2'3 T 38 St mit 12,5 t Kohle (nachgemessenes Fassungsvermögen 37,25 m³ Wasser und 10,5 t Kohle). Zylinderrollenachslager. Wasser- und Kohlekasten geschweißt. Kohlenachschubeinrichtung mittels Kohlewagen. Kohlekasten mit Abdeckklappen. Zweiseitige Abbremsung aller Tenderräder mit selbsttätiger Lastabbremsung.

19 1001 (Triebwerksverkleidung entfernt)

22

Rekolok DR

In das Rekonstruktionsprogramm der DR wurden Maschinen aufgenommen, auf deren Dienste man noch nicht verzichten konnte, die noch in größeren Stückzahlen vorhanden waren und die wegen konstruktiver oder anderer Mängel einer Generalreparatur hätten zugeführt werden müssen. Auch die BR 39^{0-2} (pr. P 10) wurde der Rekonstruktion zugeführt. Die Maschinen waren weitgehend abgewirtschaftet und hatten wärmewirtschaftlich nie überzeugen können.

Zur DR waren nach dem zweiten Weltkrieg 85 Maschinen dieser Baureihe gekommen, von denen 9 Stück bereits bis 1956 ausgemustert worden waren. Die PKP gab an die DR 9 der 10 bei ihr verbliebenen Maschinen zurück, so daß in den Jahren 1958 bis 1962 85 Maschinen im Raw Meiningen rekonstruiert werden konnten. 1958: 22 001–22 020; 1959: 22 021–22 044; 1960: 22 045 bis 22 066; 1961: 22 067–22 083; 1962: 22 084 und 22 085.

Die Maschinen erhielten neue Hochleistungskessel, die vollständig geschweißt waren. Die Masseersparnis gegenüber der Nietbauweise konnte für den Einbau einer Verbrennungskammer von 1475 mm Länge genutzt werden. Dadurch wurde die hochwertige Strahlungsheizfläche vergrößert, und der Abstand zwischen den Rohrwänden verringerte sich auf 5700 mm. Man achtete auf einen weiten Durchlaßquerschnitt, um mit einer weich arbeitenden Saugzuganlage und wirtschaftlich niedrigem Gegendruck in den Zylindern auszukommen. Alle Kesselarmaturen entsprachen denen der Neubaulok 23^{10} und waren mit ihr austauschbar.

Der Kessel wurde von einer Mischvorwärmeranlage gespeist, in der durch Abdampfkondensation 10% bis 15% des Kesselspeisewassers zurückgewonnen wurden. Das bedeutete praktisch eine Vergrößerung des Wasservolumens des Tenders. Wegen der inneren Speisewasseraufbereitung konnte der Speisedom entfallen, so daß der Kessel nur den Sandkasten und den seitenzugbetätigten Naßdampf-Ventilregler trägt.

Der Aschkasten, Bauart Stühren, erhielt fernbetätigte seitliche Luftklappen, die auch bei vollem Aschkasten eine ausreichende Zufuhr an Verbrennungsluft garantieren. Der Aschkasten lag sattelförmig auf den Rahmenwangen und war nicht mehr mit dem Stehkessel verbunden.

Weil die Rekokessel länger waren als

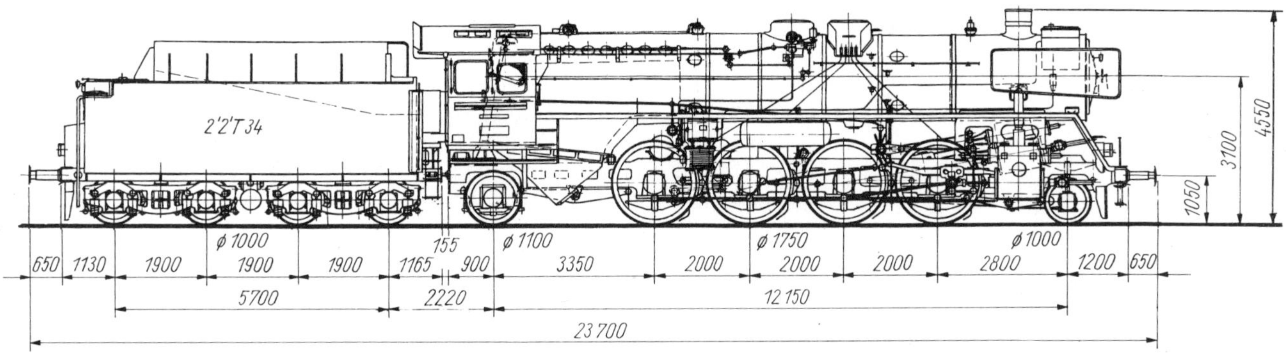

BR 22 (Rekolok DR)

die Originalkessel, mußte der Rahmen verlängert werden. Das geschah durch Abtrennen hinter dem Achslagerausschnitt der vierten Kuppelachse und Anschweißen von 3050 mm langen Vorschuhenden. Die hintere Laufachse saß nun 550 mm weiter zurück, der Achsstand der Lok vergrößerte sich von 11 600 mm auf 12 150 mm. Auch der Kuppelkasten wurde gegen den der Einheitsbauart getauscht, so daß die Maschinen mit allen Einheitstendern kuppelbar waren. Ausgerüstet wurden sie mit dem 2′2′ T 32 und dem 2′2′ T 34. Auch das preußische Führerhaus mußte dem Einheitsführerhaus, wie es für die BR 23^{10} entwickelt worden war, weichen. Statt der alten zweistufigen Luftpumpen erhielten die Maschinen Doppelverbundpumpen, die auf einem gesonderten Pumpenträger in Kesselmitte saßen und der Erhöhung der Reibungsmasse dienten. Folgerichtig wurden die alten preußischen bzw. aus den Anfängen der Reichsbahnzeit stammenden Windleitbleche gegen moderne Witte-Bleche ausgewechselt.

Unverändert blieben Triebwerk und Steuerung. Erneuert wurden lediglich die Kropfachswelle des Treibradsatzes und die 3 Zylinder; durch den Einbau von Trofimoff-Schiebern konnten auch die Leerlaufeigenschaften verbessert werden.

So entstand eine moderne und elegante Lokomotive, die dem Bild der Einheitslokomotiven gekonnt angeglichen worden war. Eine Umnummerung in die BR 22 war deshalb gerechtfertigt. Da die Achsfahrmasse geringer geworden war, erhielten die Maschinen auch das neue Gattungszeichen P 46.18.

Die Lok 22 001 erhielt den Neubautender von der inzwischen auf Kohlenstaubfeuerung umgebauten 25 001. 1959 wurde ihr die Mischvorwärmeranlage ausgebaut und durch einen Oberflächenvorwärmer Bauart Knorr ersetzt. Sie erhielt eine Riggenbach-Gegendruckbremse und diente der VES-M Halle als Bremslok.

Einsatzgebiete der BR 22 waren die Mittelgebirgsstrecken des sächsischen und thüringischen Raumes. Hier versah sie den schweren Personen- und Schnellzugdienst, bis sie durch die Elektro- oder die Dieseltraktion überflüssig wurde. Ein großer Teil wurde bereits im Jahre 1968 ausgemustert, weil keine Einsatzmöglichkeiten für die doch recht wartungsintensiven Drillingsmaschinen mehr bestanden oder weil ihre Leistungen von Zwillingsmaschinen übernommen wurden, die auf anderen Strecken frei geworden waren. Die nach 1968 noch verbliebenen Maschinen erhielten bei der Umnummerung wieder ihre alte Baureihennummer 39.

Eines der letzten Einsatz-Bw der 22er war Saalfeld, das mit den Maschinen Schnell- und Eilzüge u. a. nach Leipzig fuhr. Im Laufe des Jahres 1971 wurde aber auch diese Leistung von der BR 41, später von der BR 01^5 übernommen.

Von den 1968 ausgemusterten Maschinen wurden im gleichen Jahr 7 Stück

22 055 (rekonstruiert aus 39 191) (Raw Meiningen 71/1960)

zu Dampfspendern umgebaut (22 047, 22 064, 22 066, 22 070, 22 073, 22 075 und 22 078). Auch die Kessel der anderen ausgemusterten Maschinen waren noch voll betriebsfähig. Sie wurden deshalb nicht verschrottet, sondern zur Modernisierung der BR 03 verwendet. Insgesamt haben 52 Maschinen der BR 03 den Verbrennungskammerkessel der ehemaligen Baureihe 22 erhalten.

Konstruktive Merkmale

Kessel: Vollständig geschweißter Neubaukessel mit Verbrennungskammer (1475 mm lang). Langkessel mit 5700 mm Rohrlänge. Wegen innerer Speisewasseraufbereitung Wegfall des Speisedomes. Neuer Aschkasten Bauart Stühren mit vom Führerhaus aus bedienbaren Klappen. Aschkasten nicht mehr am Stehkessel, sondern am Rahmen befestigt. 2 Sicherheitsventile Bauart Ackermann. Speiseeinrichtungen: Mischvorwärmeranlage in der Rauchkammer quer vor dem Schornstein, Speisewasserkolbenpumpe VMP 15-20; saugende Dampfstrahlpumpe der Einheitsbauart. Alle Kesselarmaturen mit BR 23^{10} austauschbar.
Rahmen: 100 mm dicker Barrenrahmen der BR 39^{0-2} mußte wegen längerem Ersatzkessel kurz hinter Achslagerausschnitt der 4. Kuppelachse getrennt und um 3050 mm angeschuht werden.
Laufwerk: Schleppachse Bauart Adams um 550 mm weiter zurückversetzt als bei BR 39^{0-2}. Achsstand der Lok von 11 600 mm auf 12 150 mm vergrößert. Neuer Kuppelkasten der Einheitsbauart. 1. und 4. Kuppelradsatz austauschbar.
Triebwerk: Neue Zylinder in Schweißkonstruktion. Neue Kropfachswelle des Treibradsatzes. Verbesserter Leerlauf durch Kolbenschieber Bauart Trofimoff.
Steuerung: Unverändert wie BR 39^{0-2}. Steuerbock jedoch am Rahmen befestigt.
Bremse: Selbsttätige Einkammer-Druckluftbremse Bauart Knorr mit Zusatzbremse wie BR 39^{0-2}. Zweistufige Luftpumpe durch Doppelverbundluftpumpe ersetzt. Luftpumpe unterhalb des Umlaufbleches zwischen 3. und 4. Kuppelachse an besonderem Pumpenträger befestigt. Pumpenträger linksseitig mit Speisepumpe.
Sondereinrichtungen: Neues geschweißtes Führerhaus der Einheitsbauart. Windleitbleche Bauart Witte.
Tender: 2'2' T 32 oder 2'2' T 34 der Einheitsbauart mit 10 t Kohle.

23 Einheitslok/Rekolok DR

Der Typenplan des Vereinheitlichungsbüros für Reichsbahnlokomotiven aus dem Jahr 1923 sah für den Personenzugdienst eine Baureihe 20 (2'C) und eine Baureihe 22 (1'D1') mit jeweils 20 t Achsfahrmasse und 1750 mm Kuppelraddurchmesser vor. Beide Reihen sollten in vielen Teilen baugleich sein. Infolge der unterschiedlichen Achsfolge waren aber unterschiedliche Stehkessel erforderlich. Es hätte sich angeboten, von der 1'D1' eine 1'C1' abzuleiten. Offensichtlich wollte man aber die bewährte Achsfolge der pr. P 8 nicht verändern, zum anderen unterschätzte man fast während der gesamten Reichsbahnzeit die Führungseigenschaften des Krauss-Helmholtz-Drehgestells.
Weil die pr. P 10 bis 1927 beschafft wurde (39 260), sah man vom Entwurf einer Reihe 22 ab. Vielmehr konzentrierten sich die Arbeiten auf eine 2'C2'-Tenderlok mit 20 t Achsfahrmasse, aus der dann die Schlepptenderlok BR 20 abzuleiten gewesen wäre. Geplant war eine ähnliche Parallelkonstruktion wie bei den Nebenbahnlokomotiven BR 24 und 64.
Henschel & Sohn erhielten 1927 den Auftrag zum Bau von 15 Maschinen der Reihe 62. Die damit gemachten Erfahrungen wollte man beim Bau der BR 20 nutzen. Der Betriebsmaschinen-

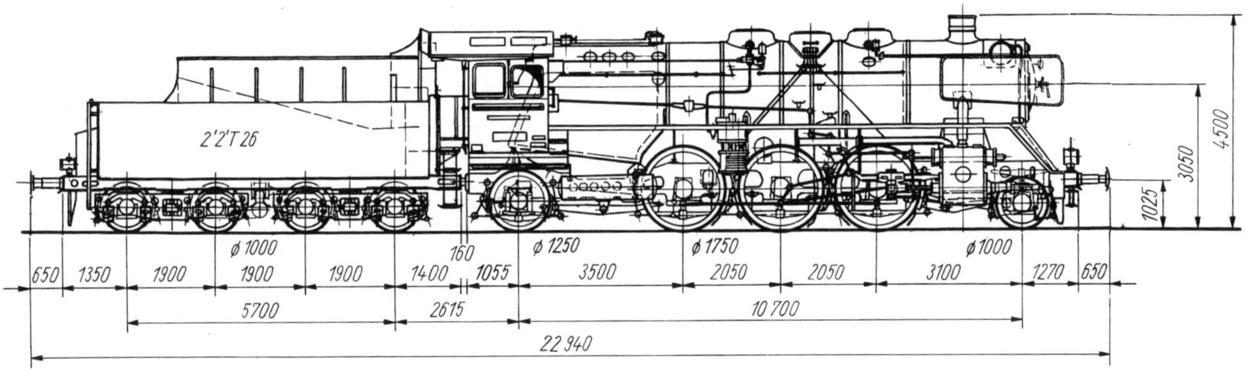

23 001 (Ursprungsausführung, jedoch mit Witte-Windleitblechen)

dienst hatte jedoch größeren Bedarf an einer leichten Schnellzuglok als an einer schweren Personenzugmaschine, zumal noch bei der DRG die pr. P 8 nachgebaut worden war. Während der Weltwirtschaftskrise um 1930 ging der Lokomotivbau rapide zurück. Henschel hatte sich bis 1932 zu mühen, um die letzten Maschinen der BR 62 an die DRG zu verkaufen. Als 1935 das Rüstungsprogramm anlief und der Stahl kontingentiert wurde, ließ man das Projekt einer Baureihe 20 endgültig fallen. Die ihr zugedachten Leistungen konnten von den Baureihen 03, 38 und 39 übernommen werden.

Die Kessel der Einheitslokomotiven hatten sich, was ihren Wirkungsgrad betraf, bewährt. Jedoch erschien die spezifische Heizflächenbelastung mit 57 kg/m²h zu gering, weil die Kessel bei einer Abgabe von mehr als 75 % der Solldampfmenge über längere Zeit bereits überlastet wurden. Mit Hinweis auf die höher belastbaren Kessel der pr. P 8 und pr. G 10 der Garbe-Bauart und der Tatsache, daß man bereits Rohre und Stehbolzen zuverlässig einschweißen konnte, wurde das Problem der Heizflächenbelastung nochmals bei der HV und beim RZA behandelt. Ein höher belastbarer Kessel hätte einen höheren Anteil an Strahlungsheizfläche haben müssen, entweder durch den Einbau einer Verbrennungskammer oder durch eine lange, zwischen den Rahmenwangen eingezogene Feuerbüchse der Garbe-Bauart. In der zuletzt genannten Richtung lag ein Borsig-Entwurf für eine 2'C h2 mit 3,25 m² Rostfläche bei 3,0 m (!) Rostlänge. Dieses Projekt wurde auf der 29. Tagung des Lok-Ausschusses in Cochem ebenso abgelehnt wie die beiden Schwartzkopff-Entwürfe einer 2'C h2 und einer 2'C h3. Friedrich Witte hatte im Ausschuß für eine 1'C1' mit Verbrennungskammerkessel plädiert und das 2'C-Projekt endgültig zum Scheitern gebracht. Für die Ersatz-P 8, zu deren Beschaffung man sich nun endgültig entschlossen hatte, sollten wie bei den BR 01/02 und 43/44 Vorauslokomotiven zu Vergleichszwecken beschafft werden. Für die Lok mit Verbrennungskammerkessel lag ein Schwartzkopff-Entwurf vor, für die Vergleichsmaschine nach Einheitsbaugrundsätzen ein Vorschlag des Vereinheitlichungsbüros. Der Schwartzkopff-Entwurf wurde leider nicht ausgeführt. Erst die Nachkriegsbauten der DR und DB griffen beim Entwurf einer Ersatz-P 8 (23^{10} und 23) diese Idee wieder auf.

Die DRG hatte 1937 noch ein anderes Problem zu lösen und Ersatz für die pr. G 10 zu beschaffen. G 10 und P 8 hatten den vom Werkstättendienst hochgeschätzten Vorteil der Kesselgleichheit. Diesen Vorteil wollte man bei den neuzubeschaffenden Maschinen, der Ersatz-P 8 und der Ersatz-G 10, ebenfalls nutzen. Für die Ersatz-G 10, als Reihe 46 geplant und als Reihe 50 ausgeführt, wurde eine große Rostfläche gefordert, um im Hinblick auf den geplanten Krieg auch minderwertige Kohle verfeuern zu können. Der Vereinheitlichungsgrundsatz wurde höher bewertet als das Experiment mit einem neuen Kessel: Die Ersatz-P 8 wurde als Einheitslok mit einer Kesselgrenze von 57 kg/m²h beschlossen. Der Beschaffungsplan vom März 1939 sah für den Zeitraum von 1940 bis 1943 den Bau von 800 Loks der BR 23 und von 1200 Loks der BR 50 vor.

Ferdinand Schichau in Elbing erhielt den Auftrag zum Bau von zwei Probeloks der BR 23, weil Borsig und Schwartzkopff mit anderen Aufträgen ausgelastet waren. Am 23. 9. 1941 wurde in Grunewald die 23 001 (Fabriknummer 3443) abgenommen, wenig später die 23 002 (Fabriknummer 3444). Trotz betrieblicher Bewährung unterblieb der Weiterbau, weil wegen des Krieges 1942 umfangreiche Stornierungen im Reisezuglokomotivbau

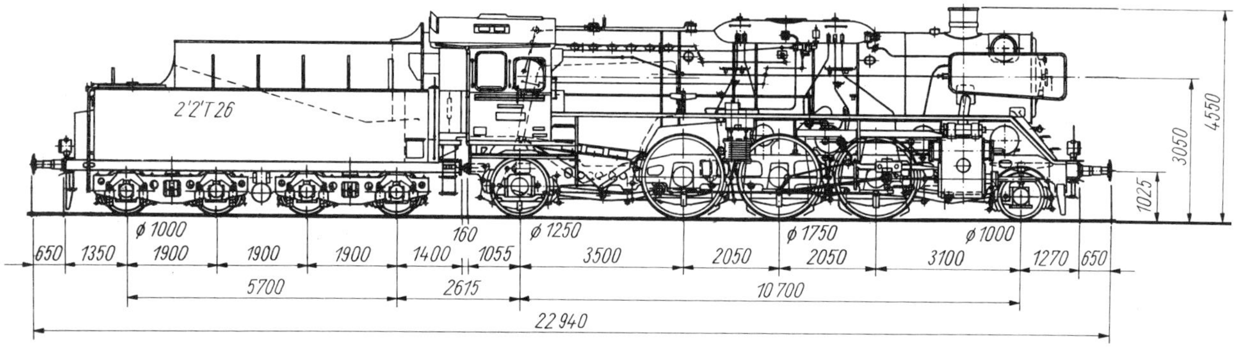

23 001 (Rekolok DR)

zugunsten der Güterzuglokomotiven 44, 50 und 52 erfolgten.
Nach Kriegsende verblieben die beiden 23er in Berlin, gehörten zum Bestand der DR und waren bei den Bw Berlin Anh Bf (Juni 1946 bis November 1947), Jüterbog (November 1947 bis Oktober 1948), Berlin-Rummelsburg, Berlin Ostbf und Berlin-Karlshorst stationiert und kamen im Mai 1954 zur VES-M nach Halle. Wegen der Kesselgleichheit mit der BR 50 entschloß man sich, die 23 001 mit dem 1957 entwickelten Ersatzkessel (Verbrennungskammer) der BR 50 auszurüsten. 1961 erfolgte in den Raw Cottbus und Leipzig der Umbau. Die 23 001 hatte 1957 anläßlich einer Hauptuntersuchung eine Riggenbach-Gegendruckbremse erhalten. Üblicherweise verwendet man Mehrzylindermaschinen als Bremsloks, doch die 23 001 sollte nur zum Einsatz kommen, wenn keine andere Bremslok dieser Leistungsklasse vorhanden war. Wegen der Gegendruckbremse hatte die Lok bei der Neubekesselung auch den Knorr-Oberflächenvorwärmer behalten, weil bei Tätigkeit der Gegendruckbremse und Vorhandensein einer Mischvorwärmeranlage Wasser aus dem Mischkasten mitgerissen wurde. Sie erhielt auch keine Trofimoff-Schieber, sondern Schieber der Regelbauart mit Druckausgleicher und Eckventilen. Der Dom und die beiden Sandkästen verschwanden hinter einer durchgehenden Verkleidung.
Die 23 002 erhielt keinen neuen Kessel. Zwar lag der neue Kessel bereits im Raw Cottbus zum Einbau bereit, doch wurde vom Raw wegen Schäden am Rahmen und an den Radsternen der Ausmusterungsantrag gestellt. Der Antrag wurde zunächst abgelehnt, die Lok jedoch nicht rekonstruiert. In einem sich über Jahre erstreckenden Disput mit der HvM blieb das Raw Cottbus schließlich der Sieger. Die 23 002 wurde am 20. 9. 1967 ausgemustert und am 12. 10. 1967 im Raw Cottbus zerlegt. Der für die Lok vorgesehene Kessel wurde vom Raw Stendal in eine Lok der BR 50 eingebaut. Die 23 001, umgenummert in 35 2001-2, stand bis 1974 im Dienst der VES-M Halle.

Konstruktive Merkmale

Kessel: Genieteter Langkessel aus 2 Schüssen mit 5200 mm Abstand zwischen den Rohrwänden. Geschweißte Stahlfeuerbüchse breit über dem Rahmen. Speisedom mit Schlammabscheider auf dem 1. Kesselschuß, dahinter Sandkasten und Dampfdom mit Naßdampfventilregler Bauart Schmidt &

23 001 (Schichau 3443/1941)

Wagner. Rauchrohrüberhitzer Bauart Schmidt. 2 Sicherheitsventile Bauart Ackermann. Speiseeinrichtungen: Kolbenspeisepumpe Bauart Knorr-Tolkien KT 1 (250 l/min) mit Oberflächenvorwärmer Bauart Knorr; nichtsaugende Dampfstrahlpumpe (250 l/min). Kessel tauschbar mit Baureihe 50 (Einheitslok).

Rahmen: 100 mm dicker Barrenrahmen. Pendelbleche vor 2. und 3. Kuppelachse.

Laufwerk: Vierpunktabstützung. Vordere Laufachse und 1. Kuppelachse bilden Krauss-Helmholtz-Drehgestell. Laufachse mit ± 123 mm, 1. Kuppelachse mit ± 10 mm Seitenverschiebbarkeit. 2. und 3. Kuppelachse fest im Rahmen gelagert. Schleppachse als Adamsachse mit ± 67 mm Seitenverschiebbarkeit.

Triebwerk: Zweizylinder-Heißdampftriebwerk mit einfacher Dampfdehnung. 2 außenliegende, waagerechte und im Modell gleiche Zylinder. Antrieb der 2. Kuppelachse. Kuppelstangen mit Buchsenlagern. Treibstangenlager geteilt und nachstellbar.

Steuerung: Außenliegende Heusinger-Steuerung. Druckausgleich-Kolbenschieber Bauart Karl Schulz. Steuerbock am Stehkessel befestigt.

Bremse: Selbsttätig wirkende Einkammer-Druckluftbremse Bauart Knorr mit Zusatzbremse. Doppelseitige Abbremsung aller Radsätze. Kuppelradbremse als Scherenklotzbremse ausgebildet. Doppelverbundluftpumpe Bauart Nielebock-Knorr. 2 Hauptluftbehälter (je 400 l) rechts und links zwischen 3. Kuppelachse und Schleppachse in Höhe des Aschkastens.

Sondereinrichtungen: Druckluftsandstreuer Bauart Borsig-Reichsbahn sandet die Räder der ersten beiden Kuppelradsätze beidseitig und die Räder der 3. Kuppelachse von vorn. Zentralschmierung aller unter Dampf gehenden Teile Bauart Bosch-Reichsbahn. Geschwindigkeitsmesser Deuta. Elektrische Beleuchtung durch Dampfturbogenerator. Dampfheizungseinrichtung.

Tender: 2′2′ T 26 der Einheitsbauart mit 10 t Kohle. Geschweißte Drehgestelle. Baugleich mit dem Tender der BR 50 (Einheitslok).

23 Neubaulok DB

Als 1949 die Bundesbahn zur Beschaffung neuer Dampflokomotiven schreiten mußte, um u. a. die mit einem Dienstalter von 40 Jahren schon sehr betagte pr. P 8 zu ersetzen, stand sie wie 1920 die DRG vor der Frage, bewährte Maschinen nachzubauen oder die Neukonstruktion zu wählen.

Eine Fortsetzung des Einheitslok-Programmes hätte bedeutet, Konstruktionen zu übernehmen, die schon etwa 25 Jahre alt waren, und den technischen Fortschritt unberücksichtigt zu lassen.

Die Entscheidung fiel demnach, wie 1920, zugunsten der Neukonstruktion. So entstanden aus den Erfahrungen des Einheitslok- und Kriegslokprogrammes der DRG, den neuesten Erkenntnissen der Schweißtechnik und der technischen Ausrüstung die sogenannten neuen Baugrundsätze, die dem Neubauprogramm der DB zugrunde gelegt wurden. Von Friedrich Witte formuliert, lassen sich die wichtigsten Positionen dieser neuen Baugrundsätze, die für die DB-Baureihen 23, 65 und 82 erarbeitet wurden, wie folgt zusammenfassen:

- Hohe spezifische Verdampfungsleistung (70 kg/m^{2}h) durch hochwertige Heizfläche (Verbrennungskammer).
- Vollständige Schweißung aller in Betracht kommenden Baugruppen und Ausnutzung der damit erzielten Masseersparnis für konstruktive Verbesserungen.
- Rückkehr zum (geschweißten) Blechrahmen, Rollenlager für Achsen und Stangen.
- Heißdampfregler und Heißdampfbetrieb für die Hilfsmaschinen.
- Allseitig geschlossenes Führerhaus und Laufwerk für hohe Rückwärtsfahrgeschwindigkeiten.

Für eine nach diesen Baugrundsätzen konstruierte Ersatz-P 8 lagen dem Zentralamt 1949 Entwürfe der Firmen Henschel & Sohn, Krauss-Maffei, Krupp und Jung vor. Henschel schließlich erhielt am 10. 9. 1949 den Auftrag zum Ausarbeiten der Bauzeichnungen. Ein Leistungsprogramm wurde nicht aufgestellt, da niemand die Verkehrsentwicklung der Nachkriegszeit voraussehen konnte. Nach den Ergebnissen der Meßwagenversuche wurden als Leistungsprogramm die Beförderung von 600 t in der Ebene mit 110 km/h und

23 027 (Jung 11 967/1954) mit Oberflächenvorwärmer Bauart Knorr

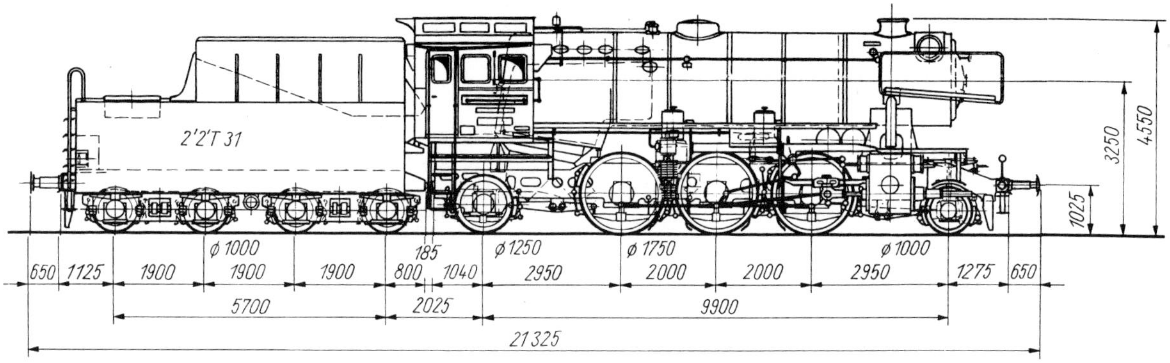

BR 23 mit Knorr-Vorwärmer (23 001–23 023)

auf 10‰ Steigung mit 44 km/h festgelegt (errechnet für 11 t/h Dampf nach Widerstandsgleichungen von Sauthoff).

Die BR 23 der DB erfuhr während des Serienbaues und auch später eine Vielzahl von Änderungen, von denen hier nur die wichtigsten genannt werden können.

Bis einschließlich 23 023 erhielten die Lokomotiven Oberflächenvorwärmer Bauart Knorr, weil die Mischvorwärmeranlagen noch nicht betriebstauglich waren. In Achsen und Stangen wurden noch Gleitlager eingebaut. Als Versuchslokomotiven für den weiteren Serienbau wurden die 23 024 und 23 025 mit Henschel-Mischvorwärmern mit Speicher unter der Rauchkammer und Rollenlagern für Achsen und Stangen ausgerüstet. Die 23 024 erhielt außerdem eine Kylchap-Saugzuganlage, doch weil mit dem höheren konstruktiven Aufwand kein nachweisbarer Nutzen erzielt werden konnte, unterblieb der Weiterbau, und die Lok wurde in Regelausführung zurückgebaut.

Die Loks 23 053–23 105 erhielten in Achsen und Stangen Rollenlager. Heinl-Mischvorwärmer bekamen 23 053–23 092, Mischvorwärmer MV 57 die Maschinen 23 093–23 105.

Schwierigkeiten im Betrieb gab es mit den Heißdampfreglern, so daß ab 1966 im AW Trier die meisten Maschinen auf Naßdampfregler umgebaut wurden. Bis 1973 hatten bereits 87 Maschinen Naßdampfregler erhalten, die 23 083 und 23 089 waren aber bereits mit Heißdampfregler ausgemustert worden.

Die Neubaulok der Reihe 23 der DB präsentiert sich somit als eine vom Äußeren und von der Bedienung sehr uneinheitliche Baureihe, an der während ihres kurzen Einsatzzeitraumes eine Fülle von Änderungen und Umbauten vorgenommen wurde.

Henschel lieferte 1950/1951 die ersten 15 Lokomotiven an die Bw Kempten und Hagen (Westf). Bereits am 30. 4. 1951 ging vom Bw Kempten eine mehrere Seiten umfassende Aufstellung über Mängel an dieser Baureihe an die ED Augsburg, die durchaus nicht in jedem Falle nur als Kinderkrankheiten einer Neukonstruktion zu betrachten sind.

Insgesamt hat die BR 23 jedoch befriedigt. Bei Meßwagenversuchen mit der 23 015 im Jahre 1951 wurden in der Beharrung 2 Stunden lang Heizflächenbelastungen von über 70 (bis 84) kg/m^{2}h ohne nachteilige Folgen für den Kessel erreicht. Bei nur um 8,5 % größerer Heizfläche gegenüber der pr. P 8 konnten 33 % mehr Kesselleistung erzielt werden. Die Zughakenleistung der P 8 wurde mit 1480 PSe um mehr als 50 % übertroffen.

Bemerkenswert an dieser Baureihe ist die wahlweise einstellbare Kuppelachsfahrmasse von 17 t bzw. 19 t und die hohe Rückwärtsfahrgeschwindigkeit von 85 km/h.

Mit der 23 105 wurde 1959 von der Fa. Jung nicht nur die letzte Maschine dieser Baureihe, sondern auch die letzte Neubaudampflokomotive der DB geliefert. Am 4. 12. 1959 wurde sie von Jung an die DB übergeben.

Interessant ist auch die Konstruktion des Neubautenders 2'2' T 31, der als selbsttragende Konstruktion (ohne Rahmen) mit nach oben gewölbtem Bodenblech ausgeführt wurde. Allerdings paßt sich dieser Tender nicht so harmonisch an die Linienführung der Lokomotive an, wie das bei den Einheitslokomotiven der DRG der Fall war.

Die Baureihe 23 wurde von der DB im schweren Personen- und leichten Schnellzugdienst eingesetzt, aber auch vor Güterzügen war sie keine Seltenheit. Die wichtigsten Einsatz-Bw waren Kempten, Hagen, Kaiserslautern, Saarbrücken und Crailsheim.

Am 31. 12. 1971 waren noch 76 Maschinen im Unterhaltungsbestand und ausnahmslos in drei Bahnbetriebs-

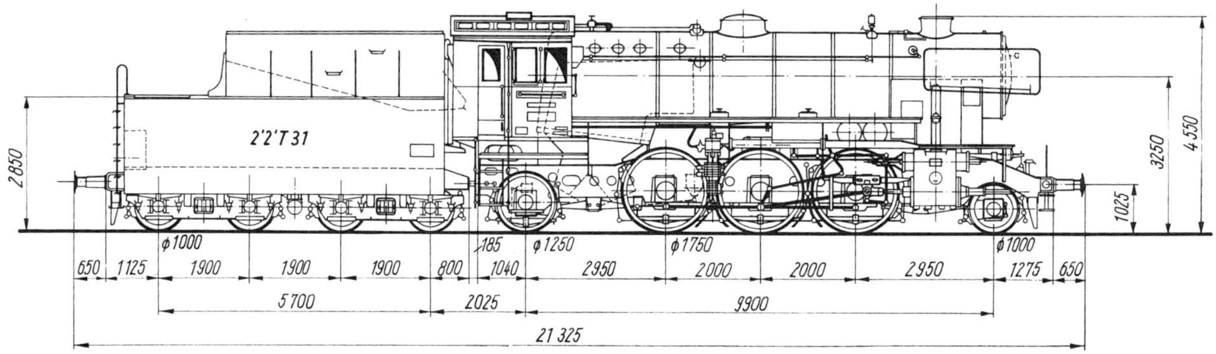

BR 23 mit Heinl-Mischvorwärmer (23 053–23 092)

werken (Saarbrücken, Kaiserslautern und Crailsheim) stationiert. Am 22. Dezember 1975 schieden die 23 029 und 23 058, am 23. Dezember 1975 die 23 023 als letzte dieser Baureihe aus. Damit hat die letzte Maschine dieser Neubaureihe die letzte Maschine der Baureihe, als deren Ersatz sie gedacht war, die 38^{10-40}, um nur ein Jahr überlebt. Von niederländischen Eisenbahnfreunden werden die 23 023, 23 071 und 23 076 weiterhin erhalten.

Konstruktive Merkmale

K e s s e l: Vollständig geschweißter Kessel aus Stahl St 34. Feuerbüchse aus

23 074 (Jung 12 509/1956) mit Heinl-Mischvorwärmer und Rollenlager in Achsen und Stangen

IZ II-Stahl mit anschließender Verbrennungskammer. Alle festen Stehbolzen und Deckenstehbolzen gewindelos mit Spiel eingeschweißt. In den Hauptbewegungszonen Gelenkstehbolzen bzw. bewegliche Deckenstehbolzen. Mehrfachventil-Heißdampfregler mit Seitenzug. 2 Hochhubsicherheitsventile Bauart Ackermann NW 60. Speiseeinrichtungen: 23 001–23 023, 23 026 bis 23 052 Kolbenspeisepumpe KT 1 und Oberflächenvorwärmer Bauart Knorr, nichtsaugende Dampfstrahlpumpe Bauart Friedmann 180 l/min. 23 024–23 025 Mischvorwärmer Henschel MVC, 23 053–23 092 Heinl-Mischvorwärmer, 23 093–23 105 Mischvorwärmer Bauart 1957.
Rahmen: Geschweißter Blechrahmen mit Ober- und Untergurt, unter dem Führerhaus eingezogen. Pendelbleche über der hinteren Laufachse und der Treibachse.
Laufwerk: Treibachse und 3. Kuppelachse fest im Rahmen gelagert. Vordere Laufachse und 1. Kuppelachse bilden Krauss-Drehgestell. Nachlaufende Schleppachse als Deichselachse (Bissel-Achse). Federung und Achsfahrmasseausgleich entsprechen der Vierpunktabstützung. Kuppelachsfahrmasse wahlweise 17 t oder 19 t.
Triebwerk: Zwei waagerechte Außenzylinder arbeiten auf die 2. Kuppelachse. Achslager und hinteres Treibstangenlager sind nachstellbar. 23 001 bis 23 023 und 23 026–23 052 an Treib- und Kuppelstangen Gleitlager. 23 024 bis 23 025 und 23 053–23 105 an Treib- und Kuppelstangen Rollenlager.
Steuerung: Heusinger-Steuerung für Inneneinströmung. Federlose Druckausgleichkolbenschieber. Steuerbock nicht mehr am Kessel, sondern am Rahmen befestigt. Antrieb der Steuerung von der Treibachse.
Bremse: Selbsttätig wirkende Einkammer-Druckluft-Bremse Bauart Knorr mit Zusatzbremse. Alle Radsätze beidseitig abgebremst. Wurfhebelhandbremse für den Tender.
Sondereinrichtungen: je 2 Sandkästen rechts und links am Umlauf. Die Kuppelräder wurden von vorn, die Treibräder beidseitig gesandet. Spurkranzschmierung de Limon für 1. und 3. Kuppelradsatz. 2 Schmierpumpen Bauart Bosch. Schmierung aller unter Dampf gehenden Teile und Schmierung von Kreuzgelenkzapfen, Lager, Gestängebolzen, Treibachslagerführung und Steuerschraube. Elektrische Beleuchtungsanlage. Dampfheizungseinrichtung. Allseitig geschlossenes Führerhaus.
Tender: 2′2′ T 31 mit 8 t Kohle. Tender in allen Teilen geschweißt.

23^{10} Neubaulok DR

Das Neubauprogramm der DR von 1923 enthielt auch 2 Schlepptenderlokomotiven mittlerer Leistung, von denen die eine mit der Achsfolge 1′C1′ als Ersatz für die BR 38^{10-40} (pr. P 8) gedacht war. Ein Nachbau der von der DRG als P 8-Ersatz geplanten BR 23 (alt) kam nicht in Betracht, weil die neue Maschine der P 8 wesentlich überlegen und vielseitiger verwendbar sein sollte. Außerdem mußte sie dem Brennstoffaufkommen der DR (vorwiegend Feuerung mit Braunkohlenbriketts) angepaßt sein. Alle diese Voraussetzungen erfüllte die BR 23 (alt) nicht.
Die als Universallok projektierte BR 25 (1′D h2) schied schon vor ihrer Fertigstellung 1954 als P 8-Ersatz aus, weil Untersuchungen ergeben hatten, daß die Zugkraft einer 1′D-Maschine nur auf Steigungen über 10‰ Fahrzeitvorteile gegenüber dem Dreikuppler erwarten ließ. Für die Aufgaben im Hügeldienst standen aber die BR 39 (pr. P 10) und 41 in ausreichender Zahl zur Verfügung. Man entschied sich für den Dreikuppler aus Gründen des geringeren Eigenwiderstandes, der besseren Bogenläufigkeit und der voraussichtlich längeren Haltbarkeit der Stangenlager.
Die neue Maschine wurde im Institut für Schienenfahrzeuge Berlin-Adlers-

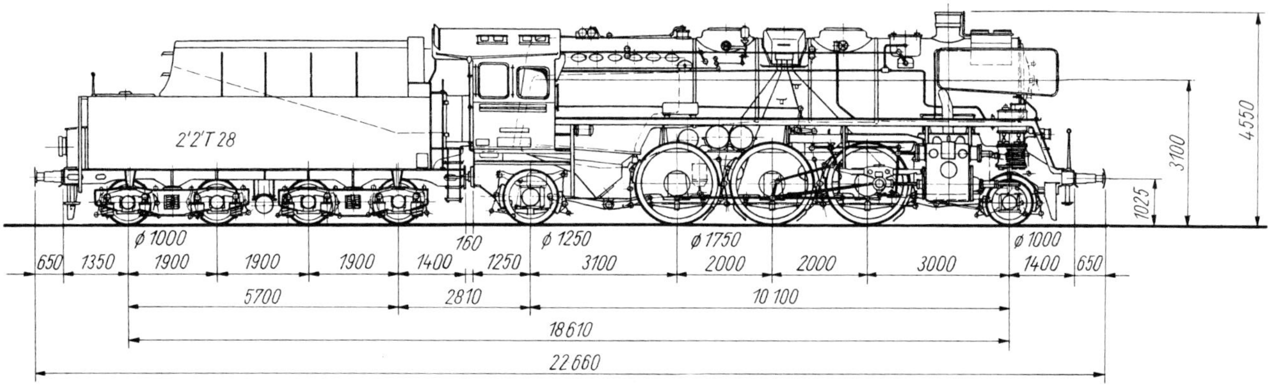

BR 23^{10} (Baumuster 23 1001/1002)

hof unter der Leitung von Johannes Töpelmann in Zusammenarbeit mit dem Dampflokdezernat des TZA (Hans Schulze) projektiert, wobei die Erfahrungen beim Bau der bereits fertiggestellten Neubauloks 65^{10} und 83^{10} genutzt werden konnten. Parallel zu der 1'C1' h2 entwickelte man die 1'E h2-Güterzuglok der BR 50^{40}, für die aus Gründen der rationellen Fertigung und Unterhaltung die Baugleichheit vieler Teile mit der Reihe 23^{10} angestrebt und erreicht wurde: Kessel, Rauchkammer, Führerhaus, Tender u. a. m.

23 1106 (35 1106-0) (LKM 123 106/1959)

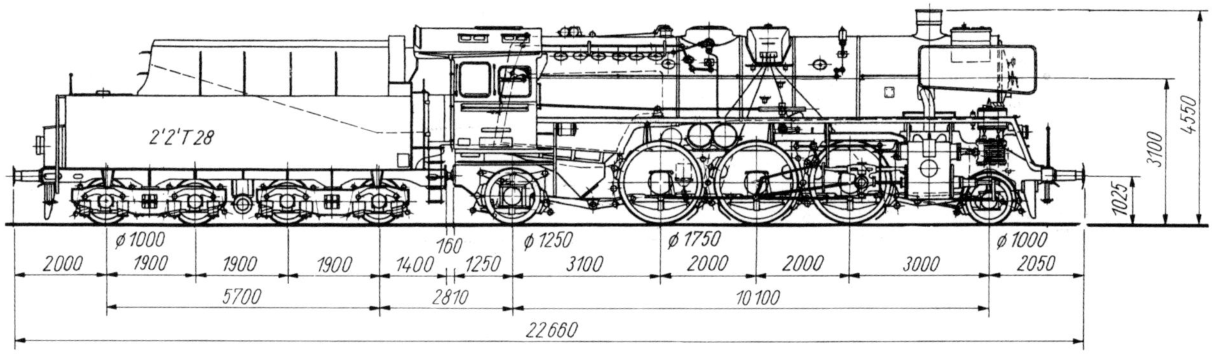

BR 23^{10} (Serienausführung)

Zum Jahreswechsel 1955/56 waren die ersten beiden Baumuster mit den Betriebsnummern 23 1001 und 1002 fertiggestellt. Vor Sonderzügen zur Leipziger Frühjahrsmesse 1957 stellten sie sich der Öffentlichkeit vor. Die 23 1001 kam mit der fast gleichzeitig fertig gewordenen 50 4001 zur VES-M nach Halle, wo sie bei Meßfahrten sehr zufriedenstellende Ergebnisse erbrachte. Im Vergleich mit der P 8 entwickelte die 23^{10} eine um 45 % bis 60 % höhere Zugkraft. Die Zughakenleistung der 23 002 (alt) wurde um 13 % übertroffen.

Der Kessel lieferte bei einer Heizflächenbelastung von 70 kg/m^{2}h eine Dampfmenge von 11 t/h. Damit wurde die Leistung des 03-Kessels fast erreicht. Dieser Kessel diente auch als Ersatzkessel für die BR 58 und 50/52 (sofern aus St 47 K).

Die BR 23^{10} bewältigte folgende Wagenzugmassen in Tonnen bei Personenzügen (in Klammern Vergleichswerte der P 8):

Steigung ‰	40 km/h	60 km/h	80 km/h	90 km/h
0		1790 (1205)	835 (625)	580 (320)
5	1000 (740)	580 (425)	335 (240)	240 (120)
10	565 (400)	310 (220)	170 (115)	115 (–)

Für die Qualität der Konstruktion spricht die Tatsache, daß bei der 1958 beginnenden Serienfertigung kaum Änderungen gegenüber den beiden Baumustern vorgenommen werden mußten. Es entfiel der Speisedom wegen des Mischvorwärmers und der inneren Kesselspeisewasseraufbereitung, der Heißdampfregler wurde durch einen weniger störanfälligen Naßdampfregler ersetzt, statt der Müller-Schieber wurden ab 23 1003 Trofimoff-Schieber wegen ihrer besseren Leerlaufeigenschaften eingebaut. Einige weitere kleinere Änderungen müssen hier unberücksichtigt bleiben.

Innerhalb von 2 Jahren wurden im VEB Lokomotivbau „Karl Marx" Babelsberg 113 Maschinen der Reihe 23^{10} gebaut. Die ersten Lokomotiven kamen zu den Rbd Greifswald und Schwerin, danach erhielten die Rbd Halle und Cottbus diese Neubauloks. Die Maschinen wurden zunächst sehr viel im Schnellzugdienst eingesetzt und lösten in Cottbus die 17^{10-12} (pr. S 10^1) mit Kohlenstaubfeuerung ab.

Alle Maschinen sind 1975/76 aus dem Dienst ausgeschieden; sie waren bei den Personalen wegen ihrer Laufruhe, ihrer geringen Schleuderneigung vor schweren Zügen und ihrer Anfahrzugkraft geschätzt.

Konstruktive Merkmale

Kessel: Vollständig geschweißter Kessel mit 4200 mm langen Rohren und Verbrennungskammer. 23 1001 und 23 1002 mit Speisedom, ab 23 1003 wegen innerer Speisewasseraufbereitung nur noch Dampfdom und Sandkasten. Geschweißte Feuerbüchse aus Stahl C 16 (Mb 18). Geschweißter Aschkasten mit zusätzlichen seitlichen Luftklappen nicht mehr am Kessel, sondern am Rahmen befestigt. 2 Sicherheitsventile Bauart Ackermann 23 1001 und 23 1002 mit Mehrfachventil-Heißdampfregler, ab 23 1003 Naßdampf-Ventilregler Bauart Wagner (Einheitsbauart 1925). Speiseeinrichtungen: Verbund-Mischpumpe VMP 15-20 Bauart BBW (250 l/min) und Mischvorwärmeranlage; saugende Dampfstrahlpumpe (250 l/min).

Rahmen: Geschweißter Blechrahmen mit Ober- und Untergurt. 25 mm dicke Rahmenwangen. Keine Pendelbleche.

Laufwerk: Vordere Laufachse (± 115 mm Seitenverschiebbarkeit) und 1. Kuppelachse (± 10 mm Seitenverschiebbarkeit) zu Krauss-Helmholtz-Gestell verbunden. Schleppachse als Bissel-Achse (± 55 mm Seitenverschiebbarkeit) ausgebildet. Lok in vier Punkten auf dem Laufwerk abgestützt.

Triebwerk: 2 im Modell gleiche Außenzylinder mit angegossenen Ausströmkästen. Antrieb der 2. Kuppelachse. Vorderes Treibstangen- und alle Kuppelstangenlager sind Buchsenlager.

Steuerung: Außenliegende Heusinger-Steuerung für innere Einströmung. Füllungen bis 80 % für Vor- und Rückwärtsfahrt. Druckausgleich-Kolbenschieber Bauart Trofimoff.

Bremse: Selbsttätig wirkende Einkammer-Druckluftbremse Bauart Knorr. Doppelseitige Abbremsung der gekuppelten und der Laufräder. Masseabhängige Wurfhebelbremse für den Tender. Doppelverbundluftpumpe Bauart Berliner Bremsenwerk. 2 Hauptluftbehälter (je 400 l) quer auf dem Rahmen zwischen 2. und 3. Kuppelachse.

Sondereinrichtungen: Druckluftbetätigter Sandstreuer sandet die Räder aller gekuppelten Achsen bei Vorwärts- und die Räder der Treibachse bei Rückwärtsfahrt. Zentralschmierung aller unter Dampf gehenden Teile durch Hochdruckschmierpumpe Bauart Michalk (bis 23 1063), ab 23 1064 Ölschmierpumpe Bauart Grützner.

Elektrische Beleuchtung durch Einheits-Turbogenerator. Dampfheizungsanlage. Elektrischer Geschwindigkeitsmesser Bauart Meßgerätewerk Quedlinburg.

Tender: Neubau-Tender 2'2' T 28 in geschweißter Bauart mit 10 t Kohle.

24 Einheitslok (und Mitteldrucklok)

Der erste Typisierungsplan der DRG sah keine Nebenbahnlokomotiven vor, weil die Beschaffung von Hauptbahnloks vordringlicher war und noch genügend Länderbahnmaschinen für den Nebenbahndienst zur Verfügung standen. Auf der 10. Sitzung des Engeren Lok-Ausschusses vom 17. 1. 1928 in Berlin wurde von Reichsbahnoberrat Fuchs Bedarf an modernen Nebenbahnloks für einen schnellen und attraktiven Personenverkehr angemeldet. Der Ausschuß beschloß einen Nachbau der bay. Pt $^{2}/_{3}$ (DRG 70°) und ein Neubauprogramm für Nebenbahnloks: 1'C h2-Schlepptenderlok (BR 24), 1'C1' h2-Tenderlok (BR 64) und 1'D1' h2-Tenderlok (BR 86) für 15 t Achsfahrmasse.

Die BR 24 wurde in weitgehender Übereinstimmung mit der BR 64 entwickelt: Kessel, Zylinder, Triebwerk, Radsätze, Bissel-Gestelle und viele andere Teile stimmten bei beiden Maschinen überein. Der Ursprungsentwurf sah die 3. Kuppelachse als Treibachse vor. Um das „Peitschen" der dann zu lang ausfallenden Treibstangen bei hohen Drehzahlen zu vermeiden, legte man den Antrieb auf die zweite Kuppelachse. Der Kessel mußte aus Gründen der Masseverteilung sehr weit nach vorn geschoben werden, so daß Zylindermitte und Schornsteinmitte nicht mehr wie bei allen anderen Einheitslokomotiven auf einer senkrechten Achse lagen.

Das Betriebsprogramm sah 270 t auf 10 ‰ Steigung mit 50 km/h, auf 25 ‰ Steigung mit 20 km/h vor. Erreicht wurden bei Versuchsfahrten 350 t auf 0 ‰ mit 90 km/h, 250 t auf 10 ‰ Steigung mit 50 km/h und 220 t auf 25 ‰ Steigung mit 20 km/h.

Im Jahre 1928 wurden die ersten Maschinen von Schichau (24 001 bis 24 010) und Linke-Hofmann (24 031 bis 24 037) geliefert. Bis 1939 folgten weitere 78 (also insgesamt 95) Maschinen. 1929 waren bereits 69 Lokomotiven der BR 24 an die Rbd Stettin, Schwerin, Stuttgart, Regensburg und Münster ausgeliefert, so daß die DRG in relativ kurzer Zeit (die BR 64 eingerechnet) über eine große Zahl moderner Nebenbahnlokomotiven verfügte.

Die zuletzt gebaute Maschine, die 24 095, wurde erst am 20. 11. 1940 von der DRG abgenommen, so daß sich der Beschaffungszeitraum auf mehr als zehn Jahre erstreckte. Am Bau der Reihe waren außer der Fa. Schichau noch Linke-Hofmann mit 7, die Hanomag mit 8, Henschel mit 5, Krupp mit 6 und die BLW mit 2 Maschinen beteiligt. Die bei Schichau bestellten Maschinen 24 096–24 115, für die anstelle der Bissel-Achse Krauss-Helmholtz-Gestelle vorgesehen waren, wurden 1940 storniert.

Im Rahmen des DRG-Versuchsprogrammes mit 25 bar (25 kp/cm^2) Kesseldruck wurden neben je 2 Maschinen der BR 04, 17^2 und 44 auch 2 Loks der BR 24 für diese Dampfspannung von den BLW ausgerüstet. Die 24 069 wurde als Verbundmaschine mit rechts liegendem Hochdruckzylinder, die 24 070 als Zwillingslok mit Gleichstrommaschine Bauart R. P. Wagner geliefert. Bei der eingehenden Erprobung im LVA Grunewald erreichte die Verbundlok mit einem Dampfverbrauch von

3,6 kg/kWh (4,9 kg/PSih) den niedrigsten Wert aller deutschen Kolbendampflokomotiven. Die Gleichstromlok dagegen war ein Fehlschlag, denn sie verbrauchte 10 % Dampf mehr als die Regelausführung. Sie wurde deshalb 1935 in eine 2hv-Maschine umgebaut. Die bei allen Mitteldruckloks auftretenden Kessel- und Feuerbüchsschäden zwangen zunächst zu einer Reduzierung des Druckes auf 20 bar (20 kp je cm^2). 1952 wurden beide Maschinen bei der DB im AW Lingen in die Regelausführung umgebaut.
In den 30er Jahren waren die Maschinen im Norden und Osten Deutschlands beheimatet. Ihre Ausführung als Schlepptenderloks mit dem eigens für diese Baureihe entwickelten Tender 3 T 16 (später in geschweißter Ausführung 3 T 17) prädestinierte sie für die langen Nebenstrecken. In Süddeutschland befuhren sie Strecken im Schwarzwald, in Schwaben, Hessen und Niederbayern. Ende der 30er und Anfang der 40er Jahre zog man die Maschinen in Ostpreußen zusammen. Kurzzeitig liefen auch die 24 004, 24 006, 24 013 und 24 045 in Österreich (Bw Linz und Salzburg). Obwohl als Flachlandmaschine konzipiert, bewährte sich die Lok mit ihrem Treibraddurchmesser von 1500 mm und ihrem guten Beschleunigungsvermögen auch auf Steigungsstrecken, wie ihr erfolgreicher Einsatz in Süddeutschland beweist.
Nach Kriegsende befanden sich 48 Maschinen bei der DB und 5 bei der DR. Eine nicht genau bekannte Zahl von Maschinen übernahm die PKP. Die DR-Loks (24 002, 24 004, 24 009, 24 021 und 24 030) befanden sich bis 1968 außer der 24 030 im Einsatz. Ab 1960 waren alle Loks beim Bw Jerichow stationiert. Das Verkehrsmuseum Dresden wird die 24 004 erhalten. Die Wuppertaler Arbeitsgemeinschaft Eisenbahnkurier kaufte die 24 009 in betriebsfähigem Zustand.
Einsatzgebiet der DB-Maschinen waren Nord- und Nordwestdeutschland. 1960 begann die planmäßige Ausmusterung. Als letzte Lok der DB wurde die 24 067 am 19. 8. 1966 beim Bw Rheydt ausgemustert und im Februar 1967 verschrottet.
Eine interessante Entwicklung nahm die 24 061, die Anfang 1949 im AW Lingen eine L 4 erhalten hatte. Sie wurde dem LVA Minden (Westf) für die Erprobung von Armaturen und Zubehörteilen und zur Überführung von Meßwagen zugeteilt. Man rüstete sie mit dem Krauss-Helmholtz-Gestell der defekten 64 512 aus und gab ihr zur Vergrößerung des Aktionsradius' den Tender 2'2' T 26 einer BR 50. Dieses originelle Gespann, bei dem Lok und Tender nahezu gleich lang waren, bewährte sich vorzüglich auch bei Geschwindigkeiten über 100 km/h.

Konstruktive Merkmale

24 001–24 068 und 24 071–24 095

Kessel: Genieteter Einheitslokkessel aus 2 Schüssen. Vorderer Schuß trägt Speisedom, hinterer den Dampfdom. Schlammabscheider Bauart Schmidt & Wagner im Speisedom. Abschlammschieber Bauart Strube. Naßdampfventilregler Bauart Schmidt & Wagner. Geschweißte kupferne Feuerbüchse mit kupfernen Stehbolzen und stählernen Ankern und Deckenstehbolzen. Ab 24 071 geschweißte Stahlfeuerbüchse. Hinterkessel zwischen Rädern der dritten Kuppelachse eingezogen. 2 Hochhubsicherheitsventile Bauart Ackermann am Reglerdom.
Speiseeinrichtungen: Oberflächenvorwärmer Bauart Knorr im Rauchkam-

24 001 (Schichau 3116/1927)

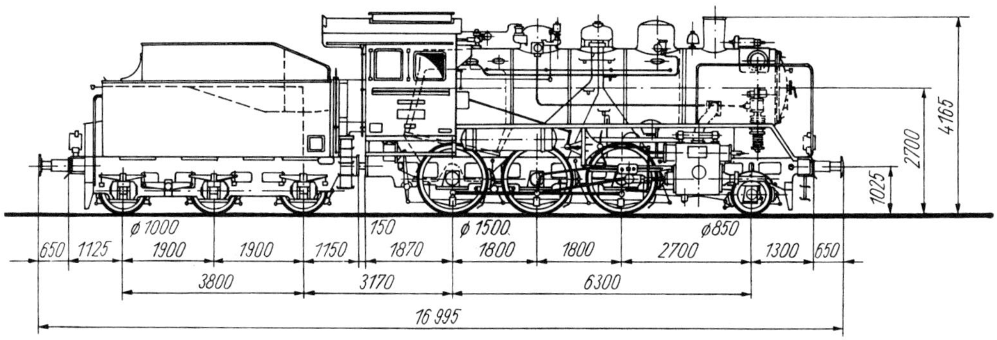

BR 24 (Serienausführung)

merscheitel vor dem Schornstein mit Kolbenverbundspeisepumpe Knorr-Tolkien (125 l/min) links in Rauchkammernische; Dampfstrahlpumpe (125 l je min) im Führerhaus (Heizerseite).

Rahmen: 70 mm dicker Barrenrahmen mit 1000 mm Mittenabstand. 1 Pendelblech vor dem Gleitbahnträger.

Laufwerk: Vierpunktabstützung. Vordere Laufachse (850 mm Durchmesser) als Bissel-Achse. Alle 3 Kuppelachsen fest im Rahmen gelagert. Treibachse mit 15 mm Spurkranzschwächung.

Triebwerk: 2 außenliegende waagerechte Zylinder mit einfacher Dampfdehnung. Besondere Ausströmkästen aus Stahlguß. Druckluftgesteuerte

24 070 (Borsig 14 435/1932) Mitteldrucklokomotive im Lieferzustand

Druckausgleicher. Antrieb der 2. Kuppelachse. Treibachslager Bauart Obergethmann. Treibstangenlager geteilt und nachstellbar.
Steuerung: Außenliegende Heusinger-Steuerung. Antrieb der Schwinge von der Treibachse.
Bremse: Selbsttätig wirkende Einkammer-Druckluftbremse Bauart Knorr. Einseitige Abbremsung der Kuppelachsen und der Laufachse. Ab 24 071 doppelt wirkende Scherenbremse für Kuppelachsen und doppelseitige Abbremsung der Laufachse. Ab 24 077 ohne Laufradbremse.
Sondereinrichtungen: Druckluftsandstreuer sandet die Räder aller Kuppelachsen von vorn. Druckluftläutewerk Bauart Knorr. Hochdruckschmierpumpe Bauart Bosch-Reichsbahn für alle unter Dampf gehenden Teile. Dampfheizungseinrichtung. Elektrische Beleuchtung durch Dampfturbogenerator.
Tender: 3 T 16 der Einheitsbauart mit 6 t Kohle. Ab 24 071 Tender in geschweißter Ausführung als 3 T 17.

24 069/24 070 (Mitteldruck)

Kessel: Langkessel (2 Schüsse) aus Molybdänstahl, Feuerbüchse aus weichem Molybdänstahl.
Triebwerk: Verbundmaschine 24 069 hat HD-Zylinder rechts und ND-Zylinder links. Verbinder 250 mm l. W. HD-Zylinder, ND-Zylinder und Verbinder mit Sicherheitsventilen. HD-Druckausgleicher dient zugleich als Anfahrvorrichtung.
Zwillingsmaschine 24 070 mit Gleichstromzylindern Bauart R. P. Wagner.
Steuerung: Außenliegende Heusinger-Steuerung für Inneneinströmung (24 069).

25 001 — Neubaulok DR

25^{10} — Neubaulok DR

Bereits die DRG hatte begonnen, einen Ersatz für die überalterte Baureihe 38^{10-40} (pr. P 8) zu schaffen, doch die Bemühungen blieben wegen der Kriegsereignisse in den Anfängen stecken (s. 23 001 und 23 002).
Das gleiche Problem stand nach Kriegsende vor der DR, jedoch wegen der Kriegsschäden am Triebfahrzeugpark in weit zugespitzterem Maße. Es ist aus der Situation heraus verständlich, daß der Gedanke an eine Universallokomotive aufkam. Er wurde besonders nachdrücklich von dem damals noch bei der DR tätigen Ministerialdirektor Fuchs vertreten. Die Lokomotivindustrie, die der DR zur Verfügung stand, war wenig leistungsfähig. Der dringendste Bedarf sollte deshalb mit einer Maschine gedeckt werden, die auf Gebirgsstrecken zugkräftig und im Flachland noch ausreichend schnell war, die sowohl im Reisezugwie auch im leichten und mittleren Güterzugdienst eingesetzt werden konnte.
Die Lok sollte ferner eine höhere spezifische Heizflächenbelastbarkeit als die Einheitsloks (57 kg/cm^{2}h) besitzen, in der Achsfahrmasse aber auf 17,8 t beschränkt bleiben, um auf allen Hauptbahnstrecken freizügig eingesetzt werden zu können. Es war zu berücksichtigen, daß für die Feuerung hauptsächlich Braunkohlenbriketts in Betracht kamen. Ein Nachbau der bewährten Einheitslok BR 41 wurde zwar erwogen, dann aber verworfen, weil Rahmen und Kessel nicht mehr modernen Baugrundsätzen entsprachen.
Nach Prüfung vorliegender Projekte entschied sich die DR für eine 1'D h2-Maschine mit 1600 mm Treibraddurchmesser. Auf die Schleppachse glaubte man verzichten zu können, obwohl genügend Erfahrungen vorlagen, daß bei höheren Geschwindigkeiten die Schleppachse zur besseren Führung im Gleis unumgänglich ist. Der Treibraddurchmesser von 1600 mm wurde gewählt, um eine gute Anfahrbeschleunigung zu erzielen, damit bei den vorwiegend eingleisigen Strecken ein Optimum an Durchlaßfähigkeit erzielt werden konnte. Weiterhin war dieser Treibraddurchmesser für den Einsatz vor Güterzügen erforderlich.
Neben dieser Version für das Hügelland sollte ohne wesentliche Änderungen am Rahmen der Einbau von Treibrädern mit 1750 mm Durchmesser für den Flachlanddienst möglich sein. Diese Forderungen führten bereits die Universallok ad absurdum. Als Leistung wurden 1000 t in der Ebene mit 80 km/h gefordert.
1951 begannen die Konstruktionsarbeiten im Zentralen Konstruktionsbüro des VEB Lokomotivbau „Karl Marx" Babelsberg in Zusammenarbeit mit dem Technischen Zentralamt der DR. Es waren zunächst zwei Probelokomotiven vorgesehen: die 25 001 mit Rostfeuerung für Braunkohlenbriketts, die 25 1001 mit Kohlenstaubfeuerung, System Wendler. Die erste Maschine wurde 1954 fertiggestellt und auf der Leipziger Frühjahrsmesse des gleichen Jahres nach einigen Probefahrten der Öffentlichkeit gezeigt.

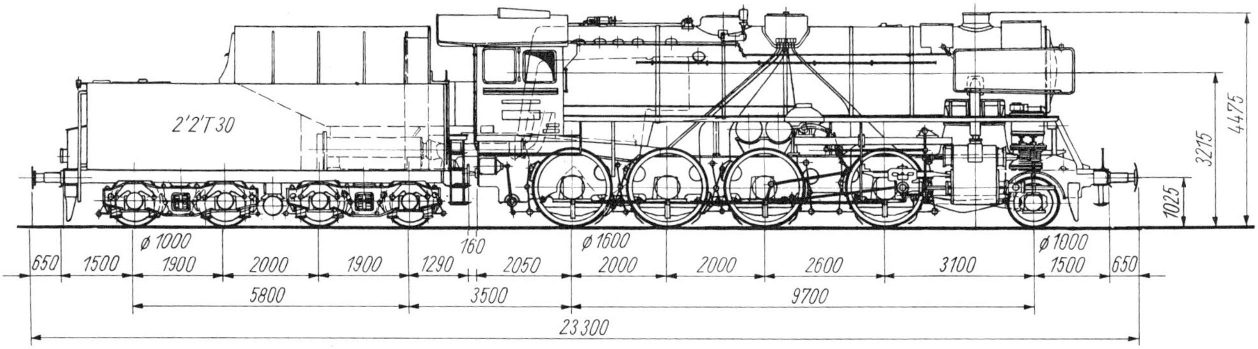

25 001 (Ursprungsausführung) mit Rostfeuerung und Stoker

Die Begrenzung der Achsfahrmasse einerseits und die Forderung nach einem leistungsfähigeren Kessel andererseits ließen sich nur durch Anwendung der masseersparenden Schweißtechnik bei Rahmen und Kessel einhalten.
Rahmen und Triebwerk beider Probelokomotiven waren gleich, die Kessel dagegen, vor allem im Bereich des Hinterkessels, verschieden. Bei der rostgefeuerten Maschine erzielte man die Kesselleistung durch Vergrößerung der Strahlungsheizfläche mittels einer Verbrennungskammer. Bei der staubgefeuerten Lok wurde eine lange, schmale Feuerbüchse zwischen den Rädern eingezogen, um den erforderlichen langen Brennweg für das Ausbrennen des Kohlenstaubes zu erzielen.
Weil bei Ablieferung der Maschinen das Neubauprogramm bereits feststand, verzichtete man auf eingehende Untersuchungen vor dem Meßwagen. Mit der 25 001 wurden, während die Maschine vom 29. Juli 1955 bis 19. Oktober 1955 beim Bw Halle P beheimatet war, einige Meßfahrten auf der Hügelstrecke Halle–Eisenach unternommen. Weil sich der Stoker nicht bewährte (zu großer Abrieb bei Braunkohlenbriketts), zog man die Maschine aus dem Dienst und baute sie im Raw Meiningen (Ablieferung 10. Mai 1958) auf Kohlenstaubfeuerung um. Sie erhielt die Betriebsnummer 25 1002. Die Laufruhe der Lok war bis zu einer Geschwindigkeit von 75 km/h zufriedenstellend. Die Planzeiten der Schnellzüge, die auf die BR 03 abgestimmt waren, konnten auf der Hügellandstrecke gehalten werden. Im Flachland dagegen konnte die BR 25 wegen ihres zu geringen Treibraddurchmessers auch ersatzweise nicht im 03-Plan verwendet werden. Die Lok 25 1001 kam zum Bw Arnstadt und wurde im Personenzugdienst auf den Strecken Arnstadt–Meiningen und Arnstadt–Saalfeld eingesetzt. Auf diesen Steigungsstrecken, wo nur mittlere Geschwindigkeiten gefahren wurden, bewährte sich die Maschine. Sowohl die 25 1001 als auch die 25 1002 waren etwa zwei Jahre beim Bw Senftenberg beheimatet (25 1001: 15. Juni 1960 bis 26. Juli 1962; 25 1002: 22. Juni 1960 bis 26. Juli 1962).
Die Praxis bestätigte, was bei der Konzipierung der Maschine bereits erkennbar war: Die BR 25 war weder eine Universallokomotive noch ein Ersatz für die P 8 geworden. Weil sich inzwischen die wirtschaftliche Aufwärtsentwicklung der DDR und damit das Neubauprogramm für Dampflokomotiven abzeichnete und die künftigen Aufgaben der DR präzisiert werden konnten, beließ man es bei den beiden Versuchsmaschinen. Die 25 1001 ist wie die 25 1002 am 26. November 1968 ausgemustert worden. Zerlegt hat die Lokomotiven der MAB Nordhausen im September bzw. April 1969.

Konstruktive Merkmale

Kessel: Schweißkonstruktion. Langkessel aus zwei zylindrischen Schüssen und konischem Übergangsschuß zum Hinterkessel. Feuerbüchse mit Verbrennungskammer. Rohrlänge 4700 mm. Stehbolzen und Deckenanker gewindelos mit Spiel eingeschweißt. Aschkasten Bauart Stühren am Rahmen befestigt. Rauchröhrenüberhitzer Bauart Schmidt. Dampfdom mit Mehrfachventil-Heißdampfregler (Seitenzugbetätigung) in der Rauchkammer. Zusätzlich Naßdampfventilregler Bauart Schmidt & Wagner mit Handradbetätigung als Reserve bei Ausfall des Heißdampfreglers. 2 Sicherheitsventile Bauart Ackermann 60 mm l. W. Speiseeinrichtungen: Mischvorwärmeranlage mit Mischkasten in Rauchkammernische vor dem Schornstein. Zweistufige Knorr-Speisepumpe; 1 Dampfstrahlpumpe.

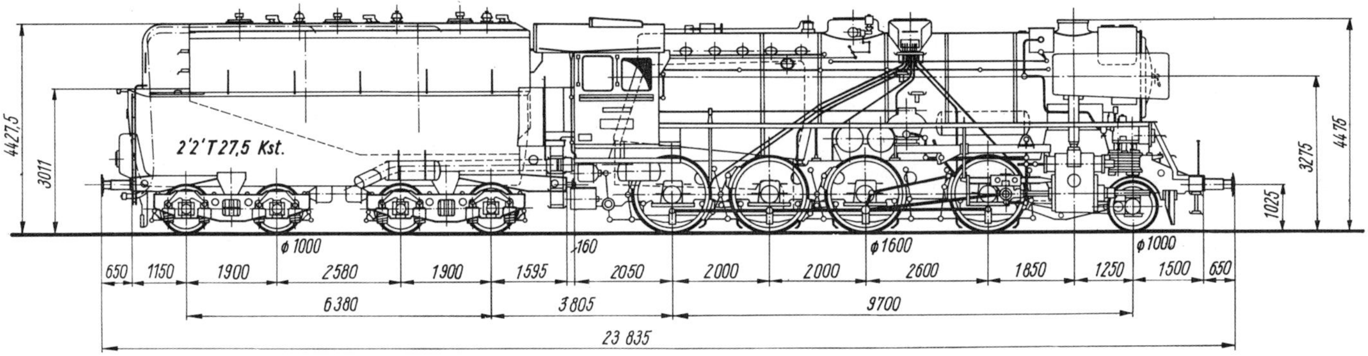

Rahmen: Vollständig geschweißter, 25 mm dicker Blechrahmen mit 10 mm starken Obergurten. Achslagerführungen durch T-Profile in Schweißkonstruktion. Kessel wird nicht zum Tragen und Versteifen des Rahmens herangezogen.
Laufwerk: Vierpunktabstützung. Vordere Laufachse und 1. Kuppelachse zu Krauss-Helmholtz-Drehgestell zusammengefaßt. Krauss-Helmholtz-Gestell in Schweißausführung. Vordere Laufachse mit ± 135 mm, 1. Kuppelachse mit ± 15 mm Seitenverschiebbarkeit. 2. und 4. Kuppelachse fest im Rahmen gelagert. Treibachse (2. Kuppelachse) mit 15 mm Spurkranzschwächung. 3. Kuppelachse mit ± 10 mm Seitenverschiebbarkeit. Unsymmetrischer Achsstand der Kuppelachsen. Federn der Laufachse und der 1. Kuppelachse sowie der letzten 3 Kuppelachsen durch Ausgleichhebel verbunden.
Triebwerk: Zweizylinder-Heißdampf-Triebwerk mit einstufiger Dampfdehnung. 2 außenliegende, waagerechte

25 1001 (Ursprungsausführung) mit Kohlenstaubfeuerung und Tender 2′2′ T 28 Kst

Zylinder (austauschbar) mit dem Rahmen verschraubt. Antrieb der 2. Kuppelachse.
Steuerung: Außenliegende Heusinger-Steuerung mit Pendelaufhängung wie BR 52. Druckausgleichkolbenschieber Bauart Müller. Steuerbock am Rahmen befestigt. Steuerwelle mit Zahnsegment, das über eine Welle mit Schnecke vom Handrad des Steuerbockes aus betätigt wird.
Bremse: Druckluftbremse Bauart Knorr mit Zusatzbremse. Beidseitige Abbremsung der Kuppelräder durch Scherenbremse, Laufräder ungebremst. Doppelverbundluftpumpe am Vorderteil des Rahmens vor dem rechten Zylinder.
Sondereinrichtungen: Druckluftsandstreuer sandet die ersten drei Kuppelräder beidseitig, die 4. von vorn. Elektrische Beleuchtung durch Dampfturbogenerator. Dampfheizungseinrichtung. Spurkranzschmierung für vordere Laufachse.
25 001: Mechanische Rostbeschickung durch Stoker. Förderschnecke mit Getriebe und Antriebsdampfmaschine auf dem Tender.

25 001 (Rostfeuerung mit Stoker)
(LKM 120 011/1 – 1954)

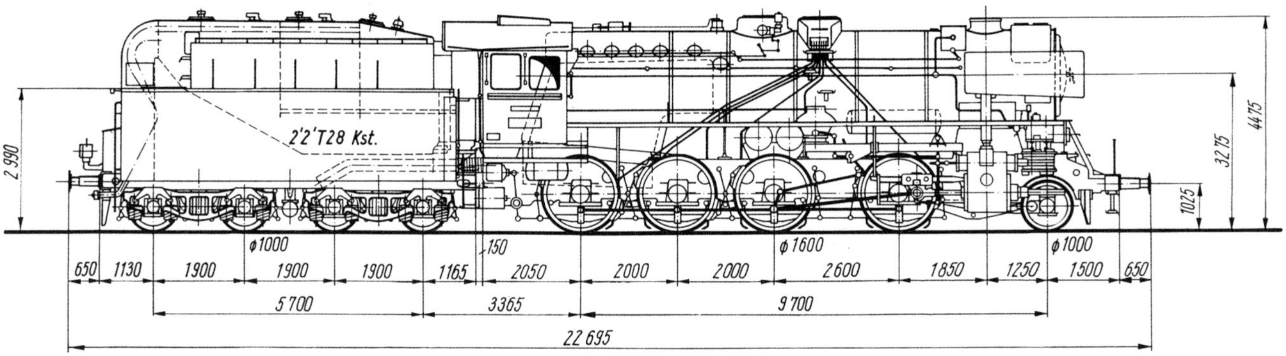

25 1001: Lange schmale Feuerbüchse ohne Verbrennungskammer. Rohrlänge 4350 mm. Kohlenstaubfeuerung Bauart Wendler mit 2 Hauptbrennern und einem Hilfsbrenner (für Stillstand der Maschine).
Tender: 25 001 mit 2′2′ T 30 (12 t Kohle). Kohlekasten für mechanische Rostbeschickung mit im unteren Teil geneigten Seitenwänden.

25 1001 mit 2′2′ T 27,5 (18,5 t Kohlenstaub).
25 1002 mit 2′2′ T 28.

25 1002 (Umbau aus 25 001) mit Kohlenstaubfeuerung und Tender 2′2′ T 28 Kst

25 1001 (Kohlenstaubfeuerung)
(LKM 120 011/2 – 1955)

34^{73} meck. $P\,3^1$

Mecklenburgs Eisenbahnen dienten in erster Linie der Erschließung der Landwirtschaft und in weit geringerem Maße dem saisonbedingten Bäderverkehr. Sie hatten damit nahezu alle Nebenbahncharakter. Unter diesem Gesichtspunkt verzichtete man auch auf kostspielige Eigenentwicklungen und übernahm ohne Risiko bewährte Lokomotivtypen; für Mecklenburg naheliegend, die der Preußischen Staatsbahn.
Auf Schnellzuglokomotiven verzichtete man, hier reichte selbst bis zur Übernahme durch die DRG die pr. P 8 völlig aus, und für den Personenzugdienst genügten die Leistungen der zweifachgekuppelten Schlepptenderlokomotiven und der einfachen und robusten Tenderlokomotiven. So hatte die durch Zusammenschluß mehrerer mecklenburgischer Bahnen 1894 entstandene „Großherzoglich Mecklenburgische Friedrich-Franz-Eisenbahn" auch 41 Lokomotiven der pr. Gattung $P\,3^1$ der Bauart n2 in Dienst gestellt. Deren Beschaffung erstreckte sich von 1888 bis 1907, also 10 Jahre über den eigentlichen Bau der pr. $P\,3^1$ hinaus, worin deutlich wird, wie zufrieden man mit den Eigenschaften dieser Lokomotiven in Mecklenburg war.
Rückgrat des Personenverkehrs bei fast allen europäischen Bahnen bis zur Jahrhundertwende bildeten in überwiegendem Maße die 1 B-Bauarten; noch 1910 waren sie im Bereich der KPEV mit 4694 Stück zahlenmäßig am stärksten vertreten.
Aber die Zersplitterung in viele Unterbauarten und verschiedene Gattungen erwies sich sehr bald als empfindlicher Nachteil, so daß die Aufstellung einheitlicher Grundtypen immer dringlicher wurde. Von den ersten 3 Entwürfen, die nach den neuen Gesichtspunkten entstanden, waren zwei 1 Bn2-Lokomotiven, eine mit einem Treibraddurchmesser von 1730 mm und mit Innensteuerung, die andere mit 1580 mm Durchmesser und Außensteuerung, deren Ausführung 1876 vom Ministerium genehmigt wurde. Nach Auswertung der Erfahrungen mit diesen als pr. P 2 eingeordneten Lokomotiven sah man eine Erweiterung der „Normalien" durch 6 neue Typen vor, darunter auch eine 1 Bn2-Lokomotive als Weiterentwicklung des Entwurfes von 1876, welche man als Gattung pr. $P\,3^1$ bezeichnete. Gegenüber den früheren Ausführungen unterschied sie sich durch folgende Veränderungen: Erhöhung des Kesseldruckes von 10 bar (10 kp/cm^2) auf 12 bar (12 kp/cm^2), Verringerung des Zylinderdurchmessers von 420 mm auf 400 mm und des Hubes von 600 mm auf 560 mm; der Treibraddurchmesser betrug nunmehr 1750 mm, die Feuerbüchse wurde verlängert, die Rostfläche vergrößert.
Von Nachteil war das Tieferlegen der Kesselmitte von 1950 mm auf 1885 mm.

34 7351 (meck. $P\,3^1$ OBOTRIT, Bahnnummer 121)
(Schichau 837/1896)

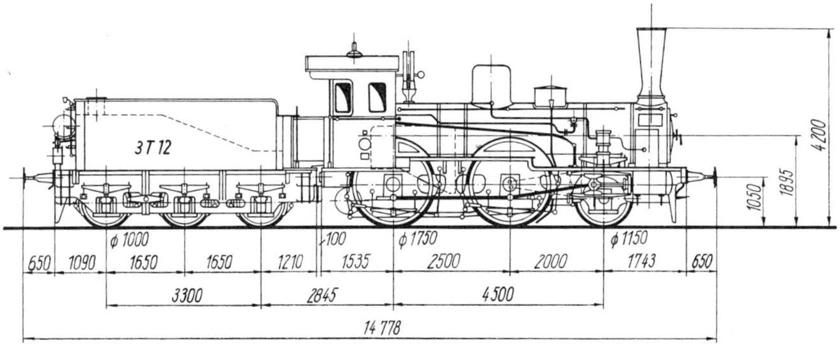

meck. P 3^1 (BR 34^{73})

meck. P 3^2 (BR 34^{73})

Der feste Achsstand betrug auf Grund der starren Laufachse 4500 mm, die Zylinder lagen vor der Laufachse. Wegen der innenliegenden Allan-Steuerung war Achsfahrmasseausgleich zwischen Lauf- und 1. Kuppelachse durch Winkelhebel nötig. Vorteilhaft war auch die jetzt vorgesehene Treibradbremse. Mit all diesen Verbesserungen erreichten diese Lokomotiven eine Dienstmasse von 34,9 Tonnen.
Die Preußische Staatsbahn beschaffte von 1884 bis 1897 unverändert 695 Exemplare der Gattung pr. P 3^1. Aber auch andere Verwaltungen stellten diese Lokomotiven in Dienst, so daß insgesamt 783 Stück gebaut wurden. Allein die Bahnen Mecklenburgs hatten 41 Maschinen dieser Gattung in Betrieb, deren letzte noch 1907 gebaut wurde. Mit der Übernahme der ehemaligen Länderbahnen in das Reichseigentum kam auch die frühere MFFE am 1. 4. 1920 zur DRG, die von den 41 Lokomotiven der Gattung pr. P 3^1 noch 22 bei der neugegründeten Rbd Schwerin in ihr Nummernschema einreihte. Diese setzten sich aus
8 Stück P 23.12 mit den Betriebsnummern 34 7301–34 7308 und
14 Stück P 23.13 mit den Betriebsnummern 34 7351–34 7364 zusammen und erschienen noch 1924 alle in den Bestandslisten der Rbd Schwerin.
Von der Schwesterbauart n2v der Gattung pr. P 3^2 gelangten noch drei Exemplare nach Mecklenburg, die jedoch keine DR-Betriebsnummern mehr erhielten.

Konstruktive Merkmale

Kessel: Crampton-Kessel mit stark geneigter Rostfläche, Dom auf dem letzten Kesselschuß.
Rahmen: Blechinnenrahmen.
Laufwerk: Starr gelagerte vordere Laufachse über obenliegende Blattfeder abgefedert, gekuppelte Achsen mit unterhalb der Achslager angeordneten Blattfedern. Lauf- und 1. Kuppelachse über Winkelhebel verbunden.
Triebwerk: Naßdampf-Zwillingstriebwerk mit außenliegenden, vor der Laufachse angeordneten Zylindern.
Steuerung: Innenliegende Allan-Steuerung.
Bremse: Schleiferschnellbremse, gekuppelte Radsätze beidseitig abgebremst.
Sondereinrichtungen: Läutewerk, Sandkasten auf Langkessel zum Besanden der Räder der 1. Kuppelachse, Dampfheizungseinrichtung.
Tender: pr. 3 T 10,5 (12) mit 10 m^3 Wasser und 4 t Kohle.

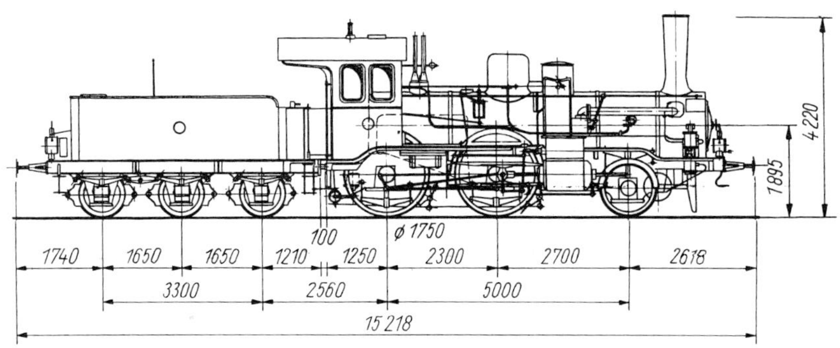

34^{76} sä. III

Anfang der 70er Jahre des 19. Jahrhunderts war die 1B-Lokomotive die in Deutschland vorherrschende Personenzuglok. Den Grundtyp – kurze Rauchkammer, ganz vorn liegende Zylinder und die hinter den Zylindern angeordnete Laufachse – hatte Borsig entwickelt und auch selbst an viele deutsche Bahnverwaltungen in verschiedenen Versionen geliefert.
Auch die Sächsische Staatsbahn ließ eine solche 1B-Lokomotive mit fest im Rahmen gelagerter Laufachse bauen. Wegen der krümmungsreichen sächsischen Strecken wählte man einen Kuppelraddurchmesser von nur 1570 mm und einen Gesamtachsstand von 3800 mm. Damit war die als Gattung III bezeichnete Maschine die kürzeste deutsche Personenzuglokomotive.
In den Jahren 1871/1872 lieferten Hartmann 66 und Esslingen 21 Lokomotiven der Gattung III an die Sächsische Staatsbahn. Beiden Lieferungen gemeinsam war die stark überhöhte Feuerbüchsdecke. Unterschiedlich waren Dom und Umlauf ausgebildet. Esslingen lieferte die Maschinen mit flachem, Hartmann mit gewölbtem Domkopf. Die Hartmannschen Maschinen hatten statt des Umlaufes nur durchbrochene Radbögen über den gekuppelten Achsen.
Der Vorteil dieser 1B-Lokomotiven bestand für die Bahnverwaltung u. a. darin, daß auf 3 Achsen ein leistungsfähigerer Kessel untergebracht werden konnte ohne den Radstand so zu vergrößern, daß die vorhandenen Drehscheiben nicht mehr hätten benutzt werden können.
Trotz der großen überhängenden Massen betrug die zulässige Höchstgeschwindigkeit der Maschinen 70 km je h. Sie entwickelten eine Zugkraft von 30,1 kN. Die Esslinger Loks waren wesentlich leichter als die Hartmannschen und hatten nur eine mittlere Kuppelachsfahrmasse von 11,5 t, die Hartmannschen dagegen 13 t.
Einige Lokomotiven aus der Hartmann-Serie erhielten eine verlängerte Rauchkammer, die die Pufferbohle noch überragte. Bei den Maschinen mit den Bahnnummern 201–266 (Nummernplan von 1892) wurden später die Dampfbremsen durch Druckluftbremsen der Bauart Westinghouse ersetzt. Es handelte sich jedoch nicht um Dampfschlitten- oder -klotzbremsen, sondern um eine Einrichtung zur Abbremsung durch Gegendampf.
Die sä. III spielte noch im ersten Jahrzehnt des 20. Jahrhunderts eine wichtige Rolle bei der Abwicklung des Personenverkehrs vor allem im Erzgebirge, wo Krümmungshalbmesser bis zu 170 m zu befahren waren.
Bis 1923 waren jedoch fast alle Maschinen ausgemustert. In den vorläufigen Umzeichnungsplan hatte die DRG noch 33 Lokomotiven als Baureihe 34 7601 bis 34 7633 übernommen (4 aus der Esslinger und 29 aus der Hartmannschen Lieferung), doch in den endgül-

sä. III KAMENZ, Bahnnummer 243 (Hartmann 470/1871). Lok erhielt keine DRG-Betriebsnummer mehr.

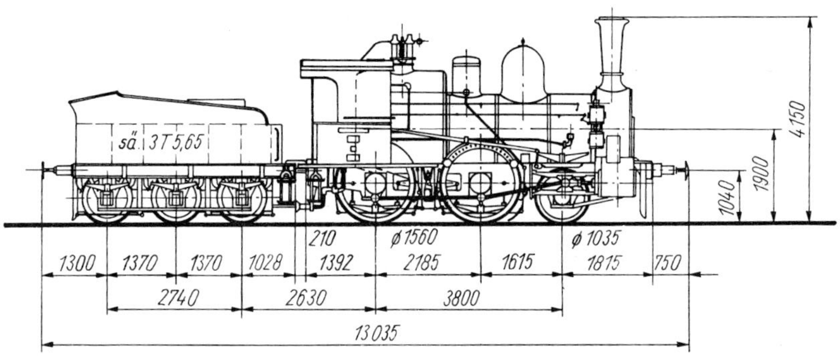

34^{77-78} sä. III b

sä. III (BR 34^{76}), Bahnnummern 201–266

tigen Plan kam nur eine Lokomotive, die als 34 7611 bezeichnet wurde (Bahnnummer 274 „BRÜNN"). Auch diese Maschine wurde bereits 1925 ausgemustert.

Konstruktive Merkmale

Kessel: Genieteter Kessel mit kurzem Langkessel. Stark überhöhter Stehkessel mit kupferner, zwischen den Rahmenblechen eingezogener Feuerbüchse. Großer Dampfdom mit Sicherheitsventil in Langkesselmitte. Esslinger Lieferungen mit flachem Domabschluß, Lieferungen von Hartmann mit stark gewölbtem Domabschluß. Großer Sandkasten kurz vor dem Stehkessel. Ramsbottom-Sicherheitsventile. Speiseeinrichtungen: 2 nichtsaugende Dampfstrahlpumpen Bauart Schau (rechts 40 l/min, links 80 l/min). Ausführung auch mit verlängerter, auf der Pufferbohle liegender Rauchkammer (Bahnnummern 236, 239 nach Plan von 1892).
Rahmen: 30 mm dicker Blechrahmen mit 1280 mm Mittenabstand.
Laufwerk: Vierpunktabstützung. Beide Kuppelachsen und vordere Laufachse fest im Rahmen gelagert. Federn der Kuppelachsen unterhalb der Achslager und durch Ausgleichhebel verbunden. Laufachse hinter den Zylindern angeordnet
Triebwerk: Zweizylinder-Naßdampftriebwerk mit einfacher Dampfdehnung. Außenliegende, waagerechte, vor der Laufachse angeordnete Zylinder. 1. Kuppelachse als Treibachse. Treib- und Kuppelstangenlager geteilt und nachstellbar.
Steuerung: Innenliegende Allan-Steuerung.
Bremse: Zunächst ohne Abbremsung der Lok, später beide Kuppelachsen zweiseitig.
Sondereinrichtungen: Handbetätigter Sandstreuer sandet die Treibräder von vorn.
Tender: sä. 3 T 5,65 mit 4,5 t Kohle.

Eine der diffizilsten Gattungen der Sächsischen Staatsbahn ist die III b, eine 1'B n2-Personenzuglokomotive, von der mehr als 20 zum Teil recht abweichende Lieferungen erfolgten. Die III b wurde über den für damalige Verhältnisse sehr langen Zeitraum von 1874 bis 1901, also über fast 30 Jahre hinweg beschafft. Am Bau waren neben Hartmann in Chemnitz die Firmen Henschel, Schwartzkopff und die Maschinenfabrik Esslingen beteiligt. Unter der Gattung III b wurden bei der Sächsischen Staatsbahn auch alle 1'B n2-Maschinen vormals selbständiger Bahngesellschaften wie der Muldentalbahn, der Zwickau-Falkensteiner Eisenbahn, der Zittau-Reichenberger Eisenbahn, der Chemnitz-Komotauer Eisenbahn zusammengefaßt.
Gemeinsam ist allen Maschinen dieser Gattung die Anordnung der Laufachse hinter den Zylindern und ein relativ kurzer Achsstand, der zwischen 3800 mm und 4330 mm lag. Vorgänger dieser Gattung war die sä. III, ebenfalls eine 1B n2-Lokomotive, aber mit fest im Rahmen gelagerter Laufachse.
Die erste Lieferung (22 Lokomotiven) kam 1873 von Schwartzkopff und hatte 3950 mm Achsstand. Sie entsprach im wesentlichen einer von Hartmann und Esslingen 1871 bis 1874 gelieferten 1B-Lokomotive, nur hatten diese einen

Achsstand von 3800 mm und eine stark überhöhte Feuerbüchsdecke. In die Maschinen der Schwartzkopff-Lieferung wurde eine Lenkachse nach Nowotny eingebaut. Wenig später (1874) lieferte Hartmann 11 Maschinen (8 Loks für die Chemnitz-Komotauer und 3 für die Zwickau-Falkensteiner Eisenbahn), die bereits die Nowotny-Lenkachse aber wieder den alten Achsstand von 3800 mm hatten.

Die bis 1890/1891 gebauten Lokomotiven trugen Namen nordamerikanischer Städte oder Staaten. Auch die Maschinen der Zwickau-Falkensteiner Eisenbahn und der Muldentalbahn, ursprünglich mit Namen vogtländischer bzw. sächsischer Städte versehen, erhielten bei der Sächsischen Staatsbahn amerikanische Städtenamen.

Mit der Einführung der Nowotnyschen Lenkachse lag kein Grund mehr vor, den Achsstand betont kurz zu halten. Alle Lieferungen ab 1875 erschienen mit einem Achsstand von 4330 mm.

Die Lieferungen ab 1893, ausnahmslos von Hartmann stammend, erhielten eine verbesserte Laufachse der Bauart Klien. Die Laufachse war jetzt im Hauptrahmen gelagert, hatte aber durch Spielraum zwischen den Achslagern nach vorn und hinten die gleiche Einstellbarkeit wie die Nowotnysche Lenkachse.

Die III b-Loks wurden mit 8,5 bar (8,5 kp je cm^2) bis 9,0 bar (9,0 kp/cm^2) Kesseldruck geliefert und entwickelten eine Zugkraft von etwas mehr als 30 kN. Nachdem der Kesseldruck auf 10,0 bar (10 kp/cm^2) heraufgesetzt wurde, konnten 35,4 kN Zugkraft erreicht werden. Für die Esslinger Lieferung aus dem Jahre 1874 war die Höchstgeschwindigkeit mit 55 km/h festgesetzt worden. Bereits für die von Hartmann ebenfalls 1874 gelieferten III b der Zwickau-Falkensteiner Eisenbahn waren schon 70 km/h als höchste Geschwindigkeit zugelassen.

Verglichen mit anderen Länderbahnlokomotiven aus dem letzten Viertel des 19. Jahrhunderts erreichten die III b ein beachtlich hohes Alter. Die DRG übernahm unter den Betriebsnummern 34 7701, 34 7702 und 34 7721–34 7807 mehr als 80 Maschinen in ihren Bestand, obwohl die Gattung schon 1920 zur Ausmusterung anstand. Wenn auch die meisten der III b bei der DRG nur „Kartei-Lokomotiven“ waren, so konnten sich doch einzelne Maschinen noch einige Zeit im Vorort- und Nebenbahndienst halten. Es ist nicht von allen Maschinen das Ausmusterungsdatum bekannt. Zu den letzten III b, die 1929 und 1930 der Ausmusterung verfielen, zählen die 34 7733 (Bahnnummer 373 TOPEKA) und die 34 7730 (Bahnnummer 367 JAVA).

sä. III b BORSDORF (Hartmann 1951/1893), spätere 34 7777

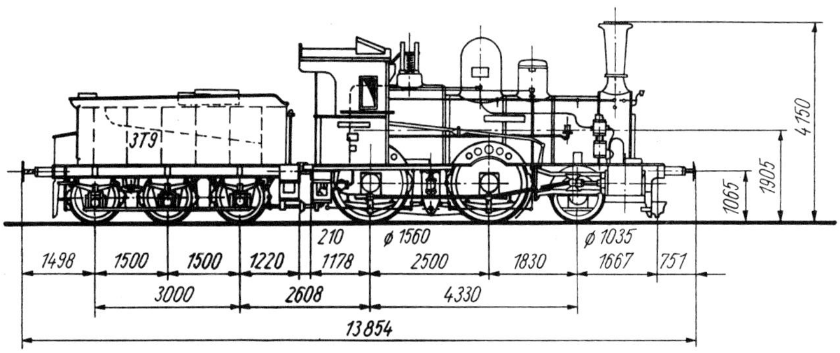

34^{79} sä. III b V

sä. III b (BR 34^{77-78}), Bahnnummern 427–484

Konstruktive Merkmale

Kessel: Genieteter Kessel mit kurzem Langkessel. 3258 mm Abstand zwischen den Rohrwänden. Überhöhter Stehkessel mit kupferner Feuerbüchse, zwischen den Rahmenblechen eingezogenem Hinterkessel. Großer Dampfdom. Großer Sandkasten in Mitte des Langkessels. Ramsbottom-Sicherheitsventile. Speiseeinrichtungen: 2 nichtsaugende Dampfstrahlpumpen Bauart Schau (rechts 40 l/min, links 80 l/min).
Rahmen: 30 mm dicker Blechrahmen mit 1280 mm Mittenabstand.
Laufwerk: Vierpunktabstützung. Einstellbare vordere Laufachse Bauart Nowotny mit Klienscher Vereinfachung (kein gesondertes Rahmengestell für Laufachse). Beide Kuppelachsen fest im Rahmen gelagert. Federn der Kuppelachsen unterhalb der Achslager und durch Ausgleichhebel verbunden.
Triebwerk: Zweizylinder-Naßdampftriebwerk mit einfacher Dampfdehnung. Außenliegende, waagerecht vor der Laufachse angeordnete Zylinder. 1. Kuppelachse als Treibachse. Kuppelstangen mit Buchsenlagern.
Steuerung: Innenliegende Allan-Steuerung.
Bremse: Ursprünglich Abbremsung durch Gegendampf, später Druckluftbremse Bauart Westinghouse mit 2 außenliegenden Bremszylindern zwischen den Kuppelachsen. Kuppelradsätze werden beidseitig gebremst.
Sondereinrichtungen: Handbetätigter Sandstreuer mit senkrechter Welle und waagerechtem Sandschieber. Dampfpfeife auf dem Führerhausdach. Kurzes Führerhaus; teils ohne, teils mit je einem Seitenfenster. Radkästen für die Kuppelachsen.
Tender: sä. 3 T 9 mit 4 t Kohle.

In Sachsen hatte die wirtschaftliche Depression Ende der siebziger und Anfang der achtziger Jahre des 19. Jahrhunderts auch eine Stagnation des Lokomotivbaues zur Folge. Erst in der Mitte der achtziger Jahre erfolgten mit der C n2v-Güterzuglok (Gattung V V) und der 1'B n2v-Schnellzuglok (Gattung VI b V) wieder Neubauten. Zur gleichen Zeit hatte sich auch bei der Preußischen Staatsbahn das Verbundverfahren durchgesetzt.
Von der Schnellzuglok VI b V wurde mit nur geringen baulichen Änderungen eine Personenzuglok (Gattung III b V) abgeleitet. Der um 200 mm kürzere Kessel lag tiefer, die Kuppelräder bekamen 1560 mm Durchmesser, Achsstände und Masse waren etwas kleiner als bei der Schnellzuglok. Bei gleicher Rostfläche erzielte die III b V jedoch die gleiche Leistung wie die VI b V. Weil ihre Höchstgeschwindigkeit mit 70 km/h festgesetzt worden war, führte sie auf Steigungsstrecken auch Schnellzüge. Die ersten drei Maschinen lieferte Hartmann 1889 mit den Fabriknummern 1574–1576. Sie erhielten zunächst die Bahnnummern 796–798, wurden aber im Jahre 1892, bei Lieferung weiterer 15 Maschinen (Fabriknummern 1829 bis 1843) in 501–503 umgezeichnet. Die Gattung III b V trug fortan die Bahnnummern 501 bis 518.

Von den vergleichbaren Maschinen anderer deutscher Bahnverwaltungen hatte die pr. P 3^2 eine fest im Rahmen gelagerte Laufachse, die bay. B X bereits ein Krauss-Helmholtz-Gestell. Die sä. III b V war mit der Lenkachse Bauart Nowotny ausgerüstet. Die Hubscheiben der innenliegenden Allan-Steuerung waren auf der ersten Kuppelachse befestigt. Aus Platzmangel mußten die Schieberstangen von vorn in die Schieberkästen eingeführt werden.

Wie bei allen sächsischen Verbundmaschinen üblich, besaß auch die III b V die Lindnersche Anfahrvorrichtung.

Beim Personal erfreuten sich die Maschinen wegen der starken Stöße im Führerhaus keiner besonderen Beliebtheit. Vom Triebwerk wurden auf die unter dem Führerhaus laufende Treibachse so starke Stöße übertragen, daß häufig die Führerhäuser der Maschinen losgerüttelt wurden.

Bereits fünf Jahre nach der Beschaffung konnten weder die VI b V noch die III b V den Anforderungen des Betriebes genügen, und die Beschaffung wurde eingestellt.

Gestiegene Wagenzugmassen und höhere Reisegeschwindigkeiten erforderten stärkere Maschinen. Größere Leistungen waren aber auf dem 1′B-Fahrwerk nicht mehr zu installieren, so daß auch die Sächsische Staatsbahn den Schritt zur 2′B-Lokomotive vollziehen mußte.

Um so erstaunlicher ist es, daß viele Maschinen der Gattung III b V noch 30 Jahre Dienst taten, denn von 8 Lokomotiven ist als Ausmusterungsdatum das Jahr 1923 bekannt. Noch erstaunlicher ist es, daß zwei weitere Maschinen von der DRG übernommen wurden: die Bahnnummer 506 GOTHA als 34 7901 und die Bahnnummer 513 BREMEN als 34 7902. Ihre jeweiligen Dienstzeiten bei der DRG waren jedoch nur von kurzer Dauer.

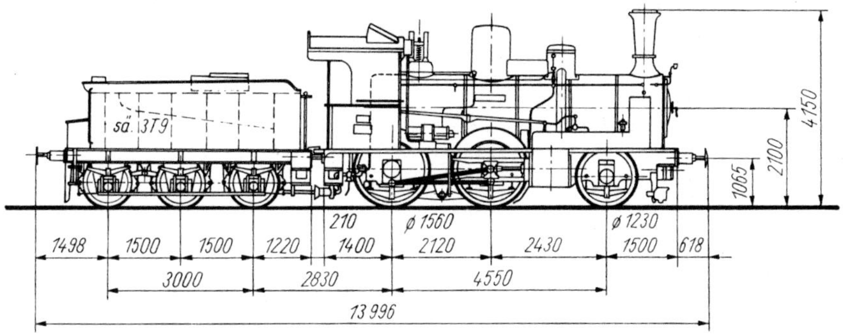

sä. III b V (BR 34^{79}), Bahnnummern 501–503

Konstruktive Merkmale

Kessel: Genieteter Kessel mit Langkessel aus 3 Schüssen. 3500 mm Abstand zwischen den Rohrwänden. 150 mm tiefere Kessellage als analog gebaute VI b V. Hinterkessel zwischen den Rahmenblechen eingezogen. Dampfdom auf dem 2. Kesselschuß. Ramsbottom-Sicherheitsventile. Speiseeinrichtungen: 2 nichtsaugende Dampfstrahlpumpen (80 l/min).

Rahmen: 27 mm dicker Blechrahmen mit 1277 mm Mittenabstand.

Laufwerk: Vordere, drehbar einstell-

sä. III b V NÜRNBERG, Bahnnummer 515 (Hartmann 1840/1892). Lok erhielt keine DRG-Betriebsnummer mehr.

bare Laufachse Bauart Nowotny mit Klienscher Vereinfachung (kein besonderes Rahmengestell für Laufachse). 2 fest im Rahmen gelagerte Kuppelachsen. Tragfedern aller Achsen unterhalb der Achslager, Kuppelachsen durch Ausgleichhebel verbunden.

Triebwerk: 2 außenliegende, hinter der Laufachse liegende Zylinder. Rechts HD-, links ND-Zylinder. Dampfzuleitungsrohr für HD-Zylinder führt vom Dampfdom unter dem Sandkasten hindurch. Verbinder führt auf dem Umlauf nach vorn zur Rauchkammer, dort hindurch und auf dem linken Umlauf zurück zum ND-Zylinder. Verbinderinhalt = 2,46faches des HD-Zylinders. Anfahrvorrichtung Bauart Lindner.

Steuerung: Innenliegende Allan-Steuerung mit Antrieb durch die 1. Kuppelachse. Bewegung der Schieberstange erfolgt von vorn durch einen Gegenhebel.

Bremse: Schleiferbremse bremst den hinteren Kuppelradsatz beidseitig. Später Umrüstung auf Druckluftbremse Bauart Westinghouse.

Sondereinrichtungen: Handbetätigter Sandstreuer sandet die Räder der 1. Kuppelachse von vorn. Dampfpfeife auf dem Führerhausdach. Einfenstriges Führerhaus mit gekapselten Radkästen der 1. und 2. Kuppelachse.

Tender: sä. 3 T 9 mit 4,5 t Kohle.

34^{80} sä. VI b V

Als in Sachsen die 3. Wagenklasse eingeführt wurde, mußte auch an die Beschaffung einer leistungsfähigeren Reisezuglokomotive gedacht werden. Die alten 1'B- (1 B) und 2'B-Lokomotiven waren mit ihren 8,0 bar (8 kp/cm^2) bis 9,0 bar (9 kp/cm^2) Kesseldruck und 1,2 m^2 bis 1,4 m^2 Rostfläche nicht in der Lage, mehr als 147 kW (200 PS) zu entwickeln bzw. 100 t Zugmasse zu bewegen. Nach erfolgreichen Versuchen mit der dreifach gekuppelten Güterzuglokomotive V V plante man die neue Personenzuglokomotive ebenfalls als Verbundmaschine.

Zunächst wurden von Hartmann 1886 zwei gleiche Maschinen gebaut: die Lok AFRIKA (Fabriknummer 1471) als Verbundlokomotive, die Lok CAIRO (Fabriknummer 1472) als Zwilling. Nach dem alten sächsischen Nummernschema hatte AFRIKA die Bahnnummer 734, CAIRO die 735. Nach dem Nummernplan von 1892 trugen die Maschinen die Nummern 161 und 162.

Die Verbundlok hatte 420/600 mm Zylinderdurchmesser und 12,0 bar (12 kp je cm^2) Kesseldruck, die Zwillingsmaschine 420 mm Zylinderdurchmesser und 10,5 bar (10,5 kp/cm^2) Kesseldruck. Nach halbjährigem Probebetrieb erwies sich die Verbundlok um 20% sparsamer im Kohleverbrauch. Die Bahnnummer 735 CAIRO wurde dann in eine Verbundmaschine umgebaut und erhielt ND-Zylinder mit 650 mm Durchmesser, um in beiden Zylindern gleiche Füllungen und gleiche Leistungen zu erreichen. Die Versuchslok AFRIKA hatte in der Ursprungsausführung als Anfahrhilfe das v. Borriessche Wechselventil. Nach dem Umbau der CAIRO in eine Verbundlok erhielten beide Maschinen die in Sachsen übliche Lindnersche Anfahrvorrichtung.

Die VI b V wurde von Hartmann 1888 mit 6 Maschinen (Zylinderdurchmesser 420/600 mm, Hub 560 mm) und 1890 mit 6 Maschinen (Zylinderdurchmesser 440/650 mm, Hub 560 mm) geliefert und erhielt die Bahnnummern (ab 1892) 163–174.

Um überhängende Massen zu vermeiden, legte man die Zylinder hinter die Laufachse. In ähnlicher Ausführung wurden in Preußen die P 3^2, in Bayern die B X gebaut. Während die preußische Maschine die vordere Laufachse fest im Rahmen gelagert hatte, die bayerische erstmals mit einem Krauss-Helmholtz-Gestell ausgerüstet war, besaß die VI b V ein einachsiges Lenkgestell der Bauart Nowotny. Auch die Steuerung wich erheblich von der preußischen und bayrischen Maschine ab. Die VI b V hatte eine innenliegende Allan-Steuerung. Der Antrieb erfolgte nicht von der Treibachse, sondern von Hubscheiben der ersten Kuppelachse, weil man, wie bei den preußischen und bayrischen Maschinen, vermeiden wollte, die Steuerwelle über den Langkessel zu verlegen. Wegen Platzmangel mußten die Schieberstangen von vorn in den Schieberkasten eingeführt werden.

Mit 10,5 m Rohrlänge war der Verbinder außergewöhnlich lang. Er lag zum Teil im Langkessel, zum Teil in der Rauchkammer und sollte vermutlich gleichzeitig die Rolle eines Dampftrockners erfüllen.

Im allgemeinen haben sich die Maschi-

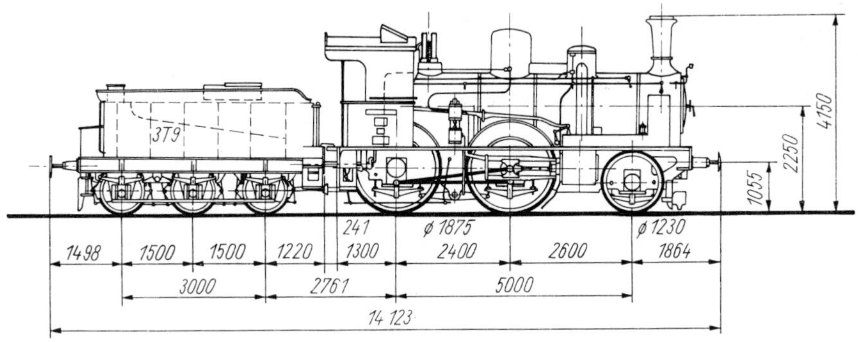

sä. VI b V (BR 34^{80}), Bahnnummern 163–168

nen der Gattung VI b V bewährt. Bemängelt wurden vom Personal die starken Stöße auf das Führerhaus. Die zweite Kuppelachse (als Treibachse) lag unmittelbar unter dem Führerhaus und rüttelte es häufig los.
Im vorläufigen Umzeichnungsplan der DRG waren bis auf die Lok ANGOLA (Bahnnummer 172) alle Maschinen erfaßt. In den endgültigen Umzeichnungsplan kam jedoch nur die Lok DAMARA (Bahnnummer 173), die aber schon im September 1925 ausgemustert wurde. Sie trug die DRG-Betriebsnummer 34 8011. Die anderen Maschinen waren bereits 1922/1923 ausgemustert worden. Ihrer ursprünglichen Bestimmung nach war die VI b V eine Schnellzuglokomotive, was auch ihr Kuppelraddurchmesser von 1875 mm ausweist.

Konstruktive Merkmale

Kessel: Langkessel aus drei Schüssen. Mittlerer Schuß mit 1350 mm Innendurchmesser am größten. Reichlicher Dampfraum über der Feuerbüchse, trotzdem mehrteiliger Wasserabscheider im Dampfdom. Feuerbüchse zwischen der Treibachse eingezogen. Sandkasten auf dem 2., Dampfdom auf dem 3. Kesselschuß.
Rahmen: Genieteter Blechrahmen.
Laufwerk: Vordere Laufachse Bauart Nowotny mit Klienscher Vereinfachung. Kein besonderes Rahmengestell für Laufachse. Beide Kuppelachsen fest im Rahmen gelagert. Tragfedern der Kuppelachsen unterhalb der Achslager und durch Ausgleichhebel verbunden.
Triebwerk: 2 hinter der Laufachse angeordnete Außenzylinder. Rechts HD-, links ND-Zylinder. Antrieb der 2. Kuppelachse.
Steuerung: Innenliegende, von Hubscheiben der 1. Kuppelachse angetriebene Allan-Steuerung. Schieberstange von vorn in Zylinder eingeführt, Bewegung durch Gegenhebel. Verbund-Versuchslok mit v. Borriesschem Wechselventil als Anfahrhilfe. Später wie bei allen anderen Loks Anfahrvorrichtung Bauart Lindner.
Bremse: Schleifer-Bremse für Wagenzug. Später Westinghouse-Bremse.
Tender: sä. 3 T 7,5 mit 4,5 t Kohle; sä. 3 T 9 mit 4,0 t Kohle; sä. 3 T 12 mit 6,0 t Kohle.

sä. VI b V CAPSTADT, Bahnnummer 165 (vormals 623) (Hartmann 1543/1888). Lok erhielt keine DRG-Betriebsnummer mehr.

34^{81} wü. A

34^{82} wü. A c

Württemberg beschaffte für seine 1845 eröffneten Strecken die ersten Lokomotiven aus Amerika (Baldwin, Norris), und auch die ersten Eigenentwicklungen lehnten sich stark an die amerikanische Bauweise mit voranlaufendem Drehgestell an. Von dieser erfolgversprechenden und entwicklungsfähigen Bauform ging man Mitte der sechziger Jahre wieder ab, weil das Streben nach Einfachheit in der Konstruktion und sparsamem Betrieb einseitig überbewertet und der weiteren Entwicklung zugrunde gelegt wurde.

1866 unternahm man sogar Versuche, zweifach gekuppelte Tenderlokomotiven im Schnellzugdienst einzusetzen. Diesem Vorhaben konnte auf die Dauer kein Erfolg beschieden sein, denn auf zwei Achsen war weder ein ausreichender Kessel unterzubringen noch ließen sich befriedigende Laufverhältnisse erzielen, ganz abgesehen davon, daß die während der Fahrt abnehmenden Betriebsvorräte die ohnehin geringe Reibungsmasse weiter senkten.

Es ist besonders auf den von 1867 bis 1886 bei der Württembergischen Staatsbahn wirkenden Obermaschinenmeister Brockmann zurückzuführen, daß man das voranlaufende Drehgestell verließ und nur noch steifachsige 1B-Lokomotiven beschaffte, in denen man die Bauform sah, die einfache Konstruktion und sparsamen Lokomotivbetrieb in sich vereinte.

Alle diese 1B-Bauarten waren als Zwillingslokomotiven ausgeführt, da sich die Württembergische Staatsbahn gegenüber dem Verbundtriebwerk noch abwartend verhielt. Erst nach überzeugenden Betriebsergebnissen bei der Sächsischen und Preußischen Staatsbahn entschloß man sich auch in Württemberg, zunächst 5 Probelokomotiven in n2v-Bauart in Auftrag zu geben. 1889 wurden diese in Betrieb genommen, allerdings hatte man den Kesseldruck von 12,0 bar (12 kp/cm^2) beibehalten, was sich als empfindlicher Mangel herausstellte, denn statt der erhofften Kohleeinsparung von 20 % stellten sich im praktischen Fahrbetrieb nur 5,6 % ein.

Erst die Erhöhung des Kesseldruckes auf 14,0 bar (14 kp/cm^2) erbrachte die gewünschte Leistungserhöhung und Kohleeinsparung gegenüber der vergleichbaren Zwillingsausführung.

In der Folgezeit entstanden bis 1897 insgesamt 31 Lokomotiven in der Verbundausführung mit Zylinderdurchmessern von 420/600 mm bei 560 mm Hub mit einem Treibraddurchmesser von 1650 mm, die bei der Württembergischen Staatsbahn die Klassenbezeichnung Ac erhielten (1889 5 Stück; 1890 16 Stück; 1892 5 Stück; 1897 5 Stück).

Die Verbundmaschine war in der Lage, in der Ebene 185 t mit 80 km/h zu ziehen und bei 10‰ Steigung 100 t mit

wü. A (spätere Aa) ELBERFELD, Bahnnummer 325 (Esslingen 1715/1878). Lok erhielt keine DRG-Betriebsnummer mehr.

50 km/h zu befördern. Mit einer Höchstgeschwindigkeit von 80 km/h war sie als 1B-Typ für leichte Dienste gerade noch einsetzbar.
Gleichzeitig wurden die vorhandenen 2'B-Lokomotiven in 1B-Schlepptenderlokomotiven und in B-, 1B- und 2'B-Tenderlokomotiven umgebaut.
Zunächst begann 1867 der Umbau von 16 2'B-Lokomotiven der früheren Klassen C und D in steifachsige 1Bn2-Maschinen, neue Klasse D.
Ein Jahr später kamen die ersten Neubauten dieser Bauart, zunächst Klasse D, später Klasse B, von denen bis 1878 insgesamt 86 Stück geliefert wurden.
Mit einem Treibraddurchmesser von 1530 mm waren sie für den Personenzugdienst gedacht, während die 10 Maschinen der Klasse A (später Aa) von 1878 mit 1650 mm Treibraddurchmesser für Schnellzüge vorgesehen waren.
Gleichzeitig zum Neubau hatte in den bahneigenen Werkstätten der Württembergischen Staatsbahn eine rege Umbautätigkeit eingesetzt, in deren Ergebnis die 1B-Umbauklassen B; B2; B3; E und Aa entstanden waren. Sie waren alle aus 2'B-Bauarten hervorgegangen und hatten z. T. neue Kessel, neue Zylinder und neue Führerhäuser erhalten und waren mit Treibrädern von 1530 mm oder 1650 mm Durchmesser ausgerüstet.
Am Ende dieser Periode konnte man auf 103 1B-Umbau-Schlepptenderlokomotiven zurückblicken, wobei zwei zum zweiten Mal einen Umbau unterzogen wurden.
Brockmanns' Nachfolger Klose veranlaßte ab 1886 wieder Neubeschaffungen von Schnellzuglokomotiven der Klasse A (ab 1893 Aa).
Von 1886 bis 1888 wurden zunächst 5 Maschinen mit 10 bar (10 kp/cm^2) Kesseldruck und 408 mm Zylinderdurchmesser geliefert. 1888 folgten weitere 5, allerdings mit 420 mm Zylinderdurchmesser und 12 bar (12 kp/cm^2) Kesseldruck, 1891 nochmals 5 in den Abmessungen der Lieferung von 1888. Als Schnellzuglokomotiven waren sie mit Treibrädern von 1650 mm Durchmesser ausgerüstet.
Aber selbst nach Beschaffung der Verbundlokomotiven begann unter der maschinentechnischen Leitung Kloses (1885–1896) und Kittels (1896–1924) erneut eine umfangreiche Umbautätigkeit, wobei auch die bereits vorhandenen 1Bn2-Lokomotiven einbezogen wurden, für die dieser Umbau allerdings mehr als Modernisierung anzusehen war.
Zwischen 1893 und 1902 entstanden auf diese Weise aus den Neubauten der Klasse B und den Umbauten der Klassen B2 und B 16 Stück 1Bn2-Lokomotiven, die natürlich wieder eine neue Klassenbezeichnung – jetzt Klasse Ab – bekamen; und von 1896 bis 1905 entstanden aus den zwischen 1878 und 1888 beschafften Neubauten der ursprünglichen Klassen Aa 13 Stück modernisierte Lokomotiven der neuen Klasse A.
Die Lokomotiven der Klasse Ab erhielten dabei nahezu gleiche Kessel wie die Verbundmaschinen und besaßen 1530 mm Treibraddurchmesser, die der Klasse A glich man durch neue Kessel, Zylinder und Führerhäuser den Neubaulokomotiven der Klasse A an.
Die DRG übernahm zwei Lokomotiven der Klasse A als BR 34^{81}. Darunter befand sich auch eine der o. g., aus dem

wü. Ac NEUENSTADT, Bahnnummer 345 (Esslingen 2282/1889), spätere 34 8203

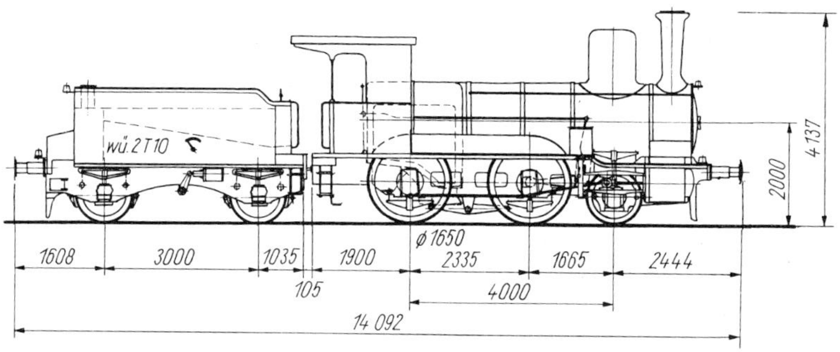

wü. Ac (BR 34^{82}), Verbundausführung

Umbau der Klasse Aa hervorgegangenen Lokomotive, die ehemalige Bahnnummer 336, die 1896 in der Werkstätte Aalen modernisiert worden war und als 34 8101 zur DRG gelangte. Die andere Lokomotive, die 34 8102, stammte aus der Neubaulieferung von 1891 und trug die Bahnnummer 366.

Von den 31 Maschinen der Klasse Ac der Bauart n2v wurden 9 Stück unter der Baureihe 34^{82} (34 8201 bis 8209) eingereiht. Beide Baureihen wurden jedoch kurz nach dem Übergang zur DRG ausgemustert. Sie waren mit dem zweiachsigen Tender wü. 2 T 10 gekuppelt.

Für die Entwicklung leistungsfähiger Reisezuglokomotiven stellte diese Überbewertung der 1B-Bauarten einen schweren Rückschlag dar. Erst mit der Rückkehr zum zweiachsigen Drehgestell bei den Klassen D und AD begann man in Württemberg die Schranken der Steifrahmenlokomotiven zu durchbrechen, um dann allerdings mit der Klasse C den Anschluß an den allgemeinen Entwicklungsstand wieder herzustellen.

Konstruktive Merkmale

Kessel: Crampton-Kessel; besondere Rohranordnung in der Rauchkammer, bei der Kombination von Rotgußstutzen und Stahl bei Wärmedehnung Anpreßkraft zum Verbessern der Dichtheit erzeugen sollte.

Rahmen: Blechinnenrahmen.

Laufwerk: Starr gelagerte vordere Laufachse über obenliegende Blattfeder, gekuppelte Achsen mit unterhalb der Achslager angeordneten Blattfedern, durch Ausgleichhebel verbunden.

Triebwerk: Naßdampf-Zwillingstriebwerk mit außenliegenden Zylindern bei Klasse A, Zweizylinder-Verbundtriebwerk mit außenliegenden Zylindern bei Klasse Ac, Zylinder vor Laufachse angeordnet.

Steuerung: Innenliegende Allan-Steuerung, Schraubenumsteuerung, geneigt angeordnete Schieberspiegel.

Tender: wü. 2 T 10 mit 10 m^3 Wasser und 6 t Kohle.

36^{0-4} pr. P 4^2

36^{6} meck. P 4^2

36^{12} old. P 4^2

Bei den von Henschel 1891/1892 nach Entwürfen von Leitzmann gebauten Versuchslokomotiven für die Preußische Staatsbahn waren auch je zwei Personenzuglokomotiven in Zwillings- und Verbundausführung. Während man die Zwillings-Personenzugloks als sog. Erfurter Bauart und später als Normallok der Gattung P 4^1 beschaffte, gingen für die Verbundmaschine keine Nachbestellungen ein.
Die Gründe für die Bevorzugung der Zwillingsmaschine lagen bei den Anfahrschwierigkeiten der Verbundlok. Man hatte noch keine befriedigende Anfahrvorrichtung entwickeln können und wählte deshalb bei Personenzuglokomotiven, die häufig anfahren mußten, die unkomplizierte Zwillingslok.
Als mit dem Dultzschen Wechselventil eine brauchbare Anfahrvorrichtung gefunden worden war, beschaffte man ab 1898 auch die Verbundausführung nach dem Musterblatt III 1 e als Gattung P 4^2. Diese Lokomotiven stimmten nicht mehr mit den beiden Versuchsloks der Erfurter Bauart überein. Bei ihnen waren bereits die Verbesserungen entsprechend der hannoverschen Bauart, wie sie die P 4^1 als Normallok aufwies, berücksichtigt. Diese Verbesserungen betrafen vor allem das Drehgestell und die Steuerung.
Ab 1897 hatten auch die P 4^1-Lokomotiven serienmäßig größere Führerhäuser erhalten. Die P 4^2 erhielt das neue Führerhaus von Anfang an. Das Leistungsprogramm für die P 4^2 sah die Beförderung von 280 t in der Ebene mit 80 km/h und von 295 t auf 5‰ Steigung mit 50 km/h vor. Sie erwies sich damit erheblich leistungsstärker als die Zwillingsmaschine.
Die P 4^2 ist bis zum Jahre 1910 gebaut worden. Neben der Urheberfirma Henschel waren Schwartzkopff, Linke-Hofmann, Humboldt und Hanomag an der Lieferung beteiligt. Die Mehrzahl der Lokomotiven stammte aus den Werkstätten von Henschel und Schwartzkopff.
Die Mecklenburgische Friedrich-Franz-Eisenbahn beschaffte 32 Lokomotiven der Gattung P 4^2 (Musterblatt III 1 c), die in den Jahren 1903 bis 1912 von Henschel, Hanomag, Humboldt und Linke-Hofmann geliefert wurden.
Auch die Oldenburgische Staatsbahn bestellte bei der Hanomag 1907 5 Lokomotiven dieser Gattung mit Flachschiebern und 1909 weitere 3 mit Lentz-Ventilsteuerung.
Von der P 4^2 wurden 707 nach dem Musterblatt III 1 e (hannoversche Bauart) gebaut. Hinzu kamen die beiden Versuchsmaschinen Erfurter Bauart und weitere 5 Lokomotiven, die 1907 durch den Umbau von P 4^1 in Verbundlokomotiven entstanden waren.
Über 100 Lokomotiven mußten 1919 als Reparationsleistungen abgegeben werden, von denen allein die PKP 97 Stück erhielt. Von der DRG wurden 438 Lokomotiven P 4^2 der Preußischen Staatsbahn als Baureihe 36 001–36 438 übernommen. Die P 4^2 der Friedrich-Franz-Eisenbahn Mecklenburgs kamen komplett als 36 601–36 620 und 36 651–36 662 zur DRG. Die „Planeten"-Loks der Oldenburgischen Staatsbahn (dort trugen die P 4^2 die Namen MERCUR, VENUS, ERDE, MARS, JUPITER, SATURN, URANUS, NEPTUN) bekamen die Betriebsnummern 36 1251–36 1258.
Die P 4^2 stand noch in den 30er Jahren im Betriebseinsatz, wenn sie auch nur untergeordnete Dienste in den östlichen Provinzen versah. Einige Maschinen haben sogar den zweiten Welt-

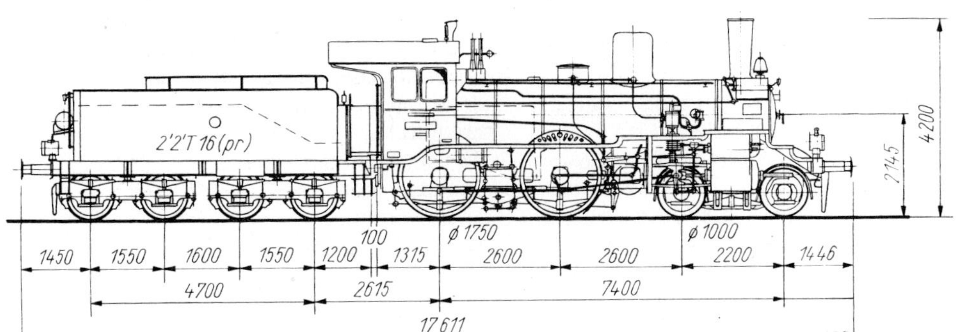

pr. P 4^2 (BR 36^{0-4})

36 079 (pr. P 4^2, vormals 307 Münster, später 1916 Münster) (Henschel 5701/1901)

krieg überstanden, wobei es sich allerdings um die 1919 an die PKP abgegebenen Loks handelte, die bei der Okkupation Polens 1939 wieder dem Bestand der DRG einverleibt worden waren.

Eine besondere Rolle hat die 36 457 gespielt. 1902 mit der Fabriknummer 3066 von Schwartzkopff geliefert, gehörte sie als Danzig 238 der Preußischen Staatsbahn, bis sie nach 1919 als Reparationsleistung an Polen abgegeben werden mußte und dort als Od 2–26 lief. Im zweiten Weltkrieg kam die Maschine wieder zur DRG und erhielt die Betriebsnummer 36 457.

In den Jahren nach dem zweiten Weltkrieg, bei der DR verblieben, diente sie als Versuchsobjekt für die Kohlenstaubfeuerung und wurde im Jahre 1951 zu Ehren des 1. Mai der Öffentlichkeit präsentiert. Die Lokomotive hatte Windleitbleche und einen umgebauten Floridsdorfer Steifrahmentender 4 T 30.

Das Außergewöhnliche an dieser Lokomotive war weniger die Kohlenstaubfeuerung System Wendler, wie sie auch eine Reihe anderer Lokomotiven der DR erhalten hatten, als vielmehr die Art, wie der Kohlenstaub erzeugt wurde. Das Kohlenstaub-Kollektiv suchte nach Wegen, auch getrocknete Rohbraunkohle und Bruchbriketts auf Lokomotiven zu verfeuern und den Umweg über die Mahlanlage zu vermeiden.

Der Brennstoff, in besonderen Kammern auf dem Tender untergebracht, rutschte in ein am Tenderboden laufendes Rohr und wurde von einem Heißdampfstrahl gegen eine Prallplatte aus Stahl geschleudert.

Im Rohr bereits nahmen die Brennstoffteilchen Dampf auf und zerplatzten beim Auftreffen auf die Prallplatte zu Staub. Dieser Brennstoffstaub wurde dann auf übliche Weise mit Wirbelbrennern Bauart Wendler in der Feuerbüchse verbrannt. Damit dürfte diese Sonderkonstruktion die einzige Lokomotive mit Kohlenzertrümmerung gewesen sein. Mängel in der kontinuierlichen Staubgewinnung jedoch machten das Verfahren für eine serienmäßige Einführung in den Betrieb untauglich.

1959 ist dann die 36 457 als letzte Lokomotive der Gattung P 4^2 ausgemustert worden.

Konstruktive Merkmale

Kessel: Genieteter Kessel. Langkessel aus 3 Schüssen mit 3900 mm Abstand zwischen den Rohrwänden. Großer Dampfdom mit Sicherheitsventil auf dem 2. Kesselschuß; viereckiger Sandkasten auf dem 3. Kesselschuß. Hinterkessel mit zwischen den Rahmenblechen eingezogener, kupferner Feuerbüchse. Ramsbottom-Sicherheitsventile.

Speiseeinrichtungen: 2 saugende Dampfstrahlpumpen

Rahmen: Genieteter und geschraubter Blechrahmen mit 25 mm Dicke. Bei old. P 4^{2} ab 1909 (Bahnnummern 188 bis 190) verstärkte Rahmenverbindung.

Laufwerk: Vierpunktabstützung. Führendes zweiachsiges Drehgestell hannoverscher Bauart mit ± 35 mm Seitenverschiebbarkeit. 1. Kuppelachse mit 5 mm Spurkranzschwächung. Kuppelachsen fest im Rahmen gelagert. Federn der Kuppelachsen unterhalb der Achslager und durch Ausgleichhebel verbunden. Nachstellbare Treib- und Kuppelstangenlager.

Triebwerk: Zweizylinder-Naßdampf-Verbundtriebwerk mit außenliegenden, waagerechten Zylindern. Rechts HD-, links ND-Zylinder. Antrieb der 1. Kuppelachse. Anfahrvorrichtung für BR 36^{0-4} Dultzsches Wechselventil; für 36 1251–36 1255 Anfahrvorrichtung Bauart Lindner; für 36 1256–36 1258 Anfahrvorrichtung Bauart Ranafier. Verbinderdampftrockner Bauart Ranafier für 36 1251 bis 36 1256.

Steuerung: Außenliegende Heusinger-Steuerung mit Flachschiebern. Oldenburgische Maschinen 36 1256 bis 36 1258 mit Lentz-Ventilsteuerung.

Bremse: Druckluftbremse Bauart Westinghouse für BR 36^{12}; Schleiferschnellbremse oder Knorr-Schnellbremse für BR 36^{6}; Druckluftbremse Bauart Knorr oder Westinghouse für BR 36^{0-4}.

Tender: pr. 3 T 12 mit 5,0 oder 7,0 t Kohle für BR 36^{0-4}, pr. 2'2' T 16 mit 5 t Kohle für BR $36^{0-4,6}$, old. 3 T 12 mit 4 t Kohle für BR 36^{12}.

36 457 (Schwartzkopff 3066/1902), DR-Versuchslokomotive mit Kohlenstaubfeuerung

36^7 bay. B XI Zw.

36^{7-8} bay. B XI Verb.

In Bayern waren um 1890 neben den ständig steigenden Verkehrsbedürfnissen auch die technischen Voraussetzungen zur Erhöhung der maximalen Fahrgeschwindigkeit gegeben, wozu besonders die Einführung der durchgehenden Westinghouse-Druckluftbremse zu zählen ist. Mit der Zulassung von 90 km/h Höchstgeschwindigkeit für Schnellzüge und dem Einführen beschleunigter Güterzüge stiegen damit die Leistungsanforderungen an die Lokomotiven erheblich. Mit Rücksicht auf die vorhandenen Anlagen wie Drehscheiben und Lokomotivstände versuchte man, die dringenden Bedürfnisse mit der 1890 erstmals beschafften Gattung B X, einer 1′B n2v-Schnellzuglokomotive, abzudecken.
Diese Maschine, die der pr. P 3^2 ähnlich war und die wegen des außenliegenden und über den Kessel geführten Einström- und Verbinderrohrs einen „Höcker" erhielt und deshalb als „Reichskamel" bezeichnet wurde, vereinte in sich bemerkenswerte Neuerungen. Dazu gehörten die nun endgültige Anwendung des Innenrahmens, die Zurückverlegung der Zylinder hinter die Laufachse zum Vermeiden überhängender Massen, die Anwendung der Heusinger-Steuerung, das Verbundtriebwerk und das Krauss-Helmholtz-Lenkgestell. Trotz dieser richtungsweisenden Merkmale war mit der B X die Grenze der Leistungsfähigkeit bei den zu berücksichtigenden zulässigen Achsfahrmassen erreicht. Die bei größeren Leistungen zunehmende Masse erforderte dann die Aufteilung der Masse auf 4 Achsen. In Anlehnung an die Merkmale der Gattung bay. B X schritt man nun zur 2′ B-Achsanordnung und führte zur Masseaufnahme ein voranlaufendes zweiachsiges Drehgestell ein.
Von diesen neuen, als Gattung B XI bezeichneten Lokomotiven stellte die Bayerische Staatsbahn von 1892 bis 1893 zunächst 39 Lokomotiven als Zwillingsmaschinen und von 1895 bis 1900 100 Lokomotiven in Zweizylinder-Verbund-Ausführung in Dienst.
Kessel und Triebwerk waren günstig bemessen, wiesen jedoch keine Besonderheiten auf. Als Steuerung kam die Bauart Heusinger mit Hängeeisen zur Anwendung; die Anfahrvorrichtung nach Mallet gestattete das vollständige Umschalten auf Zwillingswirkung, welches bei entsprechend ausgelegter Steuerung selbsttätig erfolgte. Neben geringfügigen, z. T. bauartbedingten

bay. B XI, Bahnnummer 1204, Zwillingsausführung Maffei 1630/1892). Lok erhielt keine DRG-Betriebsnummer mehr.

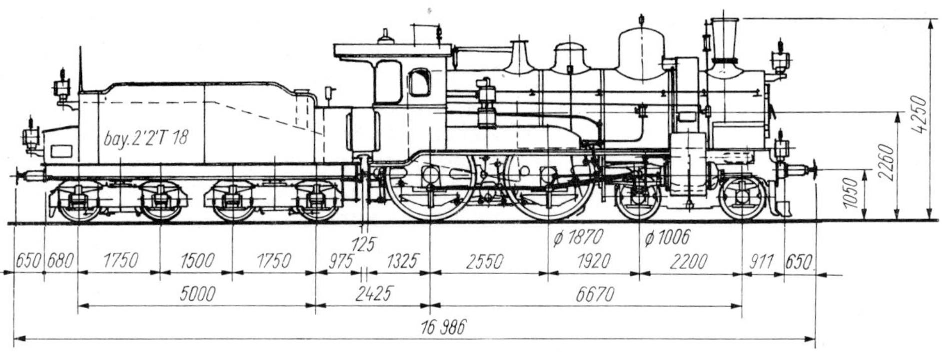

bay. B XI (BR 36^7), Zwillingsausführung

Änderungen waren Zwillings- und Verbundausführung im wesentlichen gleich ausgeführt. Der Zylinderdurchmesser der Zwillingsausführung von 430 mm änderte sich bei der Verbundausführung in 455/670 mm, Achsstand und Länge über Puffer betrugen 13 970 mm und 16 855 mm gegenüber 14 095 mm und 16 986 mm bei der Verbundmaschine. Die Kesselmitte wurde von 2220 mm auf 2260 mm erhöht.

Als entscheidende Änderung ist die Erhöhung des Kesseldruckes von 12 bar (12 kp/cm²) auf 13 bar (13 kp/cm²) bei der Verbundlokomotive anzusehen. Trotz der unschönen über den Kessel geführten Einströmrohre boten die Lokomotiven der Gattung bay. B XI insgesamt ein harmonisches Bild. Nach Umbau der vorhandenen Drehscheiben und Lokstände gab es für die neuen Lokomotiven ein umfangreiches Betätigungsfeld, wobei tägliche Laufleistungen bis zu 350 km und Schnellzugfahrten ohne Zwischenhalt von fast 200 km erreicht wurden.

Besonders im Hinblick auf geplante längere Fahrten ohne Zwischenhalt kamen erstmals mit den Verbundmaschinen vierachsige Tender in Bayern zum Einsatz. Mit den Zwillingsmaschinen konnten in der Ebene mit 70 km/h noch 270 t, mit den Verbundmaschinen noch 350 t befördert werden, mit 40 km/h bei 10 ‰ Steigung waren es noch 140 t bzw. 180 t. Damit war jedoch auch die Gattung bay. B XI den ständig steigenden Verkehrsanforderungen nicht mehr gewachsen.

Die weitere folgerichtige Entwicklung kündigte sich bereits mit dem 1896 in Nürnberg ausgestellten Prototyp der bay. C V als 2′C n4v-Lokomotive an.

Von 1892 bis 1900 war der Gesamtbestand an n2- und n2v-Lokomotiven auf 139 Exemplare angewachsen, die auch 1919 noch alle zum Bestand der Bayerischen Staatsbahn gehörten.

Von den B XI n2-Maschinen übernahm die DRG 8 Stück als BR 36^7 (36 701–36 708), die bis 1926 ausgemustert wurden, von den B XI n2v-Lokomotiven 76 als BR 36^{7-8} (36 751–36 826), von denen 1931 die letzte ausschied.

Konstruktive Merkmale

Kessel: Lang und schmal ausgebildete Feuerbüchse, schräge Rostlage.

Rahmen: Blechrahmen, Radkasten zur oberen Verkleidung der Kuppelachsen.

Laufwerk: Lastabstützung auf Drehgestell über große Tellerscheiben am Hauptrahmen auf mittlerem Stahlgußquerträger des Drehgestells, vom Drehgestellrahmen über Tragfedern und Schwanenhalsträger auf Achslager bei B XI Zwilling; bei B XI Verbund über Winkelhebel und Zugstange auf Einzelfedern über jedem Achslager. Drehgestell um ± 20 mm seitenverschiebbar, besondere Konstruktion der Drehgestellanlenkung mit Mitteldrehzapfen und zusätzlichem Drehzapfen 580 mm vor ihm.

Je zwei Blattfedern der Kuppelachsen sind durch Ausgleichhebel verbunden, so daß die Lok theoretisch in drei Punkten abgestützt ist.

Triebwerk: Zwillingstriebwerk bzw. HD- und ND-Zylinder wirken auf 1. Kuppelachse, zweischienige Kreuzkopfführung.

Steuerung: Heusinger-Steuerung mit Hängeeisen, Anfahrvorrichtung Mallet mit Steuerung gekuppelt, bei entsprechender Auslegung selbsttätige Umschaltung auf Zwillingswirkung.

Bremse: Westinghouse-Schnellbremse, beide Kuppelachsen gebremst.

Sondereinrichtungen: Runder Sandkasten, Dampfheizeinrichtung.

Tender: B XI n 2 Bahnnummern 1216 bis 1239 mit Tendern bay. 3 T 12,3; bay. 3 T 13,8 und bay. 3 T 14,5, übrige und B XI n2v mit Tender 2′2′ T 18.

36^8

Umbaulok bay. P $^2/_4$

Das Anfahren mit ständig steigenden Zugmassen bereitete einer ungekuppelten Lokomotive mit nur einer Treibachse naturgemäß Schwierigkeiten, während andererseits zum Befördern leichterer Züge auf Flachlandstrecken die von einer Treibachse aufgebrachte Zugkraft gerade noch ausreichte, den Zug mit der Beharrungsgeschwindigkeit zu befördern. R. v. Helmholtz, leitender Konstrukteur bei Krauss, kam auf die theoretisch völlig richtige, praktisch zumindest ungewöhnliche Idee, die zum Anfahren benötigte hohe Zugkraft durch Einschalten einer zusätzlichen und nur bei der Anfahrt wirkenden Achse zu realisieren. Dazu war es erforderlich, eine zusätzliche Treibachse anzuordnen, die ihren Antrieb von einer gesonderten Dampfmaschine erhielt und beim Anfahrvorgang zur Erhöhung der Reibungsmasse auf die Schiene gedrückt wurde.
Ein weiterer Vorteil ergab sich daraus, daß diese „Vorspannachse" – deren Grundkonzeption sich im „Booster" des modernen Dampflokomotivbaues lange erhalten hat – von der Schiene abgehoben werden konnte, wenn ihre Zugkraft nicht mehr erforderlich war, wodurch sich gleichzeitig der Lokomotivwiderstand verminderte.
Aus diesen Vorstellungen entstand bei Krauss in München eine Lokomotive mit der seltenen Achsanordnung 2′a A 1, die als Gattung A A I 1896 bei der Bayerischen Staatsbahn in Betrieb ging, nachdem man sie zuvor in Nürnberg zusammen mit anderen Lokomotiven Bayerns ausgestellt hatte.
Bei der Gestaltung der Gattung bay. A A I hatte die bay. B XI Pate gestanden. An Stelle der zweiten Kuppelachse sah man eine Laufachse vor, die Treibachse erhielt ihren Antrieb von einem normalen Zweizylinder-Verbundtriebwerk mit 385 mm Durchmesser für den HD- und 610 mm Durchmesser für den ND-Zylinder bei einem Kolbenhub von 610 mm.
Zwischen der zweiten Drehgestellachse und der Treibachse war die im Hauptrahmen geführte Vorspannachse angeordnet, deren Räder einen Durch-

36 861 (bay. P $^2/_4$, Umbau aus AA I, Bahnnummer 1400) (Krauss/München 3200/1896)

bay. AA I (Ursprungsausführung)

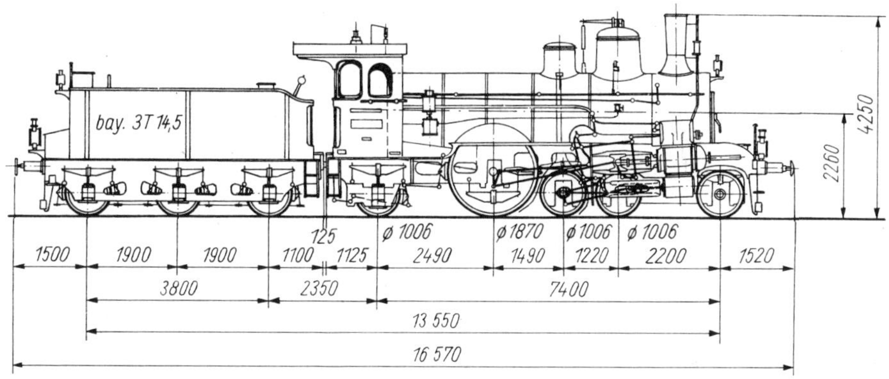

messer von 1000 mm hatten. Ein in Lokomotivmitte zwischen dem Rahmen angeordneter Dampfzylinder drückte die Vorspannachse über einen in einer Kugelpfanne gelagerten Stempel auf die Schiene. Damit war es möglich, die vorhandene Reibungsmasse von etwa 14 t um nochmals etwa 14 t zu erhöhen. Zum Antrieb der Vorspannachse diente eine Zwillingsdampfmaschine mit 266 mm Zylinderdurchmesser und 460 mm Hub, deren Zylinder unter denen des Haupttriebwerkes angeordnet waren. Haupt- und Zusatzzylindergruppe waren unter gleichem Winkel geneigt angeordnet.

Die Lokomotive, die als Bahnnummer 1400 im Dienst stand, erwies sich unter entsprechenden Einsatzbedingungen im Schnellzugdienst als spürbar sparsamer. Sie verbrauchte gegenüber der vergleichbaren bay. B XI fast 11 % weniger Kohle. Trotz dieses Vorteils waren die geringe Leistung und die hohen Kosten für die Unterhaltung des komplizierten Triebwerkes ausschlaggebend dafür, daß sie nicht weitergebaut wurde.

Gleichzeitig mit der A A I war 1896 der Vorläufer der bay. C V entstanden, womit sich das anschließende Streben nach hoher Leistung, damit nach höherer Reibungsmasse, kennzeichnet. Aus o. g. Gründen baute man 1907 auch die nach einem Betriebsunfall schwer beschädigte A A I in eine 2′B h2-Lokomotive mit einem Zylinderdurchmesser von 490 mm und 610 mm Hub um. In dieser Form leistete sie erst als bay. $P^2/_4$, dann, nach Übernahme durch die DRG, als 36 861 immerhin noch bis 1933 beim Bw Simbach/Inn Dienst. Mit ihr konnten Wagenzugmassen von 130 t in der Ebene mit 100 km/h und bei 20‰ Steigung von 90 t mit 40 km/h befördert werden. Die Skizze zeigt die Ausführung als bay. A A I, das Foto ihr Aussehen zur Reichsbahnzeit.

Eine ähnliche Entwicklung gab es auch bei der Pfalzbahn, wo man 1900 eine 2′ aB1′ n2v-Lokomotive als Gattung pfälz. $P\,3^{II}$ in Dienst stellte, die als Hauptmaschine ein Innentriebwerk und eine Vorspannachse zwischen den Drehgestellachsen erhalten hatte. Die zusätzlich angeordneten Bobgewichte zum Ausgleich der hin- und hergehenden Massen, die zudem theoretisch völlig verfehlt waren, verteuerten die

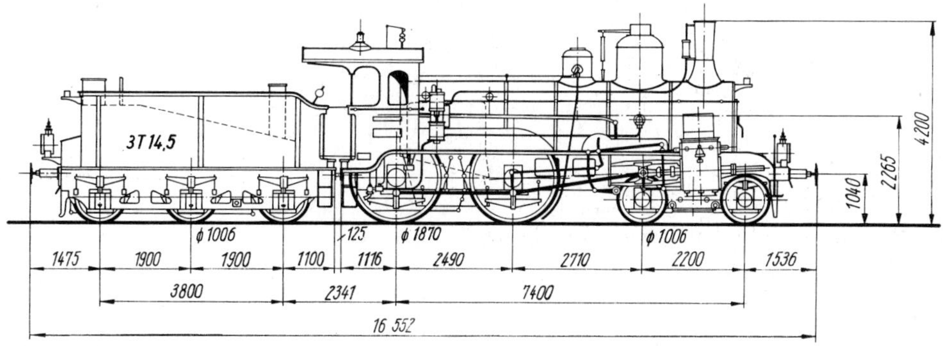

bay. $P\,^2/_4$ (BR 36^8), Umbau aus bay. AA I

Maschine ebenfalls, so daß man sich bereits nach 2 Jahren zum Umbau in eine 2′B 1′ n2v-Lokomotive mit Innentriebwerk entschloß. Obwohl sie noch bis 1925 in Betrieb war, erlebte sie die geplante Umnummerung als 14 121 nicht mehr.

Konstruktive Merkmale

Kessel: Heißdampfkessel.
Rahmen: Blechinnenrahmen.
Laufwerk: Laufdrehgestell, Achsen über Blattfedern abgefedert, die untereinander durch Winkelhebel und Zugstange verbunden sind.
Durch Blattfeder gefederte Treibachse und Vorspannachse durch Zwischenhebel miteinander verbunden.
Triebwerk: Hauptmaschine als Verbundtriebwerk, Zusatztriebwerk in Form der absenkbaren Vorspannachse als Zwillingsmaschine ausgebildet, die von einem Dampfzylinder auf die Schiene gedrückt werden kann; beide Triebwerke geneigt angeordnet.
Steuerung: Heusinger-Steuerung mit Hängeeisen.
Bremse: Westinghouse-Schnellbremse bremst Treib- und hintere Laufachse (nach dem Umbau die Kuppelachse) einseitig sowie alle drei Tenderachsen beidseitig.
Sondereinrichtungen: Sandeinrichtung für Treibräder; Dampfheizungseinrichtung.
Tender: bay. 3 T 14,5.

36^{9-10} sä. VIII V 2

Wie die meisten anderen deutschen Länderbahnen setzte auch die Sächsische Staatsbahn im letzten Jahrzehnt des 19. Jahrhunderts an die Stelle der 1 B-Lokomotiven Maschinen mit der Achsfolge 2′B für den Schnellzug- und Personenzugdienst. 1891 wurden die ersten 2′B n2-Schnellzugloks (Gattung VIII 2) geliefert; ihnen folgten 1894 mit der Gattung VIII b V1 die ersten Verbundmaschinen (2′B n2v) und 1896 die ersten drei Personenzugloks der Gattung VIII b V2 (bzw. VIII V2) ebenfalls als Zweizylinder-Naßdampf-Verbundloks.
Gegenüber der preußischen P 4, die 1750 mm Treibraddurchmesser hatte, besaß die sächsische Maschine nur 1590 mm. Der feste Achsstand von 2100 mm und das vordere Drehgestell mit 1065er Laufrädern gestatteten eine Höchstgeschwindigkeit von 80 km/h. Bei dieser Geschwindigkeit zog die verstärkte Ausführung (ab Bahnnummer 569) der VIII V2 in der Ebene 295 t. Auf Steigungen von 5‰ wurden mit 60 km/h noch 235 t bewältigt und die gleiche Masse auf 10‰ mit 40 km/h.
Das erste Baulos umfaßte 20 Maschinen, die von der Sächsischen Maschinenfabrik (vorm. Rich. Hartmann) in den Jahren 1896 (3 Maschinen) und 1897 geliefert wurden (Bahnnummern 519–538). Diese Loks besaßen Zylinderdurchmesser von 440/650 mm, 600 mm Kolbenhub und eine Zugkraft von 44 kN. Gekuppelt waren sie mit einem dreiachsigen Tender (9 m^3, 4 t). Beim zweiten Baulos (1897) wurden die Zylinderdurchmesser auf 460/680 mm vergrößert, die Dienstmasse stieg von 49,6 t auf 50,6 t und die Zugkraft auf 49 kN (Bahnnummern 539–548). An die Stelle der dreiachsigen kamen vierachsige Tender (16 m^3, 5 t). Beim dritten Baulos aus dem Jahre 1899 (Bahnnummern 549–568) erhielten die Maschinen Führerhäuser mit längeren Seitenwänden und 2 Fenstern zum besseren Schutz des Personals. Die Dienstmasse erhöhte sich auf 51,4 t. Alle diese Maschinen

36 929 (sä. VIII V 2 JOCKETA, Bahnnummer 547) (Hartmann 2260/1898)

(Bahnnummern 519–568) erhielten noch Namen deutscher Städte.
Die guten Erfahrungen, die man mit dieser Maschine gemacht hatte, und der ständig steigende Bedarf an Lokomotiven machte weitere Beschaffungen notwendig. Weil hierfür die Kapazität der Sächsischen Maschinenfabrik nicht mehr ausreichte, wurden auch an andere deutsche Lokomotivfabriken Aufträge vergeben. Hartmann lieferte 1900 die Bahnnummern 569–581, die BMAG (Schwartzkopff) die Bahnnummern 582–591, Kessler in Esslingen 1900/1901 die Bahnnummern 592–601, die Maschinenbauanstalt Breslau (Linke-Hofmann) 1901 die Bahnnummern 602–606. Die Lieferungen der Bahnnummern 607–636 erfolgten in den Jahren 1901/1902 wieder von Hartmann.
Ab Bahnnummer 569 wurde die Heizfläche der Feuerbüchse und die der Heizrohre vergrößert, so daß sich eine Gesamtheizfläche von etwa 130 m^2 ergab. Die Dienstmasse erhöhte sich auf 54,5 t, die Zugkraft auf 53 kN. Auch der Kessel wurde um 100 mm auf 2225 mm ü. SO höhergelegt und die Maschine mit einem Tender für 21 m^3 Wasser und 7 t Kohle gekuppelt. Mit 118 Maschinen war die VIII V2 eine der meistgebauten Gattungen bei der Sächsischen Staatsbahn.
Die VIII V2 lief auf allen Haupt- und Nebenstrecken Sachsens. Ihr Kuppelraddurchmesser von nur 1590 mm verhalf ihr zu einer guten Anfahrbeschleunigung und zu guter Feueranfachung auf Steigungen. Auf den Steigungsstrecken Dresden–Görlitz/Zittau, Dresden–Döbeln–Leipzig, Riesa–Chemnitz und Leipzig–Reichenbach–Plauen (V) war sie ebenso zu Hause wie auf den relativ flachen Strecken von Dresden nach Bodenbach oder Leipzig über Riesa. In den 20er Jahren wurde sie lediglich auf der Strecke nach Reichenbach nicht mehr eingesetzt. Dafür hatte sie aber den umfangreichen Ausflugsverkehr von Dresden auf der Elbtalstrecke in die Sächsische Schweiz zu bedienen, wo ihr nicht selten 50 und mehr Achsen angehängt wurden. Erst 1925 entschloß sich das Maschinenamt Dresden-A, für diese Züge die G 12 einzusetzen, die an

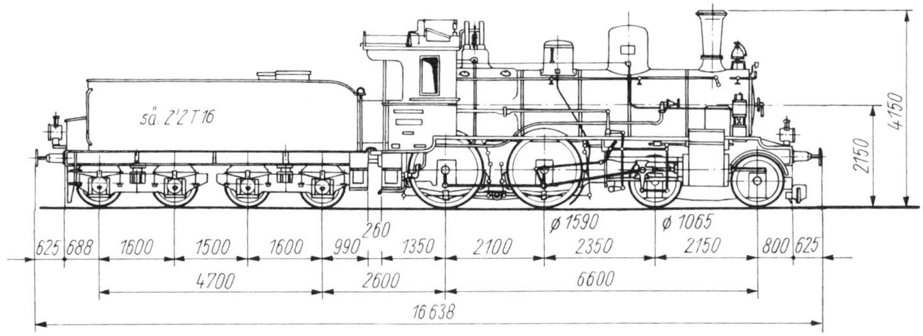

sä. VIII V 2 (BR 36^{9-10}), Bahnnummern 201 bis 214

Sonntagen (Ruhetag im Güterverkehr) in großer Zahl untätig im Bw Friedrichstadt standen.

Von den 118 Maschinen der Gattung VIII V2 kamen 111 in den Bestand der DRG. Umgezeichnet wurden 109. Die Maschinen mit den Bahnnummern 519 bis 568 erhielten die neue Reihenbezeichnung 36^9, die verstärkte Ausführung (ab 569) die Reihenbezeichnung 36^{9-10}. 6 Maschinen wurden vor 1924 ausgemustert, und eine Lok mußte 1918 als Reparationsleistung an Polen abgegeben werden (Bahnnummer 528 MEUSELWITZ – PKP Od 101-1).

Der ab 1910 beschaffte „Rollwagen" (BR 38^{2-3} 2'C h2) verdrängte dann allmählich die VIII V2 auf die Nebenstrecken und in den Vorortverkehr. Mit der verstärkten Lieferung preußischer Lokomotiven nach Dresden ab 1925 begann die Ausmusterung der VIII V2, die bis 1931 im wesentlichen abgeschlossen war.

Konstruktive Merkmale

Kessel: Genieteter Kessel mit Belpaire-Feuerbüchse analog der Schnellzuglok VIII bV1, jedoch mit geringerem Abstand zwischen den Rohrwänden und niedrigerer Kessellage. Dampfdom auf dem 1. Kesselschuß, Sandkasten dahinter in Kesselmitte. 2 Pop-Sicherheitsventile mit 86 mm l. W. Speiseeinrichtungen: 2 nichtsaugende Dampfstrahlpumpen Bauart Schäffer & Budenberg (120 l/min).

Rahmen: 30 mm dicker Blechrahmen mit 1280 mm Mittenabstand; vorn auf 1120 mm eingezogen.

Laufwerk: Führendes Drehgestell mit 1045 mm Raddurchmesser und ± 39 mm Seitenverschiebbarkeit. Beide Kuppelachsen fest im Rahmen gelagert. Federn der Kuppelachsen unterhalb der Achslager und durch Ausgleichhebel verbunden. Federn der Drehgestellachsen oberhalb der Achslager.

Triebwerk: 2 außenliegende, waagerechte und zwischen den Drehgestellachsen liegende Zylinder. Rechts HD-, links ND-Zylinder. Antrieb der 1. Kuppelachse. Treib- und Kuppelstangenlager geteilt und nachstellbar. Anfahrvorrichtung Bauart Lindner.

Steuerung: Außenliegende Heusinger-Steuerung mit Antrieb der Schwinge durch die Treibachse. Hauptwelle unterhalb des Rahmens außer bei 1. Lieferung (36 901–36 919).

Bremse: Druckluftbremse Bauart Westinghouse bremst die Kuppelräder beidseitig. Drehgestellräder ungebremst.

Sondereinrichtungen: Mechanischer Sandstreuer Bauart v. Helmholtz sandet die Räder der 1. Kuppelachse von vorn. Bei Anfahrt und Schleudern Handbetätigung. Ab 1900 Dampfpfeife auf dem Führerhausdach. Verlängertes Führerhaus mit großen Seitenfenstern. Dampfheizungseinrichtung. Petroleumbeleuchtung.

Tender: sä. 3 T 7,5 mit 4,5 t Kohle, sä. 3 T 9 mit 4,5 t Kohle, sä. 2'2' T 16 mit 5 t Kohle, sä. 2'2' T 21 mit 7 t Kohle.

36^{12} old. P 4^1

36^{70} pr. P 4^1

Im Jahre 1890 machten die immer schwerer werdenden Schnell- und Personenzüge den Schritt zur 2′B-Lokomotive erforderlich. Die KED Hannover hatte nach Entwürfen von v. Borries bei Henschel zwei 2′B n2v-Lokomotiven bestellt und im Jahre 1890 mit den Fabriknummern 3325–3326 geliefert bekommen. Auch die KED Erfurt bestellte bei Henschel Versuchslokomotiven für den Schnell- und Personenzugdienst, jeweils 2 Maschinen in Zwillings- und Verbundausführung. Kessel und Triebwerk waren bei allen 8 Maschinen gleich, lediglich der Raddurchmesser der Personenzuglokomotiven war gegenüber den Schnellzugloks von 1960 mm auf 1730 mm verkleinert worden. In die Geschichte sind diese Lokomotiven als Erfurter Bauart eingegangen, den v. Borriesschen Entwurf bezeichnete man als hannoversche Bauart.

Bis 1893 wurden von Henschel 55 Lokomotiven nach dem Muster der beiden 2′B n2-Versuchslokomotiven für den Personenzugdienst gebaut und an die KED Erfurt, Berlin, Elberfeld, Frankfurt (Main) und Magdeburg geliefert. Die Maschinen erhielten das Gattungszeichen P 4^1; die Personenzug-Verbundlokomotiven, die zunächst nicht nachbestellt wurden, bezeichnete man als P 4^2.

Die P 4^1-Lokomotiven der Erfurter Bauart waren kein glücklicher Wurf gewesen (Entwurf Leitzmann). Sie befriedigten weder in der Leistung noch im Kohleverbrauch, der Antrieb der inneren Allan-Steuerung wies Mängel auf, und die Kugelpfannen des Drehgestells neigten außerordentlich häufig zum Festfressen.

1893 verließ man deshalb die Erfurter Bauart und verwendete das Lauf- und Triebwerk der hannoverschen Bauart mit außenliegender Heusinger-Steuerung, wie sie v. Borries entwickelt hatte. Diese ab 1893 von Henschel, Grafenstaden (1894), Schwartzkopff (1895), Hanomag (1896), Borsig (1898) und Linke-Hofmann (1904) gelieferten Lokomotiven wurden nach den sogenannten Normalien des Musterblattes III 1 d gebaut. Insgesamt beschaffte Preußen über 400 Maschinen der Gat-

36 1210 (old. P 4^1 CONDOR, Bahnnummer 132) (Hanomag 3415/1900)

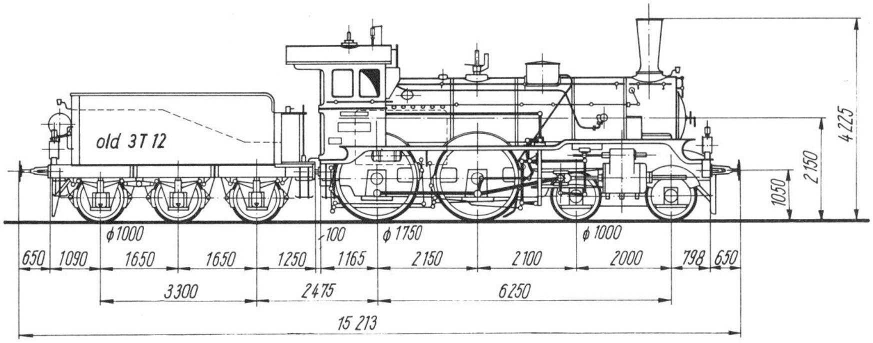

old. P 4^1 (BR 36^{12})

tung P 4^1, die bei allen Direktionen (außer Posen) im Einsatz standen.
Das Leistungsprogramm sah die Beförderung von 310 t in der Ebene mit 70 km/h und von 330 t auf 5‰ Steigung mit 40 km/h vor.
Die Oldenburgische Staatsbahn beschaffte von 1896 bis 1902 von der Hanomag insgesamt 19 Lokomotiven der Gattung P 4^1. Alle Maschinen wurden von der DRG als 36 1201–36 1219 übernommen, bis zum Jahre 1931 jedoch ausgemustert. Die old. P 4^1 waren mit dem Tender 3 T 12 gekuppelt, die pr. P 4^1 überwiegend mit dem 2′2′ T 16. Auch die Mecklenburgische Friedrich-Franz-Eisenbahn beschaffte P 4^1, doch kamen diese Lokomotiven nicht mehr zur DRG.
Die Zahl der insgesamt gebauten P 4^1 wird mit 496 angegeben (Erfurter Bauart und Normalloks). Einige Maschinen mußten nach 1919 an verschiedene, vor allem osteuropäische Staaten abgegeben werden, ein großer Teil wurde vor 1923 ausgemustert. Lediglich 168 Maschinen kamen in den vorläufigen Umzeichnungsplan der DRG, aber nur neun Stück sind im endgültigen Plan als 36 7001–36 7009 übernommen worden. Die Ausmusterungsdaten sind nur zum Teil bekannt, dürften aber nur wenig später als 1926 liegen. Mit Gründung der DRG bekam auch die ehemalige Sächsische Staatsbahn P 4^1 zugewiesen. Diese Maschinen liefen beim Maschinenamt Dresden-A kurze Zeit im Vorortverkehr nach Meißen und Pirna.

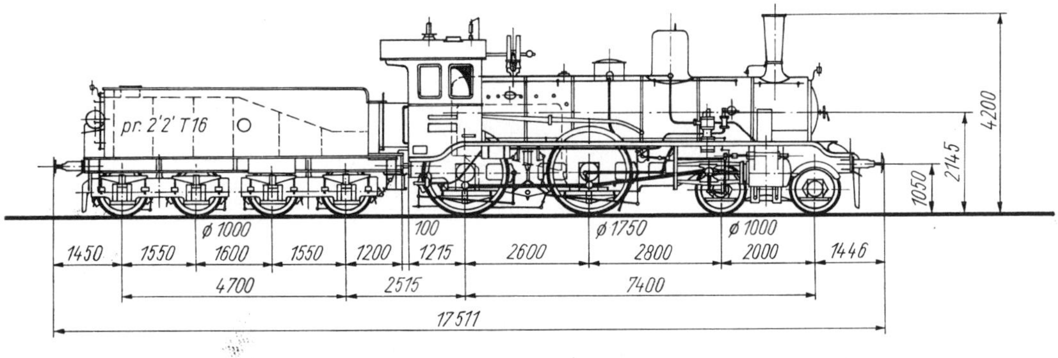

pr. P 4[1] (BR 36^{70})

Konstruktive Merkmale

Kessel: Genieteter Kessel. Langkessel aus 3 Schüssen mit 3900 mm Abstand zwischen den Rohrwänden; BR 36^{12} mit 3645 mm. Dampfdom mit Sicherheitsventil auf dem 2. Kesselschuß in Langkesselmitte. BR 36^{12} ohne Dampfdom. Viereckiger Sandkasten auf dem 3. Kesselschuß. Zwischen die Rahmenbleche eingezogener Hinterkessel mit kupferner Feuerbüchse; BR 36^{12} mit kürzerer Feuerbüchse. Ramsbottom-Sicherheitsventil. Speiseeinrichtungen: 1. Lieferung nichtsaugende, weitere Lieferungen saugende Dampfstrahlpumpen Bauart Strube.

Rahmen: Genieteter und geschraubter Blechrahmen von 25 mm Dicke.

Laufwerk: Vierpunktabstützung. Führendes zweiachsiges Drehgestell; ursprünglich Erfurter Bauart, ab 1893 hannoversche Bauart (Musterblatt III 1 d). Beide Kuppelachsen fest im Rahmen gelagert. Tragfedern der Kuppelachsen unterhalb der Achslager und durch Ausgleichhebel verbunden. BR 36^{12} mit kürzerem Achsstand.

Triebwerk: Zweizylinder-Naßdampftriebwerk mit einfacher Dampfdehnung. Außenliegende, waagerechte Zylinder. Antrieb der 1. Kuppelachse. Treib- und Kuppelstangenlager nachstellbar.

Steuerung: Erfurter Bauart mit innenliegender Allan-Steuerung. Hannoversche Bauart mit außenliegender Heusinger-Steuerung. Ursprünglich Flachschieber gewöhnlicher Bauart, später entlastete Flachschieber.

Bremse: Doppelseitige Abbremsung der gekuppelten Radsätze, Laufradsätze ungebremst. BR 36^{70} mit Druckluftbremse Bauart Knorr oder Westinghouse, BR 36^{12} mit Druckluftbremse Bauart Westinghouse.

Sondereinrichtungen: Sandstreuer sandet die Räder der 1. Kuppelachse von vorn. Gasbeleuchtung Bauart Pintsch. Dampfheizungseinrichtung.

Tender: old. 3 T 12 mit 4 t Kohle für BR 36^{12}

pr. 2'2' T 16 mit 5 t Kohle für BR 36^{70}.

pr. P 4[1], 1846 Cassel (vormals 131 Cassel). Versuchslok mit Schmidtschem Flammrohrüberhitzer, eine der ersten Heißdampflokomotiven der Welt (Henschel 4853/1898).

37^{0-1} pr. P 6

Bei den gestiegenen Anforderungen an den Personenzugdienst hatten gegen Ende des 19. Jahrhunderts die zweifach gekuppelten Lokomotiven auf den Strecken der KPEV sich als nicht mehr ausreichend erwiesen. Man behalf sich mit dreifach gekuppelten Güterzuglokomotiven der Gattung G 5^1 (1'C), die jedoch wegen ihres Kuppelraddurchmessers von nur 1350 mm keine hohen Geschwindigkeiten erreichen konnten.

Nach Vorschlägen Garbes wurde 1901/02 bei Hohenzollern in Düsseldorf eine dreifach gekuppelte Heißdampf-Personenzuglokomotive entworfen und 1902 auf der Düsseldorfer Ausstellung gezeigt. Diese 1'C h2-Lokomotive der Gattung P 6 sollte nach Garbes Vorstellungen eine Universallokomotive werden, die nicht nur Personen- und Güterzüge, sondern auch Schnellzüge im Hügelland befördern sollte.

In der Ursprungsausführung hatte die P 6 Kuppelräder von 1550 mm Durchmesser und Rauchkammerüberhitzer. Die Serie wurde aber mit 1600er Rädern und Rauchrohrüberhitzer (Bauart Schmidt) gebaut.

Das Leistungsprogramm sah die Beförderung von 360 t in der Ebene mit 90 km/h und von 275 t auf 10‰ Steigung mit 50 km/h vor. Bei Versuchsfahrten mit der Lok „21 Cöln" (Hohenzollern Fabriknummer 1541) war die P 6 im Schnellzugdienst den Gattungen S 7 (2'b1' n4v) und S 4 (2'B h2) durchaus ebenbürtig und lag im Kohleverbrauch sogar wesentlich günstiger als die Vergleichsmaschinen. Den Schnellzugfahrten auf der Strecke Grunewald–Güterglück folgte eine Erprobung im Güterzugdienst auf der Strecke Grunewald–Nedlitz. Vergleichsmaschinen waren die G 7^1 (D n2-Zwilling) und die G 7^2 (D n2v-Verbund). Bei gleicher Zugmasse erreichte hier die P 6 mit 57 km/h eine wesentlich höhere Geschwindigkeit, lag im Kohleverbrauch etwas niedriger als die Verbundmaschine, jedoch um etwa 40 % günstiger als die G 7^1.

Zweifellos war die P 6 ihrer Vorgängerin, der P 7 von Grafenstaden, wirtschaftlich überlegen, sparsamer im Verbrauch und billiger in der Unter-

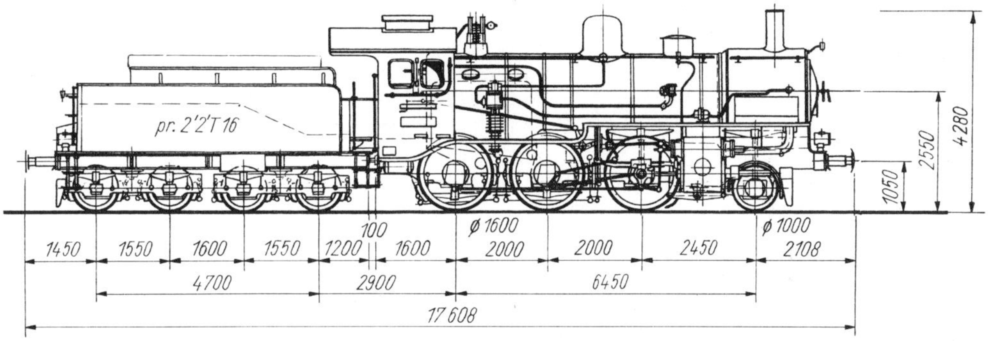

pr. P 6 (BR 37^{0-1})

haltung. Die Universallokomotive, die Garbe bauen wollte, ist sie jedoch nicht geworden. Die zulässige Höchstgeschwindigkeit von 90 km/h konnte wegen des unruhigen Laufes nicht ausgefahren werden. Für den Güterzugdienst war der Raddurchmesser zu groß, für den Personen- und Schnellzugdienst zu knapp bemessen. So entschied man sich zum Bau einer leistungsstärkeren und besser dimensionierten Personenzuglokomotive, der P 8. Garbe selbst zählte die P 6 wohl auch nicht zu seinen gelungensten Schöpfungen, denn in seinem Werk „Die Dampflokomotive der Gegenwart" sucht man vergeblich nach einer Beschreibung der Maschine. Abgesehen von den schlechten Laufeigenschaften im höheren Geschwindigkeitsbereich war die P 6 auch äußerlich das „häßliche Entlein" unter den preußischen Lokomotiven. Vordere Laufachse und Zylinder waren weit zurückgesetzt, so daß sich große überhängende Massen ergaben. Der Schornstein, eine schmale Röhre, saß ganz vorn auf der Rauchkammer. Diese schlecht proportionierte Maschine hat jedoch das Krauss-Helmholtz-Gestell für Reisezuglokomotiven auf lange Zeit in Mißkredit gebracht. Selbst die DRG hielt es, im Gegensatz zu den BBÖ, für Schnellzuglokomotiven als ungeeignet und bevorzugte das führende zweiachsige Drehgestell.

Die P 6 verschwand recht bald von den Strecken, für die sie eigentlich gedacht war, und wurde in größeren Stückzahlen auf den Strecken Ostpreußens eingesetzt. Insgesamt wurden 275 Maschinen der Gattung P 6 gebaut (272 Stück nach Musterblatt XIV/1 und 3 Stück für die Militäreisenbahn, die 1919 hinzukamen).

Nach dem Versailler Vertrag mußten erhebliche Stückzahlen dieser Lokomotiven abgegeben werden: 44 an die PKP, 24 an Belgien, 16 an Frankreich (Nord), 3 an die AL, 9 an die FS, 6 an Litauen, 4 an Lettland und 4 an die Saar. Für den vorläufigen Umzeichnungsplan waren 150 Maschinen vorgesehen, aber 151 aufgeführt, weil mit 37 045 und 37 046 die gleiche Maschine zweimal verzeichnet war. In den endgültigen Umzeichnungsplan wurden 163 Maschinen aufgenommen. Hinzugekommen waren 14 Loks, die im vorläufigen Plan noch keine Nummer hatten, und eine Maschine mit vorläufiger Nummer ging an die PKP. Die doppelt aufgeführte Maschine erschien nicht mehr im endgültigen Plan. Die DRG gab der P 6 die Betriebsnummern 37 001–37 163.

Die meisten Maschinen wurden in den 30er Jahren ausgemustert. Einige Maschinen überstanden den zweiten Weltkrieg. Zum Teil handelt es sich hier um die 1919 abgegebenen Maschinen (PKP), die nach der Okkupation Polens 1939 wieder in das Nummernschema der DRG übernommen wurden. Bei der PKP wurde die P 6 noch 1964 (Gdansk Odz) in Betrieb gesehen.

37 107 (pr. P 6, 2101 Münster) (Hanomag 5249/1908)

Konstruktive Merkmale

Kessel: Genieteter Kessel Garbescher Bauart. Langkessel aus 2 Schüssen. Dampfdom auf dem hinteren Kesselschuß, Sandkasten in Kesselmitte. Abstand zwischen den Rohrwänden 4100 mm. Rauchkammerüberhitzer Bauart Schmidt. Kupferne Feuerbüchse mit Hinterkessel zwischen den Rahmenblechen eingezogen. Rostbreite 1,0 m. Vergrößerte, mit Winkelring am Langkessel angenietete Rauchkammer. Ramsbottom-Sicherheitsventile. Speiseeinrichtungen: 2 saugende Dampfstrahlpumpen.
Rahmen: 25 mm dicker Blechrahmen mit 1230 mm l. W.; vor der Treibachse wegen des Drehgestells auf 1190 mm eingezogen.
Laufwerk: Vierpunktabstützung. Vordere Laufachse und 1. Kuppelachse bilden Krauss-Helmholtz-Drehgestell. 2. und 3. Kuppelachse fest im Rahmen gelagert. Tragfedern der Lauf- und 1. Kuppelachse oberhalb der Achslager, der 2. und 3. Kuppelachse unterhalb. Beide Gruppen jeweils durch Ausgleichhebel verbunden.
Triebwerk: 2 außenliegende, waagerechte Zylinder mit einstufiger Dampfdehnung, zwischen Lauf- und 1. Kuppelachse angeordnet. 2. Kuppelachse als Treibachse. Dreiteilige Kuppelachslager Bauart Obergethmann.
Steuerung: Außenliegende Heusinger-Steuerung. Kolbenschieber mit innerer Einströmung (anfangs doppelte Einströmung). Keine Druckausgleicher, sondern Lufteinlaßventile Bauart Ricour.
Bremse: Druckluftbremse Bauart Knorr oder Westinghouse. Doppelseitige Abbremsung der 2. und 3. Kuppelachse. Laufachse und 1. Kuppelachse ungebremst.
Sondereinrichtungen: Druckluftsandstreuer Bauart Brüggemann sandet die Räder der 1. Kuppelachse von vorn.
Schmierpumpe mit 6 Stempeln Bauart Ritter zur Schmierung der unter Dampf gehenden Teile. Antrieb der Pumpe durch Gegenkurbel vom 3. Kuppelradsatz. Gasbeleuchtung.
Tender: pr. 2'2' T 16 mit 5 t Kohle.

38^0

bay. P $^3/_5$ N

Die Bayerische Staatsbahn hatte 1903 mit den von Maffei gelieferten 2'C n4v-Maschinen der Gattung S $^3/_5$, (Baureihe 17^4) den Bau von Lokomotiven nach neuzeitlichen Gesichtspunkten begonnen. Die S $^3/_5$ hatte einen Barrenrahmen nach amerikanischem Vorbild und deshalb gut zugängliche Innentriebwerke. 1906 war bereits die erste Vorauslok der S $^3/_5$ als Heißdampfmaschine geliefert worden.
Auf der Basis der S $^3/_5$ entwickelte Anton Hammel von der Fa. J. A. Maffei eine Personenzuglokomotive, deren erste Lieferungen noch im Jahre 1905 erfolgten. Die P $^3/_5$ N ist mit 1640 mm Treibraddurchmesser eine verkleinerte Ausführung der S $^3/_5$. Der Kessel war etwas kürzer ausgeführt, das Triebwerk schwächer ausgebildet, aber die Zylinder wurden unverändert von der S $^3/_5$ (Baujahr 1904) übernommen. Wie die größere Schwester hatte auch die P $^3/_5$ N Barrenrahmen und Vierzylinder-Naßdampf-Verbundtriebwerk. Das Beförderungsprogramm für den Personenzugdienst sah 350 t in der Ebene mit 80 km/h vor. Die gleiche Masse wurde auf einer Steigung von 10‰ mit 45 km/h bewältigt.
Der chronische Triebfahrzeugmangel der Bayerischen Staatsbahn ließ die P $^3/_5$ N kaum zum Einsatz im Personenzugdienst kommen. Als im Sep-

tember 1905 die ersten Maschinen angeliefert wurden, setzten die Bw München I und Lindau sie im Schnellzugdienst auf der krümmungs- und steigungsreichen Strecke München–Kempten–Lindau ein.
Im Sommer 1906 erhielt Aschaffenburg Münchener P $^{3}/_{5}$ N, um die Schnellzüge auf der Strecke Ansbach–Aschaffenburg zu bespannen. Diese Maschinen kamen zwei Jahre später nach Schweinfurt, um die Gattung C V im Schnellzugdienst abzulösen. Bis zum Sommer 1906 hatte Maffei 26 Maschinen geliefert. Die restlichen 10 folgten im Jahre 1907. Der Bestand von 36 Lokomotiven der Gattung P $^{3}/_{5}$ N war von 1908 bis zum Ausbruch des ersten Weltkrieges in den Bw München I (8 Stück), Lindau (8 Stück), Kempten (12 Stück) und Schweinfurt (8 Stück) beheimatet.
Die Maschinen bedienten von München aus, teils sogar in den Dienstplänen der S $^{2}/_{5}$ und S $^{3}/_{5}$, die Strecken nach Kempten und Ansbach. Die Lindauer Maschinen kamen bis Kempten bzw. München und fuhren auf der Bodenseegürtelbahn bis Radolfzell. Das Bw Kempten bespannte die Züge nach München, Lindau und Ulm, das Bw Aschaffenburg, das bis 1908 P $^{3}/_{5}$ N besaß, Züge nach Ansbach. Die Schweinfurter P $^{3}/_{5}$ N schließlich bedienten die Strecken nach Würzburg und Meiningen. Die Laufleistungen der Maschinen waren beachtlich. Sie betrugen im Jahresdurchschnitt je Maschine 85583 km im Jahre 1906, 56717 km im Jahre 1907 und etwa 65000 km im Jahre 1908.
Im ersten Weltkrieg gingen 6 Maschinen verloren. Von den verbliebenen 30 Lokomotiven mußten im Jahre 1919 zwölf an die Französische Staatsbahn (ÉTAT 230 931 bis 230 942) und fünf an die AL abgeliefert werden. Die DRG übernahm die verbliebenen 13 Maschinen unter den Betriebsnummern 38 001 bis 38 013. Die guten Erfahrungen, die man mit der 1921 gebauten P $^{3}/_{5}$ H gemacht hatte, veranlaßten die DRG, im Jahre 1924 alle 13 Maschinen auf Heißdampf umzubauen.
Ihre große Zeit im Schnellzugeinsatz war allerdings vorbei. Die Nachlieferungen der S $^{3}/_{6}$ und die Anlieferung der ersten Einheitsschnellzuglokomotiven (BR 01 und 02) verwiesen die P $^{3}/_{5}$ in ihr eigentliches Aufgabengebiet, den Personenzugdienst. Innerhalb der Rbd Regensburg lief sie Anfang der 30er Jahre bei den Bw Hof, Eger, Weiden, Schwandorf und Kirchenlaibach. 1932 begann die Ausmusterung der ersten 5 Maschinen, 1933 folgten weitere 6. Die 38 002 hielt sich bis 1935, die 38 003 bis 1938. Zur gleichen Zeit musterte auch die ÉTAT-Bahn ihre P $^{3}/_{5}$ aus; die AL-Maschinen waren schon früher außer Dienst gestellt worden.

38 010 (bay. P $^{3}/_{5}$ N, Bahnnummer 3827) (Maffei 2609/1907)

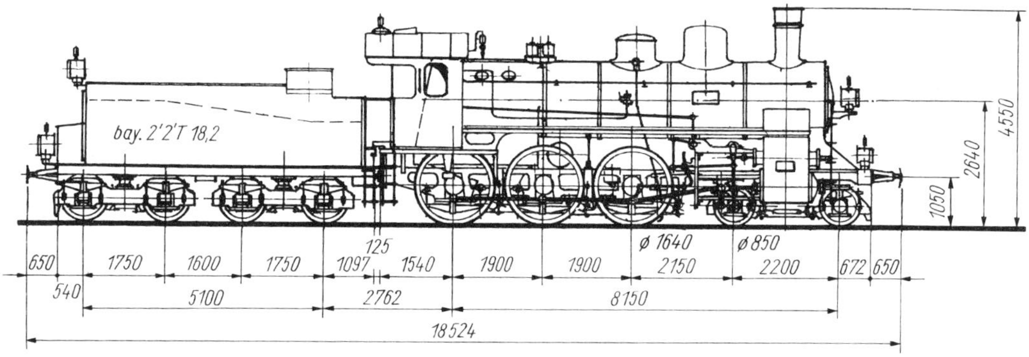

bay. P $^3/_5$ N (BR 38^0)

Konstruktive Merkmale

Kessel: Genieteter Kessel. Langkessel aus 3 Schüssen. Dampfdom auf dem ersten, Sandkasten auf dem zweiten Kesselschuß. Prinzipieller Aufbau wie bei Baureihe 17^4 (bay. S $^3/_5$ N), jedoch Abstand zwischen den Rohrwänden 4300 mm und Gesamtheizfläche auf 165,5 m^2 verringert. Kupferne Feuerbüchse mit Hinterkessel zwischen den Rahmenwangen eingezogen. 2 Pop-Sicherheitsventile. Speiseeinrichtungen: 2 saugende Dampfstrahlpumpen Bauart Friedmann (198 l je min).

Rahmen: Aus 2 Teilen (Treibachsrahmen, Zylinderrahmen) zusammengesetzter Barrenrahmen. Drehgestell mit Blechrahmen.

Laufwerk: Sechspunktabstützung. Führendes zweiachsiges Drehgestell mit ± 70 mm Seitenverschiebbarkeit. Alle 3 Kuppelachsen fest im Rahmen gelagert. Federn der 1. und 2. Kuppelachse durch Ausgleichhebel verbunden.

Triebwerk: Vierzylinder-Naßdampf-Verbund-Triebwerk mit baugleichen Zylindern wie Baureihe 17^4 (16 bar Kesseldruck). 2 außenliegende ND-, 2 innenliegende HD-Zylinder. Alle 4 Zylinder waagerecht und in einer Ebene angeordnet. Antrieb der 1. Kuppelachse (Einachsantrieb Bauart v. Borries). Besondere Füllventile für ND-Zylinder als Anfahrhilfe.

Steuerung: Außenliegende Heusinger-Steuerung für ND-Zylinder mit Übertragungswelle für HD-Zylinder.

Bremse: Druckluftbremse Bauart Westinghouse bremst alle Kuppelachsen einseitig von vorn und die Drehgestellachsen einseitig von innen. Luftpumpe auf der linken Maschinenseite.

Sondereinrichtungen: Preßluftsandstreuer Bauart Brüggemann sandet die Treibräder von vorn. Schmierung aller unter Dampf gehenden Teile durch De-Limon-Schmierpumpe. Geschwindigkeitsmesser Bauart Haußhälter.

Tender: bay. 2'2' T 18 mit 6,5 t Kohle.

38^{2-3} sä. XII H 2

Das Netz der Sächsischen Staatsbahn, mit seinen Schmalspurstrecken eines der dichtesten in Deutschland, besaß zwar nur wenige Durchgangsstrecken, hatte aber dicht besiedelte Gebiete zu bedienen. Nicht zuletzt die ausgeprägten Industriezentren Sachsens erforderten eine große Zahl von Personenzügen und somit die Vorhaltung zahlreicher Personenzuglokomotiven.

1906, als Garbe in Preußen seine P 8 entwarf, wurde der sächsische Personenverkehr von 2fach gekuppelten Naßdampfloks bestritten. Die Gattungen III (1B) und III b (1′B) als Zwillingsloks und die Gattungen III b V (1′B n2v) und VIII V2 (2′B n2v) als Verbundmaschinen waren das Rückgrat des sächsischen Personenzugdienstes. Unterstützt wurde der Personenverkehr durch eine Reihe von Schnellzugloks, die für den hochwertigen Reiseverkehr wegen ihres zu geringen Leistungsvermögens nicht mehr in Betracht kamen. Das amtliche Verzeichnis der Betriebsmittel der Sächsischen Staatsbahn für das Jahr 1916 weist neben 175 Schnellzugloks 430 Personenzugloks aus. Die Beschaffung einer leistungsfähigen Personenzuglok war unumgänglich geworden. So wurde die Sächsische Maschinenfabrik (Hartmann) mit dem Bau einer 2′C h2-Personenzuglokomotive beauftragt. Die Entwicklung erfolgte analog den Schnellzugloks der Gattungen XII H, XII HV und XII H 1, die Lokomotive erhielt aber mit 1590 mm einen geringeren Kuppelraddurchmesser. Die Maschine mit dem Gattungszeichen XII H 2 unterscheidet sich von der XII H 1 durch einen um 350 mm kürzeren, im Durchmesser aber gleichen Kessel und durch die Verlegung des Antriebes auf die zweite Kuppelachse. Man entschied sich für das Zwillingstriebwerk, weil bei dem geringen Kuppelraddurchmesser ein Innentriebwerk nur mit sehr großer Neigung hätte untergebracht werden können, zum anderen bei den geforderten Leistungen keine Notwendigkeit für ein kompliziertes Innentriebwerk bestand.

Das Beförderungsprogramm verlangte 235 t auf 10‰ Steigung mit 60 km/h.

38 201 (sä. XII H 2, Bahnnummer 651, später 3651) (Hartmann 3382/1910)

Die ersten Lokomotiven mit den Bahnnummern 651 bis 660 (ab 1918 3651 bis 3660) lieferte Hartmann im Jahre 1910. Eine Maschine dieser Lieferserie stand im gleichen Jahr auf der Weltausstellung in Brüssel. Bis zur Bahnnummer 666 (3666), die 1911 geliefert wurde, besaßen die Lokomotiven keglige Rauchkammertüren nach bayerischem Vorbild. Später erhielten diese Maschinen eine normal gewölbte Rauchkammertür, ein Druckluftläutewerk auf dem Stehkesselscheitel und die Luftpumpe rechts vorn neben der Rauchkammer.
Die Lieferung des Jahres 1913 umfaßte nur die Bahnnummern 667 bis 671 (3667 bis 3671), die wie alle weiteren Lieferungen bis zur Bahnnummer 3697 (Baujahr 1917) eine keglige Rauchkammertür besaßen.
Die bisherige Bauform wurde 1916 mit der Bahnnummer 3682 verlassen. Ab Bahnnummer 3682 (DRG 38 221) kamen die Lokomotiven mit hochliegendem Umlauf. Auch während des ersten Weltkrieges ist kontinuierlich weitergebaut worden, und bis 1923 (außer 1921) lieferte Hartmann jedes Jahr weitere Lokomotiven der Gattung XII H 2. Die letzte mit sächsischer Bahnnummer gelieferte Lokomotive war die 3809 (Baujahr 1923), die als 38 324 zur DRG kam. 1927 beschaffte die DRG nochmals 10 Lokomotiven nach, die Betriebsnummern 38 325 bis 38 334.
Die Bahnnummern 3651 bis 3666 waren mit dem Tender sä. 2′2′ T 16 geliefert worden, alle folgenden Lieferungen waren mit dem Tender 2′2′ T 21 gekuppelt.
Die XII H 2 bewährte sich weitaus besser als die so wenig erfolgreiche XII H 1, die bei ihrem Bau als Muster gedient hatte. Die leistungsstarke und robuste Maschine war für den hügligen Charakter des sächsischen Streckennetzes vorzüglich geeignet und beförderte auf der Strecke Dresden–Reichenbach (V) gelegentlich auch Schnellzüge.
In den Jahren 1937 bis 1939 waren einige Lokomotiven vorübergehend in süddeutschen Bahnbetriebswerken wie Frankfurt (Main), Passau, Weiden, Landshut, Limburg und Plattling beheimatet. Bekannt sind die Betriebsnummern 38 211, 245, 250, 259, 263, 270, 277, 278, 289, 296, 303, 311 und 315.
Als Hitlerdeutschland 1938 das Sudetenland besetzte, waren die Bahnbetriebswerke dieses Gebietes weitgehend von Lokomotiven entblößt, weil die ČSD ihre Maschinen in das Innere des Landes abgefahren hatte. Die Rbd Dresden, der jetzt die Bw Aussig, Bodenbach, Komotau und Tetschen unterstanden, mußte das Vakuum mit Lokomotiven, u. a. mit etwa 20 Lokomotiven der Baureihe 38^{2-3}, auffüllen.
1941 kamen die 1919 als Reparationsleistungen an Frankreich abgegebenen XII H 2 als „Leihlokomotiven" zur DRG zurück; sie verblieben z. T. auf dem Gebiet der heutigen DDR. Sie erhielten entweder Betriebsnummern ab 38 351

38 283 (sä. XII H 2, Bahnnummer 3743) (Hartmann 4373/1920)

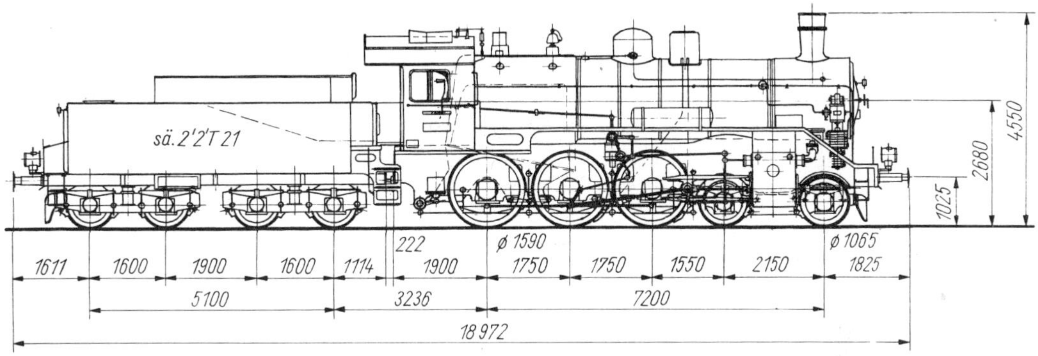

sä. XII H 2 (BR 38^{2-3})

oder bereits vergebene Betriebsnummern in Zweitbesetzung. So trug die ehemalige Bahnnummer 3655 die französische Nummer der ÉTAT 230–960, bekam 1957 die DR-Betriebsnummer 38 355 und später die 38 204 (die Erstbesetzung war 1946 ausgemustert worden) in zweiter Besetzung.
Am 25. Juli 1945 zählte die Rbd Dresden 63 Lokomotiven der Baureihe 38^{2-3} in ihrem Direktionsbereich und 12 der französischen „Leihlokomotiven". Von den ehemaligen ÉTAT-Lokomotiven sind 1954 fünf betriebsfähig aufgearbeitet worden (38 351 bis 38 355), wovon die 38 355, wie oben erwähnt, die Betriebsnummer 38 204^{II} bekam.
1967 besaß die DR noch 53 Lokomotiven der Baureihe 38^{2-3}, die auf die Bahnbetriebswerke Bautzen, Brandenburg, Karl-Marx-Stadt, Ketzin, Nossen und Werdau verteilt waren.
Die 38 308 des Bw Nossen erhielt sogar das neue Nummernschild 38 5308–2, wurde aber nur noch für Bauzüge eingesetzt. Im August 1971 kam sie noch einmal zu Glanz und Ehren, als sie den Sonderzug mit Teilnehmern des Dresdener MOROP-Kongresses von Dresden nach Königstein (Sächsische Schweiz) führte. Das war zugleich auch die letzte Fahrt des letzten „Rollwagens".
Das Verkehrsmuseum Dresden wird die 38 205 der Nachwelt erhalten.

Konstruktive Merkmale

Kessel: Genieteter Kessel analog der sä. XII H, jedoch um 350 mm kürzer. Belpaire-Stehkessel mit kupferner Feuerbüchse, zwischen den Rahmenblechen eingezogen. Rostgröße 2,83 m^2, Bauart wie XII H. Dampfdom auf dem hinteren Kesselschuß und davorliegender Sandkasten. Pop-Sicherheitsventile. Speiseeinrichtungen: 2 nichtsaugende Dampfstrahlpumpen Bauart Friedmann (180 l/min und 190 l/min für 38 210 bis 38 211; 200 l/min für alle anderen Maschinen).
Rahmen: 30 mm dicker Blechrahmen mit 1250 mm l. W. von vorn bis hinten durchlaufend.
Laufwerk: Führendes Drehgestell mit ± 38 mm Seitenverschiebbarkeit in 22 mm dickem Blechrahmen. Rückstellung durch Blattfedern. Kuppelachsen fest im Rahmen gelagert.
Triebwerk: 2 außenliegende, waagerechte, zwischen den Drehgestellachsen angeordnete Zylinder. Antrieb der 2. Kuppelachse. Kuppelstangen mit nichtnachstellbaren Buchsenlagern. Treibstangenlager geteilt und nachstellbar. Zweischienig geführter Kreuzkopf.
Steuerung: Außenliegende Heusinger-Steuerung mit Lindnerscher Nachfüllung. Kolbenschieber mit federnden Ringen Bauart Fester und Trick-Kanal. Voreilhebel zur Erzielung kürzerer Schieberschubstangen bis 38 211 (Bj. 1912) nach rückwärts verlegt. Größte Füllung bei Vorwärtsfahrt 78 %.
Bremse: Druckluftbremse Bauart Westinghouse bremst alle Kuppelräder einseitig von vorn, die Drehgestellräder von innen.
Sondereinrichtungen: Mechanischer Sandstreuer Bauart Krauss-Helmholtz sandet die Räder der beiden ersten Kuppelachsen von vorn. Handbetätigung beim Anfahren und Schleudern. Geschwindigkeitsmesser Bauart Henze. Schmierung der unter Dampf gehenden Teile durch Schmierpumpe Bauart Friedmann; Antrieb durch 3. Kuppelradsatz. Ab 38 221 hochgelegter Umlauf.
Tender: sä. 2'2' T 21 mit 5 t Kohle.

38^4

bay. $P^3/_5$ H

Charakteristisch für den Lokomotivbestand der Bayerischen Staatsbahn ist sein Zurückbleiben hinter den Erfordernissen des Zugförderungsdienstes. Die Gründe dafür mögen zu gleichen Teilen in der Sparsamkeit und im chronischen Geldmangel der Bahnverwaltung zu suchen sein. Nach dem ersten Weltkrieg stand auch die Bayerische Staatsbahn vor ernsthaften Schwierigkeiten. Der Lokbestand war, bedingt durch Kriegsverluste und Reparationsabgaben, stark gelichtet; was verblieb, war wegen mangelnder Wartung und ständiger Überbeanspruchung weitgehend abgewirtschaftet. Das Neubauprogramm der DRG war noch nicht angelaufen und sah auch als erste Lieferungen Schnellzuglokomotiven mit 20 t Achsfahrmasse vor.
In dieser Situation bekam die Gruppenverwaltung Bayern von der DRG die Genehmigung, bei Maffei 80 Personenzuglokomotiven zu bestellen, um den dringendsten Bedarf zu decken. Für grundlegende Neuentwicklungen waren weder Zeit noch Geld vorhanden. Wenn es erstaunt, in dieser prekären Situation für den Personenzugdienst eine Vierzylinder-Heißdampf-Verbundmaschine zu bauen, so ist das nur damit erklärbar, daß die $P^3/_5$ H eine verbesserte Version der $P^3/_5$ N für Heißdampf ist. Rahmen und Laufwerk wurden komplett übernommen, der Kessel geringfügig vergrößert und mit Überhitzer versehen. Die Rostfläche betrug 2,76 m^2 gegenüber 2,62 m^2 bei der $P^3/_5$ N, das Führerhaus wurde größer und geräumiger, HD- und ND-Zylinder wurden im Durchmesser jeweils um 20 mm vergrößert. Der Kesseldruck betrug bei beiden $P^3/_5$-Varianten schon 15 bar (15 kp/cm^2), wogegen sich die pr. P 8 z. B. noch mit 12 bar (12 kp/cm^2) begnügte.
Die $P^3/_5$ H erwies sich nicht nur als recht leistungsfähig, sondern auch als sehr sparsam im Verbrauch.
Obwohl als Personenzuglokomotive konzipiert, weist das Merkbuch von 1924 neben der Leistungstafel für den Personenzugdienst auch eine für den Schnellzugdienst auf. Beide Tafeln sind

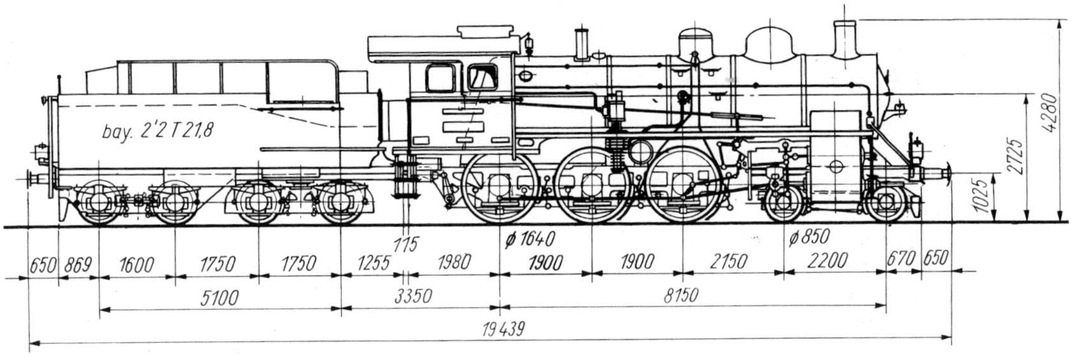

bay. P $^{3}/_{5}$ H (BR 38^4)

bis 100 km/h aufgestellt, obwohl die festgesetzte Höchstgeschwindigkeit bei 90 km/h lag. Die P $^{3}/_{5}$ H beförderte im Personenzugdienst in der Ebene 400 t mit 90 km/h und 420 t auf 10‰ Steigung mit 40 km/h. Im Schnellzugdienst konnten ihr in der Ebene 300 t bei 100 km/h und 310 t auf 10‰ Steigung mit 50 km/h zugemutet werden.

38 433 (bay. P $^{3}/_{5}$ H, Bahnnummer 3869) (Maffei 2609/1907)

Alle 80 Maschinen konnten von Maffei noch 1921 geliefert werden. Sie wurden fast ausschließlich sofort im schweren Schnellzugdienst eingesetzt. Sogar der „Orient-Expreß" wurde von ihr auf der Strecke München–Salzburg geführt. Das Bw München I ermittelte in den ersten fünf Monaten des Jahres 1922 den Kohleverbrauch seiner P $^{3}/_{5}$ H im Vergleich zu den S $^{3}/_{6}$-Lokomotiven. Danach ergab sich für die P $^{3}/_{5}$ H ein Monatsdurchschnitt von 15,54 t je 1000 km, für die S $^{3}/_{6}$ 17,55 t/1000 km. Besonders die Lok 3894 (38 458) fiel durch niedrigen Brennstoffverbrauch auf. Eingesetzt im Expreßzugdienst München–Salzburg, kam sie im Dezember 1921 mit einem Kohleverbrauch von 12 t/1000 km, im Mai 1922 sogar mit einem Verbrauch von lediglich 10 t/1000 km aus.

Als Mitte der zwanziger Jahre die ersten Einheitslokomotiven und die weiter beschafften S $^{3}/_{6}$ angeliefert wurden, setzte man die P $^{3}/_{5}$ H fast ausschließlich im Personenzugdienst ein. Schnellzugleistungen wurden, wenn erforderlich, von den pr. P 8 übernommen, von denen die Gruppenverwaltung Bayern eine größere Anzahl erhalten hatte.

1922 hatte das Bw München Hbf mit 21 Maschinen den größten Bestand an P $^{3}/_{5}$ H, gefolgt von Treuchtlingen (10) und Kempten (9). 1935 hatte sich das Bild wesentlich gewandelt. Regensburg besaß 21, Ingolstadt 10 und Schwandorf 9 Loks P $^{3}/_{5}$ H. Aus Rosenheim, das 1922 noch 8 Loks hatte, waren sie, durch die Elektrifizierung überflüssig, abgezogen worden.

Alle 80 Maschinen überstanden den zweiten Weltkrieg und kamen zur DB. Obwohl nicht zu den Splittergattungen zählend, wurden sie schon frühzeitig ausgemustert. 1948 waren noch 38 Maschinen im Einsatz, die sich auf die Bw Augsburg (16), Neu-Ulm (10), Plattling (6), Lindau (4) und Buchloe (2) verteilten.

Bis 1950 waren die Maschinen noch im Personen- und Eilzugdienst auf den Strecken von Ulm nach Friedrichshafen/Lindau und Donauwörth, im Bereich um Augsburg und auf der Bodenseegürtelbahn zu sehen. Von der großen Ausmusterungswelle 1950/1952 blieben nur die 4 Lindauer P $^{3}/_{5}$ H verschont. Mit der 38 432 wurde am 12. 5. 1955 die letzte Maschine ausgemustert. Als Heizloks waren nach der Ausmusterung noch die 38 430 und die 38 460 in Betrieb.

Konstruktive Merkmale

Kessel: wie BR 38^0 (bay. $P^3/_5$ N), jedoch mit 4350 mm Abstand zwischen den Rohrwänden und um etwa 11 m^2 größerer Gesamtheizfläche. Rauchrohrüberhitzer Bauart Schmidt. Speiseeinrichtungen: Oberflächenvorwärmer Bauart Maffei mit Westinghouse-Speisepumpe. Vorwärmer quer auf dem Rahmen zwischen 1. und 2. Kuppelachse. 1 Dampfstrahlpumpe.
Rahmen: wie Baureihe 38^0 (bay. $P^3/_5$ N).
Laufwerk: wie Baureihe 38^0 (bay. $P^3/_5$ N).
Triebwerk: Vierzylinder-Verbund-Heißdampftriebwerk mit baugleichen Zylindern wie Baureihe 17^5 (bay. $S^3/_5$ H).
Steuerung: wie Baureihe 38^0 (bay. $P^3/_5$ N).
Bremse: wie Baureihe 38^0 (bay. $P^3/_5$ N).
Sondereinrichtungen: wie Baureihe 38^0 (bay. $P^3/_5$ N), außergewöhnlich geräumiges Führerhaus.
Tender: bay. 2′2 T 21,8 mit 8 t Kohle.

38^{10-40} pr. P 8

Bereits 1905 erwies sich das Leistungsvermögen der pr. P 6 (BR 37^{0-1}) auf vielen Einsatzgebieten als unzureichend, ganz abgesehen davon, daß die Laufeigenschaften dieser Maschine mehr als mäßig waren. Gefordert wurde eine kräftige, dreifach gekuppelte Heißdampflokomotive mit 100 km/h Höchstgeschwindigkeit, die in der Lage war, auch krümmungsreiche Steigungen zügig zu durchfahren.
Nach Entwürfen Robert Garbes, die das Ministerium 1905 genehmigt hatte, baute Schwartzkopff 10 Maschinen. Die erste dieser Lokomotiven wurde im Sommer 1906 mit der Fabriknummer 3616 als 2401 Coeln abgeliefert. Vier Maschinen dieser ersten Lieferung kamen zur ED Köln, sechs zur ED Elberfeld.
Nach Garbes Vorstellungen sollte es eine Schnellzuglokomotive werden. Auch der Prospekt der Fa. Schwartzkopff, der anläßlich der Ablieferung der ersten Maschinen herausgegeben wurde, offeriert die 2′C-gekuppelte Heißdampflok als Schnellzuglokomotive. In der Hoffnung, die Maschine werde für 110 km/h zugelassen, hatte Garbe die Lok mit Windschneidenführerhaus ausführen lassen. Die im August 1906 begonnenen Versuchsfahrten auf der Strecke Grunewald–Güsten–Mansfeld waren zwar erfolgreich und bewiesen, daß die P 8 die P 6 bei weitem in allen Belangen übertraf, doch stellten sich bald eine Reihe von Mängeln ein, typische Kinderkrankheiten einer Neukonstruktion.
Die hin- und hergehenden Massen waren, wie bei Garbeschen Konstruktionen vielfach üblich, nicht ausgeglichen. Die starken Zuckbewegungen bei höheren Geschwindigkeiten zwangen dazu, bei den folgenden Lieferungen die Massen bis zu 30 % auszugleichen. Die Spurkränze der 1. Kuppelachse waren um 15 mm geschwächt, um sie von der Führungsarbeit zu entlasten. Es erwies sich aber als lauftechnisch besser und sicherer, die 1. Kuppelachse mit vollem Spurkranz zu versehen und die Spurkränze der 2. Kuppelachse um 15 mm zu schwächen. Ursprünglich waren die Tragfedern der 1. und 2. Kuppelachse nicht durch Ausgleichhebel verbunden. Auch bei den Schiebern waren viele Versuche erforderlich, bis die günstigste Konstruktion gefunden war. Schwierigkeiten gab es anfangs mit den Treibstangenlagern, die wegen des zu hohen Flächendrukkes heißliefen. Eine Verkleinerung des Zylinderdurchmessers schaffte hier Ab-

38 1087 (pr. P 8, 2402 Mainz) (Schwartzkopff 4245/1909), frühe Ausführung mit großem Führerhaus und vornliegendem Dampfdom

hilfe. Die Heizfläche wurde von 150,6 m² auf 142,3 m² verkleinert, aber die Überhitzerheizfläche von 49,4 m² auf 58,9 m², also um 16 % vergrößert. Auch das äußere Bild der P 8 änderte sich im Laufe der Jahre. Nur etwa hundert Maschinen wurden mit Spitzführerhaus geliefert. Weil sie bei der zugelassenen Höchstgeschwindigkeit keinen aerodynamischen Gewinn brachten, baute man Führerhäuser mit gerader Stirnwand ein und rüstete die Windschneidenführerhäuser in die übliche Normalausführung um.

Die Kesselaufbauten änderten sich ebenfalls im Laufe der Entwicklung. Ursprünglich saß der Dom auf dem ersten Kesselschuß vor dem Sandkasten. Etwa um 1920 rückte der Dom in Kesselmitte hinter den Sandkasten. Mit Einführung der Speisewasserreinigung kam vor den Sandkasten ein zweiter Dom, der Speisedom. Schließlich gab es auch P 8 mit 2 Sandkästen. Ab 1914 erhielt die P 8 Knorr-Oberflächenvorwärmer auf dem linken Umlaufblech. Die Steuerung mit Hängeeisen war ab Lieferung 1913 durch die Kuhnsche Schleife ersetzt worden. Steigende Dienstmasse und schwerere Züge machten eine Abbremsung des Drehgestells erforderlich, eine Maßnahme, die Garbe noch als für zu gefährlich abgelehnt hatte. Etwa ab dem Jahre 1928 erhielten die Lokomotiven die für diese Baureihe typischen kleinen Windleitbleche.

Die genannten Änderungen und Verbesserungen erfolgten in den Jahren 1906 bis 1914. Ab 1914 wurde bis zum Bau der letzten Maschinen im Jahre 1923 nichts Entscheidendes mehr geändert. Das Leistungsprogramm (Merkbuch 1924) forderte von der P 8 die Beförderung eines Personenzuges von 400 t in der Ebene mit 90 km/h und von 365 t auf 10‰ Steigung mit 40 km/h. Im Schnellzugdienst wurden in der Ebene 300 t mit 100 km/h und 370 t auf 10‰ Steigung mit 40 km/h verlangt.

Bis zum Ende des ersten Weltkrieges waren etwa 2350 P 8-Lokomotiven gebaut worden. Der Versailler Vertrag verpflichtete Deutschland zur Abgabe von 628 P 8, also mehr als 25 % des Bestandes dieser Baureihe. Davon erhielten die PKP 190, die SNCB 168 und Frankreich 162 Lokomotiven.

Die preußische P 8 war nicht allein für die KPEV gebaut worden. Die Oldenburgische Staatsbahn besaß 5, die Friedrich-Franz-Eisenbahn Mecklenburgs 13 Lokomotiven und die Badische Staatsbahn 40 Maschinen vom Typ P 8.

Die 1920 gegründete DRG füllte durch Nachbauten den Bestand wieder auf, und die letzte P 8 wurde, bereits als 38 4051, im Jahre 1923 von der AEG geliefert. Für deutsche Bahnverwaltungen wurden insgesamt 3561 Maschinen gebaut. An den Lieferungen waren bis auf Esslingen und Hartmann alle deutschen Lokomotivfabriken beteiligt. Schwartzkopff lieferte mit 1027 Stück die meisten Maschinen, gefolgt von Henschel mit 740 Stück.

Die preußische P 8 ist nicht nur die stückzahlmäßig dominierende, sondern auch eine der wirtschaftlichsten und zuverlässigsten deutschen Reisezuglokomotiven gewesen. Nach den beiden Weltkriegen bildete sie das Rückgrat des Reisezugverkehrs in Deutschland, und besonders nach 1945 wäre ein Wiederaufbau des Verkehrswesens ohne die unverwüstlichen Maschinen nur schwer denkbar gewesen. Die P 8 ist in allen Bereichen des Zugförderungsdienstes zum Einsatz gekommen, ausgenom-

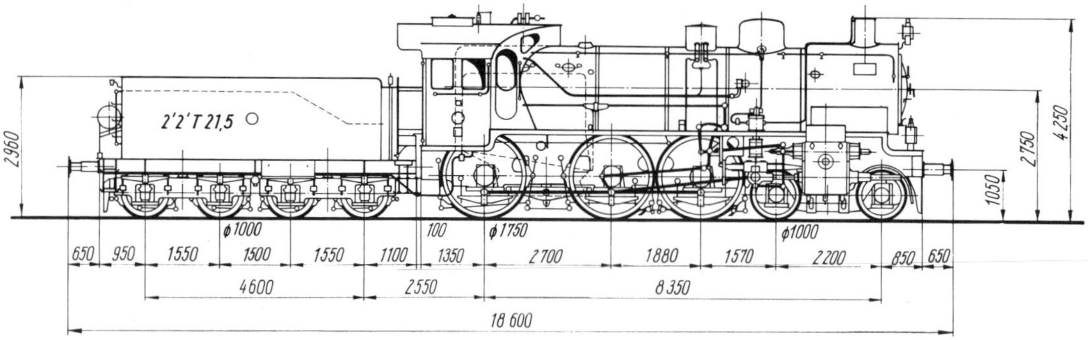

pr. P 8 (BR 38^{10-40}), Ursprungsausführung

men nur der schwere Schnellzug- und schwere Güterzugdienst.
Bereits zur Reichsbahnzeit begannen die ersten Ausmusterungen, und bis zum 1. 4. 1933 mußten 199 P 8 den Dienst quittieren.
Erwähnenswert sind noch einige Versuchsbauten. Henschel rüstete die 38 3255 im Jahre 1931 mit einem 1'B2'-Abdampfturbinen-Triebtender aus. Die 38 2698 erhielt 1932 Caprotti-Steuerung, die aber wieder gegen die normale Heusinger-Steuerung getauscht wurde. 38 2687 und 38 4010 wurden versuchsweise mit Lentz-Ventilsteuerung ausgerüstet.
1964 wurden von der VES-M in Halle Versuchsfahrten mit der 38 3276 unternommen, die mit Giesl-Flachejektor ausgestattet worden war. Die Versuche waren erfolgreich. Die Kohleersparnis betrug über den gesamten Leistungsbereich 14% bis 24%; der Kesselwirkungsgrad, der sonst mit zunehmender Leistung von 75% auf Werte unter 50% absank, lag mit Giesl-Ejektor bei Werten zwischen 80% und 70%. Weitere Versuchsfahrten mit der Lok 38 2860 im Jahre 1966 bestätigten diese Ergebnisse, so daß im folgenden über 70 Maschinen der Baureihe 38^{10-40} mit Giesl-Ejektoren ausgerüstet wurden.
Der zweite Weltkrieg hatte auch den Bestand an P 8-Lokomotiven stark dezimiert. Die vorliegenden Zahlenangaben für den Nachkriegsbestand beider deutscher Bahnverwaltungen sind sehr abweichend und vermutlich nicht mehr genau zu ermitteln. Sie liegen bei etwa 1200 Maschinen für die DB und etwa 700 für die DR. Eine nicht geringe Anzahl P 8-Lokomotiven verblieb nach dem Kriege bei ausländischen Bahnverwaltungen.
Blieb bis 1958 der Nachkriegsbestand bei der DB noch einigermaßen erhalten, so wurden 1963 noch 712 Maschinen gezählt. 1968 waren es nur noch 73. Die DB hatte einen Teil ihrer P 8 mit Wannentendern der Kriegslokbaureihe 52 ausgerüstet.
Bei der DR gehörte 1971 der Anblick einer P 8 schon zu den Seltenheiten, und ein Jahr später war auch die letzte

pr. P 8 (BR 38^{10-40}), Serienausführung

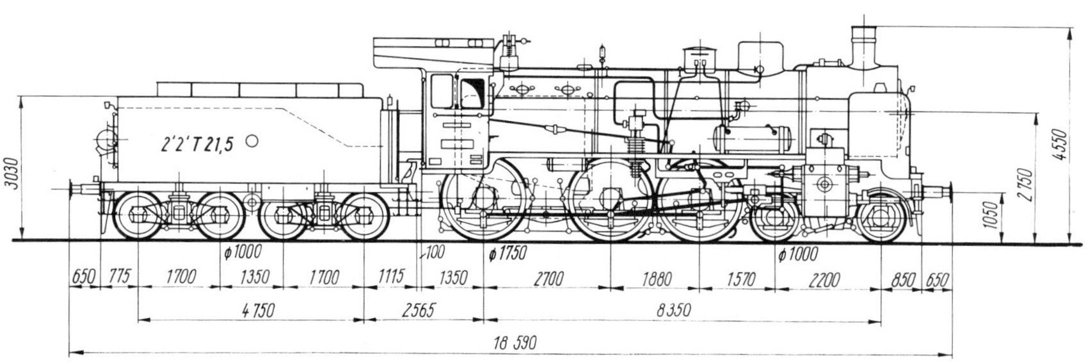

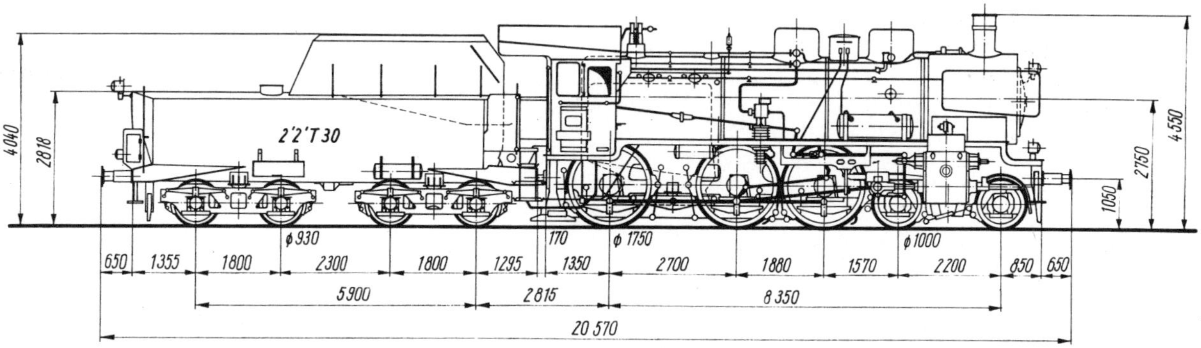

pr. P 8 (BR 38^{10-40}), Serienausführung mit Speisedom und Wannentender 2'2' T 30 (Ausführung DB)

Lok dieser Baureihe ausgemustert. Die letzte P 8 bei der DB (038 772–0) hielt sich bis zum Jahresende 1974 und hätte die letzten Maschinen ihrer Nachfolgerin, der Baureihe 23, fast noch überlebt.

Dienstalter von 50 und mehr Jahren waren bei der P 8 keine Seltenheit. Etwa 500 Maschinen erreichten dieses Alter und werden damit von keiner anderen Lokomotive des Reisezugdienstes übertroffen. Die Lok 38 1182 des Bw Aschersleben, die heute dem Verkehrsmuseum Dresden gehört, brachte es sogar auf fast schon legendäre 61 Dienstjahre, denn sie wurde 1910 als Fabriknummer 4485 von Schwartzkopff geliefert und 1971 außer Dienst gestellt.

Konstruktive Merkmale

Kessel: Genieteter Kessel. Zwei zylindrische Langkesselschüsse mit anschließendem, im oberen Teil zylindrischem Stehkessel. Kupferne, zwischen die Rahmenbleche eingezogene Feuerbüchse. Langkessel trägt Dampfdom und Sandkasten. Einige Baulose mit Speisedom und Winkelrost-Schlammabscheider. Dampfdom mit Ventilregler

38 3070 (pr. P 8, 2554 Essen) (Henschel 18 254/1921)

Bauart Schmidt & Wagner. Ramsbottom-Sicherheitsventile. Speiseeinrichtungen: Kolbenspeisepumpe Bauart Knorr (250 l/min) in Verbindung mit Oberflächenvorwärmer Bauart Knorr; saugende Dampfstrahlpumpe (250 l je min) im Führerhaus auf der Führerseite.

Rahmen: 25 mm dicker Blechrahmen, von vorn bis hinten durchlaufend. Über dem Drehgestell ausgeschnitten, so daß vorderes Laufrad durchschwenken kann. Ein Pendelblech über der 1. Kuppelachse.

Laufwerk: Sechspunktabstützung. Zwei Stützpunkte auf Drehgestellmitte, zwei Stützpunkte durch 1. Kuppelradsatz, zwei durch 2. und 3. Kuppelradsatz (Federn durch Ausgleichhebel verbunden). Drehgestell hannoverscher Bauart mit ± 40 mm Seitenverschiebbarkeit. Alle Kuppelradsätze fest im Rahmen gelagert, Spurkränze der Treibachse um 15 mm geschwächt.

Triebwerk: 2 außenliegende, waagerechte, im Modell gleiche Zylinder mit einfacher Dampfdehnung. Antrieb der 2. Kuppelachse. Nachstellbare Treib- und Kuppelstangenlager. Druckluftbetätigter Druckausgleicher der preußischen Regelbauart.

Steuerung: Außenliegende Heusinger-Steuerung bis 1912 mit Hängeeisen, ab 1913 mit Kuhnscher Schleife. Füllungen vorwärts und rückwärts bis 74%. Kolbenschieber der Regelbauart. Steuerbock am Stehkessel befestigt. Steuerstange mit rechteckigem Querschnitt.

Bremse: Einkammerdruckluftbremse Bauart Knorr mit Zusatzbremse. Bremse wirkt doppelseitig auf die Kuppelräder, ab 1913 einseitig von innen auf die Drehgestellräder. Abbremsung der Kuppelachsen mit 76%, mit Zusatzbremse 176%. Drehgestellbremsung 50%. Zweistufige Luftpumpe rechts am Langkessel. 2 Hauptluftbehälter mit je 400 l (rechts auf dem Umlaufblech und zwischen den Rahmenwangen; ab Lieferung 1920).

Sondereinrichtungen: Druckluftsandstreuer Bauart Knorr sandet die Räder der ersten beiden Kuppelachsen von vorn.

Schmierung aller unter Dampf gehenden Teile durch Schmierpumpe im Führerhaus (Heizerseite). Antrieb der Schmierpumpe vom 3. Kuppelradsatz. Handbetätigte Schmierpumpe für Luft- und Speisepumpe. Dampfheizungseinrichtung. Geschwindigkeitsmesser Bauart Deuta.

Tender: pr. 2'2' T 21,5 mit 7 t Kohle oder pr. 2'2' T 31,5 mit 7 t Kohle (beide Tender mit Plattenrahmen bzw. Fachwerkdrehgestellen).

T 38^{10-40}

pr. P 8 mit Abdampfturbinentriebtender

Es ist auf zweierlei Weise möglich, das nutzbare Wärmegefälle der Lokomotive zu vergrößern. Ein Weg wurde mit dem Bau von Mittel- und Hochdrucklokomotiven beschritten – die Vergrößerung des Wärmegefälles nach oben. Der andere Weg besteht in der Ausnutzung der Dampfexpansion bis zum atmosphärischen Druck. Für die vollständige Entspannung des Dampfes ist das Nachschalten eines Kondensators erforderlich. Eine Schwierigkeit besteht darin, daß sich Zylinder der erforderlichen Dimension nicht mehr im Umgrenzungsprofil unterbringen lassen. Man muß also für den Niederdruckteil separat oder für den gesamten Dehnungsbereich Turbinen einsetzen.

Die Fa. Henschel unterbreitete in Zusammenarbeit mit Dr. Zoelly der DRG das Projekt einer Kolben-Turbolokomotive, d. h. eine Kolbendampflok mit nachgeschalteter Abdampfturbine. Zu diesem Zweck wurden eine Maschine der BR 38^{10-40} (pr. P 8) umgebaut und ein Triebtender konstruiert. Um bewegliche Vakuumleitungen zwischen Lok und Tender zu vermeiden, waren Turbine, Kondensator und Rückkühler auf dem Tender untergebracht.

Der Triebtender erhielt die Achsfolge 1'B2', eine 3stufige Hauptturbine für die Vorwärtsfahrt und eine auf derselben Welle sitzende Rückwärtsturbine.

Diese lief, wie ursprünglich bei den Maschinen der BR T 18^{10}, bei Vorwärtsfahrt im Vakuum mit und wurde, um Ventilationsverluste zu vermeiden, selbsttätig durch Klappen verschlossen. Die Turbine lief an, sobald die Kolbenmaschine Dampf abgab.

Im Oktober 1927 war der Triebtender bei Henschel in Kassel fertig und wurde mit einer entsprechend umgebauten P 8 gekuppelt. An der Lokomotive waren nur geringe Änderungen notwendig: Der Kesselsog mußte durch einen Ventilator erzeugt werden, die Abdampfleitungen (mit Ölabscheidern) zur Turbine lagen in Höhe des Umlaufes.

Die erste Fahrt unter Last erfolgte am 22. 11. 1927 auf der Strecke Kassel–Marburg (400 t), eine weitere im Dezember 1927 auf der Strecke Kassel–Nordhausen und zurück im Schnellzugplan (480 t). Nach einigen langwierigen Umbauten kam die Maschine zu Meßfahrten ins LVA Grunewald und anschließend zum Bw Kassel. Sie trug die Betriebsnummer T 38 3255. Bei den Meßfahrten und auch im Plandienst beim Bw Kassel hatten sich einige grundsätzliche Mängel ergeben. Wie bei den reinen Turbinenlokomotiven von Krupp und Maffei waren die Leistungsverluste durch die Luftverdichtungsarbeit der leerlaufenden Rückwärtsturbine zu hoch. Man drehte deshalb die Rückwärtsturbine von der Welle ab, weil die Kolbenmaschine allein für die Rückwärtsfahrt ausreichte.

Die Hilfsmaschinen wurden von Naßdampf auf Heißdampf umgestellt, später erfolgte eine nochmalige Umstellung auf Abdampf, weil durch den hohen Heißdampfverbrauch der Hilfsmaschinen die Leistungscharakteristik zu ungünstig war.

Nochmalige Messungen beim LVA Grunewald ergaben eine weitere Leistungssteigerung gegenüber den ersten Meßfahrten um 10%. Im oberen Leistungsbereich betrug die Kohleersparnis gegenüber der normalen P 8 etwa 30%. Bei mittleren Leistungen war keine nennenswerte Brennstoffersparnis zu verzeichnen, und bei Leistungen unter 368 kW (500 PSe) war der Brennstoffverbrauch sogar größer als bei der normalen P 8. Ihre besten Leistungen erzielte die T 38 Anfang der 30er Jahre, als sie mit 3 Maschinen der BR 39 im gleichen Dienstplan lief, die gleichen Leistungen erbrachte und gleich günstige Verbrauchswerte erzielte.

In der weiteren Betriebszeit häuften sich jedoch die Störungen, so daß die Maschine für den Betrieb keinerlei Vorteile mehr brachte. 1937 wurde die Lok deshalb in den Ursprungszustand zurückgebaut und wieder mit einem nor-

T 38 3255 (Umbau aus pr. P 8, 2607 Elberfeld) (Henschel 20 444/1925) mit Abdampfturbinentriebtender und angebauten Meßeinrichtungen

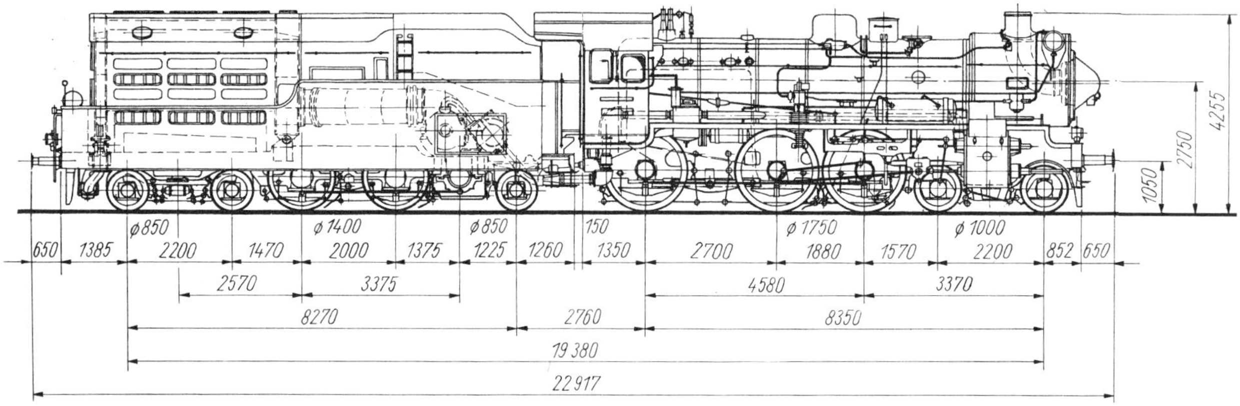

T 38 3255 mit Abdampfturbinentriebtender (Umbau DRG aus pr. P 8)

malen Tender gekuppelt. Der Abdampfturbinen-Triebtender wurde verschrottet.

Die Lok selbst lief noch Jahre nach dem zweiten Weltkrieg beim Bw Minden (Westf) und ist am 20. 3. 1961 als Schrott verkauft worden. Weil die Beschaffungskosten des Triebtenders und die Umbaukosten der Lok sowie der Aufwand für die Unterhaltung in keinem Verhältnis zum Nutzen standen, blieb es bei diesem einen Versuch einer Kombination von Kolbendampflok und Abdampfturbine.

Konstruktive Merkmale

Kessel: wie Baureihe 38^{10-40} (pr. P 8), jedoch mit Saugzugventilator mit Betz-Propeller, durch Hilfsturbine angetrieben, ausschwenkbar an der Rauchkammertür befestigt. 2 in Höhe des Umlaufbleches angeordnete Dampfrohre mit Ölabscheider zur Speisung der Abdampfturbine.

Rahmen: wie Baureihe 38^{10-40} (pr. P 8)

Laufwerk: wie Baureihe 38^{10-40} (pr. P 8)

Triebwerk: wie Baureihe 38^{10-40} (pr. P 8)

Steuerung: wie Baureihe 38^{10-40} (pr. P 8)

Bremse: wie Baureihe 38^{10-40} (pr. P 8)

Sondereinrichtungen: wie Baureihe 38^{10-40} (pr. P 8)

Tender: Abdampfturbinen-Triebtender der Achsfolge 1'B2' mit Kondenseinrichtung.

Turbine: Hauptturbine für Vorwärtsfahrt als dreistufige Abdampfturbine. Arbeitet auf Reduziergetriebe zwischen vorderer Lauf- und 1. Kuppelachse. Antrieb der Kuppelachsen über Blindwelle mit Kuppelstangen. Rückwärtsturbine auf gleicher Welle wie Vorwärtsturbine, bei Vorwärtsfahrt gekapselt im Vakuum.

Steuerung: Umsteuern der Abdampfturbine erfolgt zugleich mit Steuerspindel der Kolbendampfmaschine.

Kondensatoren: Rieselkondensatoren der Bauart Henschel mit 3 im Tenderdach angeordneten Betz-Propellern.

Hilfsmaschinen: Hilfsturbine zum Antrieb der Speisewasserkolbenpumpe, der 3 Ventilatoren und der aus Kondensat- und Kühlwasserumlaufpumpe bestehenden Pumpengruppe.

38^{70} bad. IV e^{2-6}

Mit der Eröffnung durchgehender Strecken auf der Schwarzwaldbahn beschaffte man dafür auch neue 1'Bn2-Lokomotiven der Gattung IV b, die als letzte deutsche Long-boiler-Reisezuglokomotive auf die Dauer weder leistungs- noch lauftechnisch befriedigen konnte und bereits nach zwei Jahren durch die neue Gattung IV c, ebenfalls 1'Bn2-Maschinen, aber mit unterstütztem Stehkessel, abgelöst wurde.

Fast 15 Jahre bewältigten sie den Verkehr auf der Schwarzwaldbahn, bis auch sie durch den Versuch, im angestrengten Bergdienst Tenderlokomotiven einzusetzen, aus dem Schnellzugdienst verdrängt wurden. Diese 1'B1' n2-Tenderlokomotiven der Gattung IV d wiesen zwar bemerkenswerte Neuerungen (Übergang zum Innenrahmen) auf, konnten jedoch auf Grund ihrer bauartbedingten Nachteile den Betrieb auf den schwierigen Schwarzwaldstrecken nicht beschleunigen. Dem Wirken Essers, des neuen maschinentechnischen Leiters der Badischen Staatsbahn, ist es zu verdanken, daß in der Entwicklung leistungsfähiger Lokomotiven neue Wege beschritten wurden. In fruchtbringender Zusammenarbeit mit der elsässischen Maschinenbau-Gesellschaft Grafenstaden, in der zu dieser Zeit Alfred de Glehn wirkte, entstand die ,,Schwarzwaldlokomotive" der Gattung IV e, eine leistungsfähige 2'Cn4v-Lokomotive mit Zweiachsantrieb der Bauart de Glehn. Sie lehnte sich an eine 2'Bn4v-Maschine an, die Grafenstaden für die Französische Nordbahn und an die KPEV geliefert hatte.

Die erste Lokomotive wurde 1894 in Betrieb genommen; bis 1901 entstanden insgesamt 83 Maschinen, an deren Lieferung sich auch die Maschinenbau-Gesellschaft Karlsruhe beteiligte. Ihre Bauart beinhaltete markante Neuheiten: Sie war die erste deutsche 2'C und zusammen mit der pr. S 5^1 die erste deutsche 4v-Lokomotive; damit stellte sie auch die erste 2'C mit Vierzylinder-Verbund-Triebwerk der Welt dar.

Sie war der Grundtyp für viele 2'C-Lokomotiven mit Verbundtriebwerk, als deren hervorragendster Vertreter die pr. S 10^1 (BR 17^{10-12}) anzusehen ist.

Für den geplanten Einsatz auf steigungsreichen Strecken war sie günstig konzipiert. Während die Steigungsfahrt

38 7001 (bad. IV e^2, Bahnnummer 38) (Grafenstaden 4703/1895)

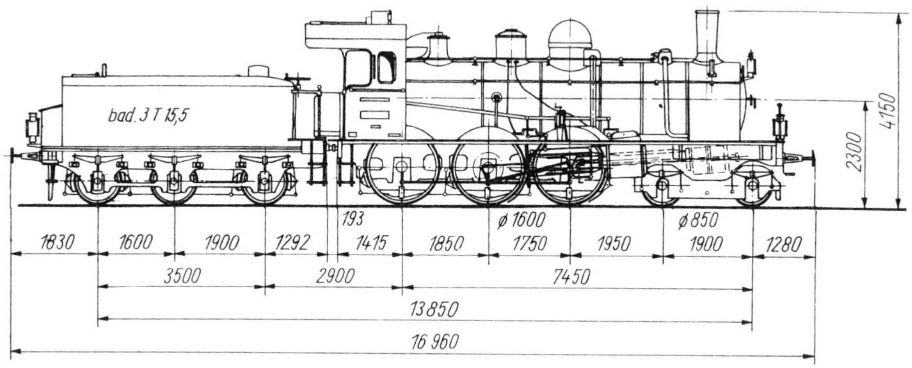

bad. IV e^{2-6} (BR 38^{70})

hohe Zugkräfte mit kleinem Raddurchmesser erfordert, zwingt die schnelle Fahrt im Gefälle wegen der bei hohen Drehzahlen auftretenden Massenkräfte zu großen Durchmessern. Die Vorteile des Verbundtriebwerkes gestatteten, bei den damaligen Geschwindigkeiten beide Forderungen zu vereinbaren, insbesondere, weil für die schnelleren Züge auf der Hauptbahn die 2′B-Innenzylinderlokomotiven der Gattung II c gleichzeitig beschafft waren. Hinzu kam, daß die getrennte Steuerung für die HD- und ND-Maschinen in Verbindung mit einem Hilfsregler auch das Anfahren als Vierling ermöglichte, wodurch die Lokomotiven ein großes Beschleunigungsvermögen erhielten, was sich als besonders günstig im Personenzugdienst bei vielen Zwischenhalten erwies.
Unmittelbar nach ihrem Erscheinen traf man Vorbereitungen für ein sehr sorgfältiges Versuchs- und Erprobungsprogramm auf der Schwarzwaldbahn, welches die Ermittlung der günstigsten HD- und ND-Füllung, der Verbrauchswerte, der Kessel- und Lokomotivleistung und der Laufeigenschaften zum Ziele hatte.
Bei Versuchsfahrten auf Strecken mit 17,6‰ Steigung entwickelte sie bei 30 km/h mittlere Leistungen zwischen 428 kW (581 PSi) bis 468 kW (636 PSi), während die Höchstwerte bei 573 kW (778 PSi) bis 597 kW (811 PSi) lagen. Die spezifischen Verbrauchswerte für Kohle von 1,22 kg/kW bis 1,47 kg/kW (0,9 bis 1,08 kg/PSi) und von 11,8 kg je kW bis 12,6 kg/kW (8,72 bis 9,26 kg je PSi) für Dampf lagen für den damaligen Entwicklungsstand recht günstig. Sie vermochte damit eine Wagenzugmasse von 250 t bei 0‰ mit 75 km/h und auf 10‰ Steigung noch mit 40 km je h zu befördern.
Bemerkenswert war die Laufruhe, so daß sie in Verbindung mit dem bei den Untersuchungen festgestellten großen Beschleunigungsvermögen „als zur Beförderung der sämtlichen besprochenen Zuggattungen (S-, P- und G-Dienst; Anmerk. d. Verf.) wohl geeignet" beurteilt wurde.
Als erste Lokomotiven waren sie nicht mehr mit Gegendruckbremse, sondern mit der Westinghouse-Henry-Bremse ausgerüstet. Über 25 Jahre bewältigten sie den gesamten Reisezugdienst auf der Schwarzwaldbahn. 1914 waren noch alle 83 im Bestand der Badischen Staatsbahn, die DRG übernahm noch 35 Stück als BR 38^{70}.
Mit Zunahme der Wagenzugmassen und der Geschwindigkeiten entsprachen sie jedoch später nicht mehr den Anforderungen des Schnellzugdienstes. Obwohl man noch durch Korrigieren der Gegenmassestücke die Geschwindigkeit auf 90 km/h erhöht hatte, übernahmen ab 1903 die bad. II d (2′B1′ n4v) und ab 1907 die bad. IV f (2′C1′ h4v) den gesamten Schnellzugdienst auf den Hauptstrecken. Auf der Schwarzwaldbahn wurde sie durch die pr. P 8 abgelöst. 1928 ist der Bestand bereits auf 10 Exemplare dieser Gattung zusammengeschrumpft, 1932 wurden die letzten Maschinen 38 7001, 38 7004 und 38 7025 ausgemustert. Als einzige Lokomotive blieb die 38 7001 erhalten, die im Verkehrsmuseum der TH Karlsruhe aufgestellt ist.

Konstruktive Merkmale

Kessel: Gebildet aus Rauchkammer, 3 Kesselschüssen und Stehkessel mit langer schmaler Feuerbüchse; mittlerer Schuß trug hohen Dampfdom, von dem außenliegende Einströmrohre zur HD-Maschine führten; kein Überhitzer; verstellbares „Froschmaul"-Blasrohr.
Rahmen: Blechinnenrahmen, genietete Bauart, Kasten unterhalb ND-Zylinder trug tiefliegenden Drehzapfen zur Drehgestellführung.
Laufwerk: Voranlaufendes Außen-

rahmendrehgestell, Abstützung über seitliche Halbkugeln und Kugelschalen und vier nicht miteinander verbundene Blattfedern, Drehgestell hatte ± 35 mm Seitenverschiebbarkeit.
Abfederung der Treib- und Kuppelachsen durch unterhalb der Achslager angeordnete Blattfedern, die jedoch nicht durch Ausgleichhebel verbunden waren.
Triebwerk: Zweiachsantrieb der Bauart de Glehn; äußere HD-Zylinder arbeiteten auf zweite Kuppelachse, innenliegende ND-Zylinder auf die erste Kuppelachse; beide Zylinderpaare geneigt angeordnet, hintere Treibstangenlager nachstellbar. Anfahrvorrichtung (Hilfsregler) und Möglichkeit der Trennung von HD- und ND-Maschine gestatteten das beschleunigte Anfahren als Vierling.
Steuerung: Heusinger-Steuerung mit Hängeeisen, HD- und ND-Maschinen hatten voneinander unabhängige Füllungseinstellungen für jedes Zylinderpaar; Flachschieber für ND-Maschine geneigt angeordnet, jeder Zylinder hatte eine eigene Heusinger-Steuerung.
Bremse: Westinghouse-Bremse, Laufradsätze ungebremst, Treib- und Kuppelradsätze je einseitig abgebremst.
Sondereinrichtungen: Sandkasten bei den Grafenstadener Prototypmaschinen vor der 1. Kuppelachse, alle anderen Sandkasten auf Langkessel; gesandet wurden die Räder der beiden Treibachsen, Dampfheizungseinrichtung.
Tender: Ursprünglich bad. 3 T 14 und bad. 3 T 15,5, 39 Lokomotiven mit bad. 2′2′ T 15.

39^{0-2} pr. P 10

Zur Beförderung der Personenzüge stand der Preußischen Staatsbahn mit der P 8 eine leistungsfähige Maschine in ausreichender Stückzahl zur Verfügung. Die P 8 war ebenfalls im Schnellzugdienst zu verwenden, wenn nicht mehr als 75 km/h gefordert wurden. Die gestiegenen Wagenzugmassen jedoch, die auch bei Personenzügen 550 bis 600 t (60 Achsen) erreichten und im Interesse einer wirtschaftlichen Betriebsführung gefahren werden mußten, überforderten die Maschinen. Auf den Mittelgebirgsstrecken kam man ohne unrentable Vorspanndienste nicht mehr aus.
Die Beschaffung einer neuen, leistungsfähigeren Maschine war deshalb dringend erforderlich. Ursprünglich dachte man daran, die P 8 um eine Kuppelachse zu verlängern und einen größeren Kessel zu verwenden. Das aber hätte bedingt, Rost und Stehkessel zwischen die Räder zu legen, wobei die Rostfläche für die geforderte Kesselleistung und die zur Verfügung stehende Kohle minderer Güte zu klein geraten wäre. Ein Höherlegen des Kessels verbot das Umgrenzungsprofil. Die 2′D-Bauart, die den sparsamen Preußen wiederum den Verzicht auf eine Schleppachse ermöglicht hätte, mußte deshalb verworfen werden. Vier Kuppelachsen waren aber erforderlich, um einerseits die geforderte Reibungsmasse zu bringen und andererseits die Kuppelachsfahrmasse (17 t) nicht zu überschreiten. Die bei der XX HV (BR 19^0) verwendete Achsfolge 1′D1′ hatte sich bewährt, und auch das führende Krauss-Helmholtz-Drehgestell lief bei hohen Geschwindigkeiten einwandfrei. Ein Nachbau der XX HV schied bei den Überlegungen ebenfalls aus, weil bei dem Programm der neuen Maschine – schwere Züge in schwierigem Gelände – von der Verbundwirkung keine nennenswerte Kohleersparnis erwartet wurde. Außerdem hielt man bei der Anwendung des Heißdampfes die Ersparnisse durch die Verbundwirkung für unbedeutend. Auf jeden Fall aber war eine Vierzylinder-Verbundmaschine wesentlich teuerer als eine mit einstufiger Dehnung. Für die Zwillingsausführung sprachen die größere Einfachheit, die geringeren Beschaffungs- und Unterhaltungskosten des Triebwerkes. Man entschied sich schließlich für einen Drilling, bei dem alle Zylinder auf die zweite Kuppelachse arbeiteten, um eine bessere Feueranfachung und geringeren Kolbendruck als beim Zwilling, zudem ein günstigeres Drehmoment und eine Erhöhung der Zughakenleistung zu erreichen. Die als Nachteile geltenden Bauteile Kropfachse und Innentriebwerk nahm man in Kauf.
Schon im Herbst 1919 legte Borsig den ersten Entwurf vor, an dem der spätere Leiter des Vereinheitlichungsbüros der DRG, August Meister, maßgeblichen Anteil hatte. Die inzwischen vollzogene Gründung der DRG verzögerte die Bestätigung des Entwurfes, weil man untersuchte, ob nicht der Weiterbau der XX HV den Neubau der P 10 erübrige. Der für den Personenzugdienst zu große Treibraddurchmesser und die höheren Beschaffungs- und Unterhaltungskosten der XX HV ließen die Entscheidung zugunsten der Borsig-Ma-

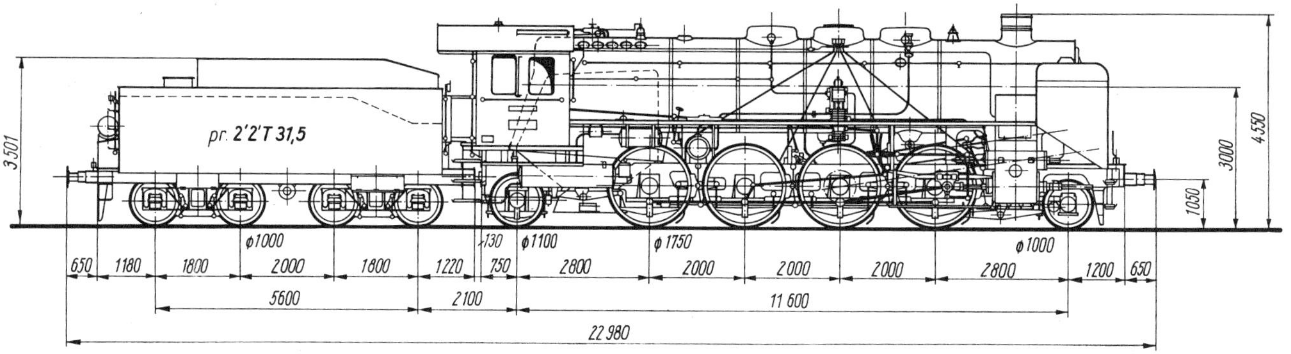

pr. P 10 (BR 39^{0-2})

schine (1′D1′ h3) fallen, von der bereits im Jahre 1921 10 Lokomotiven in Auftrag gegeben wurden. Mit den Fabriknummern 10 999 und 11 000 lieferte die Firma Borsig im April 1922 die ersten Maschinen (2810/2811 Elberfeld), wovon die zweite auf der Deutschen Gewerbeschau in München ausgestellt wurde. Ursprünglich war den Maschinen nach dem neuen Nummernplan der DRG die Baureihe 17 zugedacht, so daß Borsig unter den Nummern 17 011 bis 17 022, Henschel unter 17 023 bis 17 030 ablieferten. Auch die ersten Maschinen wurden in 17 001–17 010 umgenummert. Von den Firmen Borsig, Henschel, Linke-Hofmann, Krupp, Hanomag und MBG Karlsruhe wurden bis 1927 insgesamt 260 Maschinen abgeliefert. Nach dem Leistungsprogramm sollte die P 10 (Gattungszeichen nach dem preußischen Nummernschema) 700 t mit 95 km/h in der Ebene und mit 30 km/h auf einer Steigung von 10‰ ziehen. Dieses Programm wurde auch erfüllt, denn das Merkbuch (DV 939 a) billigt ihr im D-Zug-Dienst 780 t mit 95 km/h (0‰ und 825 t mit 30 km/h (10‰) zu.

Für den Betriebseinsatz der Maschine erwies sich die mittlere Kuppelachsfahrmasse von 19 t (geplant 17 t) zunächst als außerordentlich hinderlich. Die von der Rbd Elberfeld zur Rbd Münster versetzten 39 001 bis 39 005 sollten vom Bw Osnabrück aus den Schnellzugdienst auf der Strecke Köln–Altona übernehmen. Sehr bald aber zeigten sich am Oberbau und an den Brücken Schäden, die von der zu schweren Lok verursacht worden waren. Auch bei den anderen Einsatzstellen (Karlsruhe, Frankfurt (M), Erfurt usw.) wurden ähnliche Erscheinungen beobachtet, so daß die P 10 bis 1925 auf vielen Strecken Zulassungsbeschränkungen unterworfen war, teilweise sogar kalt abgestellt werden mußte.

Nach 1925, als der Ausbau der Strekken für 20 t Achsfahrmasse vorangekommen war, übernahm sie vor allem den schweren Schnellzugdienst auf den Mittelgebirgsstrecken, bis sie nach und nach von der neu angelieferten BR 01 aus den Schnellzug-Dienstplänen verdrängt wurde. Erst Anfang bis Mitte der 30er Jahre fand die P 10 zu ihrer eigentlichen Bestimmung, den Reisezugleistungen im Eilzug- und Personenzugdienst. Den Schnellzugverkehr auf der Strecke Erfurt–Schweinfurt führte die P 10 bis 1945 allein aus!

Die BR 39 ist im Laufe ihrer Geschichte meßtechnisch wie nur wenige deutsche Dampflokomotiven untersucht worden. Bereits in der Reichsbahnzeit gebaut, kam die erste Maschine (2810 Elberfeld) zum neu gegründeten LVA Grunewald, wo sie von 1922 bis 1924 zunächst unter R. P. Wagners, dann unter K. Günthers Leitung erprobt wurde. Die Maschine blieb in der Leistung, gemessen an ihrer Größe, unter den theoretisch ermittelten Werten. Statt dessen wiesen die Untersuchungsprotokolle einen hohen Dampf- und Kohleverbrauch aus. Die Ursachen dafür sind in der mangelhaften Zufuhr an Verbrennungsluft zu suchen. Die Heißdampf-

39 002 (pr. P 10, 2811 Elberfeld, dann DRG 17 002) (Borsig 11 000/1922)

temperatur überstieg kaum 350 °C. Die von Wagner bereits bei den ersten Maschinen vorgenommene Änderung an den Abmessungen der Saugzuganlage brachte keine Besserung, eher eine schlechtere Feueranfachung und Verbrennung.
1928 kam mit der 39 102 erneut eine P 10 vor den Grunewalder Meßwagen und wurde mit den von Krupp und Maffei entwickelten Turbinenlokomotiven der BR T 18^{10} verglichen. Nach 42 Meßfahrten (12.10. bis 16. 11. 1928) auf der Strecke Grunewald-Magdeburg wurden die bei der ersten Versuchsreihe ermittelten Ergebnisse bestätigt. Eine konstruktive Änderung der Luftzufuhr zum Rost und der Saugzuganlage unterblieb jedoch abermals.
Das geschah erst 1954, als bei der DB von Witte die sog. „Aktion zur Verbesserung der Verdampfungswilligkeit" eingeleitet wurde. Die als „Kohlenfresser" verrufene 39 119 des Bw Gießen wurde vom LVA Minden vor dem Meßwagen 5 auf der Strecke Gießen–Kassel untersucht. Nach Verbesserung der Luftzufuhr und Änderungen an den Abmessungen von Blasrohr und Schornstein wurden 42 % Mehrleistung gegenüber der bisherigen Kesselleistung der P 10 erzielt. Die Zughakenleistung erreichte fast 1472 kW (2000 PSe), der Kessel lieferte bei einer Heizflächenbelastung von 83 kg/m^{2}h etwa 18 t/h Dampf. Wohl angesichts der in Aussicht stehenden Traktionsumstellung verzichtete aber die DB auf die nachträgliche Änderung bei den anderen Maschinen.
Die Deutsche Reichsbahn dagegen unterzog die BR 39 einer Radikalkur und versah 85 Maschinen mit neuen Verbrennungskammerkesseln im Rahmen ihres Rekonstruktionsprogrammes (siehe BR 22, S. 172).
Nach dem zweiten Weltkrieg verblieben 154 Maschinen im Bereich der DB, die bei den BD Frankfurt (M), Stuttgart, Karlsruhe, Köln und Augsburg im Schnellzug- und Eilzugdienst liefen.
Durch die Verfügung vom 15. 7. 1967 wurden die letzten P 10 bei der DB ausgemustert. Die 39 184, von der Firma Linke-Hofmann-Busch in Salzgitter-Watenstedt erworben, bleibt als Museumslok erhalten.

Konstruktive Merkmale

Kessel: Genieteter Langkessel mit 5800 mm Rohrlänge. Stehkessel nach Belpaire. Stehkessel vorn zwischen den Kuppelrädern eingezogen, hinten breit über dem Rahmen. Trapezförmige Rostfläche mit Kipprost. Kessel trägt Speisedom, Sandkasten und Dampfdom. 2 Pop-Sicherheitsventile. Speiseeinrichtungen: Verbundspeise-pumpe Bauart Nielebock-Knorr (250 l/min) und Oberflächenvorwärmer Bauart Knorr zwischen 2. und 3. Kuppelachse quer auf dem Rahmen; saugende Dampfstrahlpumpe Bauart Strube.
Rahmen: 100 mm dicker Barrenrahmen mit 1100 mm Wangenabstand. 3 Pendelbleche.

Laufwerk: Vierpunktabstützung. Tragfedern der vorderen Laufachse und der 1. und 2. Kuppelachse sowie der 3. und 4. Kuppelachse und der Schleppachse durch Ausgleichhebel verbunden. Vordere Laufachse und 1. Kuppelachse bilden Krauss-Helmholtz-Drehgestell mit ± 75 mm Seitenverschiebbarkeit am Drehzapfen. Schleppachse als Adamsachse mit ± 100 mm Seitenverschiebbarkeit. 2. und 4. Kuppelachse fest im Rahmen gelagert. 1. Kuppelachse mit ± 30 mm, 3. Kuppelachse mit ± 25 mm Seitenverschiebbarkeit.

Triebwerk: Dreizylindertriebwerk mit gleichen Zylindergrößen. 2 Außen- und 1 geneigter Innenzylinder. Einachsantrieb: alle 3 Zylinder arbeiten auf die 2. Kuppelachse (Kropfachse). Kolbenschieber der preußischen Regelbauart. Plattenventil-Druckausgleicher Bauart Winterthur.

Steuerung: Außenliegende Heusinger-Steuerung für Außenzylinder, unabhängige Steuerung des Innenzylinders (Bauart Heusinger) mit Antrieb von der linken Gegenkurbel der 3. Kuppelachse. Übertragung nach innen durch Zwischenwelle. Bis auf 39 230 alle Maschinen mit Kuhnscher Schleife.

Bremse: Einkammer-Schnellbremse Bauart Knorr mit Zusatzbremse und G-P-Wechsel. Abbremsung aller Kuppelachsen einseitig von vorn. Laufachsen ungebremst. Zweistufige Luftpumpe; spätere Lieferungen mit Doppelverbund-Luftpumpe Bauart Nielebock-Knorr. 2 Hauptluftbehälter (je 400 l) unter dem Führerstand rechts und links neben dem Aschkasten.

Sondereinrichtungen: Preßluftsandstreuer sandet alle Kuppelräder von vorn. Gasbeleuchtung Bauart Pintsch (Gasbehälter auf der Tenderrückwand). Später elektrische Beleuchtung durch Dampfturbogenerator. Dampfheizungseinrichtung.

Tender: 2'2' T 31,5 mit 7 t Kohle (Fachwerkdrehgestelle preußischer Bauart System „Diamond“ mit doppelter Abfederung).

Tabellen

Baureihe/Unterbaureihe	–	01^{0}	01^{0}	01^{0-1}
Betriebsgattung	–	S 36.20	S 36.20	S 36.20
abgekürzte Bezeichnung	–	2′C1′h2	2′C1′h2	2′C1′h2
frühere Länderbezeichnung	–	Einheitslok	Einheitslok	Einheitslok
bzw. ergänzende Angaben	–			
Betriebsnummer von	–	01 001	01 012	01 077
bis	–	01 010	01 076	01 101
zulässige Fahrgeschwindigkeit	km/h	120	120	120
Zylinderdurchmesser	mm	650	650	600
Kolbenhub	mm	660	660	660
Treib- und Kuppelraddurchmesser	mm	2000	2000	2000
Laufraddurchmesser vorn/hinten	mm	850/1250	850/1250	850/1250
Kesselüberdruck	bar	16	16	16
Wasserraum des Kessels	m^3	9,59	9,59	10,86
Dampfraum des Kessels	m^3	4,06	4,06	4,72
Verdampfungswasseroberfläche	m^2	13,36	13,36	14,88
Masse Kessel ohne/mit Ausrüstung	t	28,5/36,5	28,5/36,5	29,1/35,7
Rostfläche	m^2	4,41	4,41	4,41
Anzahl der Heizrohre	Stck	129	129	106
Heizrohrdurchmesser	mm	54 × 2,5	54 × 2,5	70 × 2,5
Anzahl der Rauchrohre	Stck	43	43	24
Rauchrohrdurchmesser	mm	143 × 4,25	143 × 4,25	171 × 4,5
Rohrlänge zwischen den Rohrwänden	mm	5800	5800	6800
Überhitzerrohrdurchmesser	mm	38 × 4	38 × 4	30 × 3,5
Strahlungsheizfläche (Feuerbüchse + Verbrennungskammer)	m^2	17,00	17,00	17,00
Heizrohrheizfläche	m^2	115,18	115,18	147,19
Rauchrohrheizfläche	m^2	105,38	105,38	83,06
Verdampfungsheizfläche	m^2	237,56	237,56	247,25
Überhitzerheizfläche	m^2	100,0	100,00	85,00
Bauart des Vorwärmers	–	OV	OV	OV
Achsstand der Lok	mm	12400	12400	12400
Achsstand der Lok mit Tender	mm	20320	20320	20320
Länge über Puffer mit Tender	mm	23750	23940	23940
Masse leere Lok, ohne Tender	t	99,3	99,3	99,3
Masse dienstbereite Lok ohne Tender	t	108,9	108,9	108,9
Reibungsmasse	t	59,2	59,2	59,2
mittlere Kuppelachsfahrmasse	t	19,73	19,73	19,73
Metermasse Lok mit Tender	t/m	7,76	7,71	7,71
vorwiegend gekuppelt mit Tender	–	2′2′ T 32	2′2′ T 32	2′2′ T 32
Wasserkasteninhalt	m^3	32	32	32
Brennstoffvorrat	t	10	10	10
Urheberfirma bzw. Umbau- oder Rekonstruktionsausführender	–	DLV	DLV	DLV
erstes Baujahr bzw. erstes Jahr des Umbaues oder der Rekonstruktion	–	1925	1927	1929

01^{1}	01^{1-2}	01^{0-1}	01^{1-2}	01^{5}
S 36.20	S 36.20	S 36.20	S 36.20	S 36.20
2′C1′h2	2′C1′h2	2′C1′h2	2′C1′h2	2′C1′h2
Einheitslok	Einheitslok	Umbaulok DB	Rekolok DB	Rekolok DR
01 102	01 150	01 042, 01 046,	01 103	01 501
01 149	01 232	01 112, 01 154, 01 192	01 232 ●	01 535
130	130	130	130	130
600	600	600	600	600
660	660	660	660	660
2 000	2 000	2 000	2 000	2 000
1 000/1 250	1 000/1 250	1 000[2])/1 250	1 000/1 250	1 000/1 250
16	16	16	16	16
10,86	10,86	10,88	10,85	11,4
4,72	4,72	4,62	5,38	5,5
14,88	14,88	14,72	14,33	15,68
29,1/35,7	26,7/34,1[1])			25,74/~30,0
4,41	4,32	4,31	3,955	4,87
106	106	105	96	125
70 × 2,5	70 × 2,5	54 × 2,5	54 × 2,5	54 × 3
24	24	41	46	43
171 × 4,5	171 × 4,5	143 × 4,25	143 × 4,25	140 × 4,5
6 800	6 800	5 800	5 000	5 500
30 × 3,5	30 × 3,5	38 × 4	38 × 4	38 × 4
17,00	16,90	22,00	22,00	23,5
147,19	147,19	93,75	73,93	103,7
83,06	83,06	100,48	97,16	97,3
247,25	247,15	216,23	193,09	224,5
85,00	85,00	95,0	100,54	97,5
OV	OV	MV[3])	MV	MV
12 400	12 400	12 400	12 400	12 400
20 320	20 320	20 320	20 320	20 320
23 940	23 940	23 940	23 940	24 350
100,1	99,7	99,4	96,6	98,9
111,3	111,1	111,1	108,3	111,0
60,2	59,7	59,7	57,7	60,4
20,1	19,9	19,9	19,3	20,1
7,75	7,74	7,74	7,62	7,55/7,8[5])
2′2′ T 34	2′2′ T 34	2′2′ T 34	2′2′ T 34	2′2′ T 34
34	34	34	34	34
10	10	10	10	10 13,5[6])
DLV	DLV	Henschel	AW Nied[4])	Raw Meiningen[7])
1934	1935	1950	1958	1962

[1] Kessel mit Stahl-Feuerbuchse
[2] 01 042 und 01 046:850
[3] Bauart Henschel MVR mit Turbopumpe VTP-B 250
[4] neue Hochleistungskessel von MF Esslingen und Jung
[5] Lok mit Ölfeuerung
[6] m^3 Heizöl
[7] Verbrennungskammer-Ersatzkessel vom Raw Halberstadt
Punkt = Betriebsnummer nicht durchgehend

Baureihe/Unterbaureihe	–	01^{10}	01^{10}	02
Betriebsgattung	–	S 36.20	S 36.20	S 36.20
abgekürzte Bezeichnung	–	2′C1′h3	2′C1′h3	2′C1′h4v
frühere Länderbezeichnung	–	Einheitslok	Rekolok DB	Einheitslok
bzw. ergänzende Angaben	–	Stromlinienverkleidung		
Betriebsnummer von	–	01 1001	01 1001	02 001[4])
bis	–	01 1105 ●	01 1105 ●	02 010
zulässige Fahrgeschwindigkeit	km/h	140	140	130
Zylinderdurchmesser	mm	3 × 500	3 × 500	2 × 460/720
Kolbenhub	mm	660	660	660
Treib- und Kuppelraddurchmesser	mm	2000	2000	2000
Laufraddurchmesser vorn/hinten	mm	1000/1 1250	1000/1250	850/1250
Kesselüberdruck	bar	16	16	16
Wasserraum des Kessels	m^3	10,88	10,50	9,59
Dampfraum des Kessels	m^3	4,2	4,80	4,06
Verdampfungswasseroberfläche	m^2	14,5	14,50	13,36
Masse Kessel ohne/mit Ausrüstung	t	24,5/32,9	25,22/32,79	27,7/35,6
Rostfläche	m^2	4,32	3,96	4,41
Anzahl der Heizrohre	Stck	106	119	129
Heizrohrdurchmesser	mm	70 × 2,5	54 × 2,5	54 × 2,5
Anzahl der Rauchrohre	Stck	24	44	43
Rauchrohrdurchmesser	mm	171 × 4	143 × 4,25	143 × 4,25
Rohrlänge zwischen den Rohrwänden	mm	6800	5000	5800
Überhitzerrohrdurchmesser	mm	30 × 3	38 × 4	38 × 4
Strahlungsheizfläche (Feuerbüchse + Verbrennungskammer)	m^2	16,9	22,00	17,00
Heizrohrheizfläche	m^2	147	91,55	115,18
Rauchrohrheizfläche	m^2	83	92,96	105,38
Verdampfungsheizfläche	m^2	246,9	206,51	237,56
Überhitzerheizfläche	m^2	86	96,15	100,00
Bauart des Vorwärmers	–	OV	MV, Heinl	OV
Achsstand der Lok	mm	12400	12400	12400
Achsstand der Lok mit Tender	mm	20370	20370	20320
Länge über Puffer mit Tender	mm	24130	24130	23750
Masse leere Lok, ohne Tender	t	103,1	99,6/101,0[1])	103,9
Masse dienstbereite Lok ohne Tender	t	114,3	110,80/111,6[1])	113,5
Reibungsmasse	t	60,2	60,4/61,0[1])	60,3
mittlere Kuppelachsfahrmasse	t	20,1	20,2/20,3[1])	20,1
Metermasse Lok mit Tender	t/m	8,15	7,96/8,14[1])	7,96
vorwiegend gekuppelt mit Tender	–	2′3 T 38 St	2′3 T 38	2′2′ T 32
Wasserkasteninhalt	m^3	38	38	32
Brennstoffvorrat	t	10	10/13,5[2])	10
Urheberfirma bzw. Umbau- oder Rekonstruktionsausführender	–	Schwartzkopff	AW Braunschweig[3])	DLV[4])
erstes Baujahr bzw. erstes Jahr des Umbaues oder der Rekonstruktion	–	1939	1953	1925[4])

Punkt = Betriebsnummer nicht durchgehend

[1] Lok mit Ölfeuerung
[2] m^3 Heizöl
[3] neue Hochleistungskessel von Henschel

[4] 1937 bis 1942 Umbau in 01 011, 01 233 bis 01 241 im Raw Meiningen

03$^{0-1}$	03^{1}	03$^{1-2}$	BR 03$^{0-2}$	03^{10}
S 36.17	S 36.18	S 36.18	S 36.18	S 36.18
2'C1'h2	2'C1'h2	2'C1'h2	2'C1'h2	2'C1'h3
Einheitslok	Einheitslok	Einheitslok	Rekolok DR	Einheitslok
				Stromlinienverkleidung
03 001	03 123	03 163	03 002	03 1001
03 122	03 162	03 298	03 298 ●	03 1092 ●
130	130	130	130	140
570[1])	570	570	570	3 × 470
660	660	660	660	660
2000	2000	2000	2000	2000
850/1 250	850/1 250	1 000/1 250	1 000[3])/1 250	1 000/1 250
16	16	16	16	16
8,9	8,9	8,7	10,6	9,06
3,6	3,6	3,6	4,05	3,1
13,4	13,4	13,4	14,2	12,75
24,2/31,65	24,2/31,65	23,1/30,1	21,53/28,29	20,6/26,9
4,05	4,05	4,09	4,23	3,9
84	84	85	112	85
70 × 2,5	70 × 2,5	70 × 2,5	54 × 2,5	70 × 2,5
20	20	20	36	20
171 × 4,5	171 × 4,5	171 × 4	143 × 4	171 × 4,5
6 800	6 800	6 800	5 700	6 800
30 × 3	30 × 3	30 × 3	38 × 4	30 × 3
16,10	16,10	16,15	21,3	15,9
116,50	116,50	117,88	98,3	117,88
69,62	69,62	69,62	86,7	69,18
202,22	202,22	203,65	206,3	202,96
70,0	70,0	72,2	83,8	72,22
OV[2])	OV[2])	OV[2])	MV	OV
12 000	12 000	12 000	12 000	12 000
20 225	20 225	20 225	20 225	20 225
23 905	23 905	23 905	23 905	23 905
90,4	91,0	91,0		93,8
99,6	100,3	100,3	101,363	103,04
53,0	54,3	54,3	56,536	54,98
17,7	18,1	18,1	18,85	18,33
7,21	7,24	7,24	7,29	7,6
2'2' T 32	2'2' T 34	2'2' T 34	2'2' T 34	2'2' T 34 St
32	34	34	34	34
10	10	10	10	10
DLV	DLV	DLV	Raw Meiningen[4])	Borsig
1930	1934	1935	1969	1939

1 03 001 bis 03 003: ursprünglich 600
2 ab 1960: Lok der DR MV
3 bis 03 162: 850 mm
4 Verbrennungskammer-Ersatzkessel EK 39 eingebaut

Punkt = Betriebsnummer nicht durchgehend

Baureihe/Unterbaureihe	–	03^{10}	03^{10}	04
Betriebsgattung	–	S 36.18	S 36.18	S 36.18
abgekürzte Bezeichnung	–	2'C1'h3	2'C1'h3	2'C1'h4v
frühere Länderbezeichnung bzw. ergänzende Angaben	–	Rekolok DR	Rekolok DB	Mitteldrucklok
Betriebsnummer von	–	03 1010	03 1001	04 001
bis	–	03 1090 ●	03 1084 ●	–
zulässige Fahrgeschwindigkeit	km/h	140	140	130
Zylinderdurchmesser	mm	3 × 470	3 × 470	2 × 350/520
Kolbenhub	mm	660	660	660
Treib- und Kuppelraddurchmesser	mm	2000	2000	2000
Laufraddurchmesser vorn/hinten	mm	1000/1250	1000/1250	1000/1250
Kesselüberdruck	bar	16	16	25
Wasserraum des Kessels	m^3	10,6	10,25	7,97
Dampfraum des Kessels	m^3	4,05	4,28	3,36
Verdampfungswasseroberfläche	m^2	14,2	13,30	12,1
Masse Kessel ohne/mit Ausrüstung	t	21,53/28,29		24,58/32,83
Rostfläche	m^2	4,23	3,87	4,1
Anzahl der Heizrohre	Stck	112	80	84
Heizrohrdurchmesser	mm	54 × 2,5	54 × 2,5	54 × 2,5
Anzahl der Rauchrohre	Stck	36	42	38
Rauchrohrdurchmesser	mm	143 × 4	143 × 4,25	143 × 4
Rohrlänge zwischen den Rohrwänden	mm	5700	5200	5800
Überhitzerrohrdurchmesser	mm	38 × 4	38 × 4	38 × 4
Strahlungsheizfläche (Feuerbüchse + Verbrennungskammer)	m^2	21,3	21,22	20[5])
Heizrohrheizfläche	m^2	98,3	64,04	75,1
Rauchrohrheizfläche	m^2	86,7	92,28	93,5
Verdampfungsheizfläche	m^2	206,3	177,54	188,6
Überhitzerheizfläche	m^2	83,8	95,77	88,0
Bauart des Vorwärmers	–	MV[1])	MV	OV
Achsstand der Lok	mm	12000	12000	12000
Achsstand der Lok mit Tender	mm	20225	20225	20225
Länge über Puffer mit Tender	mm	23905	23905	23905
Masse leere Lok, ohne Tender	t	92,7	93,2	97,25
Masse dienstbereite Lok ohne Tender	t	104,0	104,2	105,7
Reibungsmasse	t	56,4	56,8	55,75
mittlere Kuppelachsfahrmasse	t	18,8	18,9	18,79
Metermasse Lok mit Tender	t/m	7,4	7,46	7,0
vorwiegend gekuppelt mit Tender	–	2'2' T 34	2'2' T 34	2'2' T 32
Wasserkasteninhalt	m^3	34	34	32
Brennstoffvorrat	t	10/13,5[2])	10	10
Urheberfirma bzw. Umbau- oder Rekonstruktionsausführender	–	Raw Meiningen[3])	AW Braunschweig[4])	Krupp
erstes Baujahr bzw. erstes Jahr des Umbaues oder der Rekonstruktion	–	1959	1957	1932

Punkt = Betriebsnummer nicht durchgehend

[1] 03 1010 und 03 1074: OV
[2] m^3 Heizöl
[3] Verbrennungskammer-Ersatzkessel vom Raw Halberstadt
[4] neue Hochleistungskessel von Krupp
[5] einschließlich Wasserkammer

04	05	05	05	06
S 36.18	S 37.19	S 37.19	S 37.19	S 48.20/18[3])
2′C1′h4v	2′C2′h3	2′C2′h3	2′C2′h3	2′D2′h3
Mitteldrucklok	Stromlinienlok[2])	Kohlenstaub-	Borsig-Umbaulok	Einheitslok
		Stromlinienlok		Stromlinienverkleidung
04 002	05 001	05 003	05 003	06 001
–	05 002	–	–	06 002
130	175	175	175	140
2 × 350/520	3 × 450	3 × 450	3 × 450	3 × 520
660	660	660	660	720
2000	2300	2300	2300	2000
1000/1250	1100/1100	1100/1100	1100/1100	1000/1000
25	20[2])	20	16	20
8,8	10,85	9,90	9,90	10,3
3,75	4,9	3,80	3,80	5,7
13,4	15,6	13,20	13,20	17,0
25,49/32,96	30,9/39,8	26,1/34,9	26,1/34,9	34,3/46,0
4,1	4,7	4,40	4,40	5,04
75	106	137	137	72
70 × 2,5	70 × 2,5	54 × 2,5	54 × 2,5	83 × 3,25
24	24	35	35	33
171 × 5	171 × 4,5	143 × 4	143 × 4	191 × 5,5
6800	7000	5500	5500	7500
38 × 4	30 × 3	38 × 4	38 × 4	30 × 3
20[1])	18,5	22,66	22,66	18,8
104,3	151,3	123,52	123,52	130,0
82,5	86,2	81,72	81,72	140,2
206,8	256,0	227,95	227,95	289,0
84,6	90,0	81,90	81,90	132,5
OV	OV	OV	OV	OV
12000	13900	13825	13825	14525
20225	22075	22400	22275	22450
23905	26265	27000	26725	26520
97,0	118,5	118,6	114,0	129,8
106,3	129,9	129,5	124,0	141,8
54,9	57,6	59,0	56,0	80,0
18,78	19,2	19,6	18,6	20,0
7,05	8,25	8,1	8,04	8,5
2′2′ T 32	2′3 T 37 St	2′3K T 35	2′3 T 38,5	2′3 T 38 St
32	37	35	38,5	38
10	10	10	12,0	10
Krupp	Borsig[2])	Borsig	Borsig	Krupp
1932	1934[2])	1937	1945	1939

[1] einschließlich Wasserkammer

[2] 1950 bei Krauss-Maffei Verkleidung entfernt, Kesseldruck auf 16 bar reduziert

[3] Kuppelachsfahrmasse wahlweise 20 t oder 18 t

Baureihe/Unterbaureihe	–	07^{10}	08^{10}	10
Betriebsgattung	–	S 36.19	S 47.19	S 36.22
abgekürzte Bezeichnung	–	2'C1'h4v	2'D1'h4v	2'C1'h3
frühere Länderbezeichnung	–	Umbaulok DR	Umbaulok DR	Neubaulok DB
bzw. ergänzende Angaben	–	(SNCF 231 E 18)	(SNCF 241 A 4)	
Betriebsnummer von	–	07 1001	08 1001	10 001
bis	–			10 002
zulässige Fahrgeschwindigkeit	km/h	140	120	140/90
Zylinderdurchmesser	mm	2 × 420/640	2 × 450/660	3 × 480
Kolbenhub	mm	650	720	720
Treib- und Kuppelraddurchmesser	mm	1950	1950	2000
Laufraddurchmesser vorn/hinten	mm	960/1 150	920/1 080	1 000/1 000
Kesselüberdruck	bar	16[1])	16[2])	18
Wasserraum des Kessels	m^3			11,5
Dampfraum des Kessels	m^3			5,78
Verdampfungswasseroberfläche	m^2			15,15
Masse Kessel ohne/mit Ausrüstung	t			
Rostfläche	m^2	(4,33)	(4,43)	3,96
Anzahl der Heizrohre	Stck	125		109
Heizrohrdurchmesser	mm	55 × 2,5		54 × 2,5
Anzahl der Rauchrohre	Stck	28		44
Rauchrohrdurchmesser	mm	133 × 4		143 × 4,25
Rohrlänge zwischen den Rohrwänden	mm	5900		5500
Überhitzerrohrdurchmesser	mm			38 × 4
Strahlungsheizfläche (Feuerbüchse + Verbrennungskammer)	m^2	18,9		22,0
Heizrohrheizfläche	m^2	115,5		92,30
Rauchrohrheizfläche	m^2	64,9		102,10
Verdampfungsheizfläche	m^2	199,3	223,20	216,40
Überhitzerheizfläche	m^2	80	94,20	105,70
Bauart des Vorwärmers	–	OV	OV	MV
Achsstand der Lok	mm	10730	13170	12525
Achsstand der Lok mit Tender	mm	19950	21370	22185
Länge über Puffer mit Tender	mm	23455	24800	26503
Masse leere Lok, ohne Tender	t	93,86		108,9
Masse dienstbereite Lok ohne Tender	t	101,8	122,51	118,9
Reibungsmasse	t	57,3	77,56	65,6
mittlere Kuppelachsfahrmasse	t	19,03	19,4	21,9
Metermasse Lok mit Tender	t/m			7,58
vorwiegend gekuppelt mit Tender	–			2'2' T 40
Wasserkasteninhalt	m^3			40
Brennstoffvorrat	t			12,5[3])
Urheberfirma bzw. Umbau- oder Rekonstruktionsausführender	–	Raw Stendal	Raw „7. Okt." Zwickau	Krupp
erstes Baujahr bzw. erstes Jahr des Umbaues oder der Rekonstruktion	–	1952	1952	1957

[1] urspr. 17 bar

[2] urspr. 20 bar

[3] m^3 Heizöl

13^{0}	13^{5}	13^{6-8}	13^{10-12}	13^{15}
S 24.15	S 24.16	S 24.16	S 24.17	S 24.16
2'Bn2v	2'Bh2	2'Bn2v	2'Bh2	2'Bn2v
pr. S 3	pr. S 4	pr. S 5^{2}	pr. S 6	sä. VIII V1
13 001	13 501	13 651	13 1001	13 1501
13 028	13 504	13 850	13 1286	13 1511
100	100	100	110	100
460/680	540	475/700	550	480/700
600	600	600	630	630
1 980	1 980	1 980	2 100	1 905
1 000/–	1 000/–	1 000/–	1 000/–	1 065/–
12	12	12	12	13
4,75	4,33	5,44	5,68	
1,96	1,98	2,08	2,56	
7,22	7,44	8,04	7,60	8,82
	22,1/25,9	15,1/17,9	15,5/17,6	
2,32	2,32	2,32	2,35	2,30
217	115	237	152	239
46 × 2,5	46 × 2,5	46 × 2,5	46 × 2,5	45 × 2,5
–	18	–	21	–
–	133 × 4	–	133 × 4	–
3 900	4 300	4 100	4 500	4 025
–	38 × 4	–	38 × 4	–
8,90	10,65	11,15	12,05	11,07
108,80	63,66	125,24	88,10	117,86
–	30,22	–	36,83	–
117,70	104,53	136,39	136,98	128,93
–	33,91	–	40,32	–
–	–	–	OV	–
7 400	7 600	7 600	8 000	6 800
14 515	15 100	14 715	15 100	14 802
17 561	18 210	17 761	18 350	17 958
45,3	48,6	48,0	54,6	50,8
50,5	55,2	53,6	60,6	56,8
30,9	31,9	32,7	34,7	31,6
15,4	16,0	16,4	17,4	15,8
5,69	5,34	5,78	5,97	5,76
pr. 2'2' T 21,5	pr. 2'2' T 16	pr. 4 T 21,5	pr. 2'2' T 21,5	sä. 2'2' T 21
21,5	16	21,5	21,5	21
6,5	5	5,0	5	5
Hanomag	Henschel	Vulkan	Linke-Hofmann	Hartmann
1892	1906	1905	1906	1900

Baureihe/Unterbaureihe	–	13^{16}	13^{17}	13^{18}
Betriebsgattung	–	S 24.14	S 24.15	S 24.15
abgekürzte Bezeichnung	–	2′B n2v	2′B h2	2′B n2v
frühere Länderbezeichnung	–	wü. AD	wü. AD h	old. S 3
bzw. ergänzende Angaben	–			
Betriebsnummer von	–	13 1601	13 1701	13 1801
bis	–	13 1624	13 1714	13 1806
zulässige Fahrgeschwindigkeit	km/h	100	100	95
Zylinderdurchmesser	mm	450/670	490	460/680
Kolbenhub	mm	560	560	600
Treib- und Kuppelraddurchmesser	mm	1800	1800	1980
Laufraddurchmesser vorn/hinten	mm	850/–	850/–	1000/–
Kesselüberdruck	bar	14	12	12
Wasserraum des Kessels	m^3	4,9	4,40	4,75
Dampfraum des Kessels	m^3	2,21	2,21	1,98
Verdampfungswasseroberfläche	m^2	6,68	6,68	7,22
Masse Kessel ohne/mit Ausrüstung	t	12,0/15,0	12,1/15,4	13,0/17,5
Rostfläche	m^2	2,00	2,00	2,27
Anzahl der Heizrohre	Stck	250	142	231
Heizrohrdurchmesser	mm	45 × 2,5	45 × 2,5	44 × 2,5
Anzahl der Rauchrohre	Stck	–	21	–
Rauchrohrdurchmesser	mm	–	127 × 4	–
Rohrlänge zwischen den Rohrwänden	mm	3705	3705	3900
Überhitzerrohrdurchmesser	mm	–	35 × 3,5	–
Strahlungsheizfläche (Feuerbüchse + Verbrennungskammer)	m^2	9,8	9,8	8,98
Heizrohrheizfläche	m^2	119,3	66,0	110,37
Rauchrohrheizfläche	m^2	–	28,8	–
Verdampfungsheizfläche	m^2	129,1	104,6	119,35
Überhitzerheizfläche	m^2	–	30,3	–
Bauart des Vorwärmers	–	–	–	–
Achsstand der Lok	mm	6810	6810	7400
Achsstand der Lok mit Tender	mm	12330	12627	14415
Länge über Puffer mit Tender	mm	15427	15886	17461
Masse leere Lok, ohne Tender	t	44,9	46,4	46,8
Masse dienstbereite Lok ohne Tender	t	50,2	51,4	52,2
Reibungsmasse	t	29,2	29,9	30,2
mittlere Kuppelachsfahrmasse	t	14,6	15,0	15,1
Metermasse Lok mit Tender	t/m	5,71	5,62	5,72
vorwiegend gekuppelt mit Tender	–	wü. 2 T 10	wü. 3 T 15,5	old. 2′2′ T 20
Wasserkasteninhalt	m^3	10	15,5	20
Brennstoffvorrat	t	6	6	5
Urheberfirma bzw. Umbau- oder Rekonstruktionsausführender	–	MF Esslingen	MF Esslingen	Hanomag
erstes Baujahr bzw. erstes Jahr des Umbaues oder der Rekonstruktion	–	1899	1907	1903

13^{18}	13^{70}	13^{70}	13^{71}	13^{71}
S 24.16	S 24.14	S 24.14	S 24.15	S 24.15
2′Bn2v	2′Bn2	2′Bn2	2′Bn2v	2′Bn2v
old. S 5^2	sä. VIII 2	sä. VIII 2	sä. VIII V 1	sä. VIII V 1
13 1851	13 7001	13 7008	13 7101	13 7108
13 1861	13 7007	13 7012	13 7107	13 7112
100	100	100	100	100
475/700	440	440	460/480	500/700
600	600	600	630	630
1980	1905	1905	1905	1905
1000/–	1065/–	1065/–	1065/–	1065/–
12	12	12	12	12
5,44				
2,08				
8,04	7,19	7,19	7,72	7,72
15,0/19,5				
2,27	2,33	2,33	2,30	2,30
247	192	220	212	212
46 × 2,5	50 × 2,5	45 × 2,5	45 × 2,5	45 × 2,5
–	–	–	–	–
–	–	–	–	–
4100	4025	4025	4025	4025
–	–	–	–	–
10,34	10,23	10,29	10,28	10,28
130,43	109,25	111,27	107,23	107,23
–	–	–	–	–
140,77	119,48	121,56	117,51	117,51
–	–	–	–	–
–	–	–	–	–
7600	6750	6750	6800	6800
14615	13285	14602	13645	13645
17661	16482	17957	16792	16792
48,1	44,6	43,4	47,0	49,3
53,4	49,4	48,2	52,0	54,3
32,0	28,0	27,8	30,0	31,0
16,0	14,0	13,9	15,0	15,5
5,97	5,35	5,27	5,49	5,61
old. 2′2′ T 20	sä. 3 T 12	sä. 2′2′ T 21	sä. 3 T 12	sä. 3 T 12
20	12	21	12	12
5	5	5	5	5
Hanomag	Hartmann	Hartmann	Hartmann	Hartmann
1909	1891	1894	1896	1897

Baureihe/Unterbaureihe	–	14^0	14^0	14^1
Betriebsgattung	–	S 25.17	S 25.16	S 25.15
abgekürzte Bezeichnung	–	2′B1′h4v	2′B1′n4v	2′B1′n4v[1])
frühere Länderbezeichnung	–	Umbaulok pr. S 9 (S 8)	pr. S 9	Umbaulok pfälz. $P\,3^I$
bzw. ergänzende Angaben	–			
Betriebsnummer von	–	14 001	14 031	14 101
bis	–	14 002	–	14 105
zulässige Fahrgeschwindigkeit	km/h	110	110	100
Zylinderdurchmesser	mm	2 × 380/580	2 × 380/580	2 × 360/580
Kolbenhub	mm	600	600	570/630
Treib- und Kuppelraddurchmesser	mm	1 980	1 980	1 980
Laufraddurchmesser vorn/hinten	mm	1 000/1 250	1 000/1 250	950/950
Kesselüberdruck	bar	14	14	13
Wasserraum des Kessels	m^3		8,0	5,3
Dampfraum des Kessels	m^3		2,7	1,64
Verdampfungswasseroberfläche	m^2		10,0	
Masse Kessel ohne/mit Ausrüstung	t			
Rostfläche	m^2	4,0	4,0	2,81
Anzahl der Heizrohre	Stck	147	264	254
Heizrohrdurchmesser	mm	55 × 2,5	55 × 2,5	47,5 × 2,5
Anzahl der Rauchrohre	Stck	24		–
Rauchrohrdurchmesser	mm	133 × 4		–
Rohrlänge zwischen den Rohrwänden	mm	5 200	5 200	4 650
Überhitzerrohrdurchmesser	mm			–
Strahlungsheizfläche (Feuerbüchse + Verbrennungskammer)	m^2	13,97	14,04	10,93
Heizrohrheizfläche	m^2		215,67	157,69
Rauchrohrheizfläche	m^2			–
Verdampfungsheizfläche	m^2	182,54	229,71	168,62
Überhitzerheizfläche	m^2	54,50	–	–
Bauart des Vorwärmers	–	OV	–	–
Achsstand der Lok	mm	10 750	10 750	9 025
Achsstand der Lok mit Tender	mm	18 370	18 470	15 125
Länge über Puffer mit Tender	mm	21 860	21 860	19 070
Masse leere Lok, ohne Tender	t	73,0	68,4	
Masse dienstbereite Lok ohne Tender	t	79,0	74,5	59,6
Reibungsmasse	t	34,0	33,0	30,0
mittlere Kuppelachsfahrmasse	t	17,0	16,5	15,0
Metermasse Lok mit Tender	t/m		6,34	5,52
vorwiegend gekuppelt mit Tender	–	2′2′ T 30	2′2′ T 30	bay. 3 T 16
Wasserkasteninhalt	m^3	30	30	16
Brennstoffvorrat	t	6,5	6,5	6
Urheberfirma bzw. Umbau- oder Rekonstruktionsausführender	–	Hanomag	Hanomag	Krauss-München
erstes Baujahr bzw. erstes Jahr des Umbaues oder der Rekonstruktion	–	1913	1907	1913[1])

[1] 1898 bis 1900 als 2′B1′ n2i gebaut

14^1	14^1	14^2	14^3	15^0
S 25.16	S 25.16	S 25.16	S 25.15	S 26.16
2'B1 n4v	2'B1' n4v	2'B1' n4v	2'B1 h2	2'B2' h4v
bay. S 2/5	pfälz. P 4	sä. XV	sä. XH 1	bay. S 2/6
14 141	14 151	14 201	14 301	15 001
14 145	14 161	14 215	14 317	–
110	100	100	100	150
2 × 340/570	2 × 360/590	2 × 350/555	510	2 × 410/610
640	640	660	630	640
2000	2010	1980	2000	2200
950/1 206	960/1 216	1 065/1 260	1 065/1 260	1 006/1 006
16	15	15	12	14
6,4	7,6			7,6
2,1	1,6			2,3
9,1		9,74	10,38	9,1
18,0/23,0				20,9/28,4
3,27	3,8	2,38	2,84	4,71
278[1])	280[1])	222	180	203[1])
52 × 2,25	55 × 2,5	50 × 2,5	50 × 2,5	56 × 2,25
–	–	–	24	18
–	–	–	133 × 4,5	135 × 4,5
4 550	4 700	4 700	4 550	4 900
–	–	–	38 × 4	37 × 4
14,5	13,8	13,3	13,42	16,5
191,0	209,2	147,5	115,72	163,8
–	–	–	42,52	34,2
205,5	223,0	160,8	171,66	214,5
–	–	–	47,1	38,0
–	–	–	–	–
8 650	10 240	9 350	8 700	11 700
16 712	16 800	16 901	15 995	18 487
19 275	19 728	20 037	19 231	21 182
62,2	67,5	62,0	62,2	75,7
68,6	74,3	69,4	70,1	83,4
32,0	32,0	31,2	31,0	32,0
16,0	16,0	15,6	15,5	16,0
6,16	6,20	5,69	6,00	6,52
bay. 2'2' T 21	bay. 2'2' T 20	sä. 2'2' T 21	sä. 2'2' T 21	bay. 2'2' T 26
21	20	21	21	26
7	6,5	5	5	8
Maffei	Maffei	Hartmann	Hartmann	Maffei
1904	1905	1900	1909	1906

[1] 5 Ankerrohre 50 × 8 mm zusätzlich

Baureihe/Unterbaureihe	–	16^0	17^{0-1}	17^2
Betriebsgattung	–	S 35.15	S 35.17	S 35.17
abgekürzte Bezeichnung	–	1′C1′h2	2′Ch4	2′Ch3
frühere Länderbezeichnung	–	old. S 10	pr. S 10	pr. S 10^2
bzw. ergänzende Angaben	–			
Betriebsnummer von	–	16 001	17 001	17 201
bis	–	16 003	17 135	17 296
zulässige Fahrgeschwindigkeit	km/h	100	110	110
Zylinderdurchmesser	mm	580	4 × 430	3 × 500
Kolbenhub	mm	630	630	630
Treib- und Kuppelraddurchmesser	mm	1980	1980	1980
Laufraddurchmesser vorn/hinten	mm	1100/1100	1000/–	1000/–
Kesselüberdruck	bar	14	14	14
Wasserraum des Kessels	m^3	6,85	7,1	7,1
Dampfraum des Kessels	m^3	2,87	3,18	3,18
Verdampfungswasseroberfläche	m^2	9,0	8,71	8,71
Masse Kessel ohne/mit Ausrüstung	t	16,0/20,5	18,9/25,2	18,9/25,2
Rostfläche	m^2	3,00	2,86	2,86
Anzahl der Heizrohre	Stck	122	129	129
Heizrohrdurchmesser	mm	54 × 2,5	51 × 2,5	51 × 2,5
Anzahl der Rauchrohre	Stck	18	26	26
Rauchrohrdurchmesser	mm	133 × 4	133 × 4	133 × 4
Rohrlänge zwischen den Rohrwänden	mm	5200	4900	4900
Überhitzerrohrdurchmesser	mm	40 × 4	38 × 4	38 × 4
Strahlungsheizfläche (Feuerbüchse + Verbrennungskammer)	m^2	11,75	14,17	14,17
Heizrohrheizfläche	m^2	97,64	91,7	91,7
Rauchrohrheizfläche	m^2	36,49	49,65	49,65
Verdampfungsheizfläche	m^2	145,88	155,5	155,5
Überhitzerheizfläche	m^2	41,2	61,5	61,5
Bauart des Vorwärmers	–	OV	OV	OV
Achsstand der Lok	mm	10425	9100	9150
Achsstand der Lok mit Tender	mm	16990	16465	17470
Länge über Puffer mit Tender	mm	20650	19390	21200
Masse leere Lok, ohne Tender	t	68,9	66,9	73,8
Masse dienstbereite Lok ohne Tender	t	73,9	77,2	80,9
Reibungsmasse	t	45,4	50,9	53,4
mittlere Kuppelachsfahrmasse	t	15,1	17,0	17,8
Metermasse Lok mit Tender	t/m	6,04	7,38	6,90
vorwiegend gekuppelt mit Tender	–	old. 2′2′ T 20	pr. 2′2′ T 21,5	pr. 2′2′ T 31,5
Wasserkasteninhalt	m^3	20	21,5	31,5
Brennstoffvorrat	t	5	7	7
Urheberfirma bzw. Umbau- oder Rekonstruktionsausführender	–	Hanomag	Schwartzkopff	Vulkan
erstes Baujahr bzw. erstes Jahr des Umbaues oder der Rekonstruktion	–	1916	1910	1914

$H17^2$	17^2	17^3	17^4	17^4
S 35.20	S 35.18	S 35.15	S 35.15	S 35.15
2′Ch3v	2′Ch3	2′Cn4v	2′Cn4v	2′Cn4v
Umbaulok pr. S 10^2	Umbaulok pr. S 10^2	bay. CV	bay. S3/5	bay. S3/5
(Hochdruck)[1]	(Mitteldruck)			
H 17 206	17 236	17 301	17 401	17 405
–	17 239 ●	17 322	17 404	17 420
120	120	90	110	110
HD 1 × 290, ND 2 × 500	1 × 400/2 × 500	2 × 380/610[4]	2 × 335/570	2 × 340/570
630	630	640	640	640
1980	1980	1870	1870	1870
1000/–	1000/–	950/–	950/–	950/–
HD 60, ND 14	25	14	14	16
	6,43	5,6	6,8	6,4
	2,05	1,9	2,2	2,1
	9,75	8,1	9,35	9,1
	19,1/25,6	15,6/18,3	17,8/22,0	17,9/22,2
2,56	2,85	2,65	3,27	3,27
–	94	227	278[5]	278[5]
–	51 × 2,5	52 × 3	50 × 2,25	52 × 2,25
116	36	–		–
83 × 3,25	138 × 4	–	–	–
4200	4900	4300	4850	4550
	38 × 4	–	–	–
20,2	14,83	11,9	14,5	14,5
117,0[2]	67,12	141,1	196,0	191,0
	72,04	–	–	–
137,2	154,7	153,0	210,5	205,5
82,5	75,41	–	–	–
OV	OV	–	–	–
9150	9150	8290	8850	8850
17470	17470	16040	16712	16712
21200	21200	18840	19325	19325
87,0	78,1	60,4	62,5	63,4
93,0	85,3	66,2	69,3	69,8
61,4	55,5	46,2	46,2	46,6
20,5	18,5	15,4	15,4	15,5
7,51	7,1	6,16	6,18	6,20
pr. 2′2′ T 31,5	pr. 2′2′ T 31,5	bay. 2′2′ T 21	bay. 2′2′ T 21	bay. 2′2′ T 21
31,5	31,5	21	21	21
7	7	7	7	7
Henschel	Schwartzkopff	Maffei	Maffei	Maffei
1925[3]	1932	1899	1903	1904

[1] Bauart Schmidt-Henschel
[2] gesamte Rohrheizfläche einschließlich Hochdrucktrommel
[3] 1937 Rückumbau in Normallok pr. S 10^2
[4] ab Baujahr 1900: 2 × 360/610
[5] 5 Ankerrohre 50 × 8 mm zusätzlich
Punkt = Betriebsnummer nicht durchgehend

Baureihe/Unterbaureihe	–	17^4	17^4	17^5
Betriebsgattung	–	S 35.15	S 35.15	S 35.16
abgekürzte Bezeichnung	–	2'C h4v	2'C h4v	2'C h4v
frühere Länderbezeichnung	–	Umbaulok bay. S 3/5	Umbaulok bay. S 3/5	bay. S 3/5
bzw. ergänzende Angaben	–			
Betriebsnummer von	–	17 401	17 405	17 501
bis	–	17 404	17 420	17 520
zulässige Fahrgeschwindigkeit	km/h	110	110	110
Zylinderdurchmesser	mm	2 × 335/570	2 × 340/570	2 × 360/590
Kolbenhub	mm	640	640	640
Treib- und Kuppelraddurchmesser	mm	1 870	1 870	1 870
Laufraddurchmesser vorn/hinten	mm	950/–	950/–	950/–
Kesselüberdruck	bar	14	16	16
Wasserraum des Kessels	m^3	6,3	6,3	7,1
Dampfraum des Kessels	m^3	2,1	2,1	2,1
Verdampfungswasseroberfläche	m^2	9,1	9,1	9,1
Masse Kessel ohne/mit Ausrüstung	t	17,9/23,7	17,9/23,7	17,9/23,7
Rostfläche	m^2	3,27	3,27	3,23
Anzahl der Heizrohre	Stck	169	169	167
Heizrohrdurchmesser	mm	51 × 2,5	51 × 2,5	51 × 2,5
Anzahl der Rauchrohre	Stck	18	18	18
Rauchrohrdurchmesser	mm	133 × 4	133 × 4	133 × 4
Rohrlänge zwischen den Rohrwänden	mm	4 550	4 550	4 550
Überhitzerrohrdurchmesser	mm	36 × 4	36 × 4	36 × 4
Strahlungsheizfläche (Feuerbüchse + Verbrennungskammer)	m^2	14,77	14,77	14,5
Heizrohrheizfläche	m^2	114,11	114,11	112,81
Rauchrohrheizfläche	m^2	32,10	32,10	32,16
Verdampfungsheizfläche	m^2	160,98	160,98	159,47
Überhitzerheizfläche	m^2	36,76	36,76	33,9
Bauart des Vorwärmers	–	–	–	–
Achsstand der Lok	mm	8 850	8 850	8 850
Achsstand der Lok mit Tender	mm	16 712	16 712	16 712
Länge über Puffer mit Tender	mm	19 325	19 325	19 325
Masse leere Lok, ohne Tender	t	64,0	64,9	64,9
Masse dienstbereite Lok ohne Tender	t	71,0	71,9	71,9
Reibungsmasse	t	46,8	47,4	47,4
mittlere Kuppelachsfahrmasse	t	15,6	15,8	15,8
Metermasse Lok mit Tender	t/m	6,37	6,39	6,3
vorwiegend gekuppelt mit Tender	–	bay. 2'2' T 21	bay. 2'2' T 21	bay. 2'2' T 21,8
Wasserkasteninhalt	m^3	21	21	21,8
Brennstoffvorrat	t	7	7	7,5
Urheberfirma bzw. Umbau- oder Rekonstruktionsausführender	–	Raw Ingolstadt	Raw Ingolstadt	Maffei
erstes Baujahr bzw. erstes Jahr des Umbaues oder der Rekonstruktion	–	1925[1])	1925[1])	1906

[1] umgebaut aus 2'C n4v in 2'C h4v

17^5	17^6	17^7	17^7	17^8
S 35.16	S 35.16	S 35.16	S 35.17	S 35.16
2′C h4v	2′C h4	2′C h4v	2′C h4v	2′C h2
bay. S 3/5	sä. XII H	sä. XII HV	sä. XII HV	sä. XII H1
17 521	17 601	17 701	17 751	17 801
17 524	17 606	17 734	17 755	17 804
110	100	100	100	100
2 × 360/590	4 × 430	2 × 430/680	2 × 430/680	610
640	630	630	630	630
1 870	1 905	1 905	1 905	1 905
950/–	1 065/–	1 065/–	1 065/–	1 065/–
16	12	15	15	12
7,1				
2,1				
9,1	10,09	10,26	10,26	11,19
19,7/25,8				
3,23	2,77	2,75	2,75	2,84
167	144	144	144	180
51 × 2,5	50 × 2,5	50 × 2,5	50 × 2,5	50 × 2,5
18	24	24	24	24
133 × 4	127 × 4	127 × 4	127 × 4	133 × 4,5
4 550	4 550	4 550	4 550	4 550
36 × 4	33 × 3,5	33 × 3,5	33 × 3,5	38 × 4
14,5	13,03	12,92	12,92	13,42
112,81	92,62	92,62	92,62	115,72
32,16	40,48	40,48	40,48	42,52
159,47	146,13	146,02	146,02	171,66
33,9	43,8	41,0	41,0	47,1
–	OV	OV	OV	OV
8 850	8 500	8 450	8 450	8 650
16 712	16 960	17 185	17 185	16 568
19 325	20 546	20 780	20 780	19 803
67,0	66,3	70,7	70,7	64,9
74,0	73,3	78,3	78,3	72,7
48,0	49,0	51,6	51,6	47,7
16,0	16,3	17,2	17,2	15,9
6,49	5,98	6,72	6,72	6,18
bay. 2′2′ T 21,8	sä. 2′2′ T 21	sä. 2′2′ T 28	sä. 2′2′ T 28	sä. 2′2′ T 21
21,8	21	28	28	21
7,5	7	7	7	7
Maffei	Hartmann	Hartmann	Hartmann	Hartmann
1911	1906	1908	1914	1909

Baureihe/Unterbaureihe	–	17^{10-11}	17^{11-12}	17^{10-11}
Betriebsgattung	–	S 35.17	S 35.17	S 35.17
abgekürzte Bezeichnung	–	2'C h4v	2'C h4v	2'C h4v
frühere Länderbezeichnung	–	pr. S 10[1]	pr. S 10[1]	Umbaulok pr. S 10[1]
bzw. ergänzende Angaben	–	Bauart 1911	Bauart 1914	Kohlenstaubfeuerung[1])
Betriebsnummer von	–	17 1001	17 1124	17 1024
bis	–	17 1153 ●	17 1209 ●	17 1198 ●
zulässige Fahrgeschwindigkeit	km/h	120	120	120
Zylinderdurchmesser	mm	2 × 400/610	2 × 400/610	2 × 400/610
Kolbenhub	mm	660	660	660
Treib- und Kuppelraddurchmesser	mm	1980	1980	1980
Laufraddurchmesser vorn/hinten	mm	1000/–	1000/–	1000/–
Kesselüberdruck	bar	15	15	15
Wasserraum des Kessels	m^3	7,15	7,06	7,15
Dampfraum des Kessels	m^3	2,11	2,2	2,11
Verdampfungswasseroberfläche	m^2	10,22	9,94	10,22
Masse Kessel ohne/mit Ausrüstung	t			
Rostfläche	m^2	3,18	2,95	–
Anzahl der Heizrohre	Stck	136	136[2])[3])	136
Heizrohrdurchmesser	mm	51 × 2,5	51 × 2,5	51 × 2,5
Anzahl der Rauchrohre	Stck	26	26[2])	26
Rauchrohrdurchmesser	mm	133 × 4	133 × 4	133 × 4
Rohrlänge zwischen den Rohrwänden	mm	4900	4900	4900
Überhitzerrohrdurchmesser	mm	38 × 4	38 × 4	38 × 4
Strahlungsheizfläche (Feuerbüchse + Verbrennungskammer)	m^2	17,59	16,97	17,59
Heizrohrheizfläche	m^2	96,0	96,0	96,0
Rauchrohrheizfläche	m^2	49,47	49,47	49,47
Verdampfungsheizfläche	m^2	163,06	162,44	163,06
Überhitzerheizfläche	m^2	58,5	58,5	58,5
Bauart des Vorwärmers	–	OV	OV	OV
Achsstand der Lok	mm	9100	9100	9100
Achsstand der Lok mit Tender	mm	17470	17470	17470
Länge über Puffer mit Tender	mm	20910	20910	20910
Masse leere Lok, ohne Tender	t	75,7	75,35[4])	75,7
Masse dienstbereite Lok ohne Tender	t	83,1	82,22	83,1
Reibungsmasse	t	53,2	51,36	53,2
mittlere Kuppelachsfahrmasse	t	17,7	17,12	17,7
Metermasse Lok mit Tender	t/m	7,12	7,09	7,12
vorwiegend gekuppelt mit Tender	–	pr. 2'2' T 31,5	pr. 2'2' T 31,5	pr. 2'2' T 26 (Kst)
Wasserkasteninhalt	m^3	31,5	31,5	26
Brennstoffvorrat	t	7	7	22 m^3
Urheberfirma bzw. Umbau- oder Rekonstruktionsausführender	–	Henschel	Henschel	Raw Stendal
erstes Baujahr bzw. erstes Jahr des Umbaues oder der Rekonstruktion	–	1911	1914	1949

[1] System Wendler

[2] Erstausführung 24 Rauchrohre, 149 Heizrohre

[3] Ab 1936 Ersatzkessel mit Stahlfeuerbüchse, 132 Heizrohre

[4] Massen beziehen sich auf Ausführung mit 26 Rauchrohren, ohne Vorwärmer (Musterblatt XIV 2C1)

Punkt = Betriebsnummer nicht durchgehend

18^{0}	18^{1}	18^{1}	18^{2}	18^{2}
S 36.17	S 36.16	S 36.16	S 36.16	S 36.16
2′C1′h3	2′C1′h4v	2′C1′h4v	2′C1′h4v	2′C1′h4v
sä. XVIII H	wü. C	wü. C	bad. IVf^{1-2}	bad. IVf^{3}
18 001	18 101	18 123	18 201	18 231
18 010	18 122	18 137	18 217 ●	18 238
120	100	100	100	100
3 × 500	2 × 420/620[1])	2 × 420/620	2 × 425/650	2 × 425/650
630	612	612	610/670	610/670
1 905	1 800	1 800	1 800	1 800
1 065/1 260	1 000/1 250	1 000/1 250	990/1 200	990/1 200
14	15	15	16	16
	8,0	8,1	7,81	7,81
	3,0	3,0	2,47	2,47
11,94	10,5	10,5	9,8	9,8
18,1/28,7	21,8/29,1	21,8/29,1	21,4/25,1	21,4/25,1
4,52	3,95	3,95	4,5	4,5
156	174	169	175	182
57 × 2,5	51 × 2,5	51 × 2,5	55 × 2,5	52 × 2
28	24	26	25	25
133 × 4	133 × 4	133 × 4	138 × 4,5	138 × 4,5
5 500	5 500	5 500	5 100	5 100
38 × 4	38 × 4	38 × 4	36 × 4	36 × 4
15,61	15,0	15,0	14,65	14,65
140,16	141,2	136,8	141,19	141,19
60,48	51,8	56,2	52,88	52,88
216,25	208	208,0	208,72	208,72
72,0	53,0	65,0	50,0	50,0
OV	OV	OV	OV	OV
11 375	11 040	11 040	11 210	11 210
18 525	18 630	18 630	18 350	18 350
22 150	21 935	21 935	21 171	21 171
84,4	76,3	79,5	81,2	79,2
93,5	85,2	87,8	88,3	89,7
50,7	47,8	48,0	49,5	49,3
16,9	15,9	16,0	16,5	16,4
7,04	6,75	6,87	6,21	6,26
sä. 2′2 T 31	wü. 2′2′ T 30	wü. 2′2′ T 30	bad. 2′2′ T 15	bad. 2′2′ T 15
31	30	30	15	15
7	10	10	7,5	7,5
Hartmann	MF Esslingen	MF Esslingen	Maffei[2])	Karlsruhe
1917	1909	1914	1907	1912

[1] 18 110 bis 18 122: 2 × 430/635 [2] ab 18 211 Karlsruhe Punkt = Betriebsnummer nicht durchgehend

Baureihe/Unterbaureihe	–	18^2	18^2	18^3
Betriebsgattung	–	S 36.16	S 36.20	S 36.17
abgekürzte Bezeichnung	–	2'C1' h4v	2'C1' h3	2'C1' h4v
frühere Länderbezeichnung	–	bad. IV f^4	Rekolok DR[1])	bad. IV h^{1-3}
bzw. ergänzende Angaben	–			
Betriebsnummer von	–	18 251	18 201	18 301
bis	–	18 256	–	18 328 ●
zulässige Fahrgeschwindigkeit	km/h	100	175	140
Zylinderdurchmesser	mm	2 × 425/650	3 × 520	2 × 440/680
Kolbenhub	mm	610/670	660	680
Treib- und Kuppelraddurchmesser	mm	1 800	2 300	2 100
Laufraddurchmesser vorn/hinten	mm	990/1 200	1 100/1 250	990/1 200
Kesselüberdruck	bar	16	16	15
Wasserraum des Kessels	m^3	7,81	10,6	7,85
Dampfraum des Kessels	m^3	2,47	4,05	2,70
Verdampfungswasseroberfläche	m^2	9,8	14,2	10,5
Masse Kessel ohne/mit Ausrüstung	t	21,4/25,1	20,7/28,1	24,2/30,2
Rostfläche	m^2	4,5	4,23	5,0
Anzahl der Heizrohre	Stck	182	112	170
Heizrohrdurchmesser	mm	52 × 2	54 × 2,5	54 × 2,5
Anzahl der Rauchrohre	Stck	25	36	34
Rauchrohrdurchmesser	mm	133 × 4	143 × 4	133 × 4
Rohrlänge zwischen den Rohrwänden	mm	5 100	5 700	5 200
Überhitzerrohrdurchmesser	mm	36 × 4	38 × 4	38 × 4
Strahlungsheizfläche (Feuerbüchse + Verbrennungskammer)	m^2	14,65	21,3	15,6
Heizrohrheizfläche	m^2	141,19	98,3	138,1
Rauchrohrheizfläche	m^2	52,88	86,7	71,1
Verdampfungsheizfläche	m^2	208,72	206,3	224,8
Überhitzerheizfläche	m^2	50,0	83,8	77,6
Bauart des Vorwärmers	–	OV	OV	OV
Achsstand der Lok	mm	11 210	13 385	12 310
Achsstand der Lok mit Tender	mm	18 350	21 510	19 625
Länge über Puffer mit Tender	mm	21 171	25 145	23 230
Masse leere Lok, ohne Tender	t	79,6	102,5	87,5
Masse dienstbereite Lok ohne Tender	t	88,6	113,6	97,0
Reibungsmasse	t	49,2	61,2	53,4
mittlere Kuppelachsfahrmasse	t	16,4	20,7	17,8
Metermasse Lok mit Tender	t/m	6,22	7,43	6,93
vorwiegend gekuppelt mit Tender	–	bad. 2'2' T 15	2'2' T 34	bad. 2'2 T 29,6
Wasserkasteninhalt	m^3	15	34	29,6
Brennstoffvorrat	t	7,5	13,5[2])	9
Urheberfirma bzw. Umbau- oder Rekonstruktionsausführender	–	Karlsruhe	Raw Meiningen[3])	Maffei
erstes Baujahr bzw. erstes Jahr des Umbaues oder der Rekonstruktion	–	1913	1961	1918

Punkt = Betriebsnummer nicht durchgehend

[1] Umbau aus 61 002 (Triebwerk mit Drehgestell), 45 024 (Schleppachse) und 44 468 (Tender)

[2] m^3 Heizöl

[3] Neubaukessel EK 22 vom Raw Halberstadt

18^3	18^3	18^4	18^4	18^4
S 36.17	S 36.19	S 36.16	S 36.16	S 36.16
2'C1'h4v	2'C1'h4v	2'C1'h4v	2'C1'h4v	2'C1'h4v
Umbaulok DB	Rekolok DR	bay. S 3/6	bay. S 3/6	bay. S 3/6
(bad. IVh[1–3])				Bauart 1912
18 316	18 314	18 401	18 425	18 441
18 323 ●	–	18 424	18 434	18 458
140	150	120	120	120
2 × 440/680	2 × 440/680	2 × 425/650	2 × 425/650	2 × 425/650
680	680	610/670	610/670	670
2 100	2 100	1 870	1 870	2 000
990/1 200	990/1 200	950/1 206	950/1 206	950/1 206
15	16	15	15	15
7,85	9,5	7,44	7,44	7,66
2,70	3,97	2,65	2,65	2,62
10,5	13,9	10,13	10,13	10,11
24,2/30,2	20,85/26,85	21,5/29,1	21,5/29,1	21,8/29,9
5,0	4,23	4,53	4,53	4,53
170	112	130[3])	130[3])	130[3])
54 × 2,5	54 × 2,5	54 × 2,5	54 × 2,5	54 × 2,5
34	36	35	35	35
133 × 4	143 × 4	138 × 4	138 × 4	138 × 4
5 200	5 480	5 255	5 255	5 255
38 × 4	38 × 4	35 × 4	35 × 4	35 × 4
15,6	21,3	14,36	14,36	14,36
138,1	94,7	107,93	107,93	107,93
71,1	83,5	75,12	75,12	75,12
224,8	199,5	197,41	197,41	197,41
77,6	80,0	74,16	74,16	74,16
OV	OV	OV	OV	OV
12 310	12 310	11 365	11 190	11 420
19 625	20 070	18 842	18 442	18 842
23 230	23 630	21 396	21 221	22 095
87,5	95,0	80,4	81,8	84,1
97,0	105,0	88,3	89,7	91,6
53,4	56,9	49,6	48,0	50,1
17,8	19,0	16,5	16,0	16,7
6,93	7,52	6,78	6,89	7,05
bad. 2'2 T 29,6	2'2' T 34	bay. 2'2' T 26,2	bay. 2'2 T 26,4	bay. 2'2 T 32,5
29,6	34	26,2	26,4	32,5
9	13,5[2])	7,5	8,5	8
AW der DB	Raw „7. Okt." Zwickau[1])	Maffei	Maffei	Maffei
1950	1960	1908	1914	1912

[1] Verbrennungskammer-Ersatzkessel vom Raw Halberstadt
[2] m^3 Heizöl
[3] 4 Ankerrohre 50 × 4 mm zusätzlich
Punkt = Betriebsnummer nicht durchgehend

Baureihe/Unterbaureihe	–	18^4	18^{4-5}	18^5
Betriebsgattung	–	S 36.17	S 36.17	S 36.18
abgekürzte Bezeichnung	–	2′C1′ h4v	2′C1′ h4v	2′C1′ h4v
frühere Länderbezeichnung	–	bay. S 3/6	bay. S 3/6	Nachbau bay. S 3/6
bzw. ergänzende Angaben	–			
Betriebsnummer von	–	18 461	18 479	18 509
bis	–	18 478	18 508	18 530
zulässige Fahrgeschwindigkeit	km/h	120	120	120
Zylinderdurchmesser	mm	2 × 425/650	2 × 425/650	2 × 440/650
Kolbenhub	mm	610/670	610/670	610/670
Treib- und Kuppelraddurchmesser	mm	1 870	1 870	1 870
Laufraddurchmesser vorn/hinten	mm	950/1 206	950/1 206	950/1 206
Kesselüberdruck	bar	15	16	16
Wasserraum des Kessels	m^3	7,44	7,44	7,44
Dampfraum des Kessels	m^3	2,65	2,65	2,65
Verdampfungswasseroberfläche	m^2	10,13	10,13	10,13
Masse Kessel ohne/mit Ausrüstung	t	21,5/29,1	22,9/31,8	23,4/32,3
Rostfläche	m^2	4,53	4,53	4,53
Anzahl der Heizrohre	Stck	130[1])	130[1])	130[1])
Heizrohrdurchmesser	mm	54 × 2,5	54 × 2,5	54 × 2,5
Anzahl der Rauchrohre	Stck	35	35	35
Rauchrohrdurchmesser	mm	138 × 4	138 × 4	138 × 4
Rohrlänge zwischen den Rohrwänden	mm	5 255	5 255	5 255
Überhitzerrohrdurchmesser	mm	35 × 4	35 × 4	35 × 4
Strahlungsheizfläche (Feuerbüchse + Verbrennungskammer)	m^2	14,36	14,36	14,36
Heizrohrheizfläche	m^2	107,93[1])	107,93[1])	107,93[1])
Rauchrohrheizfläche	m^2	75,12	75,12	75,12
Verdampfungsheizfläche	m^2	197,41	197,41	197,41
Überhitzerheizfläche	m^2	74,16	74,16	74,16
Bauart des Vorwärmers	–	OV	OV	OV
Achsstand der Lok	mm	11 190	11 190	11 190
Achsstand der Lok mit Tender	mm	18 442	18 442	18 442
Länge über Puffer mit Tender	mm	21 221	21 296	21 371
Masse leere Lok, ohne Tender	t	84,4	86,2	87,5
Masse dienstbereite Lok ohne Tender	t	92,3	94,0	94,7
Reibungsmasse	t	51,0	52,7	55,1
mittlere Kuppelachsfahrmasse	t	17,0	17,6	18,4
Metermasse Lok mit Tender	t/m	7,0	7,19	7,20
vorwiegend gekuppelt mit Tender	–	bay. 2′2 T 26,4	bay. 2′2 T 27,4	bay. 2′2 T 27,4
Wasserkasteninhalt	m^3	26,4	27,4	27,4
Brennstoffvorrat	t	7,5	8,5	8,5
Urheberfirma bzw. Umbau- oder Rekonstruktionsausführender	–	Maffei	Maffei	Maffei
erstes Baujahr bzw. erstes Jahr des Umbaues oder der Rekonstruktion	–	1915	1923	1926

[1] 4 Ankerrohre 50 × 4 mm zusätzlich

18^{5}	18^{6}	18^{6}	18^{6}	T 18^{10}
S 36,18	S 36.18	S 36.18	S 36.18	S 36.20
2′C1′h4v	2′C1′h4v	2′C1′h4v	2′C1′h4v	2′C1′
Nachbau bay. S 3/6	Rekolok DB	Rekolok DB	Rekolok DB	Turbinenlok (Krupp)
18 531	18 601	18 606	18 611	T 18 1001
18 548	18 605	18 610	18 630	–
120	120	120	120	110
2 × 440/650	2 × 440/650	2 × 440/650	2 × 440/650	–
610/670	610/670	610/670	610/670	(630)
1 870	1 870	1 870	1 870	1 650
950/1 206	950/1 206	950/1 206	950/1 206	1 000/1 250
16	16	16	16	15
7,44	10,11	10,09	9,98	7,0
2,65	3,27	3,27	3,27	2,4
10,13	13,37	13,37	13,37	9,5
23,4/32,3	23,1/26,0	23,0/25,9	23,2/26,1	18,33/27,85
4,53	4,09	4,09	4,09	3,1
130[1])	139	139	111	128
54 × 2,5	51 × 2,5	51 × 2,5	51 × 2,5	50 × 2,5
35	35	35	40	30
138 × 4	143 × 4,25	143 × 4,25	143 × 4,25	133 × 4
5 255	5 000	5 000	5 000	4 760
35 × 4	38 × 4	38 × 4	38 × 4	38 × 4
14,36	22,03	20,40	20,40	12,5
107,93[1])	100,43	100,43	80,25	86,50
75,12	73,94	73,94	84,51	56,00
197,41	196,40	194,77	185,16	155,0
74,16	73,60	73,60	84,00	66,0
OV	OV	OV	OV	OV
11 190	11 190	11 190	11 190	9 900
19 497	19 497	19 497	19 497	19 490
22 862	22 862	22 862	22 862	23 446
88,7	90,1	90,0	90,2	104,2
96,2	100,3	100,2	100,3	113,7
53,8	56,6	56,6	56,6	60,5
17,9	18,9	18,9	18,9	20,2
7,23	7,41	7,40	7,41	7,66
bay. 2′2′ T 31,7	bay. 2′2′ T 31,7	bay. 2′2′ T 31,7	bay. 2′2′ T 31,7	2′2′ T 19,5 K
31,7	31,7	31,7	31,7	19,5
9,0	9,0	9,0	9,0	6,5
Henschel	Krauss-Maffei	Krauss-Maffei	Krauss-Maffei	Krupp
1930	1953	1954	1954	1923

[1] 4 Ankerrohre 50 × 4 mm zusätzlich

Baureihe/Unterbaureihe	–	T 18^{10}	19^{0}	19^{0}
Betriebsgattung	–	S 36.20	S 46.17	S 46.18
abgekürzte Bezeichnung	–	2'C1'	1'D1' h4v	1'D'1 h4v
frühere Länderbezeichnung	–	Turbinenlok	sä. XX HV	Rekolok DR
bzw. ergänzende Angaben	–	(Maffei)		
Betriebsnummer von	–	T 18 1002	19 001	19 015
bis	–	–	19 023	19 022 ●
zulässige Fahrgeschwindigkeit	km/h	120	120	120
Zylinderdurchmesser	mm	–	2 × 480/720	2 × 480/720
Kolbenhub	mm	(630)	630	630
Treib- und Kuppelraddurchmesser	mm	1 750	1 905	1 905
Laufraddurchmesser vorn/hinten	mm	850/1 206	1 065/1 260	1 065/1 260
Kesselüberdruck	bar	22	15	16
Wasserraum des Kessels	m^3			10,6
Dampfraum des Kessels	m^3			4,05
Verdampfungswasseroberfläche	m^2		12,46	14,2
Masse Kessel ohne/mit Ausrüstung	t		18,9/31,2	20,7/28,1
Rostfläche	m^2	3,5	4,5	4,23
Anzahl der Heizrohre	Stck		156	112
Heizrohrdurchmesser	mm		57 × 2,5	54 × 2,5
Anzahl der Rauchrohre	Stck		28	36
Rauchrohrdurchmesser	mm		133 × 4	143 × 4
Rohrlänge zwischen den Rohrwänden	mm		5 800	5 700
Überhitzerrohrdurchmesser	mm		38 × 4	38 × 4
Strahlungsheizfläche (Feuerbüchse + Verbrennungskammer)	m^2	13,0	15,46	21,3
Heizrohrheizfläche	m^2	146,7[1])	147,81	98,3
Rauchrohrheizfläche	m^2		63,78	86,7
Verdampfungsheizfläche	m^2	159,7	227,05	206,3
Überhitzerheizfläche	m^2	51,0	74,0	83,8
Bauart des Vorwärmers	–	OV	OV	OV
Achsstand der Lok	mm	11 150	11 960	12 100
Achsstand der Lok mit Tender	mm	20 890	19 182	20 385
Länge über Puffer mit Tender	mm	24 135	22 632	24 210
Masse leere Lok, ohne Tender	t	95,0	90,3	96,6
Masse dienstbereite Lok ohne Tender	t	104,0	99,9	107,7
Reibungsmasse	t	60,0	68,6	74,1
mittlere Kuppelachsfahrmasse	t	20,0	17,2	18,5
Metermasse Lok mit Tender	t/m	7,13	7,18	7,78
vorwiegend gekuppelt mit Tender	–	2'2' T 24,3 K	sä. 2'2 T 31	2'3 T 38
Wasserkasteninhalt	m^3	24,3	31	38
Brennstoffvorrat	t	6,0	7	10[3])
Urheberfirma bzw. Umbau- oder Rekonstruktionsausführender	–	Maffei	Hartmann	Raw Meiningen[4])
erstes Baujahr bzw. erstes Jahr des Umbaues oder der Rekonstruktion	–	1926	1918[2])	1964

Punkt = Betriebsnummer nicht durchgehend

[1] gesamte Rohrheizfläche

[2] 1950 von DR 19 012, 19 015, 19 017 u. 19 022 zu Bremslok umgebaut

[3] nach Umbau auf Ölfeuerung 13,5 m^3 Heizöl

[4] Verbrennungskammer-Ersatzkessel vom Raw Halberstadt

19^{10}	22^{0}	23	23	23
S 46.18[1])	P 46.18	P 35.18	P 35.18	P 35.18
1′Do1′	1′D1′h3	1′C1′h2	1′C1′h2	1′C1′h2
Versuchslok Einzelachsantrieb	Rekolok DR	Einheitslok	Rekolok DR	Neubaulok DB
19 1001	22 001	23 001	23 001	23 001
–	22 085	23 002	–	23 105
175	110	110	110	110/85
8 × 300	3 × 520	550	550	550
300	660	660	660	660
1 250	1 750	1 750	1 750	1 750
1 000/1 250	1 000/1 100	1 000/1 250	1 000/1 250	1 000/1 250
20	16	16	16	16
9,65	10,6	8,02	8,36	7,35
4,50	4,05	2,73	3,74	2,85
13,50	14,2	10,56	12,37	10,70
	21,53/28,29	19,15/26,25	18,49/24,60	21,0/23,9
4,55	4,23	3,9	3,71	3,11
128	112	113	124	130
54 × 2,5	54 × 2,5	54 × 2,5	51 × 2,5	44,5 × 2,5
43	36	35	38	54
143 × 4,25	143 × 4	133 × 4	133 × 4	118 × 4
5 800	5 700	5 200	4 700	4 000
38 × 4	38 × 4	30 × 3	38 × 4	30 × 3,5
20,0[2])	21,3	15,9	17,9	17,10
114,29	98,3	90,4	84,2	64,53
105,38	86,7	71,3	70,2	74,65
239,67[2])	206,3	177,6	172,3	156,28
100,00	83,8	64,1	65,4	73,80
OV	MV	OV	OV	OV/MV
11 290	12 150	10 700	10 700	9 900
19 385	20 070	19 015	19 015	17 625
23 775	23 700	22 940	22 940	21 325
99,1	96,4	80,14	80,3	74,6
109,3	107,5	88,32	89,3	82,8
74,6	74,0	53,92	51,4	56,0
18,6	18,5	18,0	18,1	10,7
8,11	7,61	6,45	6,5	6,79
2′3 T 38[3])	2′2′ T 34	2′2′ T 26	2′2′ T 26	2′2′ T 31
38,0	34	26	26	31
12,5	10	8	8	8
Henschel	Raw Meiningen[4])	DLV	Raw Leipzig[4])	Henschel
1941/1943	1958	1940	1961	1950

[1] 1943 durch Umbau S 46.20

[2] einschließlich 2 m^2 Heizfläche von 3 Wasserrohren von 2,8 m Länge und 76 × 4 mm ∅

[3] Stromlinientender, umgebaut für 19^{10}

[4] Verbrennungskammer-Ersatzkessel vom Raw Halberstadt

Baureihe/Unterbaureihe	–	23[10]	24	24
Betriebsgattung	–	P 35.18	P 34.15	P 34.15
abgekürzte Bezeichnung	–	1′C1′h2	1′C h2	1′C h2v
frühere Länderbezeichnung	–			
bzw. ergänzende Angaben	–	Neubaulok DR	Einheitslok	Mitteldrucklok
Betriebsnummer von	–	23 1001	24 001	24 069[1])
bis	–	23 1113	24 095	–
zulässige Fahrgeschwindigkeit	km/h	110	90	90
Zylinderdurchmesser	mm	550	500	400/600
Kolbenhub	mm	660	660	660
Treib- und Kuppelraddurchmesser	mm	1750	1500	1500
Laufraddurchmesser vorn/hinten	mm	1000/1250	850/–	850/–
Kesselüberdruck	bar	16	14	25
Wasserraum des Kessels	m^3	7,8	5,0	4,20
Dampfraum des Kessels	m^3	3,45	1,55	1,55
Verdampfungswasseroberfläche	m^2	11,05	6,5	6,5
Masse Kessel ohne/mit Ausrüstung	t	18,45/24,32	12,6/16,2	13,05/16,41
Rostfläche	m^2	3,71	2,04	2,06
Anzahl der Heizrohre	Stck	150	114	114
Heizrohrdurchmesser	mm	44,5 × 2,5	44,5 × 2,5	44,5 × 2,5
Anzahl der Rauchrohre	Stck	38	32	32
Rauchrohrdurchmesser	mm	133 × 4	118 × 4	118 × 4
Rohrlänge zwischen den Rohrwänden	mm	4200	3800	3800
Überhitzerrohrdurchmesser	mm	38 × 4	30 × 3	30 × 3
Strahlungsheizfläche (Feuerbüchse + Verbrennungskammer)	m^2	17,9	8,7	8,35
Heizrohrheizfläche	m^2	79,0	53,7	53,7
Rauchrohrheizfläche	m^2	62,7	42,0	42,0
Verdampfungsheizfläche	m^2	159,6	104,4	104,05
Überhitzerheizfläche	m^2	65,7	37,18	36,6
Bauart des Vorwärmers	–	MV	OV	OV
Achsstand der Lok	mm	10100	6300	6300
Achsstand der Lok mit Tender	mm	18610	13270	13270
Länge über Puffer mit Tender	mm	22660	16995	16955
Masse leere Lok, ohne Tender	t	78,5	52,0	53,5
Masse dienstbereite Lok ohne Tender	t	87,2	57,4	58,5
Reibungsmasse	t	54,7	45,2	45,65
mittlere Kuppelachsfahrmasse	t	18,3	15,1	15,2
Metermasse Lok mit Tender	t/m	6,65	5,92	5,75
vorwiegend gekuppelt mit Tender	–	2′2′ T 28	3 T 16	3 T 16
Wasserkasteninhalt	m^3	28	16	16
Brennstoffvorrat	t	10	6	6
Urheberfirma bzw. Umbau- oder Rekonstruktionsausführender	–	LKM Babelsberg	DLV	Borsig
erstes Baujahr bzw. erstes Jahr des Umbaues oder der Rekonstruktion	–	1956	1927	1932[2])

[1] Zweizylinder-Verbund-Mitteldrucklok

[2] 1952 Umbau DB in Normalausführung

24	25^{0}	25^{10}	34^{73}	34^{73}
P 34.15	P 45.17	P 45.18	P 23.12	P 23.13
1'C h2[1])	1'D h2	1'D h2	1B n2	1B n2
Mitteldrucklok	Neubaulok DR	Neubaulok DR	meck. $P3^{1}$	meck. $P3^{1}$
	Stokerfeuerung	Kohlenstaubfeuerung		
24 070[2])	25 001[4])	25 1001	34 7301	34 7351
–	–	–	34 7308	34 7364
90	100	100	90	90
380	600	600	400	400
660	660	660	560	560
1 500	1 600	1 600	1 750	1 750
850/–	1 000/–	1 000/–	1 150/–	1 150/–
25	16	16	12	12
4,20	8,4	8,70	3,50	3,50
1,55	3,8	2,96	1,75	1,75
6,5	12,2	11,0	5,75	5,75
13,13/16,49				
2,06	3,87	3,76	1,88	1,88
114	132	146	197	195
44,5 × 2,5	51 × 2,5	44,5 × 2,5	46 × 2,5	46 × 2,5
32	35	35	–	–
118 × 4	133 × 4	133 × 4	–	–
3 800	4 700	4 350	3 800	3 800
30 × 3	38 × 4	38 × 4	–	–
8,35	17,5	20,0	6,67	6,46
53,7	89,7	78,8	96,43	95,44
42,0	64,6	59,8	–	–
104,05	171,8	158,6	103,1	101,9
36,6	61,0	65,0	–	–
OV	MV	MV	–	–
6 300	9 700	9 700	4 500	4 500
13 270	18 765[5])	19 885	10 645	10 645
16 955	22 695[5])	23 835	15 248	15 248
52,9	77,3	79,6	33,0	35,5
57,9	86,1	89,0	36,5	39,0
45,5	70,4	72,0	24,7	26,1
15,2	17,6	18,0	12,4	13,0
5,69			4,30	4,78
3 T 16	2'2' T 30[6])	2'2' T 27,5 (Kst)	pr. 3 T 10,5	pr. 3 T 12
16	30	27,5	10,5	12
6	10	26[7])	4	4
Borsig	LKM Babelsberg	LKM Babelsberg	Henschel	Henschel
1932[3])	1954[4])	1955	1891	1896

1 später Umbau in 1'C h2v
2 Zweizylinder-Mitteldrucklok mit abgewandeltem Gleichstromverfahren
3 1952 Umbau DB in Normalausführung
4 1958 nach Umbau auf Kohlenstaubfeuerung: 25 1002
5 nach Umbau in 25 1002
6 Stokereinrichtung, nach Umbau in 25 1002 mit 2'2' T 28 (Kohlenstaub)
7 m^3 Kohlenstaub

Baureihe/Unterbaureihe	–	34^{76}	34^{77}	34^{77-78}
Betriebsgattung	–	P 23.13	P 23.12	P 23.13
abgekürzte Bezeichnung	–	1B n2	1'B n2	1'B n2
frühere Länderbezeichnung	–	sä. III	sä. IIIb	sä. IIIb
bzw. ergänzende Angaben	–			
Betriebsnummer von	–	34 7611	34 7701	34 7721
bis	–	–	34 7702	34 7807
zulässige Fahrgeschwindigkeit	km/h	70	70	60[1]); 70
Zylinderdurchmesser	mm	406	406	406[3])
Kolbenhub	mm	560	560	560[2])[3])
Treib- und Kuppelraddurchmesser	mm	1 560	1 570	1 560/1 590[4])
Laufraddurchmesser vorn/hinten	mm	1 035/–	1 045/–	1 035/–1 065[4])/–
Kesselüberdruck	bar	8,5	10	10
Wasserraum des Kessels	m^3			
Dampfraum des Kessels	m^3			
Verdampfungswasseroberfläche	m^2			
Masse Kessel ohne/mit Ausrüstung	t			
Rostfläche	m^2	1,6	1,66	1,59[1]); 1,52[2]); 1,60[3]); 1,66[4])
Anzahl der Heizrohre	Stck			
Heizrohrdurchmesser	mm			
Anzahl der Rauchrohre	Stck	–	–	–
Rauchrohrdurchmesser	mm	–	–	–
Rohrlänge zwischen den Rohrwänden	mm			
Überhitzerrohrdurchmesser	mm	–	–	–
Strahlungsheizfläche				
(Feuerbüchse + Verbrennungskammer)	m^2		6,93	7,18[1]); 7,02[2]); 6,93[4]); 7,25[5])
Heizrohrheizfläche	m^2			
Rauchrohrheizfläche	m^2	–	–	–
Verdampfungsheizfläche	m^2	91,53	92,93	91,87[1]); 90,97[2]); 92,93[4]); 91,59[5])
Überhitzerheizfläche	m^2	–	–	–
Bauart des Vorwärmers	–	–	–	–
Achsstand der Lok	mm	3 800	4 330	4 330; 3 800[5])
Achsstand der Lok mit Tender	mm	9 170	9 605	9 938
Länge über Puffer mit Tender	mm	11 220	13 325	13 854
Masse leere Lok, ohne Tender	t			
Masse dienstbereite Lok ohne Tender	t	37,17	35,79	39,5; 37,4[3]); 37,0[4])
Reibungsmasse	t	25,76	23,80	26,6; 25,4[3]); 24,7[4])
mittlere Kuppelachsfahrmasse	t	12,8	11,9	13,28; 12,73[3]); 12,35[4])
Metermasse Lok mit Tender	t/m			
vorwiegend gekuppelt mit Tender	–	sä. 3 T 5,65	sä. 3 T 7,5	sä. 3 T 9
Wasserkasteninhalt	m^3	5,65	7,5	9
Brennstoffvorrat	t	4,5	4	4,5
Urheberfirma bzw. Umbau- oder Rekonstruktionsausführender	–	Hartmann	Hartmann	Hartmann
erstes Baujahr bzw. erstes Jahr des Umbaues oder der Rekonstruktion	–	1872	1876	1873

[1] Schwartzkopff 1873
[2] Schwartzkopff 1875/76
[3] Hartmann 1874, 1876–77
[4] Hartmann 1883
[5] Hartmann 1874

34^{79}	34^{80}	34^{81}	34^{82}	36^{0-4}
P 23.14	P 23.14	P 23.13	P 23.14	P 24.15
1'Bn2v	1'Bn2v	1Bn2	1Bn2v	2'Bn2v
sä. IIIbV	sä. VIbV	wü. A	wü. Ac	pr. $P14^{2}$
34 7901	34 8011	34 8101	34 8201	36 001
34 7902	–	34 8102	34 8209	36 438
75	85	80	80	90
420/650	440/650	408[1]); 420[2])	420/600	460/680
560	560	560	560	600
1 560	1 875	1 650	1 650	1 750
1 230/–	1 230/–	1 044/–	1 045/–	1 000/–
12	12	10[1]); 12[2])	14	12
			4,2	4,13
			1,52	1,83
			6,05	7,0
			8,1/13,0	11,3/14,4
1,82	1,82	1,57[1]); 1,60[2])	1,6	2,31
	172	224	205	217
			45 × 2,5	44,5 × 2,5
–	–	–	–	–
–	–	–	–	–
	3 700	3 760	3 705	3 900
–	–	–	–	–
			7,3	8,95
			98,0	106,6
–	–	–	–	–
97,02	102,13	110,75[1]); 105,25[2])	105,3	115,55
–	–	–	–	–
–	–	–	–	–
4 550	5 000	4 000	4 000	7 400
10 380	11 486	9 700	10 050	14 715
13 996	15 083	13 975	14 092	17 611
41,4	42,4	36,9[1]) 38,9[2])	36,0	45,0
27,7	29,2	25,4[1]) 26,4[2])	40,4	50,4
13,8	14,6	12,7[1]) 13,2[2])	27,2	29,6
			13,6	14,8
			4,89	5,35
sä. 3 T 9	sä. 3 T 12	wü. 2 T 8[1])/wü. 2 T 10[2])	wü. 2 T 10	pr. 2'2' T 16
9	12	8,37/10	10	16
4,5	6	3,48/6	6	5
Hartmann	Hartmann	MF Esslingen	MF Esslingen	Schwartzkopff
1892	1890	1888	1889	1898

[1] 34 8101 Umbaulok, neue Zylinder und Kessel [2] 34 8102

Baureihe/Unterbaureihe	–	36^6	36^6	36^7
Betriebsgattung	–	P 24.14	P 24.15	P 24.14
abgekürzte Bezeichnung	–	2'B n2v	2'B n2v	2'B n2
frühere Länderbezeichnung	–	meck. $P4^2$	meck. $P4^2$	bay. B XI Zw.
bzw. ergänzende Angaben	–			
Betriebsnummer von	–	36 601	36 651	36 701
bis	–	36 620	36 662	36 708
zulässige Fahrgeschwindigkeit	km/h	90	90	90
Zylinderdurchmesser	mm	460/680	460/680	430
Kolbenhub	mm	600	600	610
Treib- und Kuppelraddurchmesser	mm	1 750	1 750	1 870
Laufraddurchmesser vorn/hinten	mm	1 000/–	1 000/–	1 006/–
Kesselüberdruck	bar	12	12	12
Wasserraum des Kessels	m^3	4,13	4,13	4,5
Dampfraum des Kessels	m^3	1,83	1,83	1,7
Verdampfungswasseroberfläche	m^2	7,0	7,0	6,73
Masse Kessel ohne/mit Ausrüstung	t			12,4/15,0
Rostfläche	m^2	2,31	2,31	2,24
Anzahl der Heizrohre	Stck	217	217	218
Heizrohrdurchmesser	mm	46 × 2,5	46 × 2,5	45 × 2,5
Anzahl der Rauchrohre	Stck	–	–	–
Rauchrohrdurchmesser	mm	–	–	–
Rohrlänge zwischen den Rohrwänden	mm	3 900	3 900	3 900
Überhitzerrohrdurchmesser	mm	–	–	–
Strahlungsheizfläche (Feuerbüchse + Verbrennungskammer)	m^2	9,09	8,91	9,4
Heizrohrheizfläche	m^2	109,0	109,81	106,8
Rauchrohrheizfläche	m^2	–	–	–
Verdampfungsheizfläche	m^2	118,1	117,72	116,2
Überhitzerheizfläche	m^2	–	–	–
Bauart des Vorwärmers	–	–	–	–
Achsstand der Lok	mm	7 400	7 400	6 670
Achsstand der Lok mit Tender	mm	14 715	14 715	13 970
Länge über Puffer mit Tender	mm	17 611	17 611	16 885
Masse leere Lok, ohne Tender	t	46,0	45,0	45,8
Masse dienstbereite Lok ohne Tender	t	51,0	49,0	50,4
Reibungsmasse	t	28,5	29,8	28,5
mittlere Kuppelachsfahrmasse	t	14,2	14,9	14,3
Metermasse Lok mit Tender	t/m	5,28	5,17	5,62
vorwiegend gekuppelt mit Tender	–	meck. 2'2' T 16	meck. 2'2' T 16	bay. 2'2' T 18
Wasserkasteninhalt	m^3	16	16	18
Brennstoffvorrat	t	6	6	6,5
Urheberfirma bzw. Umbau- oder Rekonstruktionsausführender	–	Henschel	Henschel	Maffei
erstes Baujahr bzw. erstes Jahr des Umbaues oder der Rekonstruktion	–	1903	1906	1892

36^{7-8}	36^{8}	36^{9}	36^{9}	36^{9-10}
P 24.15	P 24.15	P 24.14	P 24.15	P 24.16
2′B n2v	2′B h2	2′B n2v	2′B n2v	2′B n2v
bay. B XI Verb.	Umbaulok bay. P 2/4[2])	sä. VIIIV2	sä. VIIIV2	sä. VIIIV2
36 751	36 861	36 901	36 921	36 951
36 826	–	36 919	36 948	36 1014
90	90	80	80	80
455/670	490	440/650	460/680	460/680
610	610	600	600	600
1 870	1 870	1 590	1 590	1 590
1 006/–	1 006/–	1 065/–	1 065/–	1 065/–
13	13	12	12	13
4,6	4,4			
1,6	1,68			
6,6	6,6	6,84	6,84	7,65
12,8/15,5	13,0/17,0			
2,26	2,26	1,87	1,87	1,87
226	124	216	216	254
45 × 2,5	45,5 × 2,25	45 × 2,5	45 × 2,5	45 × 2,5
–	18	–	–	–
–	127 × 4,5	–	–	–
3 780	3 780	3 800	3 800	3 800
–	35 × 3,5	–	–	–
9,5	9,0	9,03	9,03	9,47
107,3	60,4	103,14	103,14	121,30
–	25,2	–	–	–
116,8	94,6	112,17	112,17	130,77
–	26,85	–	–	–
–	–	–	–	–
6 670	7 400	6 600	6 600	6 600
14 095	13 550	13 900	13 900	13 900
16 986	16 570	16 638	16 638	16 638
46,3 46,8[1])	47,1	44,7	45,5	49,0
51,0 51,5[1])	51,7	49,5	51,6	54,5
28,8 29,6[1])	29,8	29,1	30,2	32,0
14,4 14,8[1])	14,9	14,5	15,1	16,0
5,62 5,70[1])	5,30	5,58	5,62	5,86
bay. 2′2′ T 18	bay. 3 T 14,5	sä. 2′2′ T 21	sä. 2′2′ T 21	sä. 2′2′ T 21
18	14,5	21	21	21
6,5	6,0	7	7	7
Maffei	Krauss-München	Hartmann	Hartmann	Hartmann
1895	1908[2])	1896	1897	1900

[1] ab 36 808 (Baujahr 1899)

[2] umgebaut aus der 2′(a) A1 n2v (+ n2)-Lok Nr. 1400 der bayerischen Gattung AAI
a = anhebbare Vorspannachse, die bei Bedarf durch die zusätzlichen n2-Zylinder angetrieben werden konnte

Baureihe/Unterbaureihe	–	36^{12}	36^{12}	36^{70}
Betriebsgattung	–	P 24.14	P 24.15	P 24.14
abgekürzte Bezeichnung	–	2′Bn2	2′Bn2v	2′Bn2
frühere Länderbezeichnung	–			
bzw. ergänzende Angaben	–	old. $P\,4^1$	old. $P\,4^2$	pr. $P\,4^1$
Betriebsnummer von	–	36 1201	36 1251	36 7001
bis	–	36 1219	36 1258	36 7009
zulässige Fahrgeschwindigkeit	km/h	90	90	90
Zylinderdurchmesser	mm	460	460/680	430[2])
Kolbenhub	mm	600	600	600
Treib- und Kuppelraddurchmesser	mm	1 750	1 750	1 750
Laufraddurchmesser vorn/hinten	mm	1 000/–	1 000/–	1 000/–
Kesselüberdruck	bar	12	12	12
Wasserraum des Kessels	m^3	4,25	4,61	4,81
Dampfraum des Kessels	m^3	1,66	1,88	1,88
Verdampfungswasseroberfläche	m^2	7,02	7,28	6,82
Masse Kessel ohne/mit Ausrüstung	t	11,5/15,5	13,0/17,5	
Rostfläche	m^2	1,92	2,27	2,32
Anzahl der Heizrohre	Stck	248	231	219
Heizrohrdurchmesser	mm	44 × 2,5	44 × 2,5	46 × 2,5
Anzahl der Rauchrohre	Stck	–	–	–
Rauchrohrdurchmesser	mm	–	–	–
Rohrlänge zwischen den Rohrwänden	mm	3645	3900	3900
Überhitzerrohrdurchmesser	mm	–	–	–
Strahlungsheizfläche (Feuerbüchse + Verbrennungskammer)	m^2	8,72	8,98	8,95
Heizrohrheizfläche	m^2	110,75	110,37	109,96
Rauchrohrheizfläche	m^2	–	–	–
Verdampfungsheizfläche	m^2	119,47	119,35	118,91
Überhitzerheizfläche	m^2	–	–	–
Bauart des Vorwärmers	–	–	–	–
Achsstand der Lok	mm	6250	7400	7400
Achsstand der Lok mit Tender	mm	12025	14415	14615
Länge über Puffer mit Tender	mm	15219	17461	17511
Masse leere Lok, ohne Tender	t	40,0	46,7 48,4[1])	43,6
Masse dienstbereite Lok ohne Tender	t	45,2	52,2 53,9[1])	48,4
Reibungsmasse	t	27,4	30,2 30,5[1])	29,2
mittlere Kuppelachsfahrmasse	t	13,7	15,1 15,2[1])	14,6
Metermasse Lok mit Tender	t/m	5,05	5,82	5,16
vorwiegend gekuppelt mit Tender	–	old. 3 T 12	old. 2′2′ T 20	pr. 2′2′ T 16
Wasserkasteninhalt	m^3	12	20	16
Brennstoffvorrat	t	4	5	5
Urheberfirma bzw. Umbau- oder Rekonstruktionsausführender	–	Hanomag	Hanomag	Henschel
erstes Baujahr bzw. erstes Jahr des Umbaues oder der Rekonstruktion	–	1896	1907	1897

[1] ab 36 1256 (Baujahr 1909, mit Lentz-Ventilsteuerung)

[2] ab Baujahr 1896: 460

37^{0-1}	38^{0}	38^{0}	38^{2-3}	38^{4}
P 34.15	P 35.14	P 35.14	P 35.15	P 35.15
1'C h2	2'C n4v	2'C h4v	2'C h2	2'C h4v
pr. P 6	bay. P 3/5 N	Umbaulok bay. P 3/5 N	sä. XII H2	bay. P 3/5 H
37 001	38 001	38 001	38 201	38 401
37 167	38 013	38 013	38 334	38 480
90	90	90	90	90
540	2 × 340/570	2 × 340/570	550	2 × 360/590
630	640	640	600	640
1 600	1 640	1 640	1 590	1 640
1 000/–	850/–	850/–	1 065/–	850/–
12	15	15	13	15
5,44	5,65	5,55		6,25
1,78	1,95	1,95		1,94
8,20	7,7	7,7	9,86	8,11
14,0/18,0	15,5/19,4	15,6/20,8	13,4/22,0	16,2/22,1
2,28	2,62	2,62	2,83	2,76
150	235[3])	116[4])	180	148[4])
44,5 × 2,5	52 × 2,25	50 × 4	51 × 2,5	51 × 2,5
21	–	20	24	20
133 × 4	–	133 × 4	133 × 4	133 × 4
4 500[1])	4 300	4 300	4 200	4 350
38 × 4	–	36 × 4	38 × 4	36 × 4
11,49	11,5	11,64	13,44	13,2
84,3	154,0	76,34	109,26	95,3
36,49	–	33,80	39,58	34,0
132,28	165,5	121,78	162,28	142,5
41,91	–	37,17	43,2	35,92
OV	–	OV	OV	OV
6 450	8 150	8 150	7 200	8 150
14 050	16 012	16 012	15 536	16 600
17 608	18 524	18 524	18 972	19 439
52,3	58,5	61,1	65,6	65,7
57,1	64,6	66,8	73,3	72,1
44,0	42,6	46,2	47,1	47,1
14,9	14,2	15,1	15,7	15,7
5,59	5,91	6,08	6,47	6,45
pr. 2'2' T 16	bay. 2'2' T 18,2	bay. 2'2' T 18,2	sä. 2'2' T 21	bay. 2'2'T 21,8
16	18,2	18,2	21	21,8
5	6,5	6,5	7	8
Hohenzollern	Maffei	Raw Ingolstadt	Hartmann	Maffei
1903	1905	1925[2])	1910	1921

[1] Rauchrohrüberhitzer
[2] umgebaut aus 2'C n4v in 2'C h4v
[3] 5 Ankerrohre 50 × 8 mm zusätzlich
[4] 4 Ankerrohre 50 × 4 mm zusätzlich

Baureihe/Unterbaureihe	–	38^{10-40}	T 38^{10-40}	38^{70}
Betriebsgattung	–	P 35.17	P 35.17	P 35.14
abgekürzte Bezeichnung	–	2'Ch2	2'Ch2	2'Cn4v
frühere Länderbezeichnung bzw. ergänzende Angaben	–	pr. P8	pr. P8 mit Abdampf-Triebtender	bad. IVe^{2-6}
Betriebsnummer von	–	38 1001	T 38 3255	38 7001
bis	–	38 4051 ●	–	38 7073 ●
zulässige Fahrgeschwindigkeit	km/h	100	100	75
Zylinderdurchmesser	mm	575[1])	575	2 × 350/550
Kolbenhub	mm	630	630	640
Treib- und Kuppelraddurchmesser	mm	1750	1750	1600
Laufraddurchmesser vorn/hinten	mm	1000/–	1000/–	850/–
Kesselüberdruck	bar	12	12	13
Wasserraum des Kessels	m^3	6,5	6,5	5,21
Dampfraum des Kessels	m^3	3,1	3,1	1,91
Verdampfungswasseroberfläche	m^2	9,57	9,57	7,37
Masse Kessel ohne/mit Ausrüstung	t	18,60/24,30	18,6/24,3	14,3/16,4
Rostfläche	m^2	2,64	2,64	2,1
Anzahl der Heizrohre	Stck	119	119	191
Heizrohrdurchmesser	mm	51 × 2,5	51 × 2,5	52 × 3,5
Anzahl der Rauchrohre	Stck	26	26	–
Rauchrohrdurchmesser	mm	133 × 4	133 × 4	–
Rohrlänge zwischen den Rohrwänden	mm	4700	4700	4250
Überhitzerrohrdurchmesser	mm	38 × 4	38 × 4	–
Strahlungsheizfläche (Feuerbüchse + Verbrennungskammer)	m^2	14,58	14,58	11,17
Heizrohrheizfläche	m^2	80,67	80,67	114,76
Rauchrohrheizfläche	m^2	48,65	48,65	–
Verdampfungsheizfläche	m^2	143,9	143,90	125,93
Überhitzerheizfläche	m^2	58,9	58,90	–
Bauart des Vorwärmers	–	OV	OV	–
Achsstand der Lok	mm	8350	8350	7450
Achsstand der Lok mit Tender	mm	15565	19380	14875
Länge über Puffer mit Tender	mm	18585	22917	17520
Masse leere Lok, ohne Tender	t	70,7	70,7	52,8
Masse dienstbereite Lok ohne Tender	t	78,2	78,2	58,3
Reibungsmasse	t	51,6	51,6	41,7
mittlere Kuppelachsfahrmasse	t	17,2	17,2	13,9
Metermasse Lok mit Tender	t/m	6,98	7,36	5,60
vorwiegend gekuppelt mit Tender	–	pr. 2'2' T 21,5	1B2' T 16	bad. 2'2' T 15
Wasserkasteninhalt	m^3	21,5	16,2	15
Brennstoffvorrat	t	7	7	5
Urheberfirma bzw. Umbau- oder Rekonstruktionsausführender	–	Schwartzkopff	Henschel	Grafenstaden[3])
erstes Baujahr bzw. erstes Jahr des Umbaues oder der Rekonstruktion	–	1906	1921[2])	1895

Punkt = Betriebsnummer nicht durchgehend

[1] Lieferungen bis 1910: 590

[2] 1925 Umbau und Kupplung mit Abdampftriebtender

[3] ab 38 7004: Karlsruhe

Der Kruckenbergsche Schienenzeppelin war bis 1955 Inhaber des Weltrekords auf der Schiene.

1981 erreichte der französische TGV 380 km/h.

Die englische Lokomotive MALLARD ohne Verkleidung während einer Vorführung. Sie machte der DR 05 002 den Weltrekord streitig.

Fotos: Archiv

ihren Dampflokomotiven superschnelle und obendrein schwere Züge zu fahren. Die New York Central Railroad setzte 50 Lokomotiven der Reihe J-3 a ein, welche unter anderem den Schnellzug „20 th Century Limited" mit 1000 t Zugfahrmasse über 1500 km Entfernung zwischen New York und Chicago fuhren. Bei sieben Zwischenhalten brachten sie es auf Reisegeschwindigkeiten von 100 km und angebliche Spitzenwerte von 205 km/h. Das wurde zur magischen Marke für den Geschwindigkeitsrekord der Dampflokomotive. Daß er keiner amerikanischen Lokomotive zugebilligt wurde (schon 1905 wurde gemeldet, die Nummer 7002 der Klasse E 2 der Pennsylvania Railroad sei auf 204 km/h gekommen), lag daran, daß es dabei nie offizielle Tests gegeben hat.

Sturm auf Rekordmarken

Als – analog den USA – bei der Deutschen Reichsbahn Dieselschnelltriebwagen das Eisenbahnreisen attraktiver machten, wurden die Lokomotivbauer erneut vom Geschwindigkeitsrausch erfaßt. Für sie spielte es nun eine wesentliche Rolle, zumindest die Triebwagengeschwindigkeiten zu erreichen. Modisch wurden Windkanalversuche und entsprechende Umkleidungen der Lokomotiven. 1935 standen dann die 05 001 und 05 002 zur Verfügung. Mit der 05 001 ging man mehrmals auf Meßfahrt und erreichte anstandslos 185 km/h. Am 11. Mai 1936 erreichte die 05 002 beim Probezug 4317 (Zugfahrmasse 197 t) nahe Vietznitz (Strecke Hamburg–Berlin) 200,4 km/h. Weltrekord! In jeder Sekunde drehten sich in diesem Augenblick die 2300 mm hohen Treibräder 7,7mal um ihre Achse.

Schnellzüge mit Geschwindigkeiten bis zu 180 km/h zu fahren, schien in allen führenden Eisenbahnländern möglich, besaßen doch deren Bahnverwaltungen dafür geeignete Lokomotiven. Die „Mallard", Lokomotive 4468 der London North Eastern Railway, erreichte am 3. Juli 1938 zwischen Grantham und Peterborough sogar 202,8 km/h. Seither wird gestritten, wem nun der Ruhm des Rekordhalters ge-

im Kampf ums „blaue Band“

brian“ und brachte auf ihr den Schwerverletzten nach Manchester. Dabei fuhr die Lokomotive mit der Geschwindigkeit von 57 km/h – dem Vierfachen der Postkutschengeschwindigkeit. Damals unerhört und der erste überlieferte Geschwindigkeitsrekord einer Lokomotive!

1903 baute die Firma Henschel & Sohn in Kassel diese stromlinienförmigen Lokomotiven für hohe Geschwindigkeiten. Auch sie waren ihrer Zeit vorausgeeilt.

mochten sich die Bahnverwaltungen angesichts ihrer Konkurrenzlosigkeit anderen Verkehrsträgern gegenüber gefragt haben: Wozu ein übernormales Tempo fahren?
Erst im Jahre 1903 wurden zwischen Offenburg und Freiburg Schnellfahrversuche angesetzt, die bei der Badischen Staatsbahn die Überlegenheit der neuen Schnellzuglokomotive, Klasse II d, gegenüber den pfälzischen Atlantic-Typen zeigen sollte. 144 km/h erreichte der Renner mit drei Wagen. Preußen schrieb daraufhin einen Wettbewerb aus, dessen erster Preis an die von Kuhn und Wittfeld geschaffene erste Stromlinienlokomotive der Welt ging. „Möbelwagen“ wurde diese respektlos genannt. Obwohl sie im Juli 1904 zwischen Marienfelde und Zossen 137 km/h schaffte. Kein Rekord. Und wozu brauchte man einen solchen Renner? Vorschriften schoben das erlaubte Tempo von 85 km/h auf „nur“ 90 km/h; die Lokomotive war ihrer Zeit vorausgeeilt.
Vier Jahre nach der Rekordfahrt in Baden lieferte die Münchener Firma Maffei die S 2/6, Nummer 3201 aus. (Sie steht heute im Verkehrsmuseum Nürnberg.) Mit vier angehängten Schnellzugwagen kam sie am 2. Juli 1907 zwischen München und Augsburg auf knapp 155 km/h – und war zudem eine der schönsten Lokomotiven der Welt. Über viele Jahre behielt sie das „blaue Band“ der Schiene.

Unbewiesene Rekorde

In den USA wurden zu Beginn der dreißiger Jahre dampflokbetriebene Schnellverbindungen durch dieselelektrische Triebwagen ersetzt, deren Überlegenheit man durch Rekordfahrten beweisen wollte. Durchschnittsgeschwindigkeiten über 120 km/h waren nicht selten. Diese Entwicklung verdeutlichte schon damals, daß die Dampflokomotive im Expreßzugverkehr ausgespielt hatte, was einige Bahnverwaltungen nicht davon abhielt, auch mit

39^{0-2}
P 46.19
1'D1'h3
pr. P 10

39 001
39 260

110
520
660
1750
1000/1100

14
9,6
4,0
15,0
26,9/36,0

4,08

138
54 × 2,5
34
133 × 4
5800
38 × 4

17,51
122,3
77,2
217,01
82,0
OV

11600
19300
22890

100,4
110,4
75,7
18,9
7,64

pr. 2'2' T 31,5
31,5
7

Borsig

1922

Lokomotiv-Archiv Bayern

H. Schnabel

1. Auflage
400 Seiten – 426 Abbildungen
33 Seiten Tabellen
Format 195 mm × 220 mm
Pappband 03600 – Ausland 45,00 DM
Bestellangaben:
ISBN 3-344-00169-8
566 723 9 / Schnabel, Lok-Arch. Bayern
Erscheint 1987

Seit seinem Beginn hat der Lokomotivbau in Bayern eine eigenständige, charakteristische Entwicklung durchlaufen, die in bemerkenswerten Konstruktionen und ästhetisch schönen Lokomotiven zum Ausdruck kam. Diese Besonderheiten finden in der Beschreibung der technikgeschichtlichen Entwicklung aller bayerischen Lokomotiven ihren Niederschlag.
Im Archivteil werden alle in Bayern und in der Pfalz gelaufenen Lokomotiven und Triebwagen nach Gattungen geordnet, in ihren konstruktiven Merkmalen beschrieben und in historischen Fotos aus der Länderbahnzeit sowie in Maßskizzen vorgestellt.
Die Kenndaten aller beschriebenen Lokomotiven sind in Tabellenform im Anhang zusammengestellt.

transpress
VEB Verlag für Verkehrswesen